Letras Hispánicas

CONSEJO EDITOR:
Francisco Rico
Domingo Ynduráin
Gustavo Domínguez

Libro del Caballero Zifar

Letras Hispánicas

Cifar

Libro del Caballero Zifar

Edición de Cristina González

CATEDRA

LETRAS HISPANICAS

© Ediciones Cátedra, S. A., 1983
Don Ramón de la Cruz, 67. Madrid-1
Depósito legal: M. 41.758 - 1983
ISBN: 84-376-0434-6
Printed in Spain
Impreso en Velograf. Tracia, 17. Madrid-17
Papel: Torras Hostench, S. A.

Índice

Introducción   11

    Las fuentes   16
    La fecha   20
    El autor   22
    El estilo   23
    La estructura   32
    El género literario   45

La presente edición   57

Bibliografía   59

Libro del Caballero Zifar

    El libro del Cavallero Zifar. Prólogo   65
    El Cavallero de Dios   73
    El rey de Menton   194
    Castigos del rey de Menton   261
    Los hechos de Roboan   350

Apéndice. Prólogo de la edición de Sevilla de 1512 ...   459

A Nené

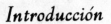

Introducción

En 1975, el gran hispanista inglés Alan Deyermond publicó un artículo titulado «The Lost Genre of Medieval Spanish Literature»[1]. Este género perdido de la literatura medieval española es el libro de aventuras, en inglés llamado *romance,* que no hay que confundir con la novela moderna, en inglés, *novel.* Según Deyermond, los libros de aventuras medievales españoles han sido descuidados por los críticos, no por falta de cantidad, ya que a un género menos cuantioso, como la épica, se le presta más atención, ni por falta de calidad, puesto que cuenta con obras tan destacadas como la *Cárcel de Amor* y el *Amadís de Gaula,* no por proceder de fuentes francesas, ya que los libros de aventuras medievales ingleses también proceden de esas mismas fuentes y no por eso han dejado de estudiarse, ni por carecer de un nombre preciso en español, puesto que los libros de aventuras medievales franceses también carecen de él y eso no ha impedido su estudio. Para Deyermond, la causa del descuido radica en la identificación de lo español con lo castellano y con lo realista establecida por Ramón Menéndez Pidal a fines del siglo XIX y comienzos del XX y seguida por varias generaciones de hispanistas, que se dedicaron a estudiar casi exclusivamente las obras de este tipo, ignorando todo un género a causa de su carácter europeo y fantástico. Como consecuencia, muchos libros de aventuras medievales españoles no se han editado ni estudiado, ni tampoco comparado con los libros de aventuras medievales europeos. O, cuando se ha hecho, se les ha reprochado el no ser novelas modernas. Este descuido ha distorsionado el panorama de la literatura medieval española, haciéndola

---

[1] Alan Deyermond, «The Lost Genre of Medieval Spanish Literature», *Hispanic Review,* 43, 3 (1975), págs. 231-259.

parecer un caso aparte, al no haberse prestado atención a la parte más importante que tiene en común con el resto de las literaturas europeas.

En este artículo, Deyermond propone la recuperación de este género perdido, que define como una narración de peripecias relacionadas con el combate, el amor, la búsqueda, la separación y la reunión y los viajes al otro mundo. Esta historia suele ir acompañada de un comentario sobre su significado y puede tener connotaciones morales o religiosas. Frecuentemente, contiene elementos maravillosos y tiene lugar en un mundo lejano en el tiempo y en el espacio. Lo que sucede en este mundo ficticio remite, sin embargo, al mundo real mediante motivos y modelos arquetípicos. La historia puede tener una estructura lineal o una estructura episódica y puede estar en verso o en prosa. Por último, Deyermond apunta que entre los libros de aventuras de la misma lengua y de la misma época suele haber cierta homogeneidad y señala que el libro de aventuras, como cualquier otro género, puede contener subgéneros.

Según Deyermond, se conservan más de 50 libros de aventuras españoles de la Edad Media, sin contar los catalanes, portugueses y los castellanos del Siglo de Oro. Para Deyermond, estos libros pueden dividirse en tres grupos, de acuerdo con la famosa clasificación de Jean Bodel: el de inspiración francesa (al que pertenece el *Noble cuento del Enperador Carlos Maynes),* el de influencia bretona (constituido por el *Lanzarote* y obras semejantes) y el inspirado en Roma (al que pertenece la *Historia Troyana).* A estos tres grupos Deyermond añade otro: el de temario propiamente español (constituido por la *Crónica Sarracina* solamente). Deyermond dice que los libros de aventuras que no encajan en ninguno de estos tres grupos suelen llamarse libros de caballerías, aunque en muchos casos no sean tales. Por ejemplo, piensa que la *Leyenda del Caballero del Cisne* y la *Historia de la linda Melosina* son historias de hombres convertidos en animales, que *Flores y Blancaflor* y *Paris y Viana* son historias de amantes separados y reunidos y que el *Cuento de un Cavallero Plácidas* y el *Libro del Cavallero Zifar* son historias de familias separadas y reunidas. En mi opinión, aunque es cierto que, por falta de una terminología precisa, se ha dado el nombre de libros de caballerías a obras que no lo son, hay que tener mucho cuidado a la hora de rebautizar estas obras. En el caso del *Libro del Cavallero Zifar,* por ejemplo, ¿es más acertado decir que es una historia de una familia separada y reunida que decir que es una historia de un caballero que por sus hazañas llega a ser rey? Las separaciones y reuniones de la familia son partes secundarias de la acción y obedecen a una causalidad externa (los marineros que raptan a Grima, el león que se lleva a Garfín, la ciudad en la que se pierde Roboan son causas externas), mientras que las hazañas y los ascensos sociales del caballero constituyen la parte principal de la acción y obedecen a una causalidad interna (el deseo de Zifar de llegar a ser rey). Antes de la separación del caballero de su familia, que es involuntaria, tiene lugar la partida del caballero y de su familia en busca de mejor fortuna, que es voluntaria y se debe a su deseo de mejorar su situación. El mejoramiento es el tema y la estructura de esta obra y quizá deba ser el elemento que determine el nombre que le demos, según veremos más adelante.

Deyermond examina el estado de las ediciones y de los estudios de los libros de aventuras españoles y encuentra que sólo algunos han sido editados y estudiados. Entre éstos están el *Libro de Apolonio* y el *Libro de Alexandre,* que son libros de aventuras en verso o poemas de aventuras, y el *Amadís de Gaula,* la *Cárcel de Amor,* el *Siervo Libre de Amor* y el *Libro del Cavallero Zifar,* que son libros de aventuras en prosa o novelas de aventuras. Pero incluso sobre estos libros de aventuras queda bastante por hacer. El *Zifar,* que es la obra que nos interesa en este momento, cuenta con varias ediciones y con tres libros, dos publicados y uno en prensa, más unos cincuenta artículos aproximadamente. Parece una cantidad considerable. Es, desde luego, mucho más que lo escrito sobre obras como el *Cuento de un Cavallero Plácidas.* Sin embargo, es muy poco si se compara con lo escrito sobre obras como el *Conde Lucanor.* Además, hay que tener en cuenta que la mayoría de estos estudios se publicaron fuera de España, en inglés, francés, italiano y alemán, por lo que no causaron el impacto que podrían haber causado en la crítica española. En cuanto a las ediciones, la de Charles Ph. Wagner, publicada por la Universidad de Michigan en 1929, lleva muchos años agotada. Martín de Riquer y Felicidad Buendía la reimprimieron en 1951 y 1960, respectivamente, pero estas reimpresiones se agotaron pronto, de modo que, durante varios años, exactamente hasta 1982, año en que salió la edición de Joaquín González Muela, no hubo ninguna edición del *Zifar* a la venta. Compárese esta situación con la del *Conde Lucanor,* lo que no parece disparatado, y se comprenderá la diferencia. El *Conde Lucanor* cuenta con toda clase de ediciones y de estudios publicados en España y fuera de España, es una obra accesible y conocida. Es evidente que el *Zifar* necesita un lanzamiento que le ponga más al alcance del público. El propósito de esta edición es contribuir a la difusión de esta obra, poniéndola en circulación y presentando los principales problemas que ha planteado y plantea a la crítica. Estos problemas son: las fuentes, la fecha, el autor, el estilo, la estructura y el género literario. Los primeros críticos prestaron más atención a los problemas de las fuentes, el autor, la fecha y el estilo. Los últimos críticos prestan más atención al problema de la estructura. La cuestión del género literario de la obra ha sido tocada por casi todos los críticos, antiguos y modernos, aunque con diferentes resultados.

Las fuentes

En un artículo titulado «The Sources of *El Cavallero Cifar*», Charles Ph. Wagner hace un estudio muy concienzudo de las fuentes del *Zifar,* que divide en tres partes. En la primera, Wagner encuentra un paralelo entre la vida de Zifar y la vida de San Eustaquio o Plácido. Asimismo, encuentra detalles que guardan similitud con motivos contenidos en los cuentos del *Enperador Carlos Maynes,* de la *Santa Emperatriz de Roma,* de *Otas,* etc. En la segunda, Wagner halla rastros de las *Flores de Filosofía,* de la *Segunda Partida* y de los *Castigos e Documentos.* En la tercera, Wagner encuentra un paralelo entre la vida de Roboan y la vida de Guigemer, Parthenopex de Blois, Graelent y otros héroes de Bretaña. Asimismo, encuentra detalles parecidos en el cuento del *Saalouk* de las *Mil y Una Noches.* Aparte de esto, Wagner estudia minuciosamente las fuentes de los proverbios y de los ejemplos interpolados por toda la obra, que son muy variadas: *Disciplina Clericalis, Bocados de Oro, Barlaam e Josafat,* etc. [2]. En un artículo posterior, analiza las semejanzas y diferencias entre las ideas desarrolladas en el debate de Zifar con el Ribaldo y las ideas expuestas en el *Moralium Dogma Philosophorum,* atribuido a Guillaume de Conches (1060-¿1154?) y, a su vez, basado en *De Remediis*

---

[2] Charles Ph. Wagner, «The Sources of *El Cavallero Cifar*», *Revue Hispanique,* X, 33-34 (1903), págs. 5-104.

Fortuitorum, un diálogo estoico del siglo II, y descubre que el autor del *Zifar* no traduce, sino que parafrasea libremente, constituyendo esta paráfrasis un espléndido ejemplo de uso creativo de una fuente [3].

El estudio de las fuentes del *Zifar,* iniciado por Wagner, lo continúa Alexander H. Krappe, quien dedica un artículo a la comparación de las diversas versiones de la muy extendida leyenda de San Eustaquio o Plácido, que cree de origen oriental [4]. En un artículo titulado «Le mirage celtique et les sources du *Chevalier Cifar*», Krappe señala que todos los detalles del episodio de las Ynsulas Dotadas aparecen en varios relatos orientales, que probablemente fueron traídos a España por los árabes. Según Krappe, Wagner es víctima de la celtimanía transmitida por los críticos de la literatura francesa a los críticos de la literatura española en las universidades americanas [5]. En un artículo titulado «Le lac enchanté dans le *Chevalier Cifar*», Krappe apunta que todos los motivos del episodio del Cavallero Atrevido aparecen en varios relatos, tanto franceses como orientales, tanto escritos o literarios como orales o folklóricos. Para Krappe, los estudios literarios deben apropiarse de los métodos folklóricos [6].

Como se ve, Wagner destaca las fuentes francesas y Krappe destaca las fuentes orientales y folklóricas del *Zifar.* Los críticos posteriores, o bien se adscriben a una de estas dos tendencias o bien destacan las fuentes peninsulares de la obra.

Jole Scudieri Ruggieri secunda a Wagner, aportando datos sobre algunas influencias francesas no constatadas previamente. Este investigador estudia el nombre y las características del personaje del Ribaldo, que le parece relacionado con el personaje francés del *Ribaut,* que quiere decir *libertino, bribón, vagabundo,* y con el personaje universal del bufón, especialmente en sus primeras aventuras [7].

---

[3] Wagner, «The *Caballero Zifar* and the *Moralium Dogma Philosophorum*», *Romance Philology,* VI, 4 (1963), págs. 309-312.

[4] Alexander H. Krappe, «La leggenda di S. Eustachio», *Nuovi Studi Medievali,* 3 (1926-1927), págs. 223-258.

[5] Krappe, «Le mirage celtique et les sources du *Chevalier Cifar*», *Bulletin Hispanique,* XXXIII, 2 (1931), págs. 97-103.

[6] Krappe, «Le lac enchanté dans le *Chevalier Cifar*», *Bulletin Hispanique,* XXXV, 2 (1933), págs. 107-125.

[7] Jole Scudieri Ruggieri, «Due note di letteratura spagnola del s. XIV. 1) La cultura francese nel *Caballero Zifar* e nell'

Roger M. Walker apoya a Krappe proporcionando datos sobre algunas influencias orientales y folklóricas no detectadas anteriormente. Walker analiza la lengua de la obra, que le parece llena de rasgos árabes, tales como los nombres propios Zifar (*viajero*), Grima (*noble*), Garfin (*pequeño principe*) y Roboan (*mejorador*), y como el adverbio *çertas*, que, frente a las ocho veces que aparece en el resto de las obras castellanas, en el *Zifar* aparece trescientas cuarenta y seis, generalmente al comienzo de la oración y con valor enfático, igual que sucede con la palabra *inna* en árabe. Para Walker, frente a los ideales matriarcales de los caballeros franceses, influidos por las teorías de los cátaros, la estructura de la obra se ajusta a los ideales patriarcales de los caballeros árabes; los episodios del Cavallero Atrevido y de las Ynsulas Dotadas son de origen árabe y la vida de Zifar no se basa en la vida de San Eustaquio o Plácido, sino que ambas son novelas de aventuras de origen indio. Walker concluye que, aunque el *Zifar* no sea una traducción directa del árabe, debe estar basado, por lo menos en parte, en fuentes árabes de procedencia india, con interpolaciones de otras fuentes y con la adición de la última parte de la obra, que le parece producto de la imaginación del autor, quien, en su opinión, escribió las aventuras de Roboan siguiendo el modelo de las aventuras de Zifar[8].

Entre los críticos que destacan las fuentes peninsulares de la obra se encuentran Martha Alfonso, que señala fuentes catalanas, Brian Dutton y Roger M. Walker, que señalan fuentes gallegas, y Edward J. Mullen, que apunta a fuentes castellanas[9]. Efectivamente, en su artículo «The Role of the Supernatural in *El Libro del Cavallero Zifar*», Mullen compara diversos episodios de la obra con otros semejantes que aparecen en obras castellanas. Así, el milagroso rescate de Grima es similar a uno de los milagros de Berceo (el náufrago salvado) y a una de las cantigas de Alfonso X (la número 236), las profecías, las visiones y los sueños son

Amadís; versioni spagnole del Tristano in prosa. 2) *De ribaldo»*, Cultura Neolatina, 26, 2-3 (1966), págs. 232-252.

[8] Roger M. Walker, *Tradition and Technique in «El Libro del Cavallero Zifar»*, Londres, Tamesis, 1974, págs. 27-70.

[9] Martha Alfonso, «Comparación entre el *Félix* de Ramón Llull y *El Caballero Cifar*, novela caballeresca a lo divino», Estudios Lulianos, 12, 34 (1968), págs. 77-81. Brian Dutton y Roger M. Walker, «El *Libro del Cavallero Zifar* y la lírica castellana», Filología, 9 (1963), págs. 53-67.

parecidos a las del *Poema de Mio Cid* y a las del *Poema de Fernán González,* etc. En cuanto a los episodios del Caballero Atrevido y de las Ynsulas Dotadas, están muy cristianizados, ya que presentan frecuentes alusiones a Dios y al demonio. Mullen afirma que las fuentes de la obra no son ni francesas ni orientales, sino folklóricas universales en su versión española cristiana [10].

En el excelente prólogo a su edición del *Zifar,* Martín de Riquer dice que no hay que tomar en serio la afirmación que se hace en la obra según la cual ésta fue traducida del caldeo al latín y del latín al romance. Según Riquer, «se trata de un frecuente procedimiento de los autores de *romans* y libros de caballerías que pretendían dar autoridad a sus obras fingiendo que eran versiones de relatos escritos en lenguas extrañas y de prestigiosa antigüedad, recurso que se satirizará en el *Quijote* con Cide Hamete Benengeli» [11]. Esto es cierto respecto a las novelas de caballerías del Siglo de Oro, pero el *Zifar* es una novela de caballerías de la Edad Media, por tanto, no pudo haber seguido ese modelo, sino que, en todo caso, contribuiría a formarlo. Las obras que pudieron haber inspirado al *Zifar* son las castellanas de antes del siglo XIV, y de muchas de ellas sabemos que son verdaderas traducciones. Así que, o bien el *Zifar* copia las verdaderas traducciones, o bien es una auténtica traducción. Puesto que en la Edad Media las obras que se declaraban traducciones solían serlo, podemos asumir que el *Zifar* es una verdadera traducción. La cuestión está en si es una traducción literal o una traducción libre. Como la obra contiene abundantes elementos castellanos, no puede ser una traducción literal. En el prólogo de la obra se dice que ésta fue *trasladada* y se sugiere que fue *emendada.* No hay ninguna razón para creer que esto no sea cierto. Al fin y al cabo, ¿no eran *trasladar* y *emendar* los procedimientos habituales de composición de las obras literarias en la Edad Media? Obras tan famosas como *El Libro de Buen Amor* y *El Conde Lucanor* son, en buena parte, *traslados* y *emiendas* de fuentes conocidas. En la literatura de la Edad Media, la originalidad no separa traducciones de no traduc-

---

[10] Edward J. Mullen, «The Role of the Supernatural in *El Libro del Cavallero Zifar*», *Revista de Estudios Hispánicos,* 5, 2 (1971), págs. 257-268.

[11] Martín de Riquer, ed., *El cavallero Zifar,* Barcelona, Selecciones Bibliófilas, 1951, II, pág. 335.

ciones, sino traducciones literales de traducciones libres. En este sentido, tienen razón los que dicen que el *Zifar* es la primera novela de caballerías original castellana, ya que es la primera que parece ser una traducción libre, frente a las novelas artúricas, por ejemplo, que parecen ser traducciones literales.

Hablando de los ejemplos intercalados en la obra, Riquer dice que «muchas veces es difícil precisar con exactitud la fuente inmediata que sirvió de base al autor del *Zifar,* ya que son numerosos los textos medievales que refieren la misma narración» [12]. Ésta es la situación de la mayoría de las fuentes de la obra. Por esta razón, la teoría de Walker parece la más plausible, puesto que señala aspectos lingüísticos muy concretos que apuntan a fuentes orientales, lo que concuerda con la declaración contenida en el prólogo de que la obra es una traducción del caldeo, o sea, del árabe. La relación del autor del *Zifar* con Toledo, centro de confluencia de las culturas árabe y cristiana, refuerza esta teoría.

La fecha

Wagner fecha la obra basándose en el año del fallecimiento de los personajes citados en el prólogo. Según Wagner, Gonzalo García Gudiel murió en 1299, el arzobispo de Burgos, don Pedro, en 1313, el arzobispo de Toledo, don Gonzalo, en 1310, el arzobispo de Calahorra, don Fernando, antes de 1305 y el Papa Bonifacio, en 1303. Wagner cree que el traslado del cuerpo tuvo que haber ocurrido antes de esta última fecha y que la obra se escribió poco después de los hechos narrados en el prólogo [13].

De la misma opinión es Erasmo Buceta, que, en un artículo titulado «Algunas notas históricas al prólogo del *Cavallero Zifar*», dice que el arzobispo de Calahorra, don Fernando, murió antes de febrero de 1304 y que el infante don Enrique, también mencionado en el prólogo, falleció en agosto de 1303. Buceta toma esta última fecha como *terminus ad quem* y estudia las ocasiones en las que la corte se reunió en Burgos, que fueron en julio de 1302, en diciembre de 1301 y en marzo-mayo de 1301, llegando a la con-

---

[12] *Ibíd.,* págs. 338-339.
[13] Wagner, «The Sources...», págs. 9-10.

clusión de que el cadáver del cardenal llegó a España en la primavera de 1301 [14].

Gerhard Moldenhauer fecha la obra después de 1321, año del fallecimiento de la reina doña María, de la que, en el prólogo, se habla en pasado, como si ya hubiera muerto. Según Moldenhauer, dado que los responsorios y las antífonas de los que se habla en el prólogo fueron introducidos por Juan XXII en 1316 y que ni el jubileo de 1350 ni su anuncio en 1343 se mencionan en el prólogo, la obra debió de escribirse entre la fecha de introducción de los responsorios y las antífonas y la de anuncio del jubileo, mucho después de los hechos narrados en el prólogo [15].

De diferente opinión es Ezio Levi, que afirma que el *Zifar,* al igual que las *Cronache* de Villani y la *Divina Commedia* de Dante, se escribió a raíz del jubileo de 1300 y que los hechos narrados en su prólogo tienen la misma función que los hechos narrados en el del *Decamerone:* presentar un acontecimiento contemporáneo para conmover al lector [16].

La mayoría de los críticos están de acuerdo con Levi, Buceta y Wagner en que el prólogo se escribió a principios del siglo XIV y en que la obra se escribió sobre la misma fecha, probablemente algo antes, ya que el prólogo suele escribirse después que la obra. Las alusiones a sucesos posteriores aducidas por Moldenhauer se consideran interpolaciones tardías hechas por los copistas. El problema de la fecha está en estrecha relación con el del autor, ya que, si se admite que éste fue Ferrán Martínez, como hacen muchos críticos, la fecha tendrá que ser la establecida por Wagner, Buceta y Levi, puesto que Ferrán Martínez parece que murió a comienzos de la segunda década del siglo XIV.

El autor

Wagner dice que, por su familiaridad con la literatura de la época y por la detallada descripción de la procesión

[14] Erasmo Buceta, «Algunas notas históricas al prólogo del *Cavallero Zifar*», *Revista de Filología Española,* XVII, 1 (1930), páginas 18-36.

[15] Gerhard Moldenhauer, «La fecha del origen de la *Historia del Caballero Cifar* y su importancia para la historia de la literatura española», *Investigación y progreso,* 5 (1931), págs. 175-176.

[16] Ezio Levi, «Il Giubileo del MCCC nel più antico romanzo spagnuolo», *Archivio della Reale Società Romana di Storia Patria,* LVI-LVII (1933-1934), págs. 133-155.

de Toledo, el autor del *Zifar* debió de haber sido un clérigo toledano, aunque no se pueda probar nada [17].

Marcelino Menéndez Pelayo, en su libro *Orígenes de la novela,* observa la extraordinaria importancia que se concede en el prólogo al traslado del cuerpo del cardenal de Roma a Toledo llevado a cabo por Ferrán Martínez y sugiere que bien pudiera haber sido éste, arcediano de Madrid en la iglesia de Toledo, el autor de la obra [18].

Walker recoge estas ideas y las desarrolla por extenso. Cree que el autor del *Zifar* fue un clérigo a causa de sus conocimientos literarios y de su tono moral, pero un clérigo secular por el tema profano de la obra. Walker piensa que el autor del *Zifar* era de Toledo, ya que la lengua de la obra refleja el dialecto de dicha ciudad y presenta abundantes rasgos semíticos. Ferrán Martínez fue arcediano de Madrid hasta 1302. La importancia del puesto y la ausencia del tratamiento «don» delante del nombre indican que el arcediano era un hombre que se había elevado socialmente gracias a su valer y a su esfuerzo, igual que Zifar. Ferrán Martínez era de Toledo, lo mismo que su protector Gonzalo García Gudiel, que tenía una importante biblioteca con abundantes traducciones de obras orientales que pudieron haber sido leídas por el arcediano. Todo esto hace sospechar a Walker que Ferrán Martínez fue el autor del *Zifar.* Para comprobar su hipótesis, analiza el prólogo de la obra y llega a la conclusión de que, aunque está escrito en tercera persona, está contado desde el punto de vista del arcediano. De acuerdo con Walker, el hecho de que Ferrán Martínez haya sido el autor del prólogo no significa automáticamente que haya sido el autor de la obra, pero ciertos rasgos estilísticos comunes y, sobre todo, la falta de conexión entre el contenido del prólogo y el contenido de la obra indican que lo fue, ya que, si la obra hubiese sido escrita por otra persona, ¿qué razón habría tenido ésta para anteponerle las aventuras del arcediano? [19].

En su artículo «Ferrán Martínez, *escrivano del rey,* canónigo de Toledo, y autor del *Libro del Cavallero Zifar*», Francisco Javier Hernández aporta nuevos datos sobre la persona de Ferrán Martínez. Al consultar varios documentos legales y

[17] Wagner, «The Sources...», pág. 11.
[18] Marcelino Menéndez Pelayo, *Orígenes de la novela,* Madrid, Consejo Superior de Investigaciones Científicas, Edición Nacional de las Obras Completas, XIII, 1943, pág. 294.
[19] Walker, *Tradition and Technique...,* págs. 13-19.

eclesiásticos, Hernández encuentra pruebas de que Ferrán Martínez, canónigo de Toledo, y Ferrán Martínez, escribano y sellador de los reyes Alfonso X y Sancho IV, son la misma persona. Hernández halla muchos detalles en la obra que delatan la ideología típica de un canónigo, escribano y sellador de aquel lugar y de aquel tiempo, pero, además, descubre que la obra tiene una historicidad latente, es decir, que presenta retoques realistas que remiten al sistema legal de la época: procuratorios, sello, notario público, cartas de obligamiento, de creencia, de homenaje, de ruego, de guía y de convocatoria de Cortes. De acuerdo con Hernández, Ferrán Martínez, que fue expulsado de la cancillería en 1295, que estuvo en Italia de 1296 a 1298 y en 1300, escribió la obra hacia 1304, o sea, hacia el final de la guerra civil, a la que quizás aluda el cuento del rey Tabor[20].

Aunque no se tenga una prueba definitiva de ello, en vista de que las circunstancias apuntan cada vez más hacia él, habrá que decir que Ferrán Martínez fue muy probablemente el autor del *Zifar,* que, de acuerdo con esto, data de principios del siglo XIV.

El estilo

Los dos elementos de la obra más estudiados desde el punto de vista estilístico son los cuentos o *exempla* y los refranes o *sententiae,* es decir, las digresiones, ya que en ellas se ve más claramente el arte del autor.

Amado Alonso estudia el cuento del agua, el viento y la verdad, en el que encuentra una económica y hábil distribución de los elementos mediante una serie de gradaciones y simetrías que muestra gran maestría artística y que supone un avance respecto a la prosa alfonsina[21]. Kenneth R. Scholberg compara diversas versiones del cuento del medio amigo y halla que la versión latina del *Disciplina Clericalis* es la más pobre, seguida por las dos versiones de los *Castigos e Documentos,* la primera más pobre que la se-

[20] Francisco Javier Hernández, «Ferrán Martínez, *escrivano del rey,* canónigo de Toledo, y autor del *Libro del Cavallero Zifar*», *Revista de Archivos, Bibliotecas y Museos,* LXXXI, 2 (1978), páginas 289-325.
[21] Amado Alonso, «Maestría antigua en la prosa», *Sur,* XIV, 133 (1945), págs. 40-43.

gunda, mientras que las más ricas son las del *Conde Lucanor,* que está investida de un sentido religioso y que es la más concisa, y del *Zifar,* que está impregnada de un sentido humorístico y que es la más original[22].

Jules Piccus examina el uso de los refranes y frases proverbiales en la obra, que, en su opinión, no es característica exclusiva de ningún personaje y menos del Ribaldo, que dice menos que Zifar y que, en consecuencia, no es un antecedente de Sancho Panza. Piccus ofrece una lista de 173 refranes y frases proverbiales de la obra puestos por orden alfabético[23]. José Gella Iturriaga observa que en la obra los proverbios están esparcidos y no enristrados como en las obras de Juan Ruiz, Fernando de Rojas y Miguel de Cervantes. Gella Iturriaga proporciona una lista de 374 proverbios de la obra puestos por orden de aparición[24].

Parece, pues, que tanto el uso de los refranes como el uso de los cuentos es original y que el humor de la obra reside menos en los refranes que en los cuentos. Scholberg estudia la comicidad del *Zifar,* que cree superior a la del resto de las obras castellanas contemporáneas en prosa. Scholberg distingue entre elementos humorísticos y episodios humorísticos. Entre los elementos humorísticos señala los juegos de palabras, como, por ejemplo, los cruces entre nombres propios y nombres comunes (amigo = Amigo) y los cruces entre términos militares y términos religiosos (crismar = golpear) que aparecen en los capítulos 106 y 219, respectivamente. Entre los episodios humorísticos señala el episodio del medio amigo, el de la señora de Galapia y el hijo del conde de Éfeso, el del Ribaldo y los nabos y el episodio de Roboan y la dueña Gallarda. Scholberg apunta que el humor del *Zifar* sirve no sólo para divertir al lector, sino también para caracterizar a algunos de los personajes y para enmarcar a algunas de las acciones. Es de destacar que, excepto en el caso del cuento del medio amigo, que es una broma que le gasta un padre a un hijo, los otros

---

[22] Kenneth R. Scholberg, «A Half-Friend and a Friend and a Half», *Bulletin of Hispanic Studies,* XXXV, 4 (1958), páginas 187-198.

[23] Jules Piccus, «Refranes y frases proverbiales en el *Libro del Cavallero Zifar». Nueva Revista de Filología Hispánica,* XVIII, 1-2 (1965-1966), págs. 1-24.

[24] José Gella Iturriaga, «Los proverbios del *Caballero Cifar», Homenaje a Julio Caro Baroja,* Madrid, Centro de Investigaciones Sociológicas, 1978, págs. 449-469.

ejemplos son todos casos de humorismo verbal: conversaciones ingeniosas [25].

El estudio más completo sobre el estilo del *Zifar* hecho hasta la fecha es el de Walker, que analiza con detalle las fórmulas de la obra, en la que encuentra muchas técnicas de la poesía épica. Según Walker, lo mismo que los poetas del Mester de Clerecía, el autor del *Zifar* tomó prestadas técnicas del único estilo totalmente desarrollado de la literatura romance, que era el estilo del Mester de Juglaría, para que el lector se sintiera familiarizado con la obra desde el principio. Para Walker, el *Zifar* presenta no sólo técnicas de la literatura oral, sino también técnicas de la literatura escrita, tanto latina como árabe, tales como la digresión, la repetición, la antítesis, etc. Concluye que el estilo del *Zifar*, aunque debe mucho a estas tradiciones, presenta también abundantes elementos originales como, por ejemplo, la utilización de los pares de palabras, cuya variedad denota un esfuerzo por parte del autor por lograr un estilo personal, lo que consigue plenamente [26].

Aparte de estos estudios sobre los cuentos, refranes, elementos humorísticos y fórmulas juglarescas, que, por cierto, se podrían analizar más a fondo, no se han publicado muchos más estudios sobre el estilo del *Zifar*. Tampoco se ha publicado todavía ningún estudio extenso y detallado sobre la lengua de la obra, por lo que no estará de más ofrecer aquí un esbozo, aunque sea mínimo, de sus características.

Como es sabido, la prosa castellana aparece en el siglo XIII, cuando se traducen colecciones de *exempla*, como el *Calila e Dimna* y el *Sendebar* o *Libro de los Engaños*, y colecciones de *sententiae*, como el *Poridat de Poridades* y el *Bonium* o *Bocados de Oro*, así como un itinerario de Tierra Santa conocido por el nombre de *La Fazienda de Ultramar* y varias partes de la Biblia. La verdadera creación de la prosa castellana se atribuye, sin embargo, a los esfuerzos de Alfonso X y de sus colaboradores, que dieron como resultado una enorme obra de singular importancia, en cuyo proceso de composición se fijó la lengua castellana. Esta fijación se hace patente en la *Estoria de España*, escrita después de 1270,

---

[25] Kenneth R. Scholberg, «La comicidad del *Caballero Zifar*», *Homenaje a Rodríguez Moñino*, Madrid, Castalia, 1966, II, páginas 157-163.
[26] Walker, *Tradition and Technique...*, págs. 143-221.

en cuya segunda parte disminuye la pérdida de la -e final, así como la reducción de los pronombres enclíticos, excepto -s (se) y -l (lo-le), y la amalgama de palabras distintas, como *quemblo* (que me lo) y *nimbra* (ni me la). Parece que en este cambio fue decisiva la intervención del rey, deseoso de normalizar la lengua, lo que consiguió, ya que las normas gráficas establecidas en su reinado continuaron vigentes hasta el siglo XVI. Suele decirse que el «castellano drecho» propugnado por Alfonso X triunfa definitivamente con Don Juan Manuel, que va más allá, al ocuparse, no sólo de la lengua, sino también del estilo[27]. El *Zifar,* que, cronológicamente, se encuentra a mitad de camino entre las obras de Alfonso X y de Don Juan Manuel, tiene evidente interés como muestra de la lengua y del estilo de la prosa castellana de comienzos del siglo XIV.

A continuación, comentaré brevemente dos fragmentos de la obra, que compararé, uno con un fragmento de la *Estoria de España* y otro con un fragmento de *El Conde Lucanor.* No voy a estudiar las posibles influencias literarias, sino, sencillamente, las semejanzas y diferencias estilísticas y lingüísticas.

I. *Estoria de España:*

E dixol ell infant: «Galiana, ɔien ueo que e de fazer lo que uos queredes, pero sabelo Dios que a fuerça de mi, e prometouos por ende que si me uos agora guisaredes como auedes dicho, que yo uos lieue comigo pora Francia et uos tome por mugier»[28].

II. *Zifar:*

«Señora», dixo el infante, «yo non vos puedo gradesçer nin seruir quanto bien e quanta merçed me auedes fecho oy en este dia, e quanta mesura me amostrastes en querer que yo sepa de vos el amor verdadero que me auedes, e en querer me fazer saber toda vuestra fazienda e vuestra voluntad. E pues yo gradesçer non

---

[27] Sobre la lengua y el estilo de las obras de los siglos XIII y XIV, véase el libro de Rafael Lapesa, *Historia de la lengua española*, Madrid, Gredos, 1980, 8.ª ed., págs. 195-264.

[28] Edición de Ramón Menéndez Pidal, Madrid, Gredos, 1955, II, pág. 341.

vos lo puedo nin seruir asy commo yo querria, pido por merçed a Nuestro Señor Dios que el vos lo gradesca, e vos de buena çima a lo que deseades, con vuestra onrra. Pero digo que sepades de mi atanto: que del dia en que nasçi fasta el dia de oy, nunca sope amar muger a par de vos, ca vna sodes de las señoras que yo mas amo e mas preçio en mi coraçon, por la grant bondat, e el grant entendimiento, e la grant mesura, e el grant sosiego que en vos es. E commoquier que me agora quiero yr, pidovos por merçed que me querades atender vn año, saluo ende sy fallaredes vuestra onrra muy grande, con que el vuestro coraçon sea muy entregado; ca non ay cossa en este mundo por que yo quisiese que por mi perdiesedes grande honrra, sy Dios vos lo quisiere dar» [29].

III. *Zifar:*

El portero lo conto todo el fecho asy commo lo vio, e el rey quando lo oyo fue mucho espantado, commo aquel a que teñia la desonrra de su dueña. E enbio alla al su alguazil, e mandole que sy los fallase en aquella manera quel portero dezia, que los prendiese a ellos e a ella, e que los troxiese delante del. E el alguazil se fue a casa de la dueña, e bien asy commo el portero lo dixo al rey, asy lo fallo; e dio vna grant bos commo salido de seso, e dixo: «O dueña desauenturada, commo fueste perder el tu buen pres e la tu buena fama que auias entre todas las dueñas desta tierra? E maldita sea la ora en que estos escuderos aqui vinieron, que atan ayna te engañaron!» E los donzeles a las bozes que dauan e a lo que dezia el aguazil, despertaron e leuantaronse mucho apriesa commo omes espantados, e quesieron meter mano a las espadas para se defender, mas non les dieron vagar, ca luego fueron recabdados e la dueña eso mesmo, en saya e en pellote, asy commo se auia echado entrellos. E asy la leuaron delante del rey, e el alguazil dixo al rey en qual manera los auia fallado. E el rey con grant saña e commo salido fuera de sentido, non sabia que se dezir, e non quiso mas preguntar de su fazienda; e mando que la fuesen quemar luego, commoquier que se doliese mucho della, ca sabia que aquella era su muger [30].

---

[29] Capítulo 196.
[30] Capítulo 94.

El mercadero, que oyó a su mujer llamar marido a aquel mançebo, pesol mucho, ca bien tenía que era omne con quien fazía mal, o a lo mejor que era casada con él; e tovo más: que fazía maldat que non que fuese casada, e porque el omne era tan moço. Quisiéralos matar luego, pero acordándose del seso que costara una dobla, non se arrebató.

E desque llegó la tarde assentáronse a comer. De que el mercadero los vio assí estar, fue aun más movido por los matar, pero por el seso que conprara non se arrebató.

Mas, quando vino la noche e los vio echar en la cama, fízosele muy grave de soffrir e enderecó a ellos por los matar. E yendo assí muy sañudo, acordándose del seso que conprara, estido quedo [31].

El primer fragmento, que procede de la segunda parte de la *Estoria de España,* es la respuesta que le da Maynet a Galiana, cuando ésta, en vista de que Maynet no le presta demasiada atención, decide pedirle que se case con ella a cambio de proporcionarle el caballo y las armas que necesita para ir a luchar y no perder su honor. El segundo fragmento, procedente de la segunda parte del *Zifar,* es la contestación que le da Roboan a Seringa, cuando ésta, viendo que Roboan quiere continuar su camino, decide pedirle que se case con ella con la disculpa de que necesita su protección para mantener sus reinos y no perder su honor. Tanto Galiana como Seringa se han informado astutamente de que Maynet y Roboan son hijos de reyes antes de lanzarse a pedirles que se casen con ellas. Los medios que utilizan para conseguir sus fines, son, sin embargo, diferentes. Galiana se aprovecha de los sentimientos de un caballero en apuros. Seringa se aprovecha de los sentimientos de un caballero por una dama en apuros. En este sentido, la segunda es más sutil que la primera. Los caballeros reaccionan también de diferentes maneras.

Maynet responde clara y directamente:

---

[31] Edición de Alfonso I. Sotelo, Madrid, Cátedra, 1977, página 230.

1. Se siente acorralado: «bien ueo que *e de fazer* lo que uos queredes».

2. No quiere casarse con ella: «sabelo Dios que *a fuerça de mi*» (los subrayados son míos).

3. Pero lo hará: «prometouos por ende que si me uos agora guisaredes como auedes dicho, que yo uos lieue comigo pora Francia et uos tome por mugier».

Roboan contesta ambigua e indirectamente:

1. Parece que se siente abrumado: «yo non vos puedo gradesçer nin seruir quanto bien e quanta merçed me auedes fecho oy en este dia».

2. No está claro que quiera casarse con ella: «ca *vna sodes de las señoras* que yo mas amo e mas preçio en mi coraçon» (los subrayados son míos).

3. Pero lo hará con ciertas condiciones y salvedades: «pidovos por merçed que me querades atender vn año, saluo ende sy fallaredes vuestra onrra muy grande».

Parece que la *Estoria de España,* que carece de un estilo uniforme y personal, refleja fielmente la brevedad o la extensión de cada una de sus fuentes, mientras que el *Zifar* es más independiente de las suyas, que, en unos casos, amplía y, en otros casos, abrevia para lograr un estilo uniforme y personal.

El tercer fragmento, que pertenece a la primera parte del *Zifar,* es la reacción de Zifar cuando se entera de que Grima ha dormido con dos mancebos, que luego resultan ser Garfin y Roboan. El cuarto fragmento, perteneciente al Exemplo XXXVI de *El Conde Lucanor,* es la reacción del mercader cuando ve que su mujer vive con un hombre, que después resulta ser su hijo. Tanto Zifar como el mercader han estado separados de sus esposas por largo tiempo. Las razones de la separación son diferentes, pero la negligencia es la misma. Zifar se había separado de Grima involuntariamente, ya que a ésta la habían raptado unos marineros, pero después se había olvidado de ella, casándose con otra. El mercader se había separado de su mujer voluntariamente, ya que se había ido de viaje de negocios y después se había olvidado de ella, no regresando en veinte años. A pesar de todo, los dos reaccionan como maridos ofendidos ante la aparente infidelidad de la esposa olvidada. La reacción presenta, sin embargo, matices diferentes.

Zifar no controla sus sentimientos:

1. Se horroriza: «el rey quando lo oyo *fue mucho espantado,* commo aquel a que teñia la desonrra de su dueña».
2. No trata de comprobar la falta: «E el rey con grant saña e commo salido fuera de sentido, non sabia que se dezir, *e non quiso mas preguntar de su fazienda»* (los subrayados son míos).
3. No se apresura a imponer el castigo: «a mando que la fuesen quemar luego, commoquier que se doliese mucho della, ca sabia que aquella era su muger».

El mercader controla sus sentimientos:

1. Se apena: «*pesol mucho,* ca bien tenía que era omne con quien fazía mal, o a lo mejor que era casada con él; e tovo más: que fazía maldat que non que fuese casada, e porque el omne era tan moço».
2. Trata de comprobar la falta: «Quisiéralos matar luego, pero acordándose del seso que costara una dobla, *non se arrebató»* (los subrayados son míos).
3. Se apresura a imponer el castigo: «e yendo assí muy sañudo, acordándose del seso que conprara, estido quedo».

La narración sintética del *Zifar* y la narración analítica de *El Conde Lucanor* obedecen a las características y circunstancias de sus autores, el primero de los cuales es principalmente un narrador y el segundo de los cuales es principalmente un moralista. Efectivamente, aunque en ambas obras hay narración y moralización, éstas no tienen la misma importancia en cada una. En el *Zifar* la estructura de la narración no es afectada por la naturaleza de la moralización, que está subordinada a ella. Así, el espanto y la saña de Zifar no se analizan (el espanto se atribuye a una causa solamente y sólo se da un grado de saña), porque no son importantes en sí, sino en tanto en cuanto afectan al bienestar de Grima, Garfín y Roboan y constituyen un peligro más del que la familia se libra. La moraleja es un comentario de la narración y está determinada por ella: «E porende dizen que aquel es guardado el que Dios quiere guardar.» En cambio, en *El Conde Lucanor* la naturaleza de la moralización afecta a la estructura de la narración, que está subordinada a ella. Así, el pesar y la saña del mercader se analizan con detalle (el pesar se atribuye a tres causas y se dan tres grados de saña), porque son importantes en sí, como muestra del proceso de autocontrol y de búsqueda de la verdad. La narración es una ilustración de la moraleja y está determinada por ella: «Señor conde, mucho querría que sopiéssedes lo que contesçió a un mercadero que fue un día conprar sesos.»

De estas breves comparaciones, el *Zifar* emerge como una obra que, frente a la ausencia de estilo personal de la *Estoria de España,* posee un estilo propio, y que, frente a la presencia de estilo personal de *El Conde Lucanor,* posee un estilo personal diferenciado. Si Alfonso X fue el primero que se ocupó de la lengua y que habló de ella, Don Juan Manuel, aunque fue el primero que habló del estilo, no fue el primero que se ocupó de él. Ese honor le corresponde al anónimo autor del *Zifar,* cuyo estilo personal es evidente. La anonimia del *Zifar* es típica de una época en la que los únicos escritores que firmaban sus obras y hablaban de ellas eran los personajes históricos, como Alfonso X y Don Juan Manuel, autores de obras «serias». El autor del *Zifar,* personaje sin historia que escribe una novela, no era la persona más apropiada para hablar del estilo personal. Sí fue, sin embargo, la persona más apropiada para escribir la primera novela castellana, que, muy significativamente, no fue obra de un rey o de un noble, sino de un humilde clérigo con ansias de grandeza que no tuvo valor suficiente para firmar su obra. El primer estilo personal de la prosa castellana nació, pues, con la primera novela.

Respecto a la lengua, aunque los cuatro fragmentos reflejan el mismo estadio de su evolución, que es el del castellano de finales del siglo XIII y comienzos del XIV, se pueden rastrear algunas diferencias entre el castellano alfonsí del primer fragmento y el castellano post-alfonsí de los otros tres. Por ejemplo, en el primer fragmento aparece el artículo *ell,* forma más arcaica que la forma *el* del artículo que aparece en los otros tres. Asimismo, en el fragmento de la *Estoria de España* hay un caso de apócope de la *-e* final que no se da en los otros. Se trata de la palabra *infant,* que presenta la forma *infante* tanto en el *Zifar* (en el segundo fragmento: el *infante* Roboan) como en *El Conde Lucanor* (en el prólogo: el *infante* Don Manuel). Igualmente, en el fragmento de la *Estoria de España* aparece el sustantivo *mugier,* forma más arcaica que la forma *muger* que aparece en el *Zifar* y en *El Conde Lucanor.*

Entre los fragmentos post-alfonsíes no existen verdaderas diferencias lingüísticas, sino más bien preferencias estilísticas.

31

Así, por ejemplo, en *El Conde Lucanor* la sintaxis es más complicada que en el *Zifar,* donde no hay una oración tan difícil de entender como la de *El Conde Lucanor* que dice: «que fazía maldat que non que fuese casada, e porque el omne era tan moço» (que hacía maldad, no porque estuviese casada, sino porque el hombre era tan joven) [32].

En la *Estoria de España* y *El Conde Lucanor* el diálogo es menos abundante que en el *Zifar,* que destaca, precisamente, por la perfección de éste. Los recursos estilísticos que caracterizan el *Zifar* (los pares de palabras, las antítesis, las repeticiones, las digresiones, las fórmulas juglarescas, el humor, etc.) se dan con particular intensidad en los diálogos. Centrándonos en los pares de palabras, por ejemplo, se observa que en los fragmentos primero y cuarto no aparece ninguno. En el tercer fragmento aparecen dos: uno en la narración («en saya e en pellote») y otro en el diálogo («el tu buen pres e la tu buena fama»). Y en el segundo fragmento, que es todo diálogo, aparecen cuatro («gradesçer nin seruir», «quanto bien e quanta merçed», «vuestra fazienda e vuestra voluntad», «mas amo e mas preçio»). Evidentemente, los pares de palabras tienen un matiz afectivo y aparecen con más frecuencia en el diálogo o en expresiones de sentimientos, como sucede con el par «en saya e en pellote», que describe gráficamente la sorpresa de Grima al ser cogida en paños menores.

Frente a la *Estoria de España* y a *El Conde Lucanor,* el *Zifar* se revela, pues, como una obra de lengua y estilo claros y sencillos, pero no exentos de sofisticación, cuya principal característica es la sutileza psicológica.

La estructura

Los dos problemas más importantes que plantea la estructura del *Zifar* son el problema de la unidad y el problema de la división en partes. Los primeros críticos niegan la unidad de la obra, mientras que los últimos la defienden. Los últimos críticos dividen la obra en dos o tres partes, en tanto que los primeros la dividen en tres o cuatro. Este cambio de opinión es resultado de un cambio de método crítico.

---

[32] Sobre las diferencias lingüísticas y estilísticas existentes entre el *Zifar* y *El Conde Lucanor,* véase la introducción de Joaquín González Muela a su edición del *Libro del Caballero Zifar,* Madrid, Castalia, 1982, págs. 33-36.

Uno de los primeros críticos que estudiaron el *Zifar* a fondo, Wagner, afirma que no hay que buscar unidad en esta obra, la cual se divide en tres partes bastante independientes: las aventuras de Zifar, los castigos y las aventuras de Roboan [33]. Otro de los primeros críticos que le prestaron atención al *Zifar*, Menéndez Pelayo, dice que la composición de esta obra es extrañísima, ya que consta de muchos y variados materiales, no fundidos, sino yuxtapuestos, los cuales se pueden agrupar en tres categorías: la acción principal de la novela, la parte didáctica y paremiológica y los cuentos, apólogos y anécdotas que por todo el libro van interpolados [34].

En su libro *El amor y el matrimonio secreto en los libros de caballerías,* Justina Ruiz de Conde hace la primera valoración moderna del Zifar, cuya falta de unidad niega. Ruiz de Conde encuentra en la obra una idea central y un sistema de composición unificadores. La idea central es la idea de la redención por las buenas acciones y por la entrega a la voluntad divina. El sistema de composición es el sistema de la simetría de las acciones. Ruiz de Conde divide la obra en tres partes: Las proezas físicas y morales de Zifar, la justicia y sabiduría de Zifar como rey y como padre y las aventuras de Roboan hasta que llega a ser emperador. La primera parte se subdivide, a su vez, en otras cinco partes: La desgracia de Zifar, varias aventuras de plano real, una aventura de plano fantástico (el milagroso rescate de Grima), más aventuras de plano real y la recompensa de Zifar, que se convierte en rey de Menton. La segunda parte se subdivide en cuatro partes: la promesa de castidad de Zifar, varias aventuras de plano real, una aventura de plano fantástico (el episodio del Cavallero Atrevido) y la recompensa para todos. La tercera parte se subdivide también en cinco partes: la desairada situación de segundón de Roboan, varias aventuras de plano real, una aventura de plano fantástico (el episodio de las Ynsulas Dotadas), más aventuras de plano real y la recompensa de Roboan, que se convierte en emperador de Trigrida. Según Ruiz de Conde, los castigos sirven para ligar la segunda parte a la tercera. Para Ruiz de Conde, tanto la idea de la redención como el sistema de la simetría están presentes en cada una de las tres partes. En cada parte hay un episodio fantástico, que, por cierto, tiene lugar en el agua, rodeado de episodios rea-

---

[33] Wagner, «The Sources…», pág. 13.
[34] Menéndez Pelayo, *Orígenes…*, pág. 296.

listas y más o menos terrestres. Ruiz de Conde señala, además, que la materia de Bretaña tiene la misma importancia y extensión en la primera parte que en la tercera, ocupando en ambas un quinto del total, con lo que el equilibrio de la composición no se perturba. En este estudio se inspiran todos los críticos posteriores, especialmente Burke, que desarrolla el aspecto de la redención, y Walker, que desarrolla el aspecto de la simetría [35].

Burke afirma que el *Zifar* carece de unidad en cuanto que su estructura no se ajusta al modelo aristotélico de principio, medio y fin, pero posee unidad en cuanto que su estructura se ajusta al modelo del sermón medieval. Burke piensa que el *Zifar* está compuesto de acuerdo, no sólo con las *artes poeticae,* sino también con las *artes praedicandi* y que su tema es *redde quod debes,* devuelve lo que debes, lo que, en el caso de la figura del monarca, quiere decir que el rey tiene que hacer producir los talentos recibidos de Dios creando un reino justo en la tierra como preparación para el reino justo del cielo. Burke encuentra un plano real y un plano alegórico en la obra, que define como una *semejanza* o *visión.* Burke distingue entre la alegoría de los teólogos, que consiste en interpretar el significado de las historias reales, y la alegoría de los poetas, que consiste en expresar un significado mediante historias ficticias. Según Burke, el autor del *Zifar* usa la alegoría de los teólogos en la historia principal y la alegoría de los poetas en las historias secundarias del Cavallero Atrevido y de las Ynsulas Dotadas. Burke cree que el autor, viendo la verdad de Dios en las fuentes de la historia principal, hizo *emiendas* para subrayar e ilustrar esta verdad. Para Burke, la inclusión de los tiempos litúrgicos y de los nombres calificativos subraya el significado religioso de la historia principal, mientras que la inclusión de las historias secundarias del Cavallero Atrevido y de las Ynsulas Dotadas ilustra el significado religioso de la obra al condenar la traición y la codicia, los dos pecados políticos más peligrosos en opinión del hombre medieval. De acuerdo con estas teorías, Burke analiza el *Zifar* con gran detalle, hallando muchos paralelos entre la vida de Zifar y de Roboan y la vida de Jesucristo y otros personajes bíblicos. Según este crítico, el *Zifar* se divide en tres partes: 1) *Cavallero de Dios y Rey de Menton,* 2) *Castigos del rey de Menton,* 3) *Hechos*

---

[35] Justina Ruiz de Conde, *El amor y el matrimonio secreto en los libros de caballerías,* Madrid, Aguilar, 1948, págs. 35-98.

de Roboan, las cuales son sendos *exempla* que tratan de demostrar, el primero que el hombre puede lavar el pecado original y recuperar el *status* perdido, el segundo que el hombre puede mantener y aumentar su *status* mediante el aprendizaje y la sabiduría, y el tercero que el hombre puede perfeccionar la sociedad terrenal siguiendo el principio de *redde quod debes,* que está presente, no sólo en la obra, sino también en el prólogo, ya que Ferrand Martínez lo sigue al trasladar el cuerpo de su benefactor de Roma a Toledo. Burke observa que en los *Castigos del rey de Menton* se dice que el cuerpo es como el reino y el seso es como el rey y señala que la obligación del rey es preservar el reino igual que Ferrán Martínez preservó el cuerpo de su benefactor. De acuerdo con esto, las historias del Cavallero Atrevido y de las Ynsulas Dotadas son aproximaciones negativas al principio de *redde quod debes,* que, de esta manera, adquiere una dimensión dialéctica [36].

Walker no cree que el *Zifar* carezca de unidad porque su estructura no se ajusta al modelo aristotélico de principio, medio y fin, ya que este tipo de unidad no es típico de la literatura de la Edad Media. Tampoco cree que se deba buscar en la obra una unidad de tipo alegórico, como hace Burke, puesto que este tipo de unidad también es ajeno a la literatura medieval en la mayoría de los casos. Walker piensa que la clave de la unidad de la obra se encuentra en las *artes praedicandi,* como dice Burke, y, sobre todo, en las *artes poeticae,* en particular en el recurso de la *amplificatio,* cuyos dos tipos más importantes son la *interpretatio,* en su modalidad de paralelismo o simetría, y la *digressio,* en sus modalidades de entrelazamiento e intercalación. De acuerdo con estas teorías, Walker considera que la intercalación de los episodios fantásticos en el cuerpo realista de la obra no rompe la unidad, sino la monotonía de la obra. Según este crítico, el *Zifar* se divide en cuatro partes: 1) *Cavallero de Dios,* 2) *Rey de Menton,* 3) *Castigos del rey de Menton,* 4) *Hechos de Roboan),* tres narrativas y una no narrativa. Walker estudia los episodios del milagroso rescate de Grima, del Cavallero Atrevido y de las Ynsulas Dotadas, intercalados en las partes narrativas, o sea, en la primera, la segunda y la cuarta parte del libro, respectivamente, y encuentra que los tres contienen

---

[36] James F. Burke, *History and Vision. The Figural Structure of the «Libro del Cavallero Zifar»,* Londres, Tamesis, 1972, páginas 5-54.

motivos paralelos, tales como la presencia del agua, la existencia de una prueba, la importancia de las mujeres y de los niños, la obtención de riquezas y la distribución de premios y castigos al final, los cuales aparecen en el cuerpo realista de la obra, con la diferencia de que, en éste, todas las pruebas son superadas felizmente por los protagonistas, mientras que en dos de los episodios fantásticos esto no es así. Aparte del paralelismo entre los motivos de la parte realista y los motivos de la parte fantástica de la obra, Walker halla detalles fantásticos en la parte realista (la muerte de los caballos cada diez días y la resurrección de la señora de Galapia) y detalles realistas en la parte fantástica (la anécdota del consejo de San Jerónimo sobre el amor y la fábula del viento, el agua y la verdad) que hacen gradual el paso de lo real a lo fantástico y viceversa, contribuyendo, así, a la unidad de la obra. Walker añade que la intercalación de la parte no narrativa en el cuerpo narrativo de la obra tampoco rompe su unidad, ya que también se hace gradualmente, empezando con unas historias sobre reyes que la ligan a lo anterior, siguiendo con las enseñanzas más o menos desnudas y acabando con otras historias sobre reyes que la unen a lo siguiente. De acuerdo con esto, la estructura de los *Castigos del rey de Menton* es paralela a la estructura de las otras partes y su tema es una reflexión sobre lo anterior y un programa para lo siguiente [37].

Como se ve, tanto Burke como Walker defienden la unidad de la obra, aunque de diferente manera. Burke busca la unidad en el «plano alegórico», mientras que Walker la busca en el «plano real» de la obra. La crítica zifarina posterior oscila entre estas dos posturas, adoptando en muchos casos una actitud conciliatoria.

Francisco Javier Hernández estudia la función de la alegoría, que le parece el principal recurso creativo de la obra, cuyo autor, en su opinión, se valió de procedimientos alegóricos para escribir la obra, por lo que el lector debe valerse de los mismos procedimientos para interpretarla. Para este investigador, el tema central de la obra es la *magnificentia*, que consiste en «iniciar, continuar y terminar un proyecto sublime», siendo la obra una alegoría de la *magnificentia* y las historias de Ferrán Martínez, de Zifar y de Roboan *exempla de ésta* [38].

---

[37] Walker, *Tradition and Technique...*, págs. 71-142.
[38] Francisco Javier Hernández, «*El Libro del Cavallero Zifar:*

Marta Ana Diz analiza las funciones de las partes tercera y cuarta, que parecen romper la unidad de la obra, una por su carácter puramente didáctico y otra por su cambio de protagonista. Para esta investigadora, la parte tercera es la enunciación de la regla de «lograr un premio después de un penoso camino», y las partes primera y segunda, por un lado, y cuarta, por otro, son *exempla* de ésta [39].

Lo que Hernández y Diz hacen es combinar las teorías de Burke y de Walker, pero no distinguiendo el «plano alegórico» del «plano real» y estudiando cada uno por separado, sino ascendiendo el «plano real» a «plano alegórico». Efectivamente, estos críticos elevan el significado literal de la obra —iniciar, continuar y terminar un proyecto sublime, como dice Hernández, lograr un premio después de un penoso camino, como dice Diz, o, como diría Bremond, llevar a cabo un proceso de mejoramiento— a la categoría de significado ejemplar [40]. En mi opinión, esta interpretación no está justificada y es innecesaria. Guilliam Beer, William Ryding y otros estudiosos de la novela medieval señalan que, a menos que el autor lo exprese claramente, los libros de aventuras medievales no suelen tener un significado alegórico continuo [41]. En el caso del *Zifar*, Burke, Hernández y Diz parecen pensar que el autor expresa claramente una intención alegórica mediante el dicho de la nuez [42]. Pero esto no está tan claro. Para empezar, el dicho de la nuez es muy común y aparece en muchas obras medievales sin que su presencia haya llevado a los críticos a una interpretación alegórica de esas obras. Después hay que ver lo que significa el *fuste* y lo que significa el *fruto* y qué relación hay entre ambos. Burke,

Meaning and Structure», *Revista Canadiense de Estudios Hispánicos*, II, 2 (1978), págs. 89-121.

[39] Marta Ana Diz, «La construcción del *Cifar*», *Nueva Revista de Filología Hispánica*, XXVIII, 1 (1979), págs. 105-117.

[40] Claude Bremond, en «La lógica de los posibles narrativos», *Análisis estructural del relato*, 3.ª ed., Buenos Aires, Tiempo Contemporáneo, 1974, pág. 93, dice que el mejoramiento es una estructura narrativa que consiste en un proceso de eliminación de un obstáculo mediante unos medios.

[41] Guilliam Beer, *The Romance*, Londres, Methuen, 1970, página 18; William Ryding, *Structure in Medieval Narrative*, La Haya, Mouton, 1971, pág. 28.

[42] En el prólogo de la obra se dice que, aunque la historia que se cuenta sea falsa, contiene enseñanzas verdaderas, al igual que la nuez, que por fuera tiene el *fuste* y por dentro tiene el *fruto*.

Hernández y Diz parecen pensar que el *fuste* significa la *estoria,* el significado literal, y el *fruto* significa el *entendimiento,* el significado alegórico. Sin embargo, el texto permite otras interpretaciones. Por ejemplo, el *fuste* puede significar la *estoria* principal y el *fruto* puede significar los *enxienplos* y los *castigos* intercalados [43]. Véase que esto no niega la presencia dispersa de la alegoría en la obra, sólo niega su presencia continua. El *Zifar* contiene *exempla,* pero no es un *exemplun,* es un libro de aventuras medieval y, como tal, no demasiado complicado. Albert C. Baugh y Arthur K. Moore dicen que los libros de aventuras medievales combinan elementos narrativos y elementos didácticos abiertamente y no suelen tener significados ocultos [44]. Según Vinaver, a diferencia de la épica y del cuento, el libro de aventuras no trata de conmover, sino de iluminar. Vinaver señala que la idea de que leer una obra es descubrir su significado existió en la Antigüedad Clásica y luego se perdió y se recuperó en la Edad Media [45]. De ahí la preocupación de los autores medievales por la correcta lectura de sus obras, en particular de los libros de aventuras. A mi entender, lo que el prólogo del *Zifar* contiene no es una llamada a una lectura alegórica, sino a una lectura reflexiva. En mi opinión, el *Zifar* no es una enseñanza verdadera ilustrada por unas historias falsas, sino que es una historia falsa aderezada por unas enseñanzas verdaderas, no es una obra didáctica más o menos entretenida, sino que es un libro de aventuras.

La unidad de la obra ha de buscarse, pues, en el «plano real», en la estructura, cuya coherencia descansa en la evidente obsesión por el mejoramiento y el éxito que aparece en las acciones y en las palabras de los personajes y del autor. El éxito es el significado literal de la obra, el deleite y el provecho. Lo que deleita es el relato de los detalles de una historia con la que se puede soñar. Lo que aprovecha es la explicación de los mecanismos de una historia que se puede imitar. Esta explicación del relato es, precisamente, lo que

---

[43] Hernández menciona esta posibilidad, pero la descarta, en «*El Libro...*», págs. 93-94.

[44] Albert C. Baugh, «The Middle English Romance. Some Questions of Creation, Presentation, and Preservation», *Speculum,* XLII, 1 (1966), pág. 20; Arthur K. Moore, «Medieval English Literature and the Question of Unity», *Modern Philology,* 65, 4 (1968), pág. 295.

[45] Eugène Vinaver, *The Rise of Romance,* Oxford, Clarendon Press, 1971, págs. 14-15.

convierte al *Zifar* en un libro de aventuras, ya que, como dice Zumthor, el libro de aventuras medieval es una reflexión sobre un cuento[46].

Relacionado con el problema de la unidad está el problema de la división de la obra en partes, sobre las que hay gran confusión, probablemente debido a Wagner, que, mientras que en su artículo sobre las fuentes del *Zifar* divide la obra en tres partes, en su edición la divide en cuatro. Los críticos siguen, unos la división en tres y otros la división en cuatro, sin cuestionar su origen. Así, Hernández y Burke hablan de tres partes y Diz y Walker hablan de cuatro. El único crítico que cuestiona el origen de la división de la obra en libros o partes es Ronald G. Keightley, quien dice que la división del *Zifar* en cuatro partes hecha por Wagner, la cual no aparece ni en los manuscritos de Madrid y de París, que no presentan divisiones en partes, ni en la edición de Sevilla, que presenta una división en tres partes, no resulta lógica. Keightley piensa que esta división ha producido distorsiones en las interpretaciones de los críticos que la siguen, que, a veces, sobrevaloran unos episodios e infravaloran otros, al buscar paralelismos entre cuatro y no tres partes. Keightley señala que, con la división en tres partes, pierden su posición central los episodios del Milagroso rescate de Grima y del Cavallero Atrevido, mientras que el episodio de las Ynsulas Dotadas la mantiene, con lo que se rompe la simetría y se hace patente la invalidez de la oposición real/fantástico/real postulada por Ruiz de Conde como criterio de estructuración de las partes[47].

Keightley, que tan inteligentemente delimita este problema, no va, sin embargo, demasiado lejos en su resolución, ya que mantiene la división en tres partes del editor de Sevilla sin cuestionarla: aventuras de Zifar, castigos y aventuras de Roboan. Pero resulta que las aventuras de Roboan empiezan, en realidad, antes de los castigos, cuando decide partir en busca de mejor suerte, con lo que esta división se muestra poco acertada[48]. Lo que hay que hacer es olvidarse

---

[46] Paul Zumthor, *Essai de poétique médiévale*, París, Seuil, 1972, página 339.

[47] Ronald G. Keightley, «The Story of Zifar and the Structure of the *Libro del Cavallero Zifar*», *The Modern Language Review*, 73, 2 (1978), págs. 308-327.

[48] Las aventuras de Roboan comienzan exactamente en el capítulo 122, cuya rúbrica dice así: «De commo Roboan rogo a su

de las divisiones de la obra en partes y en capítulos de Wagner, el editor de Sevilla y los copistas de los manuscritos y determinar un criterio diferente para el análisis, un criterio único. Porque parece que lo que pasa es que todos estos críticos mezclan criterios y tan pronto dividen la obra de acuerdo con diferencias en la *historia* (aventuras de Zifar/aventuras de Roboan) como la dividen de acuerdo con diferencias en el *discurso* (narración/no narración)[49].

De acuerdo con la *historia,* los *castigos* que Zifar les da a sus hijos antes de la partida de Roboan no son una parte, sino una digresión del tipo de los *enxienplos* que Zifar le cuenta a su esposa antes de su partida. Efectivamente, las secuencias de introducción de las aventuras de Zifar y de las aventuras de Roboan son bastante semejantes:

Aventuras de Zifar:

a) Zifar y el rey de Tarta (capítulos 1-4).
b) *Enxienplos* de la amistad (capítulos 5-6).
c) Antepasados y destino de Zifar (capítulos 7-10).

Aventuras de Roboan:

a) Roboan y el rey de Menton (capítulos 122).
b) Castigos para bien vivir (capítulos 123-175).
c) Antepasados y destino de Roboan (capítulos 175-178)[50].

En ambos casos, el protagonista está insatisfecho con su situación y desea mejorarla. En los dos casos, el protagonista compara su situación con la de sus antepasados y tiene el presentimiento o la corazonada de que su destino será mejor que el de ellos. También en los dos casos, el presentimiento o la corazonada es confirmada por Grima, que hace

padre el rey que le dexasse yr a buscar su honrra e pres, e commo el rey gelo otorgo.»

[49] Tzvetan Todorov, en «Las categorías del relato literario», *Análisis estructural del relato,* 3.ª ed., Buenos Aires, Tiempo Contemporáneo, 1974, pág. 157, dice que la obra literaria es, al mismo tiempo, una *historia* y un *discurso.* Es *historia* en cuanto que presenta unos personajes y unas acciones parecidos a los reales. Es *discurso* en cuanto que es presentada por un escritor a un lector. La *historia* es el qué. El *discurso* es el cómo.

[50] Calco la segunda secuencia de la primera, tal como la describe Keightley, «The Story...», pág. 323.

una especie de profecía que cumple la función de plan de actuación para cada parte [51]. Por último, también en ambos casos, hay una digresión en medio de la secuencia, cuya función en la *historia* es la misma: convencer a Grima. En efecto, en el primer caso, Zifar, no sólo le cuenta a Grima unos *enxienplos* para animarla a guardar un secreto, como señala Keightley, sino que, además, le cuenta la historia de sus antepasados para suavizar el golpe de la partida, como señala Diz [52]. En el segundo caso, Zifar, no sólo impone los *castigos* a Garfin y a Roboan para animarlos a comportarse debidamente, sino que, además, le dice a Grima que le ha impuesto los *castigos* a Roboan para suavizar el golpe de la partida. Zifar le presenta las cosas a Grima de tal manera que parece que Roboan había decidido partir con el fervor de los *castigos,* cuando, en realidad, lo había decidido antes. Esta mentira, que no es la única presente en la obra, cumple la función de tranquilizar de antemano a Grima sobre la aventura de Roboan, que, si parte con el bagaje de los *castigos* y a causa de ellos, va bien preparado para salir adelante sano, salvo y con mejor posición social. Es decir, que tanto esta digresión como la otra cumplen una función suasoria de Zifar respecto de Grima sobre el asunto de la partida.

En resumen, parece claro que, en el nivel de la *historia,* la obra presenta dos partes bastante paralelas, las aventuras de Zifar y las aventuras de Roboan, cada una con su correspondiente episodio fantástico, el del Cavallero Atrevido en la primera y el de las Ynsulas Dotadas en la segunda. Estas dos partes forman un díptico genealógico del tipo de los mencionados por William Ryding, quien afirma que las estructuras más comunes de la narrativa medieval son la bipartición y el entrelazamiento [53]. Ambas estructuras están presentes en el *Zifar.* Los primeros críticos negaron la unidad de la obra precisamente a causa de ellas. Desde su punto de vista, una obra que tiene dos protagonistas diferentes y que tiene, no sólo una alternancia de las diversas partes de la materia narrativa, sino también una alter-

---

[51] En los libros de caballerías, las profecías suelen cumplir la función de planes de actuación, según dice Federico Francisco Curto Herrero en su libro, *Estructura de los libros españoles de caballerías en el siglo XVI,* Madrid, Fundación Juan March, 1976, página 38.

[52] Keightley, «The Story...», pág. 324; Diz, «El motivo de la partida...», pág. 7.

[53] Ryding, *Structure...,* pág. 37.

nancia de la materia narrativa con materias no narrativas, carecía de unidad. Si unidad se entiende en el sentido de un solo protagonista, de una sola acción, de una sola materia, el *Zifar* carece de ella. Lo mismo podría decirse de la mayoría de las obras medievales, que no tienen unidad en el sentido aristotélico, sino en el sentido de coherencia. Y coherencia no le falta al *Zifar,* que en todas y cada una de sus partes narrativas y no narrativas y en las relaciones entre ellas nos transmite el mismo mensaje: «Cualquiera puede ascender, cualquiera puede descender. Todo depende de su mérito.»

Este mensaje está presente, no sólo en la obra, sino también en la introducción, que, en mi opinión, comprende el prólogo y el capítulo primero, ya que las aventuras de Zifar, en rigor, no empiezan hasta el capítulo segundo. Al igual que la obra, la introducción presenta dos partes bastante paralelas, las aventuras de Ferrán Martínez, que lleva a cabo el *traslado* del cuerpo del cardenal Gonzalo García Gudiel, y las aventuras del *trasladador,* que lleva a cabo el *traslado* de la obra del *Cavallero Zifar.* Las aventuras de Ferrán Martínez se unen a las aventuras del *trasladador* mediante una concatenación cuyo elemento común es el *recuerdo.* El *recuerdo* es la causa de la aventura de Ferrán Martínez y la finalidad de la aventura del *trasladador.* El *recuerdo* es la motivación de ambos: Ferrán Martínez lleva a cabo su aventura porque se acuerda del cardenal, el *trasladador* lleva a cabo su aventura para que los que vinieren después se acuerden del cardenal. Si se acepta la teoría de que Ferrán Martínez y el *trasladador* son la misma persona, su carácter agradecido se multiplica por dos, ya que le hace meterse, no sólo en la aventura del *traslado* del cuerpo, sino también en la aventura del *traslado* de la obra. En este caso resulta doblemente cierta la afirmación de que a los buenos criados la lealtad al señor les hace acordarse del bien que recibieron en vida y en muerte. En vida y en muerte del señor (*traslado* del cuerpo) y en vida y en muerte del criado (*traslado* de la obra).

Para concluir, unas observaciones sobre la estructura general de la introducción y de la obra.

La introducción se divide en dos partes:

I. La aventura de Ferrán Martínez: comprende los primeros cinco octavos del prólogo, desde el principio hasta donde dice: «... ca lealtad les faze acordarse del bienfecho que resçebieron en vida e en muerte...». Se trata de una aventura real.

1. Introducción: comprende desde el principio de esta parte hasta donde dice: «... dioles plazo a que lo pagasen fasta la fiesta de resurreçion, que fue fecha en la era de mill e trezientos e treynta e nueue años...». Es un paso de lo general (el jubileo de 1300) a lo particular (el traslado del cuerpo).

2. Traslado del cuerpo: comprende desde donde dice: «... E en este año sobredicho Ferrand Martinez, arçediano de Madrid en la yglesia de Toledo, fue a Roma a ganar estos perdones...» hasta el final de esta parte.

II. La aventura del *trasladador:* comprende los últimos tres octavos del prólogo, desde donde dice: «... E porque la memoria del ome ha luengo tienpo, e non se pueden acordar los omes de las cosas mucho antiguas sy las non fallan por escripto...» hasta el final, así como el capítulo primero. Se trata de una aventura literaria.

1. Introducción: comprende desde el principio de esta parte hasta donde dice: «... E otrosy mucho deue placer a quien la cosa comiença a fazer que la emienden todos quantos la quesieren emendar e sopieren...» Es un paso de lo particular (esta obra) a lo general (toda obra).

2. Traslado de la obra: comprende desde donde dice: «... ca quanto mas es la cosa emendada, tanto mas es loada...» hasta el final de esta parte.

La obra se divide en dos partes:

I. La aventura de Zifar: comprende los capítulos 2-121. Se trata de una aventura fícticia.

1. Introducción: comprende los capítulos 2-10. Es sobre la partida.

2. Conquista del reino: comprende los capítulos 11-121.

II. La aventura de Roboan:

1. Introducción: comprende los capítulos 11-178. Es sobre la partida.

2. Conquista del imperio: comprende los capítulos 179-229.

Como se ve, tanto la aventura real de Ferrán Martínez y la aventura literaria del *trasladador* como las aventuras ficticias de Zifar y de Roboan son procesos de mejoramiento. Estos procesos de mejoramiento, que son paralelos, pueden representarse así [54]:

*Mejoramiento
que obtener*

1. Traslado
   del cuerpo.
2. Traslado
   de la obra.
3. Conquista
   del reino.
4. Conquista
   del imperio.

↓

*Obstáculo
que eliminar*

1. Dificultades
   burocráticas.
2. Dificultades
   artísticas.
3. Dificultades
   militares.
4. Dificultades
   militares

↓

*Medios
posibles*

1. Ayuda de la reina María y
   del obispo de Burgos.
2. Ayuda de Dios y del seso
   natural.
3. Ayuda de la familia y del
   Ribaldo, ayuda de Dios y
   del seso natural.
4. Ayuda de la familia y del
   Ribaldo, ayuda de Dios y
   del seso natural.

↓

*Utilización
de los medios*

↓

| *Proceso de mejoramiento* | *Proceso de eliminación* | |

| *Mejoramiento obtenido* | *Obstáculo eliminado* | *Éxito de los medios* |

[54] El siguiente esquema está basado en el modelo de Bremond,

Los críticos señalan el paralelismo entre las aventuras de Ferrán Martínez y las aventuras de Zifar, destacando los detalles que tienen en común. Por ejemplo, según Hernández, ambos personajes inician, continúan y terminan un proyecto sublime, y, según Diz, ambos personajes logran un premio después de un penoso camino [55]. Es decir, que ambos experimentan un proceso de mejoramiento. Pero también Roboan y el *trasladador* lo experimentan y es necesario subrayar este hecho, ya que, en particular, el personaje del *trasladador* hasta la fecha ha sido ignorado por los críticos. El *trasladador* es el mediador entre lo real y lo ficticio y su aventura literaria es radicalmente distinta y más difícil, no sólo que las aventuras ficticias de Zifar y Roboan, sino también que la aventura real de Ferrán Martínez. En este sentido, Ferrán Martínez y el *trasladador,* aunque pueden haber sido la misma persona, son dos personajes diferentes.

El género literario

Mientras que nadie niega ya la unidad del *Zifar,* sobre el problema de su género literario ha habido y sigue habiendo discrepancias. Unos críticos consideran la obra una novela de caballerías, en tanto que otros la excluyen de este género.

George Ticknor menciona al *Zifar* entre las novelas de caballerías que merecen el olvido en que yacen [56]. Pascual de Gayangos llama a esta obra novela de caballerías y señala la importancia del elemento moral que, más adelante, será fundamental para la confección de las obras de este género [57]. En cambio, Gottfried Baist dice sólo que el *Zifar* es la más antigua novela original castellana [58]. Por su parte, Charles Ph. Wagner afirma que esta obra se encuentra a mitad de camino entre el cuento y la novela de caballerías [59].

«La lógica de los posibles narrativos», *Análisis estructural...*, página 93.

[55] Hernández, «*El Libro...*», pág. 97; Diz, «La construcción...», página 116.

[56] George Ticknor, *Historia de la literatura española,* Madrid, M. Rivadeneyra, 1854, III, pág. 263.

[57] Pascual de Gayangos, ed., *Libros de caballerías,* Madrid, M. Rivadeneyra, 1857, pág. XLVII.

[58] Gottfried Baist, «Die Spanische Litteratur», *Grundiss der romanischen Philologie,* ed. Gustav Gröber, Estrasburgo, Karl J. Truber, 1898, II, pág. 416.

[59] Wagner, «The Sources...», pág. 12.

Menéndez Pelayo califica al *Zifar* como un libro de caballerías, no espirituales, sino mundanas, aunque recargado de elementos morales y políticos, que le dan una tendencia pedadógica y le afilian hasta cierto punto en el género llamado por Amador de los Ríos *didáctico-simbólico,* añadiendo que la obra puede considerarse como un espécimen de todos los géneros literarios existentes en Europa [60]. Henry Thomas afirma que el *Zifar* es una novela de caballerías inmadura y de transición cuyo mérito reside en el esfuerzo de su autor por crear un género nuevo [61]. William Entwistle dice que la obra es una novela de caballerías compuesta de elementos dispares cuyo valor descansa en el esfuerzo de su autor por crear una obra original [62].

Ruiz de Conde califica al *Zifar* como una novela de caballerías, pero de género impuro, mezclado con el cuento, añadiendo que la obra tiene una intención ética, al mismo tiempo que una intención estética, ya que se trata de una obra de tesis con un tema religioso-moral a la vez que con un propósito recreativo [63]. María Rosa Lida de Malkiel afirma que el *Zifar* es un no logrado maridaje de narración didáctica y de novela caballeresca escrito por un clérigo muy devoto y a la vez amigo de batallas [64]. Otis Green dice que la obra es el primer ejemplo de caballería religiosa en España y que es una obra notable, aunque amorfa [65].

Según se ve, la mayoría de estos críticos incluyen al *Zifar* entre las novelas de caballerías, pero la consideran una novela mixta, inmadura, atípica. Lo mismo hacen Burke, Walker y otros. La primera que le presta verdadera atención al problema del género literario de la obra y que niega que ésta sea una novela de caballerías es Luciana de Stéfano, quien encuentra que el *Zifar* no contiene el tipo de aventura, fama, amor o mito que caracteriza al *Amadís* y a las otras novelas hispánicas de caballerías. Stéfano señala que

---

[60] Menéndez Pelayo, *Orígenes...*, pág. 295.
[61] Henry Thomas, *Spanish and Portuguese Romances of Chivalry,* Cambridge, Cambridge University Press, 1920, págs. 13-20.
[62] William Entwistle, *The Arthurian Legend in the Literatures of the Spanish Peninsula,* Londres, J. M. Dent, 1925, pág. 72.
[63] Ruiz de Conde, *El amor...*, pág. 38.
[64] María Rosa Lida de Malkiel, *La idea de la fama en la Edad Media castellana,* México, Fondo de Cultura Económica, 1952, página 259.
[65] Otis Green, *Spain and the Western Tradition,* Madison, Wisconsin, The University of Wisconsin Press, 1963, I, pág. 12.

en el *Zifar,* los caballeros no practican la lucha por la lucha, sino que sólo pelean cuando es estrictamente necesario, no buscan la fama mundana, sino la honra entendida como riqueza en esta vida y salvación en la otra, no practican el amor cortés, sino el casto matrimonio, no son personajes míticos, sino realistas, y concluye que el *Zifar* no enlaza con la tradición bretona, como el *Amadís,* sino con la tradición cristiana y oriental hispánica, que es manejada por su autor con unos fines didáctico-morales plenamente medievales [66]. Asimismo, Hernández y Diz consideran al *Zifar* como una obra didáctico-moral cuya parte esencial son los *castigos.* Para ellos, el *Zifar* es una alegoría o un *exemplum* de ciertas enseñanzas.

Entre los críticos que estudian las novelas de caballerías hispánicas con intenciones clasificadoras, hay también diferentes opiniones. Martín de Riquer distingue entre libros de caballerías y novelas caballerescas, aplicando la primera denominación a las obras castellanas y la segunda a las catalanas. Para Riquer, el *Amadís* es un libro de caballerías en la línea de la obra de Chrétien de Troyes, mientras que el *Tirant* es una novela caballeresca en la línea de la obra de Antoine de la Sale, puesto que el *Amadís* se inspira en modelos literarios y es una obra fantástica, mientras que el *Tirant* se inspira en modelos históricos y es una obra realista [67]. Daniel Eisenberg distingue entre literatura caballeresca y libros de caballerías, aplicando la primera denominación a las obras de la Edad Media y la segunda a las del Siglo de Oro. Para Eisenberg, hay que excluir del grupo de los libros de caballerías las traducciones y los antecedentes, las obras no largas y las obras no biográficas, ya que los libros de caballerías son narraciones largas, biografías imaginarias de caballeros andantes, novelas originales escritas después de la publicación del *Amadís* [68]. Así pues, de acuerdo con Riquer, el *Zifar* encaja dentro de los libros de caballerías, y no de las novelas caballerescas, simplemente por ser castellano, aunque sea tan realista y esté tan inspirado en modelos históricos como el *Tirant,* y, de acuerdo con Eisenberg, el *Zifar* encaja dentro de la literatura caballe-

---

[66] Luciana de Stéfano, «El *Caballero Zifar:* Novela didáctico-moral», *Thesaurus,* XXVII, 2 (1972), págs. 173-260.

[67] Martín de Riquer, *Historia de la literatura catalana,* Barcelona, Ariel, 1964, I, pág. 578.

[68] Daniel Eisenberg, *Romances of Chivalry in the Spanish Golden Age,* Newark, Delaware, Juan de la Cuesta-Hispanic Monographs, 1982, págs. 1-8.

resca, y no de los libros de caballerías, simplemente por ser medieval, aunque se considere una narración larga, una biografía imaginaria y una novela original. Como se ve, estas divisiones no resultan muy aclaratorias ni productivas. El *Zifar* tiene cosas en común con el *Tirant,* a pesar de ser castellano, y tiene cosas en común con el *Amadís,* a pesar de ser medieval. Habrá que ver si se puede elaborar un sistema que tenga en cuenta las características de todas estas obras.

El primero que ha intentado una clasificación estructural de los libros de caballerías hispánicos es Armando Durán, quien basa su sistema en la creencia de que hay una relación inversa entre el entrelazamiento y la causalidad: a presencia de entrelazamiento, ausencia de causalidad y viceversa. Durán distingue entre entrelazamiento artístico o innecesario y entrelazamiento necesario o funcional y entre causalidad física o externa y causalidad psicológica o interna, y llega a la conclusión de que en el *Amadís* hay entrelazamiento artístico y falta de causalidad, en el *Zifar* hay entrelazamiento necesario y causalidad física y en el *Tirant* hay falta de entrelazamiento y causalidad psicológica [69].

Durán piensa que el entrelazamiento artístico del *Amadís,* el entrelazamiento necesario del *Zifar* y la falta de entrelazamiento del *Tirant* dependen de las diferentes estructuras de estas tres obras: mientras que el *Amadís* es una obra construida sobre la base de una serie de aventuras inconexas que no tienen la finalidad de llevar al caballero a ninguna parte, el *Zifar* es una obra aferrada al hilo conductor de la acción, que trata de la lucha del caballero por superar un destino adverso que lo obliga a emigrar y que lo separa de su familia, y el *Tirant* es una obra de carácter biográfico, que trata de la lucha del caballero por pasar del anonimato a la grandeza [70]. Sin embargo, el problema no es tan simple. No es cierto que en el *Tirant* no haya nada de entrelazamiento. Es verdad que, en general, el relato no se aparta del protagonista, pero hay varios casos en los que se entrelazan sus aventuras con las de otros personajes, como el caballero Espercius. Es decir, que la falta de entrelazamiento del *Tirant* es discutible. También es discutible la diferencia entre el entrelazamiento necesario del *Zifar* y el

[69] Armando Durán, *Estructura y técnicas de la novela sentimental y caballeresca,* Madrid, Gredos, 1973, págs. 125-139.
[70] *Ibíd.,* pág. 137.

entrelazamiento artístico del *Amadís*. Es verdad que hay una diferencia entre el entrelazamiento del *Zifar* y el entrelazamiento del *Amadís,* pero esta diferencia no reside en la oposición necesario/artístico, sino en la oposición escaso/ abundante. Efectivamente, el entrelazamiento es tan necesario para transformar la *historia* de Zifar, Grima, Garfin, Roboan, el Ribaldo, etc., en *discurso,* como para transformar la *historia* de Amadís, Galaor, Florestán, Agrajes, Bruneo, etc., en *discurso,* y es tan artístico en un caso como en otro [71]. Lo que pasa es que el *Zifar* es una *historia* de protagonistas únicos de acciones sucesivas, mientras que el *Amadís* es una *historia* de protagonistas múltiples de acciones simultáneas. Como consecuencia, en el *Zifar,* el entrelazamiento es escaso, ya que las aventuras de Zifar y de Roboan no se entrelazan con las de otros caballeros parecidos, sino con las de su mujer, sus hijos y su escudero en el caso de Zifar y con las de su escudero en el caso de Roboan, mientras que, en el *Amadís,* el entrelazamiento es abundante, ya que las aventuras de Amadís se entrelazan con las de otros caballeros parecidos, como sus hermanos, su primo y su cuñado.

Durán piensa que en el *Amadís* sólo hay causalidad hasta el momento en el que el héroe descubre su identidad, lo que automáticamente posibilita su matrimonio con su amada, y que, a partir de ese momento, las aventuras de Amadís pierden finalidad y se convierten en hechos aislados y yuxtapuestos, sin ninguna relación entre sí ni con la totalidad de la obra, la cual avanza sin otro objetivo que seguir avanzando [72]. Según Durán, en el *Zifar* hay causalidad en todo momento y esta causalidad es física, ya que las acciones de Zifar y de los demás personajes obedecen a circunstancias externas [73]. Para Durán, en el *Tirant* hay causalidad en todo momento y esta causalidad es psicológica, puesto que las acciones de Tirant y de los demás personajes obedecen a características internas [74]. Sin embargo, el problema no es tan simple. En el *Amadís* la causalidad no desaparece en el momento en el que el héroe descubre su identidad, porque las aventuras de Amadís hasta entonces no son su-

[71] Utilizo las palabras *historia* y *discurso* en el mismo sentido en el que las utiliza Tzvetan Todorov en «Las categorías del relato literario», *Análisis estructural...,* pág. 157.

[72] Durán, *Estructura y técnicas...,* pág. 133.

[73] *Ibíd.,* pág. 140.

[74] *Ibíd.,* pág. 140.

ticientes para merecer el amor de Oriana. Como señala Juan Manuel Cacho Blecua, Amadís tiene que superar todavía muchas más pruebas hasta que se cumplan las profecías de que será el mejor amante del mundo hechas por Urganda al comienzo del libro [75]. Es decir, que las profecías cumplen una importante función estructuradora y motivadora que hay que tener en cuenta. En el *Zifar* la causalidad no es sólo física, sino también psicológica. Zifar sale en busca de aventuras, en parte, por la difícil situación en que le pone la muerte de sus caballos (causalidad física) y, en parte, por la profecía de su abuelo de que, si se porta bien, llegará a ser rey (causalidad psicológica). En el *Tirant* la causalidad no es sólo psicológica, sino también física. Tirant se embarca en la nave porque cree que su amada le es infiel (causalidad psicológica), pero la nave parte porque la arrastra una tempestad (causalidad física). Más que hablar de causalidad física y de causalidad psicológica, parece que habría que hablar de causalidad próxima o provocadora y de causalidad remota o motivadora [76]. La causalidad próxima o provocadora podrá ser física o psicológica: Zifar abandona el reino de Tarta por la muerte de sus caballos, Amadís abandona la corte de Escocia para ayudar a Perión. En cambio, la causalidad remota o motivadora será siempre psicológica, ya que lo que mueve a los héroes, en último término, es siempre un deseo, deseo de algo material o espiritual, pero deseo, y como tal, espiritual, psicológico: Zifar abandona el reino de Tarta con el deseo de ser rey, Amadís abandona la corte de Escocia con el deseo de ser el mejor caballero del mundo. La causalidad remota o motivadora de Zifar es perfectiva y cesa cuando se colma su deseo. En cambio, la causalidad remota o motivadora de Amadís es imperfectiva y, en rigor, no cesa nunca, porque nunca se colma del todo su deseo [77].

En mi opinión, hay una relación entre la causalidad y el entrelazamiento, pero esta relación no es de ausencia de causalidad/presencia de entrelazamiento y presencia de causalidad/ausencia de entrelazamiento, como dice Durán, sino

[75] Juan Manuel Cacho Blecua, *Amadís: Heroísmo mítico cortesano*, Madrid, Planeta/Universidad de Zaragoza, 1979, pág. 175.

[76] La causalidad próxima es la que provoca la acción. La causalidad remota es la que motiva al personaje.

[77] La causalidad remota perfectiva es un deseo que se puede satisfacer totalmente. La causalidad remota imperfectiva es un deseo que por su propia naturaleza no se puede satisfacer nunca totalmente.

de causalidad remota imperfectiva/abundante entrelazamiento y causalidad remota perfectiva/escaso entrelazamiento. Esto se debe a que, para ser el mejor caballero del mundo, hay que batirse con muchos caballeros (amigos y enemigos) para demostrarlo, mientras que, para ser rey, sólo hay que batirse con los suficientes caballeros (enemigos) como para lograrlo. De ahí que las aventuras de Amadís se entrelacen con las de otros caballeros parecidos, mientras que las de Zifar y las de Tirant, no.

La clasificación de Durán necesita no sólo matizaciones, sino también ampliaciones. El *Amadís,* el *Zifar* y el *Tirant* no son suficientes para establecer un modelo. Por lo menos hay que añadir el *Curial,* novela catalana del siglo XV como el *Tirant,* con lo cual tenemos las cuatro novelas de caballerías hispánicas más antiguas. A éstas se pueden sumar algunas de las seguidoras del *Amadís,* como el *Clarimundo* y el *Palmeirim,* novelas portuguesas del siglo XVI, con lo cual tenemos media docena de novelas, dos castellanas, dos catalanas y dos portuguesas [78]. El rasgo estructural más evidente que tienen en común estas novelas es el proceso de mejoramiento experimentado por su protagonista. De acuerdo con el ascenso social del héroe, estas novelas pueden clasificarse así:

Novelas de máxima trayectoria social: En ellas, el ascenso social del héroe es grande. Zifar pasa de caballero pobre de Tarta a rey de Menton. Curial pasa de caballero pobre de Lombardía a príncipe de Orange. Tirant pasa de noble más o menos rico de Tirania a heredero del imperio de Constantinopla. En los tres casos el ascenso social es máximo. Los héroes son caballeros más o menos pobres y llegan a ser reyes o emperadores, lo que normalmente no era de esperar. En los tres casos la vida de los héroes se cuenta desde su juventud. Zifar, Curial y Tirant conocen su identidad desde siempre. Su lucha es por transformarla.

Novelas de mínima trayectoria social: En ellas, el ascenso social del héroe es pequeño. Amadís pasa de heredero del

[78] Para la lectura de las novelas catalanas y portuguesas pueden utilizarse las siguientes ediciones: *Curial e Güelfa,* edición de Ramón Miquel i Planas, Barcelona, Biblioteca Catalana, 1932; *Tirant lo Blanc,* edición de Martín de Riquer, Barcelona, Selecta, 1947; *Crónica do Imperador Clarimundo,* edición del profesor Marques Braga, Lisboa, Livraria Sá da Costa, 1953, 3 volúmenes; *Crónica de Palmeirim de Inglaterra,* edición de Geraldo Ulhoa Cintra, Sao Paulo, Anchieta, 1946, 3 vols.

reino de Gaula a heredero del reino de la Gran Bretaña. Clarimundo pasa de heredero del reino de Hungría a heredero del imperio de Constantinopla. Palmeirim pasa de heredero del reino de Inglaterra a heredero del imperio de Constantinopla. En los tres casos el ascenso social es mínimo. Los héroes son hijos primogénitos de reyes y llegan a ser reyes o emperadores, lo que normalmente era de esperar. En los tres casos la vida de los héroes se cuenta desde su nacimiento. Amadís, Clarimundo y Palmeirim no conocen su identidad hasta su juventud. Su lucha es por merecerla.

En las novelas de máxima trayectoria social, los héroes no tienen hermanos ni compañeros de la misma categoría cuyas aventuras se entrelacen con las suyas. A veces, tienen compañeros, pero no son de la misma categoría. Por ejemplo, Zifar tiene al Ribaldo, que es un plebeyo, y Curial tiene a Melchior de Pando, que es un anciano. Otras veces tienen compañeros de la misma categoría, pero cuyas aventuras no se entrelazan con las suyas. Por ejemplo, Tirant tiene a su primo Diafebus, que casi nunca se separa de él. En cambio, en las novelas de mínima trayectoria social, los héroes tienen hermanos y compañeros de la misma categoría cuyas aventuras se entrelazan con las suyas. Por ejemplo, Amadís tiene a su hermano Galaor y a su primo Agrajes, Clarimundo tiene a su primo Dinarte y a su amigo Panflores, y Palmeirim tiene a su hermano Floriano y a su primo Florendos. Es decir, que las novelas de máxima trayectoria social son novelas de protagonistas únicos y de acciones sucesivas, mientras que las novelas de mínima trayectoria social son novelas de protagonistas múltiples y de acciones simultáneas [79]. De esta particularidad depende la cantidad de entrelazamiento de cada una. Las novelas de máxima trayectoria social, cuyos héroes no tienen hermanos ni compañeros con los que competir, sino simplemente enemigos que combatir, son novelas de escaso entrelazamiento, mientras que las novelas de mínima trayectoria social, cuyos héroes no sólo tienen enemigos que combatir, sino también hermanos y compañeros con los que competir, son novelas

---

[79] Esto no quiere decir que en las novelas de máxima trayectoria social no haya acciones simultáneas, sino que hay menos y, sobre todo, que se relatan menos. A veces, hay acciones que suceden a la vez, pero sólo se relata una y las otras se aluden o, simplemente, se suponen.

de abundante entrelazamiento. Es decir, que el escaso entrelazamiento corresponde a las novelas de causalidad remota perfectiva, conseguir lo que no se tiene, mientras que el abundante entrelazamiento corresponde a las novelas de causalidad remota imperfectiva, merecer lo que se tiene. Esto se debe a que, para conseguir lo que no se tiene, el reino lejano, hay que resolver un limitado número de conflictos, mientras que, para merecer lo que se tiene, el reino cercano, hay que someterse a un ilimitado número de pruebas.

En el siglo XIII, con la decadencia del feudalismo, la nobleza comenzó a perder poderes y la monarquía a ganarlos, creándose un enfrentamiento que acabó en el siglo XV con la victoria de la monarquía sobre la nobleza, como señala Joaquín Gimeno Casalduero [80]. José Amezcua dice que el *Zifar* y el *Amadís* presentan este enfrentamiento entre la caballería y la monarquía, que no aparece en obras posteriores, cuyos autores ponen mucho cuidado en no cuestionar el creciente autoritarismo real [81]. Sin embargo, entre el enfrentamiento de Zifar y el rey de Tarta y el enfrentamiento de Amadís y el rey de la Gran Bretaña hay diferencias considerables. En primer lugar, Zifar no se rebela contra el rey, sino que lo abandona para siempre. En segundo lugar, un conflicto entre Zifar y el rey de Tarta no pasa de ser un conflicto de política interior, ya que Zifar es sólo un vasallo del rey de Tarta, mientras que un conflicto entre Amadís y el rey de la Gran Bretaña es tanto un conflicto de política interior como un conflicto de política exterior, ya que Amadís no sólo es vasallo del rey de la Gran Bretaña, sino también heredero del rey de Gaula y señor de la Ínsola Firme. Además, lo que está en peligro es el trono y la mano de su amada, ya que el rey quiere desheredarla y casarla con otro. En este sentido, el conflicto entre Amadís y el rey no está lejos de los conflictos dinásticos de la época. Por último, está el hecho de que Zifar sea un simple caballero y Amadís sea todo un príncipe. Se trata de dos casos totalmente diferentes. Zifar, al igual que Curial y Tirant, es un ejemplo de movilidad social, mientras que Amadís, al igual que Clarimundo y Palmeirim, es un ejemplo de continuidad social. En uno y otro caso, la movilidad y la con-

---

[80] Joaquín Gimeno Casalduero, *La imagen del monarca en la Castilla del siglo XIV*, Madrid, Revista de Occidente, 1972, página 21.
[81] José Amezcua, ed., *Libros de caballerías hispánicos*, Madrid, Alcalá, 1973, pág. 116.

tinuidad dependen del valor y del esfuerzo de los caballeros. Lo interesante es que los casos de movilidad social corresponden a las novelas más antiguas y los de continuidad social a las más modernas. Hay un cambio del *Zifar* (escrita sobre 1300), del *Curial* (escrita entre 1435 y 1462) y del *Tirant* (escrita entre 1460 y 1490) al *Amadís* (publicada en 1508 en su versión definitiva, aunque hubo versiones anteriores), al *Clarimundo* (publicada en 1520) y al *Palmeirim* (publicada en 1567). Quizás lo que no se pudiese representar desde finales del siglo xv fuese, no la rebelión de un caballero contra el rey, como dice Amezcua, sino el ascenso de un caballero a rey. Puede ser que esto no fuese prudente o, simplemente, no viniese al caso. Tal vez lo único que viniese al caso desde principios del siglo xvi fuese representar a los reyes mereciendo sus reinos. Se trataría de una utilización de la caballería para justificar a la monarquía: el rey es el mejor caballero del reino. Las novelas de caballerías empezarían siendo un fenómeno medieval, de defensa de los caballeros, y acabarían siendo un fenómeno moderno, de defensa de los reyes. Es posible que en esta sutil transformación se encuentre, en parte, el secreto de su largo éxito.

Las diferencias que Riquer y Eisenberg encuentran entre el *Zifar,* el *Curial* y el *Tirant,* por una parte, y el *Amadís* y sus seguidores, por otra, son muy reales, pero darles nombres diferentes no resuelve el problema, sino que plantea otro: si el *Zifar,* el *Curial* y el *Tirant,* que tienen unos personajes y unas acciones caballerescas y que han sido tomados por novelas de caballerías por la inmensa mayoría de los lectores y de los críticos antiguos y modernos, no son novelas de caballerías, ¿qué son? Más productivo que darles nombres diferentes será clasificarlos de acuerdo con sus características. Y de acuerdo con éstas, las novelas de caballerías hispánicas, o los libros de aventuras caballerescas, por utilizar la terminología de Deyermond, pueden dividirse en dos grupos o fases: 1) Fase de iniciación-transformación: Este grupo está compuesto por el *Zifar,* el *Curial* y el *Tirant,* que son novelas de máxima trayectoria social, causalidad remota perfectiva y escaso entrelazamiento. 2) Fase de transformación-repetición: Este grupo está compuesto por el *Amadís* y sus seguidores, que son novelas de mínima trayectoria social, causalidad remota imperfectiva y abundante entrelazamiento. De las cuatro principales novelas de caballerías de la Edad Media peninsular, el *Zifar,* el *Curial,* el

Tirant y el *Amadís,* triunfó esta última por presentar características que resultaron del gusto del público del Siglo de Oro, características que, además, su refundidor se encargó de acentuar. Entre ellas, destaca el mensaje político-social de la novela. El sueño del público de la Edad Media era que los caballeros consiguiesen reinos. El sueño del público del Siglo de Oro era que los príncipes herederos los mereciesen. El *Amadís,* única novela de caballerías de la Edad Media que presenta estas características, es la que triunfa y se convierte en modelo de la novela de caballerías del Siglo de Oro. Para satisfacer la gran demanda de los lectores por estas obras, los editores publicaron dos tipos de novelas: las seguidoras del *Amadís* y las anteriores al *Amadís.* Los críticos, después, se encontraron con una masa de novelas de caballerías de la Edad Media y del Siglo de Oro juntas y, al percibir la diferencia entre los dos grupos, o bien llamaron atípicas a las medievales o bien dijeron que no eran novelas de caballerías. Con su género literario en entredicho por estas razones, el *Zifar* se ha interpretado demasiado «a lo divino». Ya va siendo hora de liberarlo de esta tiranía y de verlo no como una obra didáctico-moral, una alegoría o un *exemplum,* ni como una novela de caballerías atípica, sino como una *novela de caballerías típica de la Edad Media castellana.* Como tal, el *Zifar* presenta un mundo en el que el ascenso es posible no sólo para los caballeros, sino también para los siervos. Victor R. B. Oelschläger y James R. Chatram dicen que esto sucedía con cierta frecuencia en la Edad Media y añaden que el ascenso se conseguía luchando y rezando, y suponía no sólo un mejoramiento de la posición social, sino también un mejoramiento de las posibilidades de salvación [82]. Esto explica lo inseparables que resultan en el *Zifar* el aspecto caballeresco y el aspecto religioso. El *Zifar* es una novela de caballerías que se ajusta fielmente a ciertas teorías medievales sobre cómo se consigue y lo que significa el ascenso social. La novela expresa estas ideas cuando ya este tipo de ascenso se estaba haciendo imposible, como señalan muchos historiadores [83]. Sin embargo,

[82] Victor R. B. Oelschläger y James R. Chatram, «The Structure of Spanish Society in Medieval Literary and Didactic Works», *Revista de Estudios Hispánicos,* 2, 1 (1968), págs. 77-78.

[83] Véanse, por ejemplo, las obras de Jaime Vicens Vives, *Aproximación a la historia de España,* Barcelona, Vicens Vives, 1968, 5.ª ed., y de Jordi Rubió y Balaguer, *Vida española en la época gótica,* Barcelona, Alberto Martín, 1943.

su autor no parece haberse dado cuenta del cambio y nos transmite un mensaje, que no es de nostalgia del pasado, sino de ilusión por el futuro [84]. Este mensaje es el mensaje del éxito, del éxito no sólo de los personajes de la obra, sino también de Ferrán Martínez y del *trasladador* y, quizás también, ¿quién sabe?, hasta de los mismos lectores u oyentes, a quienes con claro optimismo, el *trasladador* incita a meterse en aventuras semejantes en las palabras que dan fin a la novela.

> ... E porende deuemos rogar a Dios que el, por la su santa piedat, quiera que començemos nuestros fechos con mouimiento natural, e acabemos tales obras que sean a seruiçio de Dios, e a pro e a onrra de nuestros cuerpos, e a saluamiento de nuestras almas. Amen.

---

[84] En la obra, el ascenso social no se presenta como un sueño, sino como una realidad, lo que concuerda con la teoría de que Ferrán Martínez, escribano y canónigo salido de la clase baja y hombre obsesionado con el éxito, fue el autor de la obra, según dice Walker, *Tradition and Technique...*, pág. 15.

La presente edición

Del *Libro del Cavallero Zifar* hay dos manuscritos, dos ediciones antiguas y cinco modernas:

1. Manuscrito de Madrid: Se conserva en la Biblioteca Nacional de Madrid (11.309). Se cree que data del siglo XIV.

2. Manuscrito de París: Se conserva en la Biblioteca Nacional de París (Esp. 36). Se cree que data del siglo XV.

3. Edición de Sevilla: El único ejemplar de esta edición se encuentra en la Biblioteca Nacional de París (Inv. Rés. Y² 259). Data de 1512. Se trata de una versión no derivada directamente de los manuscritos.

4. Edición de Sevilla: Un ejemplar de esta edición se encuentra en la Biblioteca de Palacio de Madrid (VIII-2.054). Data de 1529. Se trata de una reimpresión no revisada de la edición de Sevilla de 1512.

5. Edición de Heinrich Michelant: Hecha en Tübingen, Alemania (Bibliothek des Litterarischen Vereins in Stuttgart, CXII), en 1872. Es una transcripción del manuscrito de París complementado por la edición de Sevilla de 1512.

6. Edición de Charles Ph. Wagner: Hecha en Ann Arbor, Michigan (University of Michigan), en 1929. Es una transcripción del manuscrito de Madrid complementado por el manuscrito de París y por la edición de Sevilla de 1512.

7. Edición de Martín de Riquer: Publicada en Barcelona (Selecciones Bibliófilas) en 1951. Se basa en la edición de Wagner con la ortografía modernizada.

8. Edición de Felicidad Buendía: Publicada en Madrid (Aguilar) en 1960. Se basa en la edición de Wagner con la ortografía modernizada.

9. Edición de Joaquín González Muela: Hecha en Madrid (Castalia) en 1982. Es una transcripción del manuscrito de Madrid.

La presente edición sigue el texto de la edición de Wagner, a la cual se le ha suprimido el aparato crítico. Se han eliminado también las remisiones a las páginas del manuscrito de Madrid, en que se basa. Asimismo, se ha eliminado la letra bastardilla que Wagner usa para las partes procedentes de las *Flores de Filosofía* y para algunas expresiones poco corrientes. No se ha modernizado la ortografía ni se han realizado otros cambios. A este texto se le han puesto unas notas a pie de página cuyo propósito es doble: explicar el significado de algunas palabras difíciles de entender hoy día y subrayar algunos aspectos de los problemas tocados en la introducción.

Bibliografía

ALFONSO, Martha, «Comparación entre el *Félix* de Ramón Llull y *El Caballero Cifar*, novela caballeresca a lo divino», *Estudios Lulianos*, 12, 34 (1968), págs. 77-81.

ALONSO, Amado, «Maestría antigua en la prosa», *Sur*, XIV. 133 (1945), págs. 40-43.

AMEZCUA, José, *Libros de caballerías hispánicos*, Madrid, Alcalá, 1973.

BLÜHER, Karl A., «Zur Tradition der politischen Ethik im *Libro del Caballero Zifar*», *Zeitschrift für Romanische Philologie*, 87, 3-4 (1971), págs. 249-257.

BUCETA, Erasmo, «Algunas notas históricas al prólogo del *Cavallero Zifar*», *Revista de Filología Española*, XVII, 1 (1930), páginas 18-36.

— «Nuevas notas históricas al prólogo del *Cavallero Zifar*», *Revista de Filología Española*, XVII, 4 (1930), págs. 419-422.

BURKE, James F., *History and Vision. The Figural Structure of the «Libro del Cavallero Zifar»*, Londres, Tamesis, 1972.

— «Names and the Significance of Etymology in the *Libro del (Cavallero Cifar*», *Romanic Review*, 59, 3 (1968), págs. 161-173.

— «Symbolic Allegory in the Portus Salutaris Episode in the *Libro del Cavallero Cifar*», *Kentucky Romance Quarterly*, 15, 1 (1968), págs. 69-84.

— «The *Libro del Cavallero Zifar* and the Medieval Sermon», *Viator*, I (1970), págs. 207-221.

— «The Meaning of the Islas Dotadas Episode in the *Libro del Cavallero Cifar*», *Hispanic Review*, 38 (1970), págs. 56-68.

DIZ, Marta Ana, «El discurso de Nobleza en el *Cifar* y la carta de Dido», *Thesaurus*, XXXV, 1 (1980), págs. 98-109.

— «El motivo de la partida del caballero en el *Cifar*», *Kentucky Romance Quarterly*, XXVIII, 1 (1981), págs. 3-11.

— «El mundo de las armas en el *Libro del Caballero Cifar*», *Bulletin of Hispanic Studies*, LVI, 3 (1979), págs. 189-199.

— «La construcción del Cifar», *Nueva Revista de Filología Hispánica*, XXVIII, 1 (1979), págs. 105-117.

DURÁN, Armando, *Estructura y técnicas de la novela sentimental y caballeresca*, Madrid, Gredos, 1973.

DUTTON, Brian, y WALKER, Roger M., «El *Libro del Cavallero Zifar* y la lírica castellana», *Filología*, 9 (1963), págs. 53-67.

GELLA ITURRIAGA, Juan, «Los proverbios del *Caballero Cifar*», *Homenaje a Julio Caro Baroja*, Madrid, Centro de Investigaciones Sociológicas, 1978, págs. 449-469.

GÓMEZ REDONDO, Fernando, «El prólogo del *Cifar*: Realidad, ficción y poética», *Revista de Filología Española*, LXI, 1-2 (1981), págs. 85-112.

GONZÁLEZ, Cristina, *Aproximación al «Libro del Cavallero Zifar»*, Madrid, Gredos, 1983.

GONZÁLEZ MUELA, Joaquín, «¿Ferrand Martínez, mallorquín, autor del *Zifar*?», *Revista de Filología Española*, LIX, 1-4 (1977), págs. 285-288.

HERNÁNDEZ, Francisco Javier, «Alegoría y figura en el *Libro del Cavallero Zifar*», *Reflexión*, 2, 2-4 (1973), págs. 7-20.

— «El *Libro del Cavallero Zifar*: Meaning and Structure», *Revista Canadiense de Estudios Hispánicos*, II, 2 (1978), páginas 89-121.

— «Ferrán Martínez, *escrivano del rey*, canónigo de Toledo y autor del *Libro del Cavallero Zifar*», *Revista de Archivos, bibliotecas y museos*, LXXXI, 2 (1978), págs. 289-325.

— «Noticias sobre Jofré de Loaisa y Ferrán Martínez», *Revista Canadiense de Estudios Hispánicos*, IV, 3 (1980), págs. 281-309.

— «Sobre el *Cifar* y una versión latina de la *Poridat*», *Homenaje Universitario a Dámaso Alonso*, Madrid, Gredos, 1970, páginas 101-117.

— Un punto de vista (Ca. 1304) sobre la discriminación de los judíos», *Homenaje a Julio Caro Baroja*, Madrid, Centro de Investigaciones Sociológicas, 1978, págs. 587-593.

KEIGHTLEY, Ronald G., «Models and Meanings for the *Libro del Cavallero Zifar*», *Mosaic*, XII, 2 (1979), págs. 55-73.

— «The Story of Zifar and the Structure of the *Libro del Cavallero Zifar*», *The Modern Language Review*, 73, 2 (1978), páginas 308-327.

KRAPPE, Alexander H., «La leggenda di S. Eustachio», *Nuovi Studi Medievali*, 3 (1926-1927), págs. 223-258.

— «Le lac enchanté dans le *Chevalier Cifar*», *Bulletin Hispanique*, XXXV, 2 (1933), págs. 107-125.

— «Le mirage celtique et les sources du *Chevalier Cifar*», *Bulletin Hispanique*, XXXIII, 2 (1931), págs. 97-103.

MOLDENHAUER, Gerhard, «La fecha del origen de la *Historia del Caballero Cifar* y su importancia para la historia de la literatura española», *Investigación y progreso*, 5 (1931), páginas 175-176.

MULLEN, Edward J., «The Role of the Supernatural in *El Libro del Cavallero Zifar»*, *Revista de Estudios Hispánicos*, 5, 2 (1971), págs. 257-268.

OLSEN, Marilyn A., «A Reappraisal of Methodology in Medieval Editions: The Extant Material of the *Libro del Cavallero Zifar»*, *Romance Philology*, XXXV, 3 (1982), págs. 508-515.

— «Three Observations on the *Zifar»*, *La Coronica*, 8, 2 (1980), páginas 146-148.

PICCUS, Jules, «Consejos y consejeros en el *Libro del Cavallero Zifar»*, *Nueva Revista de Filología Hispánica*, XVI, 1-2 (1962), págs. 16-30.'

— «Refranes y frases proverbiales en el *Libro del Cavallero Zifar»*, *Nueva Revista de Filología Hispánica*, XVIII, 1-2 (1965-1966), págs. 1-24.

RUIZ DE CONDE, Justina, *El amor y el matrimonio secreto en los libros de caballerías*, Madrid, Aguilar, 1948.

SAMPSON, Margaret, «Africa in Medieval Spanish Literature. Its Appearance in *El Caballero Cifar»*, *Negro History Bulletin*, 32 (1969), págs. 14-18.

SCUDIERI RUGGIERI, Jole, «Due note di letteratura spagnola del siglo XIV, 1) La cultura francese nel *Caballero Zifar* e nell' *Amadís;* versioni spagnole del Tristano in prosa. 2) *De Ribaldo»*, *Cultura Neolatina*, 26, 2-3 (1966), págs. 232-252.

SCHOLBERG, Kenneth R., «A Half-Friend and a Friend and a Half», *Bulletin of Hispanic Studies*, XXXV, 4 (1958), páginas 187-198.

— «La comicidad del *Caballero Zifar»*, *Homenaje a Rodríguez Moñino*, II, Madrid, Castalia, 1966, págs. 157-163.

— «The Structure of the *Caballero Cifar»*, *Modern Language Notes*, 79, 2 (1964), págs. 113-124.

STÉFANO, Luciana de, «El *Caballero Zifar:* Novela didáctico-moral», *Thesaurus*, XXVII, 2 (1972), págs. 173-260.

WAGNER, Charles Ph., «The *Caballero Zifar* and the *Moralium Dogma Philosophorum»*, *Romance Philology*, VI, 4 (1953), páginas 309-312.

— «The Sources of *El Cavallero Cifar»*, *Revue Hispanique*, X, 33-34 (1903), págs. 5-104.

WALKER, Roger M., «Did Cervantes Know the *Cavallero Zifar?»*, *Bulletin of Hispanic Studies*, XLIX, 2 (1972), págs. 120-127.

— «Oral Delivery or Private Reading? A Contribution to the Debate on the Dissemination of Medieval Literature», *Forum for Modern Languages*, VII, 1 (1971), págs. 36-42.

— «The Genesis of *El Libro del Cavallero Zifar»*, *Modern Language Review*, 62, 1 (1967), págs. 61-69.

— «The Unity of *El Libro del Cavallero Zifar»*, *Bulletin of Hispanic Studies*, XLII, 3 (1967), págs. 149-159.

— *Tradition and Technique in «El Libro del Cavallero Zifar»*, Londres, Tamesis, 1974.

Libro del Caballero Zifar

EL LIBRO DEL CAUALLERO ZIFAR

Prólogo [1]

En el tienpo del honrrado padre Bonifaçio VIIIº [2], en la era de mill e trezientos años, en el dia de la naçençia de Nuestro Señor Iesu Cristo, començo el año jubileo, el qual dizen çentenario porque non viene synon de çiento a çiento años, e cunplese por la fiesta de Iesu Cristo de la era de mill e quatro çientos años; en el qual año fueron otorgados muy grandes perdones e tan conplidamente quanto se pudo estender el poder del Papa, a todos aquellos quantos pudieron yr a la çibdat de Roma a buscar las iglesias de Sant Pedro e de San Pablo quinze dias en este año, assy commo se contyene en el preuillejo de Nuestro Señor el Papa [3], onde este Nuestro Señor el Papa, parando mientes [4] a la gran fe e a la gran deuoçion que el pueblo cristiano auia en las yndulgençias deste año al jubileo, e a los enojos e peligros, e a los grandes trabajos, e a los enojos de los grandes

---

[1] Este prólogo no aparece en la edición de Sevilla, que presenta el prólogo incluido en el apéndice.

[2] El Papa Bonifacio VIII no contaba con demasiadas simpatías, como prueba el hecho de que Dante le pusiera en el Infierno de la *Divina Comedia*.

[3] *Preuillejo:* privilegio, bula. Hernández señala que este prólogo es una paráfrasis del texto de la bula («Ferrán Martínez, *escrivano del rey...*», págs. 316-318).

[4] *Parar mientes:* prestar atención, tener en cuenta.

caminos, e a las grandes espensas [5] de los peligrinos, porque se podiesen tornar con plazer a sus conpañeros, quiso e touo por bien que todos los peligrinos de fuera de la çibdat de Roma que fueron a esta romeria, maguer [6] non conpliesen los quinze dias en que avian de vesitar las iglesias de Sant Pedro e de Sant Pablo, que oviessen los perdones conplidamente, assy como aquellos que las vesitaran aquellos quinze dias. E fueron assy otorgados a todos aquellos que salieron de sus casas para yr en esta romeria e murieron en el camino ante que llegasen a Roma, e despues que allegaron e vesitaron las iglesias de Sant Pedro e de Sant Pablo; e otrosi a los que começaron el camino para yr en esta romeria con voluntad de la conplir e fueron enbargados [7] por enfermedades e por otros enbargos algunos por que non pudieron y llegar, touieron por bien que oviesen estos perdones conplidamente assi commo aquellos que y llegaron e conplieron su romeria.

E çiertas bien fue ome aventurado el que esta romeria fue ganar atantos grandes perdones commo en este año sabiendolo, o podiendo yr alla sin enbargo; ca en esta romeria fueron todos asueltos a culpa e a pena, seyendo en verdadera penitençia, tan bien de los confesados commo de lo oluidado. E fue y despendido el poder del Padre Santo contra todos aquellos clerigos que cayeron en yerro o yrregularidat, non vsando de sus ofiçios, e fue despendido contra todos aquellos clerigos e legos e sobre los adulterios e sobre las oras non rezadas que eran thenudos de rezar, e sobre aquestas muchas cosas saluo ende sobre debdas que cada vno de los peligrinos deuian, tan bien lo que tomaron prestado o prendado o furtado; en qualquier manera que lo touiesen contra voluntad de cuyo era, touieron por bien que lo tornasen; e porque luego non se podia tornar lo que cada vno deuia segund dicho es, e porque lo podiesen pagar e ouiesen los perdones mas conplidos, dioles plazo a que lo pagasen fasta la fiesta de resureçion, que fue fecha en la era de mill e trezientos e treynta e nueue años.

E en este año sobredicho Ferrand Martines, arçediano de Madrid en la yglesia de Toledo, fue a Roma a ganar estos perdones. E despues que cunplio su romeria e gano los perdones, asi commo Dios touo por bien, porque don Gonçalo,

[5] *Espensas:* gastos.
[6] *Maguer:* aunque, a pesar de.
[7] *Enbargar:* impedir.

obispo de Aluaña e cardenal en la yglesia de Roma, que fue
natural de Toledo, estando en Roma con el este Arçediano
sobredicho, a quien criara a feziera merçed, queriendose partir
del e se yr a Toledo donde era natural, fizole prometer en
las sus manos que si el, seyendo cardenal en la yglesia de
Roma, si finase [8], que este Arçediano que fuese alla a
demandar el cuerpo, e que feziese y todo su poder para
traerle a la yglesia de Toledo, do auia escogido su sepultura,
el Arçediano, conosçiendo la criança quel feziera e el bien
e la merçed que del resçibiera, quiso le ser obediente e
conplir la promesa que fizo en esta razon, e trabajose
quanto el pudo a demandar el su cuerpo. E commoquier
que el padre santo ganase muchos amigos en la corte de
Roma, tan bien cardenales commo otros onbres buenos de
la çibdat, non fallo el Arçediano a quien se atreuiese a lo
demandar el su cuerpo, saluo al Padre Santo. E non era
maravilla; ca nunca fue ende [9] enterrado en la çibdat de
Roma para que fuese dende sacado para lo leuar a otra
parte. E asi es establesçido e otorgado de los padres santos
que ningunt cuerpo que fuese y enterrado que non sea
ende sacado. E ya lo auia demandado muy afincadamente
don Gonçalo arçobispo, sobrino deste cardenal sobredicho,
que fue a la corte a demander el palio, e non lo pudo
acabar; ante le fue denegado que gelo [10] non darian en ninguna manera.

E quando el Arçidiano queria yr para lo demandar, fue a
Alcala al Arçobispo a despedirse del, e dixol de commo
queria yr a demandar el cuerpo del Cardenal, que gelo auia
prometido en las sus manos ante que se partiese del en
Roma. E el Arçobispo dixo que se non trabajase ende nin
tomase y afan, ca non gelo darian, ca non gelo quisieran
dar a el, e quando lo demando al Papa, auiendo muchos
cardenales por sy que gelo ayudauan a demandar.

El Arçidiano con todo esto auenturose e fuelo a demandar
con cartas del rey don Ferrando e de la reyna doña Maria
su madre, quel enbiaua pedir merçed al Papa sobre esta
razon. Mas don Pedro, que era obispo de Burgos a esa
sazon, e refrendario [11] del Papa, natural de Asturias de

---

[8] *Finar:* morir.
[9] *Ende:* de allí, de ello, por allí, por ello, allí, ello (en este caso, «allí»).
[10] *Gelo:* se lo.
[11] *Refrendario:* El que refrenda o autoriza documentos.

Ouiedo, auiendo verdadero amor del gran conosçymiento que con el Cardenal auia, por la sa mesura con este arçediano de Madrit se mouio; e queriendole mostrar la buena voluntad que auia entre todos los españones, a los quales el fazia en este tienpo muchas ayudas e muchas onrras del Papa quando acaesçia; e veyendo que el Arçidiano auia mucho a coraçon este fecho, non quedando de dia nin de noche, e que andaua mucho afincadamente en esta demanda, doliendose del su trabajo e queriendo leuar adelante el amor verdadero quel sienpre mostrara, e otrosy por ruego de doña Maria, reyna de Castiella e de Leon que era a esa sazon, quel enbio rogar —la qual fue muy buena dueña e de muy buena vida, e de buen consejo, e de buen seso natural, e muy conplida en todas buenas costunbres e amadora de justiçia e con piedat, non argullesçiendo [12] con buena andança nin desesperando con mala andança quando le acaesçia, mas muy firme e estable en todos los sus fechos que entendie que con Dios e con razon e con derecho eran, asy commo se cuenta en el libro de la estoria [13]— e otrosy queriendo el Obispo onrrar a toda España do non auia otro cardenal enterrado.

Ninguno de los otros non lo osauan al Papa demandar, e el por la su mesura ofresçiose a lo demandar. E commoquier que luego non gelo quiso otorgar el Papa, a la çima mando gelo dar. E entonçe el Arçidiano sacolo de la sepultura do yazie enterrado en la çibdat de Roma en la iglesia de Santa Maria la Mayor, çerca de la capiella de presepe domini do yaze enterrado sant Geronimo. E aly estaua fecha la sepultura del Cardenal muy noblemente obrada en memoria del, e esta alta en la pared.

E el Arçidiano traxo el cuerpo mucho encubiertamente por el camino, temiendo que gelo enbargarian algunos que non estauan bien con la eglesia de Roma, e otros por auentura por lo enterrar en sus logares; asy commo le contesçio en Florençia vna vegada [14], que gelo quisieron tomar por lo enterrar y, sy non porque les dixo el Arçidiano que era vn cauallero su pariente que muriera en esta romeria, que lo

---

[12] *Argullesçer:* orgullecerse.

[13] Esta alusión a la reina doña María de Molina, que murió en 1321, es considerada por la mayoría de los críticos como una interpolación tardía. La descripción de doña María es un compendio de las virtudes de la reina medieval arquetípica.

[14] *Vegada:* vez.

leuaua a su tierra. E despues que llego a Logroño descubriolo, e fue y resçebido mucho onrradamente de don Ferrando, obispo de Calahorra, quel salio a resçibir reuestido con sus vestiduras pontificales e con toda la clerezia del obispo de vestiduras de capas de seda, e todos los omes buenos de la villa con candelas en las manos e con ramos. E fasta que llego a Toledo fue resçebido mucho onrradamente, e de toda la clerezia e de las ordenes e de los omes buenos de la villa. E ante que llegasen con el cuerpo a la çibdat de Burgos, el rey don Ferrando, fijo del muy noble rey don Sancho e de la reyna doña Maria, con el infante don Enrique su tio, e don Diego, señor de Vizcaya, e don Lope su fijo, e otros muchos ricos omes e infançones e caualleros le salieron a resçebir fuera de la çibdat, e le fizieron mucha onrra. E por do yuan salienle a resçebir todos los de las villas commo a cuerpo santo, con candelas en las manos e con ramos. E en las proçesiones que fazien la clerezia e las ordenes, quando llegauan a las villas, non cantauan responsos de defuntos, synon «ecçe saçerdos magnus» e otros responsos e antifanas semejantes, asy commo a fiesta de cuerpo santo. E la onrra que resçibio este cuerpo del Cardenal quando llegaron con el a la noble çibdat de Toledo fue muy grant marauilla, en manera que se non acordaua ninguno por ançiano que fuese, que oyese dezir que nin a rey nin a enperador nin a otro ninguno fuese fecha atan grande onrra commo a este cuerpo deste Cardenal; ca todos los clerigos del arçobispado fueron con capas de seda, e las ordenes de la çibdat tan bien de religiosos...

Non finco cristiano nin moro nin judio que todos non le salieron a resçebir con sus çirios muy grandes e con ramos en las manos. E fue y don Gonçalo, arçobispo de Toledo, su sobrino, e don Iohan fijo del infante don Manuel con el; ca el Arçobispo lo salio a resçebir a Peñafiel e non se partio del fasta en Toledo, do le fezieron atan grant onrra commo ya oyestes; pero quel Arçidiano se paro a toda la costa de yda e de venida, e costol muy grant algo: lo vno porque era muy luengo el camino, commo de Toledo a Roma: lo al [15] porque auie a traer mayor conpaña a su costa por onrra del cuerpo del Cardenal: lo al porque todo el camino eran uiandas muy caras por razon de la muy grant gente syn cuento que yuan a Roma en esta romeria de todas las partes del mundo, en que la çena de la bestia costaua cada

---

[15] *Al:* otro.

noche en muchos logares quatro torneses gruesos. E fue grant miraglo de Dios que en todos los caminos por do venien los pelegrinos, tan abondados eran de todas las viandas que nunca fallesçio[16] a los pelegrinos cosa de lo que auian mester; ca[17] Nuestro Señor Dios por la su merçed quiso que non menguase ninguna cosa a aquellos que en su seruiçio yuan. E çiertas sy costa grande fizo el Arçidiano en este camino, mucho le es de gradesçer porque lo enpleo muy bien, reconosçiendo la merçed que del Cardenal resçebiera e la criança que en el feziera, asy commo lo deuen fazer todos los omes de buen entendimiento e de buen conosçer e que bien e merçed resçiben de otro. Onde bien auenturado fue el señor que se trabajo de fazer buenos criados e leales; ca estos atales nin les fallesçeran en la vida nin despues; ca lealtad les faze acordarse del bienfecho que resçebieron en vida e en muerte[18].

E porque la memoria del ome ha luengo tienpo, e non se pueden acordar los omes de las cosas mucho antiguas sy las non fallan por escripto, e porende el trasladador[19] de la estoria que adelante oyredes, que fue trasladada de caldeo en latin e de latin en romançe[20], puso e ordeno estas dos cosas sobredichas en esta obra, porque los que venieren despues de los deste tienpo, sera quando el año jubileo a de ser, porque puedan yr a ganar los bien auenturados perdones que en aquel tienpo son otorgados a todos los que alla fueren, e que sepan que este fue el primer cardenal

---

[16] *Fallesçer:* faltar.

[17] *Ca:* porque.

[18] Aquí acaba la primera parte de la introducción, cuyo protagonista es Ferrán Martínez. Esta parte se une a la siguiente mediante una concatenación: «... ca lealtad les faze *acordarse* del bienfecho que resçebieron en vida e en muerte». «E porque la memoria del ome ha luengo tienpo, e non se pueden *acordar* los omes de las cosas mucho antiguas sy las non fall[an] por escripto...» La concatenación. o repetición de un elemento al final de una parte y al comienzo de la siguiente, es la técnica narrativa más destacada de esta obra, que se caracteriza por la suavidad de las transiciones.

[19] *Trasladador:* traductor, copista. El *trasladador* es el protagonista de la segunda parte de la introducción, que trata de la *obra* como «libro» y/o «acción».

[20] Walker no cree que haya habido una versión en latín. Respecto al caldeo, piensa que significa árabe (*Tradition and Technique*..., págs. 27-33).

que fue enterrado en España. Pero esta obra [21] es fecha so emienda [22] de aquellos que la quesieren emendar. E çertas deuenlo fazer los que quisieren e la sopieren emendar sy quier; porque dize la escriptura: «Qui sotilmente la cosa fecha emienda, mas de loar es que el que primeramente la fallo.» E otrosy mucho deue plazer a quien la cosa comiença a fazer que la emienden todos quantos la quesieren emendar e sopieren; ca quanto mas es la cosa emendada, tanto mas es loada. E non se deue ninguno esforçar en su solo entendimiento nin creer que todo se puede acordar; ca auer todas las cosas en memoria e non pecar nin errar en ninguna cosa, mas es esto de Dios que non de ome. E porende deuemos creer que todo ome a conplido saber de Dios solo e non de otro ninguno. Ca por razon de la mengua de la memoria del ome fueron puestas estas cosas a esta obra, en la qual ay muy buenos enxienplos [23] para se saber guardar ome de yerro, sy bien quisiere beuir e vsar dellas; e ay otras razones muchas de solas en que puede ome tomar plazer. Ca todo ome que trabajo quiere tomar para fazer alguna buena obra, deue en ella entreponer a las vegadas algunas cosas de plazer e de solas. E palabra es del sabio que dize asy: «E entre los cuydados a las vegadas pone algunos plazeres.» Ca muy fuerte cosa es de sofrir el cuydado continuado sy a las vezes non se diese ome plazer o algunt solas. E con grant enojo del trabajo e del cuydado suele ome muchas vegadas desanparar la buena obra [24] que ha ome començado; onde todos los omes del mundo se deuen trabajar de fazer sienpre bien e esforçarse a ello e non se enojar. E asy lo pueden bien acabar con la ayuda de Dios; ca asy commo la casa que ha buen çimiento, bien asy de razon e de derecho de la cosa que ha buen comienço, esperança deue ome auer que abra buena çima, mayormente començando cosa honesta e buena a seruiçio de Dios, en cuyo nonbre se deuen començar todas las cosas que buen fin deuen auer. Ca Dios es comienço e

---

[21] *Obra* como «libro».

[22] *Emienda:* cambio, retoque. *Trasladar* y *emendar* eran las dos actividades básicas del escritor medieval, que carecía del sentido de la propiedad intelectual que caracteriza a los escritores contemporáneos.

[23] *Enxienplos:* ejemplos, cuentos. A los *enxienplos,* o provecho, se contraponen las *razones de solas,* o deleite, que parecen sucesivas y no simultáneas.

[24] *Obra* como «libro» y como «acción».

acabamiento de todas las cosas, e syn el ninguna cosa non puede ser fecha.

E porende todo ome que alguna cosa o obra [25] buena quiere començar, deue anteponer en ellas a Dios. E el es fazedor e mantenedor de las cosas; asy puede bien acabar lo que començare, mayormente sy buen seso natural touiere [26]. Ca entre todos los bienes que Dios quiso dar al ome, e entre todas las otras çiençias que aprende, la candela que a todas estas alunbra, seso natural es. Ca ninguna çiençia que ome aprenda non puede ser alunbrada nin endresçada syn buen seso natural. E commoquier que la çiençia sepa ome de coraçon e la reza, syn buen seso natural non la puede ome bien aprender. E avnque la entienda, menguado el buen seso natural, non puede obrar della nin vsar asy commo conuiene a la çiençia, de qual parte quier que sea; onde a quien Dios quiso buen seso dar puede començar e acabar buenas obras e onestas a seruiçio de Dios e aprouechamiento de aquellas que las oyeren, e buen prez de sy mismo. E peroque [27] la obra sea muy lengua e de trabajo, non deue desesperar de lo non poder acabar, por ningunos enbargos quel acaescan; ca aquel Dios verdadero e mantenedor de todas las cosas, el qual ome de buen seso natural antepuso en la su obra, a le dar çima aquella quel conuiene; asy commo contesçio a vn cauallero de las Yndias do andido predicando sant Bartolome apostol, despues de la muerte de Nuestro Saluador Iesu Cristo: el qual cauallero ouo nonbre Zifar de bautismo, e despues ouo nonbre el Cauallero de Dios, porque se touo el sienpre con Dios e Dios con el en todos los fechos, asy commo adelante oyredes, podredes ver e entendredes por las sus obras. E porende es dicho este libro del Cauallero de Dios; el qual cauallero era conplido de buen seso natural e de esforçar, de justiçia e de buen consejo, e de buena verdat, commoquier que la fortuna era contra el en lo traer a pobredat; peroque nunca desespero de la merçed de Dios, teniendo que el le podria mudar aquella fortuna fuerte en mejor, asy commo lo fizo, segunt agora oyredes [28].

---

[25] *Obra* como «acción».

[26] La obra comenzada puede acabarse con la ayuda de Dios y del seso natural: Esta idea se repite a lo largo de todo el libro.

[27] *Peroque:* aunque.

[28] Ferrán Martínez, por una parte, y Zifar y Roboan, por otra, acaban las obras comenzadas con la ayuda de Dios y del seso natural, al igual que el *trasladador*.

EL CAUALLERO DE DIOS

De la muger y hijos del Cauallero Zifar y
de como las cosas que en este libro estan no
deuen ser juzgadas hasta bien vistas [29]

Cuenta la estoria [30] que este cauallero auia vna dueña por
muger que auia nonbre Grima e fue muy buena dueña e
de buena vida e muy mandada a su marido e mantenedora
e guardadora de la su casa; pero atan fuerte fue la fortuna
del marido que non podia mucho adelantar en su casa asy
commo ella auia mester. E ouieron dos fijuelos que se vieron
en muy grandes peligros, asy commo oyredes adelante, tan
bien commo el padre e la madre. E el mayor auia nonbre
Garfin e el menor Roboan. Pero Dios, por la su piedat,
que es endereçador de todas las cosas, veyendo el buen
proposito del cauallero e la esperança que en el auia, nunca
desesperando de la su merçed, e veyendo la mantenençia de
la buena dueña, e quan obediente era a su marido e quan
buena criança fazia en sus fijuelos e quan buenos castigos
les daua, mudoles la fortuna que auian en el mayor e mejor
estado que vn cauallero e vna dueña podrian auer, pasando
primeramente por muy grandes trabajos e grandes peligros.
E porque este libro nunca aparesçio escripto en este len-

---

[29] Esta rúbrica aparece sólo en la edición de Sevilla, que presenta un prólogo diferente.
[30] Parece que empieza la historia, pero, en realidad, no empieza. Se trata de una anticipación de su contenido del tipo de
las que se solían poner en los prólogos medievales.

guaje fasta agora, nin lo vieron los omes nin lo oyeron, cuydaron algunos que non fueran verdaderas las cosas que se y contienen, nin ay prouecho en ellas, non parando mientes al entendimiento de las palabras nin queriendo curar en ellas. Pero commoquier que verdaderas non fuesen, non las deuen tener en poco nin dubdar en ellas fasta que las oyan todas conplidamente e vean el entendimiento dellas, e saquen ende aquello que entendieren de que se puedan aprouechar; ca de cada cosa que es y dicha pueden tomar buen enxienplo e buen consejo para saber traer su vida mas çierta e mas segura, sy bien quisieren vsar dellas; ca atal es este libro para quien bien quisiere catar por el, commo la nuez, que ha de parte de fuera fuste seco e tiene el fruto ascondido dentro [31]. E los sabios antigos, que fizieron muchos libros de grant prouecho, posieron en ellos muchos enxienplos en figura de bestias mudas e aues e de peçes e avn de las piedras e de las yeruas, en que non ay entendimiento nin razon nin sentido ninguno, en manera de fablillas, que dieron entendimiento de buenos enxienplos e de buenos castigos [32], e fezieronnos entender e creer lo que non auiemos visto nin creyemos que podria esto ser verdat; asy commo los padres santos fecieron a cada vno de los sieruos de Iesu Cristo ver commo por espejo e sentir verdaderamente e creer de todo en todo que son verdaderas las palabras de la fe de Iesu Cristo, e maguer el fecho non vieron; por que ninguno non deue dudar en las cosas nin las menospreçiar, fasta que vean lo que quieren dezir e commo se deuen entender. E porende el que bien se quiere leer e catar e entender lo que se contiene en este libro, sacara ende buenos castigos e buenos enxienplos, e por los buenos fechos deste cauallero, asy commo se puede entender e ver por esta estoria [33].

---

[31] Esta alusión al *fuste* o corteza y al *fruto* o meollo de la nuez ha llevado a Burke, Hernández y Diz a una interpretación alegórica de la obra. Para ellos, el *fuste* es el significado literal y el *fruto* es el significado alegórico.

[32] El *fuste* puede ser la historia principal y el *fruto* puede ser el conjunto de los *enxienplos* (ejemplos, cuentos) y de los *castigos* (consejos, correcciones) intercalados.

[33] Aquí acaba la segunda parte de la introducción, cuyo protagonista es el *trasladador*. Parece que el editor de Sevilla dividió la introducción en dos partes, sustituyendo la primera por otra de su invención a la que llamó prólogo y poniendo la segunda de capítulo primero. Pero la introducción (o verdadero prólogo

De las virtudes del Cauallero Zifar, e de como era muy amado del rey de la tierra a donde vinia, avnque era muy costoso: y por esto induzido el rey por enbidiosos no lo llamaua a las guerras

Dize el cuento que este Cauallero Zifar fue buen cauallero de armas e de muy sano consejo a quien gelo demandaua, e de grant justiçia quando le acomendauan alguna cosa do la ouiese de fazer, e de grant esfuerço, non se mudando nin orgullesçiendo por las buenas andanças de armas quando le acaesçian, nin desesperando por las desauenturas fuertes quando le sobrevenian. E sienpre dezia verdat e non mentira quando alguna demanda le fazian, e esto fazia con buen seso natural que Dios posiera en el. E por todas estas buenas condiçiones que en el auia amauale el rey de aquella tierra, cuyo vasallo era e de quien tenia grant soldada e bienfecho de cada dia. Mas atan grant desauentura era la suya que nunca le duraua cauallo nin otra bestia ninguna de dies dias arriba, que se le non muriese, e avnque la dexase o la diese ante de los dies dias [34]. E por esta razon e esta desauentura era el sienpre e su buena dueña e sus fijos en grant pobreza; peroque el rey, quando guerras auia en su tierra, guisaualo [35] muy bien de cauallos e de armas e de todas las

---

de la obra comprende el prólogo y el capítulo primero y se divide en dos partes de igual extensión: las aventuras de Ferrán Martínez y las aventuras del *trasladador*. Este paralelismo puede ser un argumento más a favor de la teoría de que Ferrán Martínez y el *trasladador* son la misma persona.

[34] La muerte de los caballos de Zifar cada diez días es un hecho inexplicable e inexplicado en el texto. Wagner cree que este motivo procede del de la muerte de los animales de Eustacio o Plácido, leyenda con la que se relaciona la de Zifar («The Sources...», pág. 21). Ruiz de Conde piensa que esta desgracia se debe a una maldición o castigo por los pecados de su antepasado el rey Tared (*El amor...*, pág. 63). Lo mismo piensan Burke y Walker. La segunda de estas teorías no puede probarse y la primera no justifica nada. En el texto no se dice por qué mueren los caballos cada diez días. Lo único que se dice es que este hecho provoca la ruina y la caída en desgracia de Zifar, que, caballero sin caballo, está en una situación difícil.

[35] *Guisar:* proveer, preparar.

cosas que auia mester [36], e enbiaualo en aquellos lugares do entendia que mester era mas fecho de caualleria. E asi se tenia Dios con este cauallero en fecho de armas, que con su buen seso natural e con su buen esfuerço sienpre vençia e ganaua onrra e vitoria para su señor el rey, e buen pres para sy mesmo. Mas de tan grant costa era este cauallero, el rey auiendole de tener los cauallos aparejados, e las otras bestias quel eran mester a cabo de los dies dias, mientras duraua la guerra, que semejaua al rey que lo non podia sofrir nin conplir. E de la otra parte, con grant enbidia que auian aquellos a quien Dios non quisiera dar fecho de armas acabadamente asy commo al Cauallero Zifar, dezian al rey que era muy costoso, e que por quanto daua a este cauallero al año, e con las costas que en el fazia al tienpo de las guerras, que abria quinientos caualleros cada año para su seruiçio, non parando mientes los mesquinos commo Dios quisiera dotar al Cauallero Zifar de sus grandes dones e nobles, señaladamente de buen seso natural e de verdat e de lealtad e de armas e de justiçia e de buen consejo, en manera que do el se ençerraua con çient caualleros, conplia mas e fezia mas en onrra del rey e buen pres dellos que mill caualleros otros quando los enbiaua el rey a su seruiçio a otras partes, non auiendo ninguno estos bienes que Dios en el Cauallero Zifar pusiera.

E porende todo grant señor deue onrrar e mantener e guardar el cauallero que tales dones puso commo en este, e sy alguna batalla ouiere a entrar deue enbiar por el e atenderlo; ca por vn cauallero bueno se fazen grandes batallas, mayormente en quien Dios quiso mostrar muy grandes dones de caualleria. E non deuen creer a aquellos en quien non paresçe buen seso natural nin verdat nin buen consejo, e señaladamente non deue creer en aquellos que con maestrias e con sotilezas de engaño fablan; ca muchas veses algunos, porque son sotiles e agudos, trabajanse de mudar los derechos e los buenos consejos en mal, e danles entendimiento de leys, colorando lo que dizen con palabras engañosas e cuydando que non ay otro ninguno tan sotil commo ellos, que lo entienda. E porende non se deue asegurar en tales omes commo estos, ca peligrosa cosa es creer ome aquellos en quien todas estas menguas e estas maestrias son, por que non abra de dubdar dellos e non estara seguro.

---

[36] *Auer mester:* necesitar.

Pero el señor de buen seso, sy dubdar de aquellos que le han de seguir, para ser çierto, llamelos a su consejo e a lo quel consejaren, e cate[37] e piense bien en los dichos de cada vno, e pare mientes a los fechos que ante pasaron con el; e sy con grant femençia[38] los quiere catar, bien puede ver quien le conseja bien o quien mal; ca la mentira asy trasluze tras las palabras del mentiroso commo la candela tras el vidrio en la linterna[39]. Mas mal pecado! algunos de los señores grandes mas ayna se enclinan a creer las palabras falagueras de los omes mentirosos e las lisonjas so color de algunt prouecho, que non el su pro nin la su onrra, maguer se quieran e lo vean por obra, en manera que maguer se quieran repentir e tornarse a lo mejor, non pueden, con verguença que los non retrayan[40] que ellos mismos con mengua de buen seso se engañaron, dexando la verdat por la mentira e la lisonja; asy commo contesçio a este rey, que veyendo la su onrra e el su pro ante los sus oios, por proeua de la bondat deste Cauallero Zifar, menospreçiandolo, todo por miedo de la costa, queriendo creer a los enbidiosos lisongeros, perjuro en su coraçon e prometioles que de estos dos años non enbiase por este cauallero maguer guerras ouiese en la su tierra[41]. E queria prouar quanto escusaria en la costa que este cauallero fazia, e fizolo asy, donde se fallo que mas desonrras que resçebio e daños grandes en la su tierra. Ca en aquellos años ouo grandes guerras con sus vezinos e con algunos de los naturales que se alçaron. E quando enbiaua dos mill o tres mill caualleros a la frontera, lo que les era ligero de ganar de sus enemigos dezian que non podian conquerir por ninguna manera, e a los logares del rey dexauanlos perder; asy que fincaua el rey desonrrado e perdido e con grant verguença, non se atreuiendo enbiar por el Cauallero Zifar por quel non dixiesen que

---

[37] *Catar:* mirar, ver.

[38] *Femençia:* vehemencia.

[39] Piccus dice que en la Edad Media se consideraba que lo importante no era escoger un buen consejo, sino un buen consejero, ya que, más que el contenido del consejo, importaba la intención del consejo. Los buenos consejos podían utilizarse a favor o en contra de uno. Los buenos consejeros tenían que estar siempre a favor de uno («Consejos y consejeros...», pág. 21).

[40] *Retraer:* reprochar.

[41] Los envidiosos que enemistan al caballero con el rey son un tópico de la literatura medieval. El ejemplo más famoso de la literatura medieval española es el del Cid.

non guardaua lo que prometiera. Çertas, verguença e mayor mengua es en querer guardar el prometimiento dañoso e con desonrra, que en lo reuocar; ca sy razon es e derecho que aquello que fue establesçido antiguamente syn razon, que sea emendado, catando primeramente la razon onde nasçio, e fazer ley derecha para las otras cosas que han de venir, e razon es que el yerro que nueuamente es fecho, que sea luego emendado por aquel que lo fizo; ca la palabra es de los sabios que non deue auer verguença de reuocar su yerro aquel que es puesto en la tierra para emendar los yerros agenos que los otros fazen.

De como el Cauallero Zifar se quexa entre si a Dios porque ya el rey no le embia a llamar para las guerras como solia

Estando el rey en esta guerra tan grande e en gran cuydado porque sus vasallos no le siruian tan derechamente como deuian, no se atreuia a embiar por el Cauallero Zifar, por verguença de lo que auia prometido a aquellos que so color de escusar la costa le consejaron. E el buen Cauallero Zifar, veyendo esto, penso en su coraçon que razon podria ser por que el rey, auiendo tan grandes guerras en su tierra, no embiaua por el assi como solia, e fue en gran cuydado y tristeza, e quexandose a Dios e llorando, dixo assi: «Hay, mi señor Dios! quanta merced me fazes en muchas maneras, comoquier que no lo merezca y la desauentura corre comigo en me querer tener pobre y querer me enuilescer con pobreza, por que non puedo seruir a mi señor como yo querria. Pero consuelome, ca creo que aquel es dicho rico el que se tiene por abondado de lo que ha, e no es rico el que mas ha, mas el que menos codicia; e yo, señor, por abondado me tengo de lo que en mi fazes y tienes por bien de fazer. Mas marauillome porque estraña el rey mi seruicio en tales guerras como estas en que el esta, e pienso que ha tomado alguna dubda en mi, temiendo que le herre en algun seruicio que le oue de fazer, o que no le conseje tan bien en algun consejo que me demando, como deuia. E señor Dios, tu sabes la verdad al qual ninguna cosa no se asconde, ca yo no le falte en ninguna cosa que yo le deuiesse, a mi pensar, si no por no poder, o por no lo entender; e porende no deuo auer miedo ni verguença, ca ninguna cosa non faze medroso nin vergoñoso el coraçon del ome synon la conçiencia de la su vida, sy es mala, non faziendo lo que deue; e pues la mi conçiencia non me acusa, la verdat me deue saluar, e con grant fuzia [42] que en ella he non abre miedo, e yre con lo que començe cabo adelante, e non dexare mi proposito començado» [43].

De como Grima, muger del Cauallero Zifar oyo las cosas que entre si su marido dezia, e le pregunto que pena tenia y qual era su pensamiento: y que le respondio el

E estas palabras que dezia el cauallero oyolas Grima la su buena muger, e entro a la camara do el estaua en este pensamiento, e dixole: «Amigo señor, que es este pensamiento e este grant cuydado en que estades? Por amor de Dios dezitmelo; e pues parte oue conbusco [44] en los plazeres, querria auer parte con vos en los cuydados [45] e en los pesares. Çertas nunca vos vy flaco de coraçon por ninguna cosa que vos ouiesedes, sy non agora.» El cauallero, quando vio a su muger que amaua mas que a sy, e entendio que auia oydo lo quel dixera, e pesole de coraçon e dixo: «Por Dios! señora, mejor es que el vno sufra el pesar que muchos; ca por tomar vos al tanto de pesar commo yo, por eso non menguaria a mi ninguna cosa del pesar que yo ouiese, e non seria aliuiamiento de pesar, mas acreçentamiento; ca resçibiera mas pesar por el pesar que vos ouiesedes.»

«Amigo señor», dixo ella, «sy pesar es que remedio ninguno non puede ome auer, dexadlo oluidar; ca en los males que por ninguna manera no se pueden esquiuar, no ay otro remedio sino es dexarlo oluidar e non pensar en ello, e

---

[42] *Fuzia:* confianza.
[43] La muerte de los caballos y la pérdida del favor real provocan la partida de Zifar, pero no la motivan. Su motivación es lograr ese propósito del que habla. Zifar parte porque no quiere dejar su propósito comenzado y no acabado. A este respecto, no parece acertada la interpretación de Diz, que cree que la muerte de los caballos es la motivación de la partida de Zifar («El motivo de la partida...», págs. 6-7).
[44] *Conbusco:* con vos.
[45] *Cuydados:* pensamientos, preocupaciones.

dexarlo pasar por su ventura. Mas sy cosa es en que algunt buen pensamiento puede aprouechar, deue ome partir el cuydado con sus amigos, ca mas pueden pensar e cuydar muchos que vno, e mas ayna [46] pueden açertar en lo mejor. E non se deue ome enfiuzar en su buen entendimiento solo, commoquier que Dios le de buen seso natural; ca do ay buen seso ay otro mejor. E porende todo ome que alguna grant cosa quiere començar e fazer, deue lo fazer con consejo de aquellos de quien es seguro quel consejaran bien. E amigo», dixo ella, «esto vos oy dezir, quexandovos, que queriades yr con vuestro fecho adelante e non dexar vuestro proposito començado, e porque se que vos sodes ome de grant coraçon e de grant fecho, tengo que este vuestro proposito es sobre alta cosa e grande, a que segunt mio cuydar deuedes auer vuestro consejo». «Çertas», dixo el cauallero su marido, «guarido [47] me auedes e dadome auedes conorte [48] al mi grant cuydado en que estaua, por que aure de partir con vos por fuerça el cuydado que tengo en el mi coraçon guardado muy grant tiempo ha. E nunca quis descobrirle a ome del mundo; e bien creo que asy commo el fuego encubierto dura mas que el descubierto, e es mas biuo, bien asy la poridat [49] que vno sabe dura mas e es mejor guardada que sy muchos la saben, peroque todo el cuydado es de aquel que la guarda; ca toma grant trabajo entre sy e grandes pesares para la guardar; onde bien auenturado es aquel que puede auer amigo entero a quien pueda mostrar su coraçon, e que enteramente quiso guardar a su amigo en las poridades e en las otras cosas que ouo de fazer; ca partese el cuydado entre amos, e fallan mas ayna lo que deuen fazer; peroque muchas vegadas son engañados los omes en algunos que cuydan que son sus amigos e non lo son, synon de infinta [50]. E çertas los omes non lo pueden conosçer bien fasta que los proeuan; ca bien asy commo por el fuego se proeua el oro, asy por la proeua se conosçe el amigo. Asy contesçio en esta proeua de los amigos a vn fijo de vn ome bueno en tierras de Sarapia, commo agora oyredes».

---

[46] *Ayna:* aprisa.
[47] *Guarir:* sanar.
[48] *Conorte:* alivio.
[49] *Poridat:* secreto.
[50] *Infinta:* fingimiento.

De los enxemplos que dixo el Cauallero Zifar a su muger para induzirla a guardar secreto; y el primero es del medio amigo

E dize el cuento que este ome bueno era muy rico e avia vn fijo que queria muy bien, e dauale de lo suyo que despendiese, quanto el queria, e castigole que sobre todas las cosas e costunbres, que apresiese e punase [51] en ganar amigos, ca esta era la mejor ganançia que podria fazer; pero que atales amigos ganase que fuesen enteros, e a lo menos que fuesen medios. Ca tres maneras son de amigos: los vnos de enfinta, e estos son los que non guardan a su amigo synon demientra pueden fazer su pro con el; los otros son medios, e estos son los que se paran por el amigo a peligro que non paresçe, mas es en dubda sy sera o non; e los otros son enteros, los que veen al oio la muerte o el grant peligro de su amigo e ponen se delante para tomar muerte por el, que el su amigo non muera nin resçiba daño. E el fijo le dixo que lo faria asi e que trabajaria de ganar amigos quanto el mas podiese.

En con el algo [52] quel daua el padre conbidaua e despendia e daua de lo suyo granadamente [53], de guisa [54] que non auia ninguno en la çibdat onde el era, mas aconpañado que el. E a cabo de dies años, preguntole el padre quantos amigos auie ganados, e el le dixo que más de çiento. «Çertas», dixo el padre, «bien despendiste lo que te dy, sy asy es; ca en todos los dias de la mi vida non pude ganar mas de medio amigo, e sy tu çient amigos as ganado, bien auenturado eres». «Bien creed, padre señor», dixo el fijo, «que non ay ninguno dellos que se non posiese por mi a todos los peligros que me acaesçiesen». E el padre lo oyo e callo e non le dixo mas. E despues desto contesçio al fijo que ouo de pelear e de auer sus palabras muy feas con vn mançebo de la çibdat, de mayor logar que el, e aquel fue buscar al fijo del ome bueno por le fazer mal. El padre quando lo sopo pesole de coraçon, e mando a su fijo que se fuese por vna casa fuerte que era fuera de la çibdat, e que

[51] *Punar:* esforzarse.
[52] *Algo:* haber, dinero.
[53] *Granadamente:* grandemente.
[54] *De guisa:* de manera.

se estudiese quedo alla fasta que apagasen esta pelea. E el fijo fizolo asy, e desy el padre saco luego segurança de la otra parte e apaçiguolo muy bien. E otro dia fizo matar vn puerco e mesolo[55] e cortole la cabeça e los pies, e guardolos, e metio el puerco en vn saco e atolo muy bien e pusole so el lecho, e enbio por su fijo que se viniese en la tarde. E quando fue a la tarde llego el fijo e acogiole el padre muy bien e dixole de commo el otro le auia asegurado[56], e çenaron. E desque el padre vio la gente de la çibdat que era aquedada, dixo asy: «Fijo, commoquier que yo te dixe luego que veniste que te auia asegurado el tu enemigo, digote que non es asy; ca en la mañaña, quando venia de misa, lo falle aqui en casa dentro, tras la puerta, su espada en la mano, cuydando que eras en la çibdat, para quando quesieses entrar a casa, que te matase. E por la su ventura matelo yo e cortele la cabeça e los pies e los brazos e las piernas, e echelo en aquel pozo, e el cuerpo metilo en vn saco e tengolo so el mi lecho. E non lo oso aqui soterrar por miedo que nos lo sepan; por que me semeja que seria bien lo leuases a casa de algunt tu amigo, sy lo has, e que lo soterrases en algunt logar encubierto.»

«Çertas, padre señor», dixo el fijo, «mucho me plaze, e agora veredes que amigos he ganado». E tomo el saco acuestas e fuese para casa de vn su amigo en quien el mas fiaua; e quando fue a el marauillose el otro porque tan grant noche venia, e preguntole que era aquello que traya en aquel saco, e el gelo conto todo, e rogole que quisiese que lo soterrasen en vn trascorral que y auia; e su amigo le respondio que commo feziera el e su padre la locura, que se parasen a ella e que saliese fuera de la casa; que non queria verse en peligro por ellos. E eso mesmo le respondieron todos los otros sus amigos, e torno para casa de su padre con su saco, e dixole commo ninguno de sus amigos non se quisieron auenturar por el a este peligro. «Fijo», dixo el ome bueno, «mucho me maraville quando te oy dezir que çient amigos auias ganados, e semejame que entre todos los çiento non fallaste vn medio; mas vete para el mi medio amigo, e dile de mi parte esto que nos contesçio, e quel ruego que nos lo encubra». E el fijo se fue e leuo el saco e ferio[57] a la puerta del medio amigo

---

[55] *Mesar:* cortar, arrancar.
[56] *Asegurar:* tranquilizar.
[57] *Ferir:* golpear.

de su padre. E salieron a el los hombres y preguntaronle que queria; e dixoles que queria fablar con el amigo de su padre. E ellos fueron gelo dezir, e mando que entrase. E quando le vio venir, e lo fallo con su saco acuestas, mando a los otros que saliesen de la camara, e fincaron [58] solos. E el ome bueno le pregunto que era lo que queria, e que traya en el saco. E el le conto lo quel contesçiera a su padre e a el e rogole de parte de su padre que gelo encobriese. E el le respondio que aquello e mas faria por su padre, e tomo vn açadon e fezieron amos ados [59] vna fuesa [60] so el lecho e metieron y el saco con el puerco, e cobrieronle muy bien de tierra. E fuese luego el moço para casa de su padre e dixole de commo el su medio amigo le resçebiera muy bien, e que luego quel conto el fecho, e le respondiera que aquello e mas faria por el, e que feziera una fuesa so el lecho e que lo soterraran y. Estonçes dixo el padre: «Que te semeja de aquel mi medio amigo?»

«Çertas», dixo el fijo, «semejame que este medio amigo vale mas que los mis çiento». «E fijo», dixo el ome bueno, «en las oras de la cuyta se proeuan los amigos; e porende non deues mucho fiar en todo ome que se demuestra por amigo, fasta que lo proeues en las cosas que te fueren mester. E pues tan bueno falleste el mi medio amigo, quiero que ante del alua vayas para el e quel digas que faga puestas [61] de aquel que tiene soterrado, e que faga dello cocho [62] e dello asado, e que cras [63] seremos sus huespedes yo e tu». «Commo, padre señor», dixo el fijo, «conbremos el ome?». «Çertas», dixo el padre, «mejor es el enemigo muerto que biuo, e mejor es cocho e asado que crudo; e la mejor vengança que el ome del puede auer es esta, comerlo todo, de guisa que non finque del rastro ninguno; ca do algo finca del enemigo, y finca la mala voluntad».

E otro dia en la mañaña, el fijo del ome bueno fuese para el medio amigo de su padre e dixole de commo le enbiaua rogar su padre que aquel cuerpo que estaua en el saco, que le feziese puestas e que lo guisasen todo, cocho e asado, ca su padre e el vernian comer con el. E el ome bueno quando lo oyo començose a reyr, e entendio que su amigo

---

[58] *Fincar:* quedarse.
[59] *Amos ados:* ambos.
[60] *Fuesa:* enterramiento.
[61] *Fazer puestas:* Hacer rajas.
[62] *Cocho:* cocido.
[63] *Cras:* mañana.

quiso prouar a su fijo, e dixole que gelo gradesçia, e que
veniesen tenprano a comer, que guisado lo fallarian muy
bien, ca la carne del ome era muy tierna e cozia mucho
ayna. E el moço se fue para su padre, e dixo la respuesta
de su medio amigo. E al padre plogo mucho por que tan
bien le respondiera. E quando entendieron que era ora de
yantar, fueronse padre e fijo para casa de aquel ome bueno,
e fallaron las mesas puestas, con mucho pan e mucho vino.
E los omes buenos començaron a comer muy de rezio
commo aquellos que sabian que tenian delante. E el moço
reçelaua lo de comer, commoquier quel paresçia bien. E el
padre quando vio que dudaua de comer, dixole que comiese
seguramente, que atal era la carne del enemigo commo la
carne del puerco, e que tal sabor auia. E el començo a
comer, e sopole bien, e metiose a comer muy de rezio, mas
que los otros, e dixo asy: «Padre señor, vos e vuestro
amigo bien me auedes encarniçado en carnes de enemigo;
e çierto cred que pues las carnes del enemigo asy saben,
non puede escapar el otro mio enemigo que era con este,
quando me dixo la soberuia, quel non mate e quel non
coma muy de grado; ca nunca comi carne que tan bien me
sopiese commo esta.»

E ellos començaron a pensar sobre esta palabra que el
moço dixo e a fablar entre sy. E touieron que sy este moço
durase en esta imaginaçion, que seria muy cruo e que lo
non podrian ende partir; ca las cosas que ome ymagina
mientra moço es, mayormente aquellas cosas en que toma
sabor [64], tarde o nunca se puede dellas partir. E sobre esto
el padre, queriendole sacar desta ymaginaçion, començole a
dezir: «Fijo, porque tu me dixiste que tu auias ganado mas
de çiento amigos, quise prouar sy era asy, e mate ayer este
puerco que agora comemos, e cortele la cabeça e los pies
e las manos e meti el cuerpo en aquel saco que aca troxis-
te, e quise que prouases tus amigos asy commo los propueste.
E non los falleste atales commo cuydauas, peroque falleste
este medio amigo bueno e leal, asy commo deuia ser; por
que deues parar mientes en quales amigos deues fiar...;
ca muy fea e muy crua cosa seria, e contra natura, querer
el ome comer carne de ome, nin avn con fanbre.» «Padre
señor», dixo el moço, «gradesco mucho a Dios porque atan
ayna me sacaste desta ymaginaçión en que estaua; ca sy
por los mis pecados el otro enemigo ouiese muerto, e del

[64] *Sabor:* gusto deseo.

ouiese comido, e asy me sopiese commo esta carne que comemos, non me fartaria ome que non codiçiase comer. E por aquesto que me agora dixistes, aborresçere mas la carne del ome.» «Çertas», dixo el padre, «mucho me plaze, e quiero que sepas que el enemigo e los otros que con el se açertaron, que te han perdonado, e yo perdone a ellos por ti. E de aqui adelante guardate de pelear, e non te arrufen [65] asy malos amigos; ca quando te vieren en la pelea desanpararte yan, asy commo viste en estos que prouaste». «Padre señor», dixo el fijo, «ya he prouado qual es el amigo de enfinta, asy commo estos que yo gane, que nunca me guardaron, synon demientra parti con ellos lo que auia, e quando los auia mester fallesçieronme, e he prouado qual es el medio amigo. Dezitme sy podre prouar e conosçer qual es el amigo entero.»

Del otro enxenplo que dixo el Cauallero Zifar a su muger de commo se prouo el otro amigo

«Guardete Dios, fijo», dixo el padre, «ca muy fuerte proeua seria la fuzia de los amigos deste tienpo; ca esta proeua non se puede fazer sy non quando ome esta en peligro çierto de resçebir la muerte o daño o desonrra grande. E pocos son los que açiertan en tales amigos que se paren por su amigo a tan grant peligro que quieran tomar la muerte por el asabiendas. Pero fijo, oy dezir que en tierras de Coran se criaron dos moços en vna çibdat, e querianse grant bien, de guisa que lo que queria el vno, eso queria el otro. Onde dize el sabio [66] que entre los amigos vno deue ser el querer e vno el non querer en las cosas buenas e onestas. Peroque el vno destos dos amigos quiso yr buscar consejo e prouar las cosas del mundo, e andido atanto tienpo tierras estrañas fasta que se açerto en vna tierra do se fallo bien, e fue y muy rico e muy poderoso, e el otro finco en la villa con su padre e su madre que eran ricos e abondados. E quando estos auian mandado vno de otro, o quando acaesçian algu-

---

[65] *Arrufarse:* envanecerse.

[66] Walker señala que expresiones como «dize el sabio» o «Palabra es del sabio» proceden del árabe y abundan en las obras que son traducciones de esta lengua, como el *Calila e Dimna,* el *Poridat de Poridades,* etc. (*Tradition and Technique...*, pág. 43).

nos que fuesen aquellas partes, tomauan en plazer. Asy que este que finco en la villa despues de muerte de su padre e de su madre llego a tan grant pobredat que se non sabia consejar, e fuese para su amigo. E quando le vio el otro su amigo que tan pobre e atan desfecho venia, pesol de coraçon, e preguntole commo venia asy. E el le dixo que con grant pobredat. «Par Dios, amigo!», dixo el otro, «mientra yo biuo fuere e ouiere de que lo conplir, nunca pobre seras; ca loado sea Dios! yo he grant algo e so poderoso en esta tierra. Non te fallesçera ninguna cosa de lo que fuere mester». E tomolo consigo e touolo muy viçioso [67], e fue señor de la su casa e de lo que auia, muy grant tiempo, e perdiolo todo despues por este amigo, asy commo agora oyredes.

E dize el cuento que este su amigo fue casado en aquella tierra, e que se le muriera la muger, e que non dexara fijo ninguno, e que vn ome bueno su vezino, de grant lugar e muy rico, quel enbio vna fijuela que auia pequeña que la criase en su casa, e quando fuese de hedat que casase con ella, e andando la moça por casa, que se enamoro della el su amigo quel sobrevino, pero que non le dixiese nin le fablase a ninguna cosa a la moça, el nin otro por el, ca tenia que non seria amigo verdadero leal, asy commo deuia ser, sy lo feziese nin tal cosa cometiese. E maguer se trabajase de oluidar esto, non podia; ante cresçia toda via el cuydado mas; de guisa que començo todo a desecar e a le fallesçer la fuerça con grandes amores que auia desta moça. E al su amigo pesaua mucho de la su dolençia e de la su flaqueza, e enbiaua por fisicos [68] a todos los lugares que sabia que los auia buenos, e daules grant algo porque le guaresçiesen. E por quanta fisica en ellos auia, non podian saber de que auia aquella enfermedat; asy que llego a tan grant flaqueza que ouo a demandar clerigo con quien confesase.

E enbiaron por vn capellan e confesose con el e dixole aquel pecado en que estaua por quel venia aquella malatia [69] de que cuydaua morir. E el capellan se fue para el señor de casa e dixole que queria fablar con el en confesion, e quel touiese poridat. E el prometiole que lo quel dixiese que lo guardaria muy bien. «Digovos», dixo el capellan, «que

---

[67] *Viçioso:* mimado.
[68] *Fisicos:* médicos.
[69] *Malatia:* enfermedad.

este vuestro amigo muere con amores de aquesta vuestra criada con quien vos auedes a casar; peroque me defendio [70] que lo non dixiese a ninguno e quel dexase asy murir». É el señor de casa desque lo oyo fizo commo quien non daua nada por ello. E despues que se fue el capellan, vinose para su amigo e dixole que se conortase, que de oro e plata atanto le daria quanto el quesiese, e con grant mengua de coraçon non se quisiese asy dexar murir. «Çertas amigo», dixo el otro, «mal pecado! non ay oro nin plata que me pueda pro tener, e dexatme conplir el curso de mi vida, ca mucho me tengo por ome de buena ventura pues en vuestro poder muero». «Çertas non morredes», dixo el su amigo, «ca pues yo se la vuestra enfermedat qual es, yo vos guaresçere della; ca se que vuestro mal es de amor que auedes a esta moça que yo aqui tengo para me casar con ella. E pues de hedat es, e vuestra ventura quiere que la deuedes auer, quierola yo casar conbusco e darvos he muy grant auer. E leuatla para vuestra tierra e pararme he [71] a lo que Dios quisiere con sus parientes».

E el su amigo quando oyo esto, perdio la fabla e el oyr e el ver con grant pesar que ouo, porque cayo el su amigo en el pensamiento suyo, de guisa que cuydo su amigo que era muerto, e salio llorando e dando bozes e dixo a la su gente: «Ydvos para aquella camara do esta mi amigo, ca mala la mi ventura! muerto es, e non lo puedo acorrer.» La gente se fue para la camara e fallaronlo commo muerto. E estando llorandole enderredor del oyo la moça llorar, que estaua entre los otros, e abrio los oios. E desy callaron todos e fueron para su señor, que fallaron muy cuytado llorando, e dixieronle de commo abriera los oios su amigo. E fuese luego para alla e mando que la moça e su ama pensasen del e non otro ninguno; asy que a poco de tienpo fue bien guarido, peroque quando venia su amigo non alçaua los oios contra el con grant verguença que del auia. E luego el su amigo llamo a la moça su criada, e dixole de commo aquel su amigo le queria muy grant bien. E ella con poco entendimiento le respondio que eso mesmo fazia ella a el, mas que non lo osaua dezir que era asy, ca çiertamente grant bien queria ella a el. «Pues asy es», dixo el, «quiero que cásedes con el, ca de mejor logar es que yo, commoquier que seamos de vna tierra, e darvos he grant auer que

---

[70] *Defender:* prohibir.
[71] *Parar:* disponer.

leuedes, con que seades bien andante». «Commo quesierdes», dixo ella.

E otro dia en la grant mañaña enbio por el capellan con quien se confesara su amigo, e casolos e dioles grant auer e enbiolos luego a su tierra. E desque los parientes de la moça lo sopieron, touieronse por desonrrados e enbiaronle a desafiar, e corrieron con el muy grant tienpo, de guisa que commoquier que rico e poderoso era, con las grandes guerras quel fazian de cada dia, llego a tan grant pobredat en manera que non podia mantener la su persona sola. E penso entre sy a lo que faria e non fallo otra carrera sy non que se fuese para aquel su amigo a quien el acorriera. E fuese para alla con poco de auer quel fincara, pero quel duro poco tienpo, que era muy luengo el camino, e finco de pie e muy pobre. E acaesçiole que ouo de venir de noche a casa de vn ome bueno de vna villa a quien dezian Dios lo vee, çerca de aquel lugar do quiso Abrahan sacrificar a su fijo, e demando quel diesen de comer alguna cosa, por mesura. E dixieronlo a su señor commo demandaua de comer aquel ome bueno. E el señor de la casa era mucho escaso, e dixo que lo enbiase conprar. E dixieronle que dezia el ome bueno que non tenia de que. E aquello poco quel dio, diogelo de mala mente e tarde, asy que non quisiera auer pasado las verguenças que paso por ello, e finco muy quebrantado e muy triste, de guisa que non ouo ome en casa que non ouo muy grant piedat del.

E porende dize la escriptura que tres maneras son de ome de quien deue ome auer piedat, e son estas: el pobre que ha a demandar al rico escaso, e el sabio que se ha de guiar por el torpe, e el cuerdo que ha de beuir en tierra syn justiçia; ca estos son tristes e cuytados porque se non cunple en aquellos lo que deuia, e segunt aquello que Dios puso en ellos.

E quando llego a aquella çibdat do estaua su amigo, era ya de noche e estauan çerradas las puertas, asy que non pudo entrar. E como venia cansado e lazrado [72] de fanbre, metiose en vna hermita que fallo y çerca de la çibdat, syn puertas, e echose tras el altar e adormiose fasta otro dia en la mañaña, commo ome cuytado e cansado. E en esa noche, alboroçando dos omes de esa çibdat, ouieron sus palabras e denostaronse e metieronse ottos en medio e despartieronlos. E el vno dellos penso esa noche de yr matar

---

[72] *Lazrado:* que padece.

el otro en la mañaña, ca sabia que cada mañaña yua a matines, e fuelo a esperar tras la su puerta, e en saliendo el otro de su casa metio mano a la su espada e diole vn golpe en la cabeça e matolo, e fuese para su posada, ca non lo vio ninguno quando le mato.

E en la mañaña fallaron el ome muerto a la su puerta, e el ruydo fue muy grande por la çibdat, de guisa que la justiçia con grant gente andaua buscando el matador. E fueron a las puertas de la villa, e eran todas çerradas saluo aquella que era en derecho de la hermita do yazia aquel cuytado e lazrado, que fueron abiertas ante del alua por vnos mandaderos que enbiaua el conçejo a grant priesa al enperador. E cuydaron quel matador que era salido por aquella puerta, e andudieron buscando e non fallaron rastro del. E en queriendose tornar entraron dellos âquella hermita e fallaron aquel mesquino dormiendo, su estoque çinto, e començaron a dar bozes e dezir: «He aqui el traydor que mato el ome bueno.» E presieronle e leuaronle ante los alcaldes. E los alcalles preguntaronle sy matara el aquel ome bueno, e el con el dessesperamiento, cobdiçiando mas la muerte que durar en aquella vida quel auia, dixo que sy. E preguntaronle que por qual razon lo matara. E el dixo que por sabor que ouiera de lo matar. E sobre esto los alcalles ouieron su acuerdo e mandauanle matar pues de conosçido venia. E ellos estando en esto, el su amigo, a quien el casara con la su criada, que estaua entre los otros, conosçiolo, e penso en su coraçon que pues aquel su amigo lo guardara de muerte e le auia fecho tanta merçed commo el sabia, que queria ante murir que el su amigo moriese, e dixo a los alcalles: «Señores, este ome que mandades matar non ha culpa en muerte de aquel ome, ca yo lo mate.»

E mandaron lo prender, e porque amos ados venian de conosçido quel mataran, mandauan los matar a amos ados. E el que mato al ome bueno estaua a la su puerta entre los otros, parando mientes a los otros que dezian e fazian, e quando vio que aquellos don mandauan matar por lo quel feziera, non auiendo los otros ninguna culpa en aquella muerte, penso en su coraçon e dixo asy: «Catiuo [73] errado! con quales oios paresçere ante mio señor Dios el dia del juyzio, e commo lo podre catar? Çertas non syn verguença e syn grant miedo, e en cabo resçibra mi alma pena en los

_____
[73] *Cativo:* desgraciado.

infiernos por estas almas que dexo peresçer, e non auiendo culpa en muerte de aquel ome bueno que mate por mi grant locura. E porende tengo que mejor seria en confesar mi pecado e repentirme, e poner este mi cuerpo a murir por emienda de lo que fis, que non dexe estos omes matar.»

E fue luego para los alcalles e dixo: «Señores, estos omes que mandades matar non han culpa en la muerte de aquel ome bueno, ca yo so aquel ome que le mate por la mi desauentura. E porque creades que es asy, preguntad a tales omes buenos, e ellos vos diran de commo anoche tarde auiamos nuestras palabras muy feas yo e el, e ellos nos despartieron. Mas el diablo que se trabaja sienpre de mal fazer, metiome en coraçon en esta noche que le fuese matar, e fislo asy; e enbiat a mi casa e fallaran que del golpe que le dy quebro vn pedaço de la mi espada, e non se sy finco en la cabeça del muerto.» E los alcaldes enbiaron luego a su casa e fallaron la espada quebrada commo el dixiera, e fueron al muerto e fallaron el pedaço de la espada en el golpe. E sobre esto fablaron mucho, e touieron que estas cosas que asy acaesçieran por se saber la verdat del fecho, que fueron por miraglo de Dios, e acordaron que guardasen estos presos fasta que veniese el enperador, que auie y de ser a quinze dias, e fezieronlo asy.

E quando el enperador llego contaronle todo este fecho, e el mando quel traxiesen al primero preso; e quando llego antel, dixo: «Ay ome catiuo, que coraçon te mouio a conosçer la muerte de aquel ome bueno, pues en culpa non eras?» «Señor», dixo el preso, «yo vos lo dire. Yo so natural de aqui, e fue buscar consejo a tales tierras e fuy muy rico e muy poderoso; e desy llegue a tan grant pobredat que me non sabia aconsejar, e venia a este mi amigo que conosçio la muerte del ome bueno despues que lo yo conosçy, que me mantouiese a su limosna. E quando llegue a esta villa falle las puertas çerradas, e oueme de echar a dormir tras el altar de vna hermita que es fuera de la villa; e en dormiendo, en la mañaña oy grant ruido e que dezian: 'Este es el traydor que mato el ome bueno.' E yo commo estaua desesperado e me enojaua ya de beuir en este mundo, ca mas codiçiaua ya la muerte que la vida, e dixe que lo yo auia muerto». E el enperador mando que leuasen aquel e troxiesen al segundo; e quando llego antel dixole el enperador: «Dy, ome syn entendimiento, que fue la razon por que conosçiste la muerte de aquel ome bueno, pues non fueste en ella?» «Señor», dixo el, «yo vos lo dire».

«Este preso que se agora partio delante la vuestra merçed, es mi amigo, e fuemos criados en vno.» E contole todo quanto auia pasado con el e commo lo escapara de la muerte, e la merçed quel feziera quando le dio la criada suya por muger. «E señor, agora veyendo que lo querian matar, quise yo ante murir e auenturarme a la muerte que non que la tomase el.» E el enperador enbio este e mando traer el otro e dixole: «Dy, ome errado e desauenturado, pues otros te escusauan, por que te ponias a la muerte, podiendo la escusar?» «Señor», dixo el preso, «nin se escusa bien nin es de buen entendimiento nin de buen recabdo [74] el que dexa perder lo mas por lo de menos; ca en querer yo escusar el martirio de la carne por miedo de muerte, e dexar perder el alma, conosçido seria del diablo e non de Dios». E contole todo su fecho e el pensamiento que penso por que non se perdiesen estos omes que non eran en culpa, e que non perdiese el su alma. E el enperador quando lo oyo plogole de coraçon e mando que non matasen ninguno dellos, commoquier que meresçia muerte este postrimero.

Mas pues Dios quiso su miraglo fazer en traer en este fecho a ser sabida la verdat, e el matador lo conosçio podiendo lo escusar, el enperador le perdono e mando que feziese emienda a sus parientes; e el fizogela qual ellos quesieron. E estos tres omes fueron muy ricos e muy buenos e muy poderosos en el señorio del enperador, e amauanlos todos e preçiauanlos por quanto bien fezieron, e se dieron por buenos amigos. «E mi fijo», dixo el padre, «agora puedes tu entender qual es la proeua del amigo entero e quanto bien fizo el que mato el ome bueno, que lo conosçio por non leuar las almas de los otros sobre la suya. Puedes entender que ay tres maneras de amigos: ca la vna es el que quiere ser amigo del cuerpo e non del alma, e la otra es el que quiere ser amigo del alma e non del cuerpo, e la otra el que quiere ser amigo del cuerpo e del alma, asi commo este preso postrimero, que fue amigo de su alma e de su cuerpo, dando buen enxienplo de sy, e non queriendo que su alma fuese perdida por escusar el martirio del cuerpo» [75].

---

[74] *Recabdo:* razón cautela.

[75] La intercalación de un cuento dentro de otro cuento que aparece aquí es un procedimiento que aparece también en el *Calila e Dimna* y en *Las mil y una noches,* entre otras obras.

De commo dixo el Cauallero de Dios a su muger que le queria dezir su poridat

Todas estas cosas destos enxienplos de los amigos conto el Cauallero Zifar a la su buena muger por la traer a saber bien guardar su amigo e las sus poridades, e dixole asy: «Amiga señora, commoquier que digan algunos que las mugeres non guardan bien poridat, tengo que fallesçe esta regla en algunas; ca Dios non fizo los omes yguales nin de vn seso nin de vn entendimiento, mas departidos, tan bien varones commo mugeres. E porque yo se qual es el vuestro seso e quan guardada fuestes en todas cosas, del dia en que fuemos en vno fasta el dia de oy, e quan mandada e obediente me fuestes, quiero vos dezir la mi poridat, la que nunca dixe a cosa del mundo; mas sienpre la toue guardada en el mi coraçon, commo aquella cosa que me ternien los omes a grant locura sy la dixiese nin la pensase para dezir; peroque me non puedo ende partir, ca me semeja que Dios me quiere ayudar para yr adelante con ella; ca puso en mi, por la su merçed, algunas cosas señaladas de caualleria que non puso en cauallero deste tienpo, e creo que el que estas merçedes me fizo me puso en el coraçon de andar en esta demanda que vos agora dire en confesion. E sy yo en esta demanda non fuese adelante, tengo que menguaria en los bienes que Dios en mi puso»[76].

De commo el Cauallero de Dios dixo a la su buena muger todo lo que le auia dicho su aguello

«Amiga señora», dixo el Cauallero Zifar, «yo seyendo moço pequeño en casa de mi auuelo, oy dezir que oyera a su padre que venia de linaje de reys; e yo commo atreuido

    este procedimiento se encuentra frecuentemente en las obras medievales de origen o de influencia árabe y puede compararse a la técnica de la incrustación que se encuentra también frecuentemente en las artes decorativas árabes.

[76] Zifar tiene un deseo («demanda») y una destreza («cosas señaladas de caualleria») que le pueden llevar al éxito. Este deseo y esta destreza han sido puestos en él por Dios y, por tanto, son anteriores a la muerte de los caballos.

pregunte que commo se perdiera aquel linaje, e dixome que por maldad e por malas obras de vn rey del su linaje que fuera despuesto, e que fezieran rey a vn cauallero sinple, pero que era muy buen ome e de buen seso natural e amador de justiçia e conplido de todas buenas costunbres. E dixele yo assi: «Atan de ligero se puede fazer rey o desfazer?» «Commo, amigo», dixo el, «por que ligera cosa tienes que es fazer e desfazer rey? Çertas con grant fuerça de maldat se desfaze e con grant fuerza de bondat e de buenas costunbres se faze. E esta maldat e esta bondat viene tan bien de parte de aquel que es o a de ser rey, commo de aquellos que lo desfazen o lo fazen». «E sy nos de tan grant logar venimos», dixe, «commo fincamos pobres?»[77]. Respondio mi auuelo e dixo que por maldat de aquel rey onde desçendimos, ca por la su maldat nos abaxaron asy commo tu vees. «E çertas non he esperança», dixo mi auuelo, «que vuestro linaje e nuestro cobre, fasta que otro venga de nos que sea contrario de aquel rey, e faga bondat e aya buenas costunbres, e el rey que fuere ese tienpo que sea malo, e lo ayan a desponer por su maldat e este fagan rey por su bondat. E puede esto ser con la merçed de Dios»[78].

«E sy yo fuere de buenas costunbres», dixe yo, «podria llegar a tan alto logar?». E el me respondio reyendose mucho, e dixome asy: «Amigo pequeño de dias e de buen entendimiento, digote que sy, con la merçed de Dios, si bien te esforças a ello e non te enojares de fazer bien; ca por bien fazer bien puede ome subir a alto lugar.» E esto deziendo, tomando grant plazer en su coraçon, santigo a sy e a mi, e dexose luego murir, reyendose ante aquellos que y eran. E marauillaronse todos de la muerte de aquel mi auuelo que asy contesçiera[79]. E estas palabras que mi auuelo me dixo

---

[77] La pobreza de la familia de Zifar es anterior a la muerte de los caballos, que no hace más que agravarla.

[78] El tema principal de esta obra es el ascenso de un caballero a rey por sus méritos. El descenso del rey Tared prueba que la movilidad social es posible, siendo, no sólo la motivación, sino también el ejemplo que Zifar tiene para pasar de caballero a rey. El cavallero Zifar tiene que sustituir a un «rey malo», como el «cauallero sinple» que sustituyó al rey Tared.

[79] La ingenuidad del niño que hace reír al abuelo, es uno de los primeros detalles humorísticos de la obra, uno de cuyos encantos es la comicidad, como dice Scholberg («La comicidad...», página 157).

de guisa se fincaron en mi coraçon que propuse estonçe de yr por esta demanda adelante; e peroque me quiero partir deste proposito, non puedo; ca en dormiendo se me viene emiente, e en velando eso mesmo. E sy me Dios faze alguna merçed en fecho de armas, cuydo que me lo faze porque se me venga emientes la palabra de mi auuelo». «Mas señora», dixo el cauallero, «yo veo que veuimos aqui a grant desonrra de nos e en grant pobredat, e sy lo por bien touiesedes, creo que seria bien de nos yr para otro reyno, do non nos conosçiesen, e quiçabe mudaremos ventura; ca dize el bierbo [80] antigo: «Quien se muda, Dios le ayuda»; e esto dizen aquellos que non seen [81] bien, asy commo nos por la nuestra desauentura; ca el que bien see non ha por que se lieue [82], ca mudandose amenudo pierde lo que ha; e porende dizen que piedra mouediza, non cubre moho. E pues nos seamos non bien, mal pecado! nin a nuestra onrra nin prouecho, el proberbio de quien bien see non se lieue non es por nos. Tengo que mejor seria mudarnos que fincar».

De commo la muger del Cauallero gradesçio mucho a su marido la poridat que le dixo

«Amigo señor», dixo la dueña, «dezides bien. Gradescavos Dios la merçed grande que me auedes fecho en querer que yo sopiese vuestra grant poridat e de tan grant fecho. E çertas quiero que sepades que tan ayna commo contastes estas palabras que vos dixiera vuestro auuelo, sy es cordura o locura, tan ayna me sobieron en coraçon, e creo que han de ser verdaderas. E todo es en poder de Dios, del rico fazer pobre e del pobre rico. E moued quando quesierdes en el nonbre de Dios, e lo que auedes a fazer fazetlo ayna; ca a las vegadas la tardança en el buen proposito enpesçe» [83]. «E commo?», dixo el cauallero, «atan ayna vos vino a co-

[80] *Bierbo:* refrán.
[81] *Seer:* estar sentado, estar.
[82] *Lieuar:* levantarse, quitar, llevar.
[83] Antes de la partida de Zifar, Grima profetiza que tendrá éxito. En las novelas de caballerías, la profecía constituye un programa o plan de acción, como dice Federico Francisco Curto Herrero en su libro *Estructura de los libros españoles de caballerías en el siglo XVI*, Madrid, Fundación Juan March, 1976, página 38.

raçon que podria ser verdat lo que mio auuelo me dixo?»
«Atan ayna», dixo ella. «E quien agora me catase el coraçon
fallarlo ya muy mouido por esta razon, e non se semeja
que esto en mi acuerdo.» «E çiertas», dixo el cauallero, «asy
contesçio a mi cuando mi auuelo lo oy contar. E porende
non nos conuiene de fincar en esta tierra, sy quier que los
omes non nos cayan en esta locura».

Aqui cuenta de que linaje era este Cauallero de Dios, e de que tierra

E este Cauallero Zifar, segunt se falla por las estorias
antiguas, fue del linaje del rey Tared [84], que se perdio por
sus malas costunbres; peroque otros reys de su linaje deste
ouo y ante muy buenos e bien acostunbrados. Mas la rays
de los reyes e de los linajes se derrayga e se abaxa por dos
cosas: lo vno por malas costunbres, e lo otro por grant pobredat [85]. E asy el rey Tared, commoquier que el rey su padre le dexara muy rico e muy poderoso, por sus malas costunbres llego a pobredat e ouose de perder, asy commo lo
ya conto el auuelo del Cauallero Zifar, segunt oyestes; de
guisa que los de su linaje nunca podieron cobrar aquel logar
que el rey Tared perdio. E este regno es en la India primera, que poblaron los gentiles, asy commo agora oyredes.

E dizen las estorias antiguas que tres Yndias son: la vna
comarca con la tierra de los negros, e la otra comarca con la
tierra de Cadia, e la otra comarca con la rigion de las tinie-
blas. Mas la Yndia primera que poblaron los gentiles es la
que comarca con la tierra de los negros, e desta Yndia fue
el Cauallero Zifar onde fue el rey Tared, que fue ende rey.
E fallase por las estorias antiguas que Ninbros el valiente,
visnieto de Noe, fue el primero rey del mundo, e llamauanle
los cristianos Nino. Es este fizo la çibdat de Babilonia la
desierta con grant estudio, e començo a labrar vna torre
contra voluntad de Dios e contra mandamiento de Noe, que
sobiese fasta las nuues; e posieron nonbre a la torre Magdar.

E veyendo Dios que contra su voluntad la fazian, non quiso
que se acabase, nin quiso que fuesen de vna lengua, porque

---

[84] Según Walker, *Tared* es una palabra de origen árabe que
significa «expulsado» (*Tradition and Technique...*, pág. 34).
[85] Nueva alusión a la posibilidad del cambio social, idea que
está presente a lo largo de toda la obra.

se non entendiesen nin la podiesen acabar. E partiolos en setenta lenguajes: e los treynta e seys en el linaje de Sen, e los dizeseys en el linaje de Can, fijo de Noe, e los dizeocho en el linaje de Jafet. E este linaje de Can, fijo de Noe, ouo la mayor partida destos lenguajes por la maldiçion quel dio su padre en el tenporal; quel erro en dos maneras; lo primero que yogo con su muger en el arca, onde ouo vn fijo a que dixieron Cus, cuyo fijo fue este rey Ninbrot; e maldixo estonçe Can en los bienes tenporales.

E otrosy dizen los judios que fue maldicho el can porque yogo con la cadiella [86] en el arca. E la maldiçion fue esta: quantas vegadas yoguiese con la cadiella, que fincasen lisiados; pero los cristianos dezimos non es verdat, ca de natura lo han los canes desque formo Dios el mundo e todas las otras otras cosas aca.

E el otro yerro que fizo Can fue quando su padre se enbeodo, e lo descubrio, faziendo escarnio del. E porende este rey Ninbrot que fue su nieto, fue malo contra Dios, e quiso semejar a la rays de su auuelo Can, onde veniera. E Asur, el segundo fijo de Sen, con todo su linaje, veyendo que el rey Ninbrot que fazia obras a deseruiçio de Dios, non quiso y morar, e fue poblar a Niniue, vna grant çibdat que auia andadura de tres dias, la qual quiso Dios que fuese destroyda por la maldat dellos.

E destroyola Nabucodonosor e vna conpaña de gentiles que amauan el saber e las çiençias e allegauanse toda via a estudiar en vno. E apartaronse ribera de vn rio que es allende de Babilonia, e ouieron su consejo de pasar aquel rio e poblar allende e beuir todos en vno. E segunt dizen los sabios antigos, que quando puso nonbre Noe a las mares e a los rios, puso nonbre âquel rio Yndias, e por el nonbre quel puso posieron nonbre a aquellos que fincaron poblar allende, de indios, e posieron nonbre a la prouinçia do es el pueblo, India, por el nonbre de los pobladores. E despues que fueron asosegados, punaron de estudiar e de aprender e de çertificar; onde dixo Abu Ubeyt vn sabio: «De las Indias antiguas fueron los primeros sabios que çertificaron el sol e las planetas despues del diluuio.» E por beuir en paz e auer por quien se guiasen, exlieron [87] e alçaron rey sobre sy vn sabio a quien dizen Albarheme el Mayor, ca auia y otro sabio quel dizian asy. E este fue el primero

---

[86] *Cadiella:* perrita.
[87] *Exleer:* elegir.

que ouieron las Yndias, que fizo el espera e las figuras de los signos e de las planetas. E los gentiles de India fueron grant pueblo, e todos los reys del mundo e todos los sabios los conosçieron mejoria en el seso e en nobleza e en saber.

E dizen los reys de Çin [88] que los reys del mundo son çinco, e todos los otros andan en su rastro dellos: e son estos los reys de Çin e los reys de India e los reys de los turcos e los reys persianos e los reys cristianos. E dizen que el rey de Çin es rey de los omes, porque los omes de Çin son mas obedientes e mejor mandados que otros omes a sus reys e a sus señores. Al rey de India dizenle el rey de la creençia, porque ellos estudiaron sienpre e estudean en los saberes; e al rey de los turcos dizen el rey de los leones, porque son muy fuertes omes e mucho esforçados e muy atreuidos en sus lides. Al rey de los persianos dizen el rey de los reys, porque fueron sienpre muy grandes e de muy grant guisa e de grant poder; ca con su poder e su saber e su seso poblaron la meytad del mundo, e non gelo pudo ninguno contradezir, maguer non eran de su partiçion nin de su derecho. E el rey de los cristianos dizenle el rey de los barraganes, porque ellos son mayores barraganes [89] que todos los otros, e muy esforçados e mas apersonados [90] e mas apuestos en su caualgar que otros omes.

Çiertamente de antiguedat fue India fuente e manera de çiençia, e fueron omes de grant mesura e de buen seso. Maguer que son loros [91], que tiran a los negros quanto en la color, porque comarcan con ellos, Dios los guardo de las maneras dellos e de su torpedat, e dioles mesura e bondat en manera e en seso, mas que a muchos blancos. E algunos de los estrolagos [92] dizen que los yndios ouieron estas bondades porque la prouinçia de India a por natural partiçion Saturno e Mercurio, e fizieronse loros por Saturno; ca son ssabios e ssesudos e de ssotil engeño, porque les cupo de la partiçion de Mercurio, que fue mesclado con Saturno. E sus reys fueron sienpre de buenas costunbres e estudiauan todavia en la diuinidat, e por esto son omes de buena fe e de buena creençia, e creen todos en Dios muy bien, fuera ende pocos dellos que han la creençia de Sabaa, que adoran las

---

[88] *Çin* es el nombre árabe de China, según dice Walker (*Tradition and Technique...*, pág. 37).
[89] *Barraganes:* valientes.
[90] *Apersonados:* gentiles.
[91] *Loros:* oscuros.
[92] *Estrolagos:* astrólogos.

planetas e las estrellas. E esto todo de las Indias que fue leydo e fue puesto en esta estoria, porque se non falla en escriptura ninguna que otro rey ouiese en la India mal acostunbrado synon el rey Tared onde vino el Cauallero Zifar [93], commoquier que este cauallero fue bien acostunbrado en todas cosas, e gano muy grant pres e grant onrra por costunbres e por caualleria, asy commo adelante oyredes en la su estoria.

Dize el cuento de commo el Cauallero Zifar e su muger se fueron con sus fijos a beuir a tierra estraña

Dize el cuento que el Cauallero Zifar [94] e la buena dueña su muger vendieron aquello poco que auian e conpraron dos palafres en que fuesen, e vnas casas que auian, fezieron dellas vn ospital e dexaron toda su ropa en que yoguiesen los pobres, e fueronse. E leuaua en el cauallo en pos de sy el vn fijuelo, e la dueña el otro. E andudieron tanto en dies dias que salieron del regno onde eran naturales e entraron en otro reyno bien dos jornadas. E acabo de los diez dias, entrando en el onzeno en la mañana, auiendo caualgado para andar su camino, muriosele al cauallero el palafre, de que resçebio la dueña muy grant pesar. E dexose caer en tierra llorando de los oios e deziendole: «Amigo señor, non tomedes cuydado grande, ca Dios vos ayudara. E sobitvos en este palafren e leuaredes estos dos fijuelos conbusco, ca bien podre yo andar la jornada, con la merçed de Dios.» «Par Dios, señora», dixo el cauallero, «non puede ser, ca seria cosa desaguisada e muy syn razon yr yo de cauallo e vos de pie; ca segunt natura e razon mejor puede el varon sofrir el afan del camino que non la muger. E porende tengo por bien que subades en vuestro palafre e tomedes vuestros fijuelos el vno delante e el otro de pos». E fizolo asy, e andudieron su jornada ese dia.

E otro dia fueron fazer su oraçion a la eglesia e oyeron

[93] Para Walker, esta digresión geográfica está basada en las obras de los geógrafos islámicos (*Tradition and Technique...*, página 38).

[94] *Zifar* en árabe quiere decir «viajero», según señala Walker (*Tradition and Technique...*, pág. 33). Esto concuerda con sus características de caballero andante.

misa, que asi lo fazian cada dia ante que caualgasen, e despues que ouieron oyda misa tomaron su camino, que yua a vna villa que dezian Galapia, do estaua vna dueña biuda que auia nonbre Grima[95], cuya era aquella villa. Ca auia guerra con vn grant ome su vezino, de mayor poder que ella. E era señor de las tierras de Efeso, que es muy grant tierra e muy rica; e el auia nonbre Rodan[96]. E quando llegaron âquella villa fallaron las puertas çerradas e bien guardadas, con reçelo de sus enemigos. E demandaron la entrada, e el portero les pregunto quien eran, e el cauallero le dixo que eran de tierra estraña e que se acaesçieran[97] alli a do los guiara la su ventura. E el portero les dixo que yria ante preguntarlo a la señora de la villa, e que lo atendiesen, ca luego seria con ellos con la respuesta. E fuese para la señora de la villa. E el cauallero e la dueña estando a la puerta esperando la repuesta de la señora de la villa, ahevos[98] aqui vn cauallero armado do venia contra la villa en su cauallo armado. E llegose a ellos e dixo asy: «Dueña, que fazedes aqui vos e este ome que es aqui conbusco? Partidvos ende e ydvos vuestra via, e non entredes a la villa, ca non quiere mio señor, que ha guerra con la señora de la villa deste lugar, que entre ninguno alla, mayormente de cauallo.»

E el Cauallero Zifar le dixo: «Cauallero, nos somos de tierra estraña, e acaesçimos por nuestra ventura en este lugar, e venimos muy cansados e es muy tarde, ora de bisperas, e non abremos otro lugar poblado do fuesemos albergar. Plegavos que finquemos aqui esta noche si nos acogieren, e luego cras en la mañaña nos yremos do nos Dios guiare.» «Çertas», dixo el otro cauallero, «non fincaredes, ca yo non he que ver en vuestro cansançion; mas partidvos ende. Sy non, matare a vos e leuare a la vuestra dueña e farre della a mi talante». E quando el cauallero oyo estas palabras atan fuertes, pesole de coraçon e dixole: «Çertas sy vos cauallero sodes non faredes mal a otro fidalgo syn lo desafiar, mayormente non vos faziendo tuerto.» «Commo», dixo el otro, «cuydades escapar por cauallero, seyendo rapas desta dueña? Sy cauallero sodes, sobit en ese cauallo de esa dueña, e de-

---

[95] *Grima* en árabe quiere decir «noble», según señala Walker (*Tradition and Technique...*, pág. 34). Es interesante que tanto la mujer de Zifar como la señora de Galapia se llamen así.

[96] Según Walker, *Rodan* es una palabra de origen árabe que significa «malvado» (*Tradition and Technique...*, pág. 34).

[97] *Acaesçer:* presentarse en, estar en.

[98] *Ahevos:* he aquí.

fendetla» [99]. Quando esto oyo el Cauallero Zifar, plogole de coraçon porque atamaño vagar le daua de caualgar. E subio en el palafre de que la dueña desçendiera. E vn velador que estaua en la torre sobre la puerta, doliendose del cauallero e de la dueña, echole vna lança que tenia muy buena, e dixole: «Amigo, tomad esta lança e ayudevos Dios.»

De commo el Cauallero Zifar mato al sobrino del conde enemigo de la señora de la villa que la tenia çercada

E el Cauallero Zifar tomo la lança, ca el traya su espada muy buena, e dixo al otro cauallero que estaua muy yrado: «Ruegovos por amor de Dios que nos dexedes en pas, e que querades que folguemos aqui esta noche. E fagovos pleito e omenage que nos vayamos cras, sy Dios quesiere.» «Çertas», dixo el cauallero, «yrvos conuiene, e defendetvos». E el Cauallero Zifar dixo: «Defiendanos Dios que puede.» «Pues de tan vagar esta Dios», dixo el otro, «que non ha que fazer synon de uos venir a defender?» [100]. «Çertas», dixo el Cauallero Zifar, «a Dios non es ninguna cosa graue, e sienpre ha vagar para bien fazer, e aquel es ayudado e acorrido e defendido a quien quiere el ayudar e acorrer e defender». E dixo el otro cauallero: «Por palabras me queredes detener?» E finco las espuelas al cauallo e dexoxe venir para el, e el Cauallero Zifar para el otro. E tal fue la ventura del cauallero armado que erro de la lança al Cauallero Zifar, e el fue ferido muy mal, de guisa que cayo en tierra muerto, e el Cauallero Zifar fue tomar el cauallo del muerto por la rienda, e traxolo de la rienda a la dueña, que estaua cuytada, pero rogando a Dios que guardase a su marido de mal [101].

---

[99] La situación de caballero sin caballo de Zifar se revela aquí como desairada y humillante.

[100] Detalle humorístico. Señalaré sólo los detalles humorísticos no apuntados por Scholberg. En la mayoría de los casos son agudezas finas, jocosidades leves.

[101] Zifar, aunque está deseando volver a montar a caballo, es decir, volver a comportarse como un caballero, y, aunque se prepara para luchar, agota antes todos los procedimientos de solucionar el conficto pacíficamente, lo que muestra su profesionalidad.

De commo el Cauallero Zifar mato al sobrino del conde que la tenia çercada

E ellos estando en esto, ahevos el portero e vn cauallero do venian, a quien mandaua la señora de la villa que tomasen omenage del cauallero que non veniese ningunt mal por ellos a la villa e que los acogiesen. E el portero abrio la puerta, e el cauallero con el dixo al Cauallero Zifar: «Amigo, queredes entrar?» «Queremos», dixo el Cauallero Zifar, «sy a vos ploguiese». E el cauallero le dixo: «Amigo, sodes fidalgo?» «Çertas sy», dixo el Cauallero Zifar. «E sodes cauallero?» «Sy», dixo el. «E aquellos dos moços? E esta dueña, quien es?» «Mi muger», dixo el, «e aquellos dos moços son nuestros fijuelos». «Pues fazedesme omenage», dixo el otro, «asy commo sodes fidalgo, que por vos nin por vuestro consejo, non venga mal ninguno a esta villa nin a ninguno de los que y moran?». «Sy fago», dixo el cauallero, «demientra y morare». «Non», dixo el cauallero, «mas para en todo tienpo». E el Cauallero Zifar le dixo que lo non faria, ca non sabia quel auia de acaesçer con alguno de la villa en algunt tienpo. «Çertas pues, non entraredes aca», dixo el cauallero, «sy este omenage non fazedes». E ellos estando en esta porfia, dixo el velador que estaua en la torre, el quel diera la lança al Cauallero Zifar: «Entradvos en bien, ca çient caualleros salen de aquel monte e vienen quanto pueden de aqui alla.» E sobre esto estando, dixo el cauallero de la villa: «Amigo, queredes fazer este omenage que vos demando? Sy non, entrare e çerrare la puerta.» E estonçe el Cauallero Zifar dixo que fazia omenage de guardar la villa e los que y eran sy non le feziesen por que non lo deuiese guardar. «Amigo», dixo el cauallero, «aqui non vos faran synon todo plazer». «E yo vos fago el omenage», dixo el Cauallero Zifar, «commo vos demandades, sy asy fuere». E asy acogieron a el e a la dueña e a sus fijos, e çerraron la puerta de la villa [102].

---

[102] Zifar muestra de nuevo su profesionalidad, no queriendo comprometerse a ciegas con la villa de Galapia.

De commo los caualleros de fuera fallaron muerto al sobrino del conde, su señor, e se lo lleuaron muerto

E en caualgando e queriendose yr a la posada, llegaron los çient caualleros e demandaron al velador: «Dy amigo, entro aca vn cauallero armado?» «E quien sodes vos», dixo el velador, «que lo demandades?». «Çertas», dixo el vno dellos, «conosçernos deuiedes, que muchas malas sonochadas e malas matinadas auedes de nos resçebidas en este logar»[103]. «Verdat es», dixo el velador, «mas çierto so que a mal yredes de aqui esta vegada». «Villano traydor», dixo el cauallero, «commo podria ser eso? Es preso el cauallero que aca vino, por quien nos demandamos?». «Çertas non es preso», dixo el velador, «mas es muerto. E catadlo do yaze en ese barranco, e falarlo hedes muerto». «E quien lo mato?», dixo el cauallero. «Su soberuia», dixo el velador[104]. «Pero quien?», dixo el cauallero. «Çertas», dixo, «vn cauallero viyandante[105] que agora llego aqui con su muger». Los caualleros fueron al barranco e fallaronlo muerto. E el cauallero muerto era sobrino de aquel que auia guerra con la señora de la villa. E començaron a fazer el mayor duelo que podria ser fecho por ningunt ome. E tomaron el cauallero muerto e fueron faziendo muy grant duelo.

De commo la señora de Galapia sopo de la muerte de aquel su enemigo que muriera

E la señora de la villa quando oyo este ruydo e tan grant llanto que fazian, marauillose que podria ser, e andaua demandando quel dixiesen que que era. E en esto entro el cauallero que auia enbiado que resçebiese el omenaje, e contole todo el fecho commo fuera, commo aquel que lo vio; ca luego que oyo

[103] Detalle humorístico. Ver notas 79 y 100.
[104] La soberbia del caballero es, no sólo un pecado, sino también una falta de profesionalidad.
[105] Zifar es definido como un caballero andante. Esto es un argumento a favor de la teoría de que la obra es una novela de caballerías.

el ruydo sobio a los andamios con la otra gente que alla sobia para se defender. E contole commo este cauallero que entrara en la villa auia muerto aquel sobrino de su enemigo, el cauallero mas atreuido que el auia, e el mas soberuio êl que mayor daño auia fecho âquella villa, por quien se leuantara aquella guerra entre su tio e la señora de la villa, porque non queria casar con este sobrino de aquel grant señor. La señora de aquella villa, quando lo oyo plogole de coraçon, e touo que Dios aduxiera a aquel cauallero estraño a aquel logar por afinamiento de la su guerra. E mando a este su cauallero quel feziese dar muy buena posada, e quel feziese mucha onrra; e el cauallero fizolo asy. E otro dia en la mañana despues de las misas, el Cauallero Zifar e su muger queriendo caualgar para se yr, llego mandado de la señora de la villa que se fuesen para alla e que queria fablar con ellos. E el Cauallero Zifar pesol porque se aurian a detener, que perdian su jornada; pero fueronse alla para la señora de la villa, e ella pregunto en qual manera eran alla venidos. E el cauallero le dixo que eran salidos de su tierra, non por malefiçios que ouiesen fechos, mas con grant pobredat en que cayeran, e que auian verguença de beuir entre sus parientes, e que por eso salieran de su tierra a buscar vida en otro lugar do los non conosçiesen [106].

De commo la señora de la villa se pago mucho del buen razonar e del buen ssosiego del cauallero e de la dueña

E la señora de la villa pagose [107] del buen razonar e del buen seso e del buen sosiego del buen cauallero e de la dueña, e dixo: «Cauallero, sy vos con esta vuestra dueña quesierdes aqui morar, darvos ya vn fijo mio pequeño que criedes, e fazervos ya todo el plazer que podiese, e criarse han estos vuestros fijos con el mio.» «Señora», dixo el cauallero, «non me semeja que lo podiese fazer, e non querria cosa començar a que non podiese dar cabo». E la señora de la villa le dixo: «Esperad aqui oy, e cras pensat en ello mas; e responderme hedes.» E el Cauallero Zifar pesole mucho, pero

---

[106] A los extraños Zifar les dice que la razón por la que partió fue la pobreza ocasionada por la muerte de los caballos. Pero Grima y el lector u oyente saben cuál fue su verdadera razón.
[107] *Pagarse*: ponerse contento.

ouo gelo de otorgar. E estos dos dias resçebieron mucha onrra e mucho plazer de la señora de la villa, e todos los caualleros e los omes buenos venian ver e a solazar con el Cauallero Zifar, e todas las dueñas con su muger, e fazianles sus presentes muy granadamente. E tan grant alegria e tan grant conorte tomauan con aquel cauallero que les semejaua que de toda la guerra e de toda la premia en que estauan, eran ya librados con el andança buena que Dios diera âquel cauallero en matar aquel sobrino de aquel grant señor su enemigo.

De commo la muger del Cauallero Zifar rogo a su marido que fincase alli vn mes, que venian cansados, e el gelo otorgo

E en esto la señora de la villa enbio por la dueña, muger del Cauallero Zifar, e rogole mucha afincadamente que trauase con el cauallero su marido que fincase y con ella, e que parteria con ellos muy de buena mente lo que ouiesen. E tan grande fue el afincamiento quel fizo, que lo ouo de otorgar que trabajaria con su marido que lo feziese. E quando la muger del cauallero fue en su posada, fablo luego con su marido e preguntole quel semejaua de la fincada que la señora de la villa les demandaua. «Çertas», dixo el, «non se y escoger lo mejor, ca ya veo que auemos mester bienfecho de señores por la nuestra pobredat en que somos; e de la otra parte, la fincada de aqui veo que es muy peligrosa e con muy grant trabajo; ca la guerra que esta dueña que ouo fasta aqui con aquel grant señor, de aqui adelante sera muy afincadamenté entrellos por la muerte de aquel cauallero su sobrino que yo mate por la su desauentura»[108]. «Amigo señor», dixo ella, «nos venimos cansados deste luengo camino e traemos nuestros fijuelos muy flacos; e sy lo por bien touiesedes, ternia que seria bien que folgasemos aqui algunt dia».

«Çertas», dixo el Cauallero Zifar, «sy a vos plaze, a mi faze; pero quiera Dios por la su merçed que nos recuda[109] a bien

---

[108] Zifar teme que el peligro de la lucha sea mayor que la recompensa de la hospitalidad. Como buen profesional, cree que el trabajo y la paga deben estar relacionados.

[109] *Recudir:* Resultar.

esta fincada» [110]. «Amen», dixo la dueña. E ellos estando en esto, entro vn cauallero de la villa por la puerta, e dixoles asy: «Cauallero, a vos e a la vuestra buena dueña enbia dezir la señora de la villa que vos vengades luego para ella, e que vos lo gradesçera.» E ellos fizieronlo asy. E quando llegaron ally do la señora de la villa estaua, fallaron alli todos los caualleros e los omes buenos e las dueñas de aquel lugar. E la señora de la villa se leuanto a ellos e resçebiolos muy bien e dixo asy: «Cauallero, dezidme que auedes acordado vos e la vuestra buena dueña de aquello que vos yo rogue.» «Çierto, señora», dixo el Cauallero Zifar, «non me queria poner a cosa que non sopiese nin pudiese fazer vn cauallero; pero señora, pues que vos me lo mandades, yo presto so de vos seruir en todas aquellas cosas que me vos mandardes e al vuestro seruiçio cunpla». E la señora de la villa e todos los caualleros que alli eran gelo gradesçieron mucho porque le auie prometido de folgar alli con ellos vn mes.

De commo vn cauallero de los mas poderosos de la villa rogo al Cauallero Zifar quel fincase alli, e que le daria dos fijas que tenia para que el las cassase con sus fijos

Vn cauallero de los de la villa, e de los muy poderosos, leuantose entre los otros e dixole: «Cauallero estraño, yo non se qui vos sodes, mas por quanto yo entiendo en vos, creo que sodes de buen logar e de buen entendimiento; por que so çierto que nos farie Dios mucho bien en este lugar por vos, e plazerme ya mucho que fincasedes aqui con nuestra señora. E dos fijas que yo tengo, darlas he por mugeres a vuestros fijuelos, e darvos ya la terçia parte de quanto yo he para vos e vuestra dueña con que vos mantouiesedes.» «Muchas gracias», dixo el Cauallero Zifar, «de vuestro buen talante». E la señora de la villa dixo: «Cauallero bueno, non vos semeja que es bien de fazer aquello que vos dezia aquel cauallero, syn la merçed e ayuda que yo vos fare muy granadamente? Ca bien creed que ese cauallero que aqueso vos dize, es de los mas poderosos e de mejor logar, e el mas rico desta tierra.» «Señora», dixo el Cauallero Zifar, «grades-

---

[110] Zifar decide coger el trabajo porque necesita la paga para mantener a su familia.

co a vos e al cauallero todo esto que aqui dezides, commoquier que non fue la mi entençion de venir a este logar por entrar en parentesco con ninguno». «Señora», dixo la muger del Cauallero Zifar, «dezitle que finque aqui conbusco vn mes, e entretanto fablaremos lo que touierdes por bien». «Par Dios, señora», dixo la señora de la villa, «muy bien dexistes. E Cauallero, ruegovos que lo querades asy fazer». «Çertas», dixo el Cauallero, «fazerlo he pues a mi muger plaze, commoquier que me ploguiera que menos tienpo tomase para esta folgura» [111].

De commo la señora de la villa rogo al Cauallero Zifar que le ayudase en todo aquello que el sopiese e entendiese

Todos los que estauan en aquel palaçio resçebian grant plazer con la fincada deste cauallero, e la señora de la villa dixo estonçe: «Cauallero bueno, pues esta graçia auedes fecho a mi e a los deste lugar, e ruegovos que en aquello que entendierdes guiar e endresçar nuestros fechos, que lo fagades.» E el Cauallero Zifar respondio que asy lo faria muy de grado, en quanto podiese. E estonçe mando la señora de la villa que pensasen del, e quel diesen todas aquellas cosas quel fuesen mester.

De commo la señora de Galapia fue luego çercada de sus enemigos

Al terçer dia despues desto, en la grant mañaña ante del alua, fueron enderredor de la villa tres mill caualleros muy bien guisados, e muy grant poder de peones e de vallesteros de los enemigos de la señora de la villa. E começaron a fincar las tiendas enderredor de la villa a grant priesa. E quando los veladores lo sentieron começaron a dezir: «Armas, armas!» El ruydo fue tan grande a la buelta por la villa, cuydando que gela querian entrar, e fueron todos corriendo a los andamios de los muros. E sy non fueran y llegados

---

[111] Zifar rechaza esta primera oferta, porque tiene otros planes más ambiciosos.

perdierase la villa, atan rezio se llegauan los de fuera a las puertas. E desque fue de dia deuisaronlos mejor, e fueronlos redrando [112] de la villa los vallesteros; ca tenian muchos garauatos [113] e muchas vallestas de torno biriculas para se defender, asy commo aquellos que estauan aperçebidos para tal fecho. E el Cauallero Zifar en estando en su cama, pregunto al huesped que ruydo era aquel. Estonçe su huesped le dixo de commo tenien cerçada la villa los sus enemigos. E pregunto al huesped que gente podria ser, e dixol que de tres mill caualleros arriba e muy grant gente de pie. E preguntole que quantos caualleros podrian ser en la villa. E dixo que fasta çiento de buenos. «Çertas», dixo el Cauallero Zifar, «con çiento caualleros de buenos cuydaria acometer con la merçed de Dios mill caualleros de non tan buenos». «E sy vos», dixo el huesped, «a coraçon lo auedes de proeza, asas [114] auedes aqui de buenos caualleros con quien lo fazer. E marauillome seyendo tan buen cauallero commo dizen que sodes, commo vos sufre el coraçon de vos estar aqui en la cama a tal priesa commo esta». «Commo?, dixo el cauallero, «quieren los de aqui salir a lidiar con los otros?». Dixo el huesped: «Non semejaria grant locura en lidiar çiento con mill?» «E pues asy estaran sienpre ençerrados?», dixo el cauallero, «e non faran ninguna cosa?». «Non se», dixo el huesped, «mas tengo que fariades mesura e cordura en llegar âquel consejo en que estan los caualleros agora». «Çertas», dixo el cauallero, «non lo fare, ca seria grant locura de allegar a consejo ante que sea llamado; ca palabra es del sabio que dize asy: non te llegues a ningunt consejo fasta que te llamen». «Por Dios! cauallero», dixo el huesped, «semejame que vos escusariedes de buena mente de lidiar; e tengo que seriades mejor para predicador que non para lidiador». «Çertas», dixo el Cauallero Zifar, «verdat es; que mas de ligero se dizen las cosas que non se fazen».

Quando esto oyo el huesped, baxo la cabeça e salio de la camara diziendo: «Algo nos tenemos aqui guardado, estando los otros en el peligro que estan, e el muy syn cuydado.» E fuese para la señora de la villa, con quien estauan los caualleros e la gente auiendo su acuerdo como farian. E quando la señora de la villa lo vio, preguntole e dixole: «Que es de tu huesped?» E el le dixo: «Señora, yaze en su cama syn cuy-

---

[112] *Redrar:* hacer volver atrás, apartar.
[113] *Garauatos:* ganchos.
[114] *Asas:* bastante.

dado desto en que vos estades.» «Çertas», dixo la señora de la villa, e los otros que y eran con ella, «carauillamosnos mucho de tal cauallero commo el es, e de tal entendimiento, en lo asy errar. E el, que te dezia», dixo la señora de la villa, «desta priesa en que estamos?» «Señora, yo le preguntaua que commo non venia a este acuerdo en que estauades. E el dixome que seria locura en llegar a consejo de ninguno, ante que fuese llamado.» «Par Dios!», dixieron todos: «dixo commo ome sabio». «E dixote mas?», dixo la señora de la villa. «Çertas señora, yo le dixe que me semejaua mas para predicador que non para lidiador, e el dixome que dezia verdat, ca mas de ligero se pueden dezir las cosas que non fazerse. E avn preguntome mas, quantos caualleros se podrian auer aqui en la villa. E yo dixile que çiento de buenos. E el dixome que con çient caualleros de buenos podria ome acometer mill de non tan buenos.» E esta palabra plogo âlgunos e peso a los otros; ca bien entendieron que sy guiar se ouiesen por este cauallero, que los meteria en lugar do las manos ouiesen mester.

De commo el Cauallero Zifar consejo a los de la villa que saliesen a ferir en los de la hueste

«Çertas», dixo la señora de la villa, «non es menester de nos detener de non enbiar por el». E mando a dos caualleros de los mejores que fuesen luego por el, e que lo aconpañasen. E ellos quando llegaron a el, fallaronlo que oya misa con muy grant deuoçion, e su muger con el. E despues que fue acabada la misa, dixieronle los caualleros quel enbiaua rogar la señora de la villa que se fuese para alla [115]. «Muy de grado», dixo el cauallero, e fuese con ellos. E yendo en vno preguntole vn ome bueno de la villa: «Cauallero, que vos semeja de commo estamos con estos nuestros enemigos?» «Çertas», dixo, «amigo, semejante que vos tienen en estrechura, sy Dios non vos ayuda e el vuestro buen esfuerço; ca todo es y mester».

---

[115] La reacción de Zifar en una situación de emergencia, como es el asalto de la villa, muestra sus cualidades caballerescas: primero, obtiene información sobre la situación y esboza un plan, lo que indica su competencia militar; segundo, no va al consejo sin haber sido llamado, lo que indica su competencia diplomática, y, tercero, continúa con su vida cotidiana en espera de los acontecimientos, lo que indica su serenidad y sangre fría.

E quando llegaron al palacio leuantose la señora de la villa a el, e todos quantos eran con ella, e dixole asy; «Cauallero bueno, non vedes quan apremiados nos tienen estos nuestros enemigos?» «Çertas señora», dixo el, «oy dezir que venieron conbater fasta las puertas de la villa». E la señora de la villa le dixo: «Pues cauallero bueno, que vos paresçe que sera?» «Señora, lo que vos mandardes», dixo el cauallero.

«Esforçarvos hedes», dixo la señora de la villa, «de fazer algo contra estos nuestros enemigos?». «Señora», dixo el, «con esfuerço de Dios e desta buena gente». «Pues mando yo», dixo la señora de la villa, «que todos quantos son aqui en la villa, que se guien por vos e fagan vuestro mandado. E esto mando yo con consentimiento e con plazer de todos ellos». E dixo la señora de la villa a los suyos: «Es asy commo yo digo?» Respondieron ellos todos: «Sy señora.» «Señora», dixo el cauallero, «mandat a todos los caualleros fijos dalgo ayuntar, e a los otros que esten guisados de cauallos e de armas» [116]. E la señora de la villa mando lo asy fazer, e ellos luego se apartaron. E desy el cauallero tomo dellos omenaje quel siguiesen por el e quel non desanparasen en el lugar do ouiese mester su ayuda. E ellos fizieronlo asy. «Agora señora», dixo el cauallero, «mandaldes que fagan alarde de cras en la mañaña, lo mejor que cada vno podiere, tan bien caualleros commo escuderos e vallesteros e peones; e sy algunt guisamiento [117] tenedes de cauallero, mandat melo prestar». «Çertas», dixo ella, «muy de grado; ca darvos he el guisamiento de mi marido, que es muy bueno». «Señora», dixo el cauallero, «non lo quiero donado mas prestado; ca heredamiento es de vuestro fijo, e porende vos non lo podedes dar a ninguno».

---

[116] Sólo después de haber sido llamado al consejo y después de haber recibido su autorización para dirigir la lucha, abandona Zifar su vida cotidiana y pone en práctica el plan que había esbozado. Según Diz, en la obra, la descripción de las luchas responde al siguiente modelo: *a)* decisión de intervenir, *b)* preparativos, *c)* acción, *d)* agradecimiento a Dios, *e)* mención de las ganancias obtenidas («El mundo de las armas...», pág. 190). Aquí vemos cómo Zifar pasa de la fase «a» a la fase «b».

[117] *Guisamiento:* armas y arreos del caballero.

De commo el Cauallero Zifar e los de la villa estauan mirando sobre los muros de la villa de commo estauan sentados en su solas

E otro dia en la mañaña salieron a su alarde muy bien guisados, e fallaron que auia de caualleros fijos dalgo buenos, çiento e dies caualleros; e de escuderos fijos dalgo çinquaenta, commoquier que non auian lorigas [118] de cauallo. E los otros ruanos de la villa fallaron y guisados sesenta. E asy fueron por todos dozientos e veynte. «Çertas», dixo el Cauallero Zifar, «gente ay aqui para defender su tierra, con la merçed de Dios». La señora de la villa dio al cauallero el guisamiento quel prometiera, muy rico e muy fermoso, e prouolo ante todos e endereçolo do entendio que era mester, e mando a los otros que lo feziesen asy a los sus guisamientos, e bien daua a entender que algunt tienpo andudiera en fecho de caualleria; ca muy bien sabia endreçar sus guarniçiones» [119]. E entre todos los otros paresçia bien armado e muy fermoso e muy valiente. Esta señora de la villa estaua en los andamios de su alcaçar, e paro mientes en lo que fazia cada vno, e vio el Cauallero Zifar commo andaua requeriendo los otros e castigandolos, e plogole mucho.

E desy mandoles el Cauallero Zifar que se fuesen cada vno a sus posadas e comiesen, e a ora de nona que recudiesen todos a aquella plaça; e fizieronlo asy. E el Cauallero Zifar paro mientes en aquel cauallo que auia ganado del cauallero que auia muerto a la puerta de la villa, e fallolo que era bueno e muy enfrenado e muy valiente, e plogole mucho con el. E a la ora de nona llegaron todos en la plaça segunt les auia mandado, e dixoles asy: «Amigos, a los que tienen en priesa e en premia, non se deuen dar vagar, mas deuen fazer quanto pudieren por salir de aquella premia e priesa; ca natural cosa es del que esta en premia querer salir della, asy commo el sieruo de la seruidunbre. E por ende ha mester que ante que aquellos de aquella hueste se carguen e se fortalezen, que les fagamos algunt rebate de mañana.» E ellos dixieron que de commo el mandase, que ellos asy farian. «Pues aparejadvos»,

---

[118] *Lorigas*: corazas.
[119] Zifar muestra su experiencia de soldado.

dixo el Cauallero Zifar, «en manera que ante que el alua quiebre, seamos con ellos»[120].

Dixieron ellos que lo farian de buena mente. E dixo el Cauallero Zifar: «Vayamos a andar por los andamios del muro, e veremos commo estan asentados.» E subieron a los andamios e pararon mientes de commo estauan asentados; e el Cauallero Zifar vio dos portiellos grandes en la çerca que non estaua y gente ninguna, e pregunto: «Que es aquel espaçio que esta ally vazio?» «Çertas», dixieron ellos, «la çerca de la villa es grande, e non la pueden todos çercar». E vio vn lugar do estauan tiendas fincadas e non mucha gente en ellas, e pregunto: «Quien posa alli en aquellas tiendas?» E dixole vn cauallero de la villa: «El señor de la hueste.» «E onde lo sabedes vos?» dixo el cauallero. «Çertas», dixo el, «de vno de nuestros barruntes[121] que vino de alla». E fizo llamar a aquel barrunte, e preguntole el Cauallero Zifar: «Dy amigo, el señor de la hueste posa en aquellas tiendas?» «Sy», dixo el. «E que gente trae consigo, sy sabedes de çierto?» Dixo el: «Yo lo vi caualgar el otro dia, e semejome que podrian ser fasta tres mill e quinientos caualleros, entre buenos e malos.» «E ay grant gente de fijos dalgo?», dixo el cauallero. «Çertas», dixo, «non creo que sean de dozientos caualleros arriba». «E todos estos caualleros fijos dalgo estan con el señor de la hueste en el su real?» «Çertas non», dixo el, «ca aparto los caualleros fijos dalgo por la hueste, porque non fiaua en los otros; ca son ruanos e non venieron de buena mente a esta hueste». «Mucho me plaze», dixo el Cauallero Zifar, «ca semeja que Dios nos quiere fazer merçed». E dixo a otro cauallero: «Sy mas bien auemos a fazer alli, en la cabeça auemos a ferir primeramente.» «Par Dios», dixo el otro cauallero, «dezides muy bien, e nos asy lo faremos; ca sy lo de mas fuerte les nos vençemos, lo mas flaco non se nos puede bien defender». «E por do podriemos auer entrada», dixo el Cauallero Zifar, «porque los saliesemos a las espaldas, que lo non sentiesen?». «Yo lo se bien», dixo el otro cauallero. «Pues começemos», dixo el Cauallero Zifar, «en el nonbre de Dios, cras en la mañana. E vos guiatnos alli por do vos sabedes que esta el entrada mejor». E el cauallero dixo que el que lo faria de buena mente[122].

---

[120] Zifar muestra sus dotes de mando.
[121] *Barruntes:* espías.
[122] Zifar muestra sus conocimientos estratégicos y su capacidad de juzgar situaciones y tomar decisiones.

De commo los de la hueste venieron a conbatyr a los de la villa, e commo se defendieron bien los de dentro

E ellos estando en esto, aheuos do venian seysçientos caualleros e grant gente de pie. E los de la villa preguntaron al Cauallero Zifar sy saldrian a ellos, e el dixoles que non, mas que defendiesen su villa; ca mejor era que los de fuera non sopiesen quanta gente era en la villa, e que por esta razon non se aperçeberian [123], cuydando que eran menos, e que los non acometerian. E llegaron los otros çerca de los muros de la villa, tirando de piedras e de fondas, e de saetas, e faziendo muy grand roydo; pero el que se llegaua a las puertas o al muro non se partia ende sano, de cantos e de saetas que les tirauan de la villa. E asy fueron muchos muertos e feridos esa noche, desta guisa. E entrellos andaua vn cauallero grande armado de vnas armas muy deuisadas, el canpo de oro e dos leones de azul. «Amigos», dixo el Cauallero Zifar, «quien es aquel que aquellas armas trae?». «El señor de la hueste», dixieron los otros; e el Cauallero Zifar callo e non quiso mas preguntar, peroque paro mientes en las armas de aquel señor de la hueste e deuisolas muy bien, e dixo a los otros: «Amigos, yd a buenas noches, e folgat fasta cras en la grant mañaña, que oyades el cuerno; e ha mester que seades aperçebidos e que vos armedes muy bien, e que salgades a la plaça, en manera que podamos yr alla do nos Dios guiare.» E cada vno dellos derramaron e fueron para sus casas e posadas, e el Cauallero Zifar para la eglesia. E rogo al clerigo que otro dia ante de matines que fuese en la plaça, e que armase su altar para dezir la misa. E el clerigo dixo que lo faria de grado.

De commo los que estauan en la villa fueron ferir en la hueste ante del alua

Luego el Cauallero Zifar fuese a su posada, e bien ante del alua leuantose e fizo tocar el cuerno. E luego todos los caualleros e vallesteros e peones se armaron e se fueron para la plaça. E quando llego y el Cauallero Zifar fallo el clerigo

---

[123] *Aperçebirse:* disponerse.

reuestido, e descaualgo del cauallo e rogole que dixiese misa.
E el clerigo la dixo muy bien e mucho ayna, de manera que
todos vieron el cuerpo de Dios e se acomendaron a el [124].
Desy el Cauallero Zifar caualgo e dixoles asy: «Amigos, los
çient caualleros fijos dalgo e los çinquaenta escuderos de
cauallo apartense, e los escuderos fijos dalgo de pie; ca con
estos tengo yo de yr a este fecho, e los diez caualleros fijos
dalgo e los ruanos e los vallesteros e los peones finquen e
parense en aquella pontezilla [125] que esta en el camino, e sy
menester fuere de que atan çerca sean paraque nos puedan
acorrer, que nos acorran. E todos dixieron que lo farien de
grado. E luego el Cauallero Zifar con los çient caualleros e
çinquaenta escuderos de cauallo e dozientos escuderos de pie
fueronse muy callando e lo mas ascondidamente que pudieron
por vn val ayuso [126] por do non pasauan ningunos de los
de la hueste, que ante estauan redrados. E guiaualos el cauallero que dixo antenoche que los guiaria. E quando fueron
allende de la hueste, parose el cauallero que guiaua, e dixo al
Cauallero Zifar: «Ya somos redrados de la hueste bien dos
trechos de vallesta.» «Pues por do yremos», dixo el Cauallero
Zifar, «al real [127] del señor de la hueste?». «Yo vos guiare»,
dixo el cauallero. «Guiatnos», dixo el Cauallero Zifar, «ca
me semeja que quiere quebrar el alua. E llegat quanto podierdes al real, e quando fuerdes çerca tocad este cuerno e
nos moueremos luego e yremos ferir en ellos. E todos tenga-
mos oio por el señor de la hueste, ca sy ally nos faze Dios
merçed todo lo abremos desbaratado».

E vn cuerno que traya al cuello fuelo dar al cauallero, con
que feziese la señal, e mouieron luego muy paso, e fueron
yendo contra el real. E tanta merçed les fizo Dios que non
ouo y cauallo que reninchase; ante fueron muy asosegados
fasta que llegaron muy çerca de la hueste. E el cauallero que
los guiaua començo a tocar el cuerno, ca entendio que las velas
los barruntarian. E luego el Cauallero Zifar mouio contra la
otra gente e fueron ferir en la hueste muy de rezio, llamando: «Galapia, por la señora de la villa» [128]. E los de la hueste

[124] Oír misa antes de la batalla era y sigue siendo una práctica normal en la guerra, por lo que, por lo menos en cuanto
a esto, la religiosidad de Zifar no parece tan extraordinaria como
creen algunos críticos.

[125] *Pontezilla:* puente.

[126] *Ayuso:* abajo.

[127] *Real:* campamento.

[128] Exclamación bélica como las que aparecen en la épica. Re-

fueron mucho espantados deste rebate atan a desora, e non se podieron acorrer de sus cauallos nin de sus armas. E estos otros matauan tan bien los cauallos commo omes quantos fallauan, e non parauan mientes por prender, mas por matar, e los que escapauan dellos yuanse para las tiendas del señor de la hueste. E quando llego y el Cauallero Zifar con su conpaña, tanta era la gente que auia llegado al señor de la hueste, e asy se barrearon [129] aderredor de escudos e de todas las cosas que podieron auer, que los non podieron entrar con el enbargo de las tiendas; e ellos que se defendian muy de rezio, asy que el Cauallero Zifar yua resçebiendo muy grant daño en los sus cavalleros. E tornose a los suyos e dixoles: «Amigos, ya es de dia es, e veo grandes poluos por la hueste, e semejaua que se alborçauan para venir a nos. E vayamosnos, que asas auemos fecho e cunple para la primera vegada.» E fueronse tornando su paso contra la villa.

De commo el señor de la hueste fue contra los de la villa, e el fue mal ferido e vn su fijo fue lleuado preso a la señora de la villa

El señor de la hueste armose muy toste [130] en la tienda e salio en su cauallo, e vn fijo con el, e seys cavalleros que se vyaron a correr de armar, e mouieron contra la villa. E el Cauallero Zifar quando los vio, mando a los suyos que andodiesen mas, ante que los de la hueste llegasen; ca non es verguença de se poner ome en saluo quando vee mejoria grande en los otros, mayormente auiendo cabdiello de mayor estado. E el Cauallero Zifar yua en la çaga, deziendoles que andodiesen quanto podiesen, ca muy çerca les venian, commoquier que venian muy derramados, vnos en pos de otros. E el señor de la hueste vio las armas que fueron del señor de Galapia e dixo: «Es biuo el señor de Galapia? Çertas sy biuo es çierto so que el faria atal fecho commo este, ca sienpre fue buen cauallero de armas. Pero non podria ser, ca yo me açerte en su muerte e a su enterramiento, e el non dexo synon vn fijo muy pequeño. Mas bien cuydo que dieron las armas âlguno por que se guiasen los otros.» E tan çerca venian ya de los de la villa que se podian entender vnos a otros lo

fleja una costumbre verdadera que todavía sigue vigente hoy día.
[129] *Barrear:* Cercar.
[130] *Toste:* presto.

que se dezian. El Cauallero Zifar boluio la cabeça e violos
venir çerca de sy, e conosçio en las armas al señor de la
hueste, las que viera antenoche. E venia en los delanteros e
non venia otro con el synon vn fijo e otro cauallero, e eran
muy çerca del alcantariella [131] do tenia la otra gente el cauallero Zifar. E dio vna bos a la su conpaña e dixo: «Aten-
detme» [132]. E boluiose de rostro contra el señor de la hueste
e puso la lança so el sobaco e dixo asy: «Cauallero defendetvos.» «E quien eres tu», dixo el señor de la hueste, «que
atanto te atreues?». «Çertas», dixo el Cauallero Zifar, «agora
lo veredes» [133]. E finco las espuelas al cauallo e fuelo ferir,
e diole vna grant lançada por el costado quel paso las guarniçiones, e metiose por el costado la lança bien dos palmos, e
dio con el en tierra. La su gente commo yuan veniendo, yuan
feriendo sobre el e trabajauanse mucho de lo poner en el
cauallo. E entretanto el Cauallero Zifar tornose con su gente
e pasaron el alcantariella en saluo. E mas merçed fizo Dios al
Cauallero Zifar e a su gente; quel fijo del señor de la hueste,
quando vio que el padre era derribado, finco las espuelas al
cauallo e fue ferir vn cauallero de los de la villa; peroque lo
non enpesçio [134], e metiose en la espesura de la gente e presieronle, e asy lo leuaron preso a la villa.

E el duelo fue muy grande en la hueste, cuydando que su
señor era muerto. E despues que lo leuaron a las tiendas del
real e lo desnuyaron, fallaron que tenia vna grant ferida en el
costado. E quando demandaron por su fijo e non lo fallaron,
touieronse por mal andantes mas de quanto eran; ca touieron
que era muerto o preso. E quando entro en su acuerdo el señor de la hueste, venieron los çerugianos a lo catar, e dixeron que lo guaresçerian muy bien con la merçed de Dios.
E el se conorto quanto pudo e demando por su fijo. E ellos
le dixieron que era ydo a andar por la hueste por asosegar
su gente. E plogole mucho e dixo que lo fazia muy bien.
Los caualleros de la hueste enbiaron luego vn cauallero de la
hueste a la villa a saber del fijo de su señor sy era muerto
o preso.

---

[131] *Alcantariella:* puentecillo.
[132] *Atender:* esperar.
[133] Detalle humorístico. Ver notas 79 y 100.
[134] *Enpesçer:* dañar, obstaculizar.

De commo vn cauallero de los de la hueste fue a preguntar a los de la villa por el fijo de su señor, si era preso o muerto

E el cauallero quando llego çerca de la puerta de la villa, finco la lança en tierra e dixo que non tirasen saetas, que non venia synon por saber vna pregunta. E el velador que estaua sobre la puerta le dixo: «Cauallero, que demandades?» «Amigo», dixo el cauallero, «dezitme que sabedes del fijo del señor de la hueste, sy es preso o muerto». «Çierto», dixo el velador, «non es muerto, mas es preso». «E es ferido?», dixo el cauallero. «Non», dixo el velador. «Çertas», dixo el cauallero, «muy mal escapamos nos desta caualgada». E con tanto se torno para los de la hueste e dixoles en commo su fijo del señor de la hueste era preso e syn ferida ninguna.

De commo el señor de la hueste se fallo mal de aquella guerra e lo dixo a sus vasallos

E quando fue en la tarde açerca de bisperas, llamo el señor de la hueste aquellos omes buenos que solia llamar a su consejo, e preguntoles que les semejaua deste fecho. E los vnos le dezian que non diese nada por ello, que Dios le daria mucho ayna vengança; e los otros le dezian que tales cosas commo estas sienpre acaesçian en las batallas; e los otros le dezian que parase mientes sy en esta demanda que fazia contra aquella dueña, sy tenia derecho, e sy non, que se dexase dello sy quiera, por lo que contesçiera en este dia en el e en su fijo. «Commo», dixo el señor de la hueste, «es muerto el mi fijo?». «Non», dixieron los otros, «mas es preso syn ferida ninguna». «E commo fue preso?», dixo el señor de la hueste. «Çertas», dixieron, «quando a vos ferieron, fue fincar las espuelas al cauallo, e fue ferir en aquellos, e metiose en vn tropel e desapoderaronle». «Bendito sea Dios!», dixo el padre, «pues que biuo es mio fijo e sano. E amigos e parientes, quierovos dezir vna cosa: que sy el sobrino me mataron en este logar, e el mio fijo tienen preso e a mi ferieron, creo que Dios que quiere ayudar a ellos e enpeçer a nos;

116

ca yo tengo a la dueña tuerto [135] grande, e le he fecho muchos males en este logar, ella non lo meresçiendo; por que ha mester que conoscamos nuestro yerro e nos repintamos del, e fagamos a Dios e a la dueña emienda; ca sy non, bien creo que Dios nos lo querra acaloñar [136] mas çiertamente» [137].

Leuantose vn cauallero su vasallo, ome de Dios e de muy buen consejo, e fuele besar las manos, e dixole asy: «Señor, gradesco mucho a Dios quanta merçed ha fecho a vos e a nos oy en este dia, en vos querer poner en coraçon de conosçervos que tenedes tuerto a esta dueña: lo que nunca quesistes conosçer fasta agora, seyendo manifiesto a todas las gentes que era asy. E porende señor, cobrat vuestro fijo e demandat perdon a la dueña del mal que le fezistes, e seguratla de aqui adelante que de nos non resçiba mal. E yo vos sere fiador sobre la mi cabeça que Dios vos ayudara en todas las cosas que començardes con derecho, asy commo a esta dueña contra vos, e acabarlas hedes a vuestra voluntad.» «Çertas, mio vasallo bueno e leal», dixo el señor de la hueste, «plazeme con lo que dezides, ca me consejades muy bien, a onrra e a pro del cuerpo e del alma. Vos e estos omes buenos punad en lo leuar adelante en aquella manera que entendierdes que mejor sera. Pero querria saber quien fue aquel que me ferio». «Commo», dixo el cauallero, «querergelo hedes acaloñar?». «Non», dixo el señor de la hueste, «mas querria lo conosçer por le fazer onrra do quier que lo fallase; ca bien vos digo que nunca vn cauallero vy que tan apuestamente caualgase nin tan apoderado, nin tan bien feziese de armas commo aqueste». «Agora señor», dixo el cauallero, «folgat esta noche, e nos cras andaremos en este pleito». «En el nonbre de Dios», dixo el de la hueste.

---

[135] *Tuerto:* injusticia.
[136] *Acaloñar:* imputar.
[137] Expresión de la creencia medieval de que Dios apoyaba a la parte que tenía razón. Esta manifestación del pensamiento divino se conoce con el nombre de juicio de Dios.

Aqui dexa de fablar la ystoria del señor de la hueste, e fabla de la señora de Galapia [138]

La señora de la villa, ante de matines, quando oyo el cuerno tocar en la villa para quererse yr los suyos contra los de la hueste, luego fue leuantada e enbio por la muger del Cauallero Zifar, e sienpre estouieron en oracion, rogando a Dios que guardase los suyos de mal, commo aquella que tenia que sy por sus pecados los suyos fuesen vençidos, que la villa luego seria perdida e ella e su fijo catiuos e desheredados para sienpre. Mas Dios poderoso e guardador e defendedor de las biudas e de los huerfanos, veyendo quanto tuerto e quanta soberuia auia resçebido fasta aquel dia, non quiso que resçebiese mayor quebranto, mas quiso que resçebiese onrra e plazer en este fecho. E quando los sus caualleros se estauan conbatiendo en el real con los de la hueste, enbio vna donzella a los andamios, que parase mientes en commo fazian. E la donzella tornose e dixo: «Señora, en las tiendas del real del señor de la hueste ay tan grandes poluos que en los çielos contienen, en manera que non podiemos ver quien fazia aquel poluo. E porque arraya agora el sol, faze aquel poluo atan bermejo [139] que semejaua sangre; peroque vemos que todos los otros que estauan enderredor de la villa se armauan quanto podian e van corriendo contra las tiendas del señor de la hueste do son aquellos poluos.»

E quando la señora de la villa oyo estas palabras, cuydando que estauan ya bueltos en su batalla, e penssando que los suyos non podrian sofrir aquella gente contraria, que era muy grande, e que serian vençidos, teniendo su fijuelo en los braços, començo a pensar en ello e dio vna grant bos commo muger salida de seso, e dixo: «Santa Maria val!», e dexose caer en tierra transida, de guisa que su fijuelo se ouiera a ferir muy mal sy non que lo resçebio en los braços la muger del Cauallero Zifar; asy que todas quantas dueñas y eran cuydaron que era muerta; de guisa que nin por agua que la echasen, nin por otras cosas quel feziesen non la

---

[138] Fórmula usada frecuentemente por los narradores medievales para entrelazar las partes de la narración. En este caso se entrelazan las aventuras de Zifar con las aventuras de Grima.

[139] *Bermejo:* rojizo.

podian meter en acuerdo. E el duelo e las bozes de las dueñas e de las donzellas fueron muy grandes en el palaçio; ca todas las donzellas e dueñas que auia en la villa todas eran y con ella; ca las vnas tenian sus maridos en la hueste, e las otras sus hermanos e las otras sus parientes e sus padres e sus fijos, de que estauan con reçelo de ser muertos e ellas presas e catiuas e toda la villa perdida.

Del pesar que ouieron todos los de la villa que salieron a pelear con los de la hueste, porque era muerta su señora

Los que estauan en los andamios vieron salir vn tropel de caualleros de aquel poluo mucho espeso, e endreçauan contra la villa e venieron luego a la señora de la villa e dixieron por la conortar: «Señora, fe aqui los vuestros caualleros do vienen sanos e alegres, loado sea Dios, e conortadvos.» Pero della non podian auer repuesta ninguna; ante semejaua a todos que era muerta. E despues que los caualleros pasados el alcantariella, e entraron en la villa e les dixieron estas nueuas de commo la señora de la villa era muerta, pesoles muy de coraçon, e la grant alegria que trayen por la merçed que Dios les fiziera, tornoseles en grant pesar; e asy commo lo oyeron dexaronse caer todos de los cauallos en tierra, dando muy grandes bozes, e faziendo muy grant llanto.

De commo torno en su acuerdo la señora de la villa por miraglo que mostro alli la Virgen Maria, que alcançó de Nuestro Señor su Fijo

E el Cauallero Zifar estaua muy cuytado e llamolos a todos e dixoles asy: «Dios nunca fue desigual de sus fechos, e pues el tan grant buena andança nos dio oy en este dia, por razon della non creo que nos quesiese dar atan grant quebranto otrosy por ella; ca semejaria contrario a sy mesmo en querer que el su comienço fuese bueno e malo el acabamiento; ca el sienpre suele començar bien e acabar mejor, e acreçentar bien en sus bienes e en sus dones, mayormente a aquellos que se tienen con el. E vayamos a saber commo murio, ca yo non puedo creer que asy sea; e por aventura nos mentieron.» Las dueñas estando enderredor de su señora, llorando e faziendo grant llanto, oyeron vna bos en la capiella do estaua su señora, que dixo asy: «Amiga de Dios leuantate, que tu gente esta desconortada e tienen que quanta merçed les fizo Dios mio fijo el Saluador del mundo oy en este dia, que se les es tornada en contrario por esta tu muerte. E crey que voluntad es de mio fijo de endresçar este tu fecho a tu voluntad e a tu talante.» Todas las dueñas que y estauan fueron mucho espantadas e marauillaronse onde fuera esta bos que ally oyeran tan clara e tan dulçe. E tan grande fue la claridat entonçe en la capiella que les tolliera [140] la lunbre de los oios, de guisa que non podian ver vna a otra. E a poca de ora vieron a su señora que abrio los oios e alço las manos ayuntadas contra el çielo e dixo asy: «Señora, Virgen Santa Maria, abogada de los pecadores e consoladora de los tristes, e guiadora de los errados e defendedora de las biudas e de los huerfanos que mal non meresçen! Bendito sea el fijo de Dios que por el Espiritu Santo en ty encarno, e bendicho sea el fruto que de ti salio e nasçio! Ca me tornaste por la tu santa piedat de muerte a vida, e me sacaste de grant tristeza en que estaua e me traxiste a gran plazer» [141]. Todos los que y estauan oyeron muy bien lo que dezia, e enbiaron mandado a los caualleros de commo su señora era biua; asy que todos tomaron grant plazer e se fueron para alla, saluo ende el Cauallero Zifar, que se fue para su posada. E quando llegaron alla fallaronla en su estrado asentada, llorando de los oios con grant plazer que auia porque veya todos los de su conpaña sanos e alegres.

E preguntoles e dixoles: «Que es del buen Cauallero Zifar que conbusco fue?» E ellos le dixeron: «Señora, fuese para su posada.» «E que vos semeja del?», dixo ella. «Señora», dixo vn cauallero antigo [142], «juro verdad a Dios e a vos, que non creo que mejor cauallero sea en todo el mundo en armas e en todas buenas costunbres que este cauallero». «E ayudovos bien?», dixo ella. «Par Dios señora», dixo el cauallero, «el cometio el real del señor de la hueste muy de rezio e muy syn miedo, conortandonos e dandonos muy

---

[140] *Toller:* quitar.

[141] Mullen señala que este milagro de la Virgen, a la que había invocado la señora de Galapia antes de morir, se parece mucho a otros milagros de la literatura medieval española («The Role of the Supernatural...», pág. 259).

[142] *Antigo:* antiguo.

grant esfuerço para fazer lo mejor. E señora, non me semeja que palabra de ningunt ome tan virtuosa fue del mundo para conortar e para esforçar su gente commo la de aqueste cauallero. E creet çiertamente que ome es de grant lugar e de grant fecho». La señora de la villa alço las manos a Dios e gradesçiole quanta merçed le feziera en aquel dia, e mandoles que fuesen para sus posadas; e desy desarmaronse todos e fueron comer e a folgar. La muger del Cauallero Zifar se queria yr para su marido, e ella non la dexo, ca trauo [143] con ella mucho afincadamente que comiese con ella, e ella ouo lo de fazer. E la señora de la villa la asento consigo a la su tabla [144], e fizole mucha onrra e deziendo asy ante todos: «Dueña de buen lugar e bien acostunbrada e sierua de Dios, quando podre yo galardonar [145] a vuestro marido e a vos quanta merçed me ha fecho Dios oy en este dia por el e por vos? Çertas yo non vos lo podria gradesçer; mas Dios, que es poderoso galardonador de todos fechos, el vos de el galardon que meresçedes; ca sy non por vos el mio fijuelo muerto fuera, sy non que lo reçebistes en los braços quando yo me yua derribar con el de los andamios commo muger salida de entendimiento. Çertas yo non se do me cay, ca me semejo que de derecho en derecho que me yua para los andamios a derribar, con cuyta e con reçelo que tenia en mi coraçon de ser vençidos aquellos caualleros que por mi fueron contra los de la hueste, e yo ser presa e catiua e mio fijuelo eso mesmo; mas Dios por la su merçed quiso que por el buen entendimiento e la buena caualleria e la buena ventura de vuestro marido fuesemos librados deste mal e deste peligro en que eramos» [146]. E desy començaron a comer e a beuer e aver solas. E quantos manjares enbiauan a la señora de la villa, todos los enbiaua al Cauallero Zifar, gradesçiendole quanta merçed le auia Dios fecho.

---

[143] *Trauar:* rogar, insistir.

[144] *Tabla:* mesa.

[145] *Galardonar:* premiar.

[146] Zifar, hombre «de grant lugar e de grant fecho», es decir, noble y valiente, impide que la señora de Galapia caiga en poder de sus enemigos. Grima, mujer «de buen lugar e bien acostunbrada», es decir, noble y virtuosa, impide que el hijo de la señora de Galapia se caiga del andamio. O sea, que, en esta primera prueba, ambos demuestran su valía, lo que provoca la admiración y el agradecimiento de todos.

De commo la señora de la villa enbio por el fijo del conde que tenia preso, e de las cosas que alli fablaron delante todos en vno

E quando fue ora de nona enbio por todos cavalleros de la villa e por el Cauallero Zifar que veniese ante ella, e llorando de los oios dixo asy: «Amigos e parientes e vasallos buenos e leales, ruegovos que me ayudedes a gradesçer a este cauallero quanto ha fecho por nos, ca yo non gelo podria gradesçer nin sabria, ca bien me semeja que Dios por la su merçed le quiso a esta tierra guiar por afinamiento desta guerra; peroque esto con muy grant reçelo que sea la guerra mas afincada por razon del señor de la hueste que es ferido, e de su fijo que tenemos aqui preso; ca el es mucho enparentado e de grandes omes e muy poderosos, e luego que sepan estas nueuas seran con el e con todo su poderio para vengarle.» «Señora», dixo el Cauallero Zifar, «tomad buen esfuerço e buen conorte en Dios; ca el que vos defendio fasta el dia de oy e vos faze mucha merçed, el vos sacara deste grant cuydado que tenedes, mucho a vuestra onrra». «Cauallero bueno», dixo ella, «sy fuera con el vuestro buen esfuerço e con vuestro entendimiento». «Çertas, señora», dixo el, «yo fare y lo que yo pudiere con la merçed de Dios». La señora de la villa les pregunto sy seria bien enbiar por el fijo del señor de la hueste para fablar con el. Respondieron todos que sy, ca por auentura alguna carrera [147] catarie para afinamiento [148] desta guerra. E luego enbiaron por el, e el vino mucho omildosamente e finco los ynojos ante ella.

«Amigo», dixo ella, «mucho me plaze conbusco, sabelo Dios». «Çertas, señora», dixo el, «bien lo creo, que quanto plaze a vos, tanto pesa a mi». «Commo», dixo ella, «non vos plaze de ser aqui comigo biuo, ante que muerto?» [149]. «Çertas», dixo el, «sy, si mi padre es biuo, ca çierto so que fara y tanto por que yo salga desta presion; e sy muerto es, yo non querria ser biuo». «E vuestro padre», dixo ella,

---

[147] *Carrera:* camino.

[148] *Afinamiento:* fin.

[149] Obsérvese que no le pregunta simplemente si no le place estar vivo, sino que le pregunta si no le place estar vivo con ella. La pregunta podría delatar cierto interés de ella por él.

«ferido fue?». «Çertas, señora», dixo el. «E quien lo ferio?», dixo ella. «Vn cauallero», dixo el, «lo ferio que andaua muy afincadamente en aquel fecho, e bien me semejo que nunca vy cauallero que atan bien vsase de sus armas commo aquel». «E conosçerlo yedes?», dixo ella. «Çierto», dixo el, «non, mas traye las armas del vuestro marido». E ella sonrriose vn poco e dixole: «Amigo señor, sabedes vos que yo non tengo tuerto a vuestro padre, e hame fecho grandes daños e grandes males, e non se por qual razon. Pero amigo, dezitme sy podria ser por alguna carrera que se partiese esta guerra e este mal que es entre nos.» «Çertas, señora, non lo y se», dixo el, «sy non vna». «E qual es?», dixo ella. «Que casasedes comigo», dixo el. E ella finco los oios en el e començo lo a catar, e non le dixo mas; peroque el cauallero era mançebo e mucho apuesto e muy bien razonado e de muy grant lugar, e de mas que su padre non auia otro fijo sy non este[150]. La señora de la villa mando que lo lleuassen de alli e que se fuesen todos, e que fincase el Cauallero Zifar e aquellos que eran de su consejo, e dixoles asy:

De commo la señora de la villa dixo al Cauallero Zifar si faria el casamiento, e el e los otros le dixieron que lo feziesse

«Amigos, que vos semeja deste fecho?» Callaron todos, que non y ouo ninguno que respondiese. E el Cauallero Zifar, quando vio que ninguno non respondia, dixo asy: «Señora, quien poco seso ha, ayna lo espiende, e ese poco de entendimiento que en mi es, quiero vos los dezir quanto en esta razon, so emienda destos omes buenos que aqui son. Señora», dixo el Cauallero Zifar, «veo que Dios vos quiere guiar a toda vuestra onrra, non con daño nin con desonrra de vuestro fijo; ca por vos casar con este cauallero fijo del señor de la hueste, tengo que es vuestra onrra e grant

---

[150] La señora de Galapia no se ruboriza ni se pone nerviosa ante la proposición del hijo del conde de Éfeso. Al contrario, le mira tranquilamente y piensa en la conveniencia de su enlace con él. Sin embargo, aunque esta posibilidad no le desagrada, no se compromete hasta después de consultar con su consejo, como buena gobernante que es.

vando [151] de vuestro fijo; ca esta villa e los otros castiellos que fueron de vuestro marido, todos fincaran a vuestro fijo, e vos seredes onrrada e bien andante con este cauallero». E los caualleros e los omes buenos que eran con ella otorgaron lo quel Cauallero Zifar dezia, e dixieron que lo catara muy bien, commo ome de buen entendimiento. «Amigos», dixo la señora de la villa, «pues vos por bien lo tenedes, yo non he de salir de vuestro consejo. Catadlo e ordenadlo en aquella guisa que entendedes que es mas a seruiçio de Dios e a pro e a onrra de mi e de mi fijo». E el Cauallero Zifar dixo que fincase este pleito fasta en la mañana, que fablasen con el fijo del señor de la hueste. E fueronse cada vno para sus posadas a folgar.

De commo el señor de la hueste enbio sus mandaderos para que fablasen con la señora de la villa e con los del ssu consejo

E otro dia en la mañana, venieron seys caualleros del señor de la hueste, muy bien vestidos en sus palafres e syn armas ningunas, a la puerta de la villa. E los que estauan en las torres dixieron que se tirasen [152] afuera, e sy non, que los farian ende arredrar. «Amigo», dixo vn cauallero dellos, «non fagades, ca nos venimos con buen mandado». «Pues que queredes?», dixo el de la torre. «Queremos», dixo el cauallero, «fablar con la señora de la villa». «E queriedes», dixo el de la torre, «que gelo feziese saber?». «Sy», dixo el cauallero. E el que estaua en la torre se fue luego a la señora de la vila e dixole este mandado, de commo seys caualleros onrrados de la hueste estauan a la puerta e que querian fablar con ella, e quel dixieron que venian con buenos mandados. «Dios lo quiera», dixo ella, «por su merçed». E luego enbio por el Cauallero Zifar e por los otros omes de la villa e dixoles de commo aquellos caualleros estauan a las puertas desde grant mañana, e sy tenian por bien que entrasen, que fuesen alla algunos omes buenos de la villa que los aconpañasen. E ellos escogieron entre sy veynte caualleros de los mas ançianos e de los mas onrrados e enbiaronlos alla. E ellos abrieron las puertas de la villa e

---

[151] *Vando:* ayuda.
[152] *Tirar:* salir, sacar.

llegaron ally do estauan los seys caualleros, e rogaronles que sy querian entrar, e ellos dixieron que sy, para fablar con la señora de la villa.

«Pues fazetnos omenaje», dixo el Cauallero Zifar, «que por vos nin por vuestro consejo non venga daño a la villa nin a ninguno de los que y son». «Çertas», dixieron los caualleros, «nos asy lo fazemos. E vos seguradesnos», dixieron los caualleros de la hueste, «que non resçibamos daño nin desonrra por esta entrada?». «Nos vos aseguramos», dixieron los caualleros de la villa, «que resçibades onrra e plazer e non otra cosa ninguna que contraria sea». E asy entraron en la villa e fueronse para la señora de la villa que los estaua atendiendo. E quando los vio entrar, leuantose a ellos, e todos los otros que y eran con ella, e resçebieronlos muy bien. E ellos dixieron que se asentasen todos e que dirian su mandado, e luego fizieronlo asy e estouieron muy asosegados. «Señora», dixo vn cauallero de los que venieron de la hueste, «nuestro señor el conde vos enbia mucho saludar». «Dios le de salud», dixo la señora de la villa, «asy commo el la cubdiçia para mi» [153]. «Amen!», dixieron los caualleros de la hueste, «ca çiertos somos que querria vuestra onrra e la vuestra salud; e non dudes, ca mas bien ay de quanto vos cuydedes». «Dios lo quiera!», dixo ella. «Señora», dixo el cauallero, «nuestro señor vos enbia dezir asy, que sy Dios le da algunos enbargos en este mundo, e algunos enojos, e lo trae a algunos peligros dañosos, que gelo faze porque es pecador entre los pecadores, e señaladamente por el yerro que a vos tiene, vos non gelo meresçiendo, nin le faziendo por que, nin el vuestro marido, señor que fue deste lugar; ante dize que fue mucho su amigo en toda su vida, e quel que vos ha fecho guerra e mucho daño e mucho mal en aquesta vuestra tierra. E porende tiene que sy mayores enbargos le diese e mayores desonrras de quantas le ha fecho fasta el dia de oy, con grant derecho gelo faria; onde vos enbia rogar quel querades perdonar, e el que sera vuestro amigo e se terna conbusco contra todos aquellos que vos mal quisieren fazer, e esto todo syn ninguna infinta e syn ningunt entredicho [154]. Pero ante vos enbia a dezir que sy vos ploguiere, que mucho plazeria a el que el su fijo casase conbusco; ca vos sabedes que el non ha otro fijo heredero sy non aquel que vos

---

[153] Detalle humorístico. Ver notas 79 y 100.
[154] *Entredicho:* reparo, obstáculo.

aqui tenedes en vuestro poder, e que luego en la su vida le daria estas dos villas grandes que son aqui çerca de vos, e ocho castiellos de los mejores que fueren aqui çerca en derredor». «Cauallero», dixo la señora de la villa, «yo non vos podria responder amenos que yo fablase con estos omes buenos de mio consejo. E tiradvos alla, e fablare con ellos» [155]. «Çertas», dixieron ellos, «mucho nos plaze». E fezieronlo asy.

De commo los mandaderos fablaron con la señora de la villa el mandado de su señor el conde

La señora de la villa estando con aquellos omes buenos non dizia ninguna cosa e estaua commo vergoñosa e enbargada [156]; e los omes buenos estauanse marauillando entre sy, e teniendo que era mal en tardar la repuesta, ca non era cosa en que tan grant acuerdo ouiese auer, faziendoles Dios tanta merçed commo les fazia [157]. E ellos estando en esto, leuantose vn cauallero anciano, tio de la señora de la villa, e dixo asy: «Señora, tarde es bueno a las vegadas, e malo otrosy; ca es bueno quando ome asma [158] de fazer algunt mal fecho de que puede nasçer algunt peligro, de lo tardar, e en tardando lo que puede fazer ayna, puede le acaesçer alguna cosa que lo dexaria todo o la mayor parte dello. E eso mesmo del que quiere fazer alguna cosa rebatadamente de que se ouiese despues a repentir, duelo tardar; ca lo deue primero cuydar en qual guisa lo deue mejor fazer, e desque lo ouiere cuydado e emendado, puede mas yr endresçadamente al fecho. E eso

[155] La señora de Galapia reacciona con tranquilidad de gobernante a la proposición que le hace el conde de Éfeso de un enlace entre su hijo y ella, diciendo que tiene que consultar con su consejo.

[156] Cuando la decisión ya no depende del consejo, sino de ella, la señora de Galapia se muestra súbitamente recatada, actuando, no como gobernante, sino como mujer.

[157] Los miembros del consejo quieren aceptar la proposición cuanto antes, ya que es más ventajosa de lo que esperaban. Recuérdese que estaban dispuestos a consentir en la boda para lograr una paz duradera. A esto se añade ahora la promesa de protección contra terceros y la donación de un buen número de villas y de castillos adyacentes a Galapia.

[158] *Asmar:* juzgar.

mesmo quando ouiese camiados [159] el tienpo de bien en mal, de manera que los fechos non se feziesen asy commo conuiene. Ca en tal sazon commo esta deuen los omes sufrirse e dar pasada a las cosas que tornen los tienpos a lo que deuen; ca mas vale desuiarse de la carrera mala e peligrosa, e tomar otra, maguer sea lueñe [160] e desuiada, que non yr por la mala e medrosa; ca quien bien va, non tuerçe maguer que tarde; mas quien ouiese buen tienpo para fazer las cosas, seyendo buenas, e touiese guisado de lo conplir, esto non lo deue tardar por ninguna manera, asy commo este buen proposito en que estamos, ca se puede perder por auentura de vna ora o de vn dia; mas endresçese e fagase luego syn tardança ninguna; ca a las vegadas quien tienpo ha e tienpo atiende, tienpo viene que tienpo pierde.» «Çertas», dixo la señora de la villa, «en vuestro poder so. Ordenad la mi fazienda commo mejor vierdes» [161]. E ellos estonçe fizieron llamar aquellos seys caualleros del señor de la hueste, e preguntaronles que que poder trayan para afirmar estas cosas que ellos demandauan. E ellos dixieron que trayan procuratorios muy conplidos que por quanto ellos fiziesen fincaria su señor, e demas que trayan el su sello para afirmar las cosas que se y feziesen [162].

De commo el casamiento de la señora de Galapia e del fijo del conde fue firmado de aquellos caualleros

E el tio de la señora de la villa les dixo: «Amigos, todas las cosas que demandastes vos en boz e en nonbre del conde vuestro señor, todas vos son otorgadas, e faganse en el nonbre de Dios.» E vn cauallero de los del señor de la hueste dixo

---

[159] *Camiar:* cambiar.

[160] *Lueñe:* lejos.

[161] La señora de Galapia dice que hará lo que ordene el consejo, recuperando la serenidad al volver a actuar como gobernante.

[162] Según Hernández, el término *procuratorio* es un latinismo por «carta de obligamiento». Para Hernández, la obra contiene alusiones a prácticas legales que indican que su autor tenía experiencia en ese campo. El presentar a los mensajeros equipados con los procuratorios y el sello es un retoque realista, un caso de «historicidad latente», no de personas, sino de instituciones («Ferrán Martínez, *escrivano del rey...*», pág. 310).

asy: «Señora, perdonades al señor de la hueste de quanto mal e de quanto daño e enojo vos fizo fasta el dia de oy, e perdedes qurella del ante estos omes buenos que aqui son?» «Sy perdono», dixo ella, «e pierdo toda querella del, sy me guardare lo que vos aqui dixistes». «E yo vos fago pleito e omenaje», dixo el cauallero, «con estos caualleros que son aqui comigo, e yo con ellos por el señor de la hueste, que el que vos sea buen amigo en todo tienpo, e que vos cunpla todo lo que aqui diximos, e que se atenga conbusco contra todos aquellos que contra vos fueren. E desto rogamos a este notario publico que faga ende vn ynstrumento publico, e por mayor firmeza firmarlo hemos con el sello de nuestro señor. Pero señora», dixo el cauallero, «que me dezides de lo que vos enbia rogar el señor de la hueste sobre el casamiento de su fijo?». E ella callo e non le respondio ninguna cosa. E preguntogelo otra vegada e callo. E los otros veyendo que ella non queria responder a esta demanda, dixo el tio de la señora de la villa: «Cauallero, yo vos fago seguro en esta demanda que vos fazedes deste casamiento, que quando el señor de la hueste se viere con mi sobrina, que se faga de todo en todo, e se conplira lo quel quesiere en esta razon, conpliendo a su fijo aquello que vos dixistes e de su parte»[163]. «Asegurasme vos?», dixo el cauallero. «Sy aseguro», dixo el tio de la sseñora de la villa. «E yo resçibo vuestro asseguramiento», dixo el otro cauallero. E luego fue ende fecho vn estrumento publico.

De commo los mandaderos fueron a su señor el conde con la respuesta de la señora de la villa

E luego los caualleros se espedieron de la señora de la villa e de los otros que y eran, muy alegres e muy pagados, e caualgaron en sus palafres e fueronse para el señor de la hueste; e

---

[163] Hernández compara estas expresiones con las que aparecen en documentos legales contemporáneos en castellano y en latín: 1) *Zifar:* «E desto rogamos a este notario publico que faga ende vn ynstrumento publico, e por firmeza firmarlo hemos con el sello de nuestro señor.» 2) Documento legal en castellano: «E desto demandamos a uos, notario público... que nos dedes público instrumento.» 3) Documento legal en latín: «Rogauit me notarium supradictum quod conficereri publicum instrumentum.» («Ferrán Martínez, *escrivano del rey...*», pág. 311.)

yuan rezando este salmo a alta bos: beati inmaculati in via qui anbulant in lege domini. Çertas dizen bien, ca bien auenturados son los que andan e deuen ser los que andan en buenas obras a seruiçio de Dios. Los de la hueste estauan esperando, e marauillauanse mucho de la tardança que fazian; ca desde grant mañana que fueron, non tornaron fasta ora de nona, atanto duro el tratado. E quando llegaron a su señor e el los vio, luego les pregunto e les dixo: «Amigos, venidesme con pas?». «Çertas señor», dixieron ellos, «esforçatvos muy bien, que Dios lo ha traydo a vuestra voluntad». «Commo», dixo el, «e so perdonado de la señora de la villa?». «Çertas», dixieron ellos, «sy». «Agora», dixo el, «so guarido en el cuerpo e en el alma, bendito sea Dios por ende». «Pues avn mas traemos», dixieron ellos, «e sabemos que cosa es que vos plazera mucho, ca traemos aseguramiento del tio de la señora de la villa, que quando vos vierdes con ella, que se faga el casamiento de vuestro fijo e della, cunpliendo vos aquello que le enbiastes prometer que le dariedes con vuestro fijo». «Çertas», dixo el, «mucho me plaze; e enbiat dezir a la señora de la villa que el domingo de grant mañana, a ora de prima, sere con ella, sy Dios quisiere, e non commo guerrero, mas commo buen amigo de su onrra e de su pro». E luego mando que toda la gente otra dia en la mañana que desçercasen la villa e se fuesen todos para sus lugares. E retouo en sy dos caualleros de la mejor caualleria que y auia, e mandoles que enbiasen las lorigas e las armas, e que retouiesen consigo los sus paños de vestir, que el domingo cuydauan fazer bodas a su fijo, con la merçed de Dios, con la señora de la villa. E todos los de la hueste fueron muy alegres e gradesçieronlo mucho a Dios, ca tenian que salie de yerro e de pecado. E quando fue el domingo en la grant mañana, leuantose el señor de la hueste e oyo su misa, e eso mesmo la señora de la villa, ca aperçebidos estauan e sabian que el señor de la hueste auia de ser esa mañaña alli, e todos estauan muy alegres, mayormente de que vieron derramar la hueste e yrse.

De commo se fizo el casamiento de la señora de la villa con el fijo del señor de la hueste

Quando llego el señor de la hueste a las puertas de la villa, mandaron gelas abrir e dixieronle que entrase quando quesiese. E todas las plaças de la villa e las calles eran de estrados de juncos, e todos los caualleros le salieron a resçebir muy apuestamente, e las dueñas e las donzellas de la villa fazian sus alegrias e sus danças por la grant merçed que Dios les feziera en los librar de aquel enbargo en que estauan. E el señor de la hueste llego a la señora de la villa e saludola, e ella se leuanto a el e dixo: «Dios vos de la su bendiçion.» E asentaronse amos ados en el su estrado e todos los caualleros en derredor, e el començole a dezir palabras de solas e de plazer, e preguntole: «Fija señora, perdonastesme de coraçon?» «Çertas», dixo ella, «sy, sy vos verdaderamente me guardaredes lo que me enbiastes prometer». «Çierto so», dixo el, «que por el tuerto que yo a vos tenia, me veya en muchos enbargos, e nunca cosa queria començar que la podiese acabar; ante salia ende con daño e con desonrra. E bien creo que esto me fazia las vuestras plegarias que faziades a Dios». «Bien cred», dixo ella, «que yo sienpre rogue a Dios que vos diese enbargos por que non me veniese mal de vos, mas desde aqui adelante rogare a Dios que vos endresçe los vuestros fechos con bien e en onrra». «Gradescavoslo Dios», dixo el. «E fija señora, que sera de lo que vos enbie rogar con mis caualleros en razon del casamiento de mio fijo?» E ella callo e non le respondio ninguna cosa. E el señor de la hueste finco engañado, ca touo que a ella non deuiera fazer esta demanda [164]. Llamo a vno de aquellos caualleros que venieron con el mandado e dixole: «Quien es aquel cauallero que vos aseguro del casamiento?» «Señor», dixo, «es aquel que esta alli». Estonçe fue el señor de la hueste e tomolo por la mano e sacolo aparte e dixole: «Cauallero, que sera deste casamiento? Puedese fazer?» «Sy», dixo el cauallero, «muy bien». «E puedese fazer luego?» «Sy», dixo el, «sy vos quesierdes». «Pues endreçaldo», dixo el señor de la hueste, «sy Dios endresçe todos los vuestros fechos!» «Plazeme», dixo el cauallero. E fue a la señora de la villa e dixole que este casamiento de todo en todo que se delibrase [165]. Dixo ella que lo feziese commo quesiese, que todo lo ponia en el [166].

---

[164] La señora de Galapia no responde, dejando que su tío, o único pariente masculino mayor de edad lo haga por ella. El conde de Éfeso se da cuenta de que no debería haberle hecho esta pregunta a la señora de Galapia, sino a su representante.

[165] *Deliberar:* resolver.

[166] La señora de Galapia le da permiso a su representante para dar su consentimiento, diciendo que lo hace porque es lo que el consejo quiere.

El cauallero fue luego traer al fijo del señor de la hueste que tenia preso. E quando llegaron ante la señora de la villa dixo el cauallero al señor de la hueste: «Demandat lo que quesierdes a mi e respondervos he.» «Demandovos», dixo el señor de la hueste, «a esta señora de la villa por muger para el mio fijo». «Yo vos lo otorgo», dixo el cauallero. «E yo vos otorgo el mio fijo para la dueña, commoquier que non sea en mio poder; ca non es casamiento syn el e ella otorgar.» E otorgaronse por marido e por muger; enpero dixo el señor de la hueste: «Sy mesura valiese, suelto deuia ser el mio fijo sobre tales palabras commo estas, pues pas auemos fecho.» «Çertas», dixo la señora de la villa, «esto non entro en la pletesia, e mio preso es e yo lo deuo soltar quando me yo quisiere; e non querria que se me saliese de manos por alguna maestria» [167]. «Çertas», dixo el señor de la hueste reyendo mucho, «me plaze quel ayades sienpre en vuestro poder». E enbiaron por el capellan, e pregunto al fijo del señor de la hueste sy resçebia a la señora de la villa que estaua y delante por muger commo manda santa eglesia. El dixo que sy resçebia. E pregunto a ella sy resçebia a el por marido, e ella dixo que sy. Quando esto ella vio, demando la llaue de la presion que el tenia; e la presion era de vna çinta de fierro con vn candado. E abrio ella el cannado e cayose la presion en tierra, e dixo el capellan: «Cauallero, sodes en vuestro poder e syn ninguna presion?» «Sy», dixo el. «Pues resçebides esta dueña commo santa eglesia manda por muger?» Dixo el: «Sy resçibo.» Ally se tomaron por las manos e fueron oyr

---

[167] La señora de Galapia, una vez concedida su mano a través de su representante y una vez apalabrada pierde su aparente timidez y gasta unas bromas que indican su interés por el hijo del conde de Éfeso. Quizá su conducta se explique como la conducta de una señora que actúa unas veces como gobernante y otras veces como mujer. Como gobernante, tiene que hacer lo que diga el consejo. Como mujer, tiene que hablar a través de un representante. En cuanto a sus sentimientos, los enmascara detrás de sus deberes. Dice que accede a casarse con el hijo del conde de Éfeso porque es lo que el consejo quiere. Sin embargo, una vez que todo se arregla, se muestra contenta como gobernante y como mujer, según se desprende de las bromas que gasta. Y, aunque enmascara sus sentimientos favorables por el hijo del conde de Éfeso, no había enmascarado sus sentimientos desfavorables por su sobrino, razón por la cual, precisamente, había empezado la guerra. Sobre los amores de la señora de Galapia con el hijo del conde de Éfeso, véase el estudio de Ruiz de Conde (*El amor*..., págs. 94-95).

misa a la capiella, e desy ayantar. E despues fueron los caualleros a bofordar [168] e a lançar e a fazer sus demandas e a correr toros e a fazer grandes alegrias. Ally fueron dados muchos paños e muchas joyas a joglares e a caualleros e a pobres.

El señor de la hueste estaua ençima de vna torre, parando mientes commo fazian cada vno, e vio vn cauallero mançebo fazer mejor que quantos y eran; e pregunto al tio de la señora de la villa: «Quien es aquel cauallero que anda entre aquellos otros que los vençe en lançar e en bofordar e en todos los otros trebejos [169] de armas e en todas las otras aposturas?» [170]. «Vn cauallero estraño es», dixo el tio de la señora de la villa. «Çertas», dixo el señor de la hueste, «aquel me semeja el que me ferio, e ruegovos yo mucho que enbiedes por el?». «E commo», dixo el tyo de la señora, «queredeslo mal?». «Çierto», dixo el, «non, ca a guisa de buen cauallero me firio». El tio de la señora de la villa enbio por el Cauallero Zifar, e el quando lo sopo que el señor de la hueste enbiaua por el, temiose de auer alguna afruenta; pero con todo eso fuese para alla muy paso e de buen continente. E preguntole el señor de la hueste: «Cauallero, onde sodes?» «De aqui», dixo el Cauallero Zifar. «Natural?», dixo el señor de la hueste. «Çertas», dixo el Cauallero Zifar, «non, mas so del regno de Tarta, que es muy lexos de aqui». «Pues commo venistes a esta tierra?», dixo el señor de la hueste. «Asy commo quiso la mi ventura», dixo el Cauallero Zifar. «Cauallero», dixo el señor de la hueste, «sodes vos el que trayades las armas del sseñor deste logar el dia que yo fui ferido?». Estonçe dixo el Cauallero Zifar: «Ese cauallero que esta ay çerca de vos lo sabe.» «Non vos reçeledes», dixo el señor de la hueste, «ca yo vos preçio mucho mas por que tan buen cauallero sodes; e sy vos sodes el que me feristes, yo vos perdono, e sy quisierdes fincar aqui en esta tierra, heredarvos he muy bien, e partire conbusco lo que ouiere». «Grandes merçedes», dixo el Cauallero Zifar, «de todo quanto aqui me dexistes. Mas adelante es el mio camino que he començado [171], e non podria fincar sy non fasta aquel tienpo que puse con la señora de la villa».

---

[168] *Bofordar:* tirar lanzas.
[169] *Trebejos:* juegos.
[170] *Aposturas:* obras apuestas.
[171] Zifar rechaza esta segunda oferta, porque tiene otros planes más ambiciosos.

«Caualguemos», dixo el señor de la hueste. «Plazeme», dixo el Cauallero Zifar. Caualgaron e fueron andar fuera de la villa do andauan los otros trebejando e faziendo sus alegrias. E andando el señor de la hueste fablando con el Cauallero Zifar, preguntole donde era e commo fuera la su venida e otras cosas muchas de que tomaua plazer. Era ya contra [172] la tarde e conpliese los dies dias que ouiera ganado el cauallo quando mato al sobrino del señor de la hueste, e ellos estando asy fablando, dexose el cauallo caer muerto en tierra. E el Cauallero Zifar se salio del e parose a vna parte. «Que es esto?», dixo el señor de la hueste. «Lo que suele ser sienpre en mi», dixo el Cauallero Zifar, «ca tal ventura me quiso Dios dar que nunca de dies dias arriba me dura cauallo nin bestia; que yo por eso ando asy apremiado de pobre».

Dixo el señor de la hueste: «Fuerte ventura es para cauallero, mas tanto vos faria que sy por bien touiesedes, que vos conpliria de cauallos e de armas e de las otras cosas que menester ayades, sy aqui quisierdes fincar.» «Muchas gracias», dixo el Cauallero Zifar, «e non lo querades, ca vos seria muy grant costa, e a vos non conplia la mi fincada; ca loado sea Dios, non auedes guerra en esta vuestra tierra». «Commo», dixo el señor de la hueste, «el cauallero non es para al sy non para guerra?» «Sy», dixo el Cauallero Zifar, «para ser bien acostunbrado e para dar buen consejo en fecho de armas e en otras cosas quando acaesçieren; ca las armas non tienen pro al ome sy ante non ha buen consejo de commo ouiese de vsar dellas» [173]. E el señor de la hueste enbio por vn su cauallo que tenia muy fermoso, e diolo al Cauallero Zifar e mandolo sobir en el cauallo, e dixole: «Tomad ese cauallo e fazet del de commo de vuestro.» «Muchas gracias», dixo el Cauallero Zifar, «ca mucho era mester». E desy venieronse para el palaçio do estaua la señora de la villa, e espedieronse della e fueronse para sus posadas. E otro dia en la mañana vino el señor de la hueste con toda su gente para la señora de la villa e fue entregado su fijo de las villas e de los castiellos que le auia prometido. E cada vna de aquellas dos villas eran muy mayores e mas ricas que non Galapia. E acomendo a Dios su fijo e a la señora de la villa e fuese para su tierra.

---

[172] *Contra:* hacia.

[173] Zifar enumera las virtudes que, en su opinión, deben poseer los caballeros, las cuales son, no sólo la fortaleza *(fortitudo)*, sino también la sabiduría *(sapientia)*.

Agora dexa la fabla de todo lo acaesçido e fabla del Cauallero Zifar, de commo se partió de aquella tierra con su muger e fijos

E el Cauallero Zifar moro y aquel mes que auia prometido a la señora de la villa, e el cauallo quel diera el señor de la hueste moriosele a cabo de dies dias, e non tenia cauallo en que yr. Quando la señora de la villa oyo que se queria yr, pesole mucho e enbio por el e dixo asy: «Cauallero bueno, queredes vos yr?» «Señora», dixo el, «conplido he el mes que vos prometi». «E por cosa que vos ome dixiese fincariades?», dixo ella. «Çertas», dixo el, «non, ca puesto he de yr mas adelante». «Pesame», dixo ella, «tan buen cauallero commo vos, por quien nos fizo Dios tanta merçed, en salir de la mi tierra; pero non puedo y al fazer pues vuestra voluntad es. E tomad aquel mi palafren, que es muy bueno, e denvos quanto quesierdes largamente para despender, e guievos Dios». E el se espedio de la señora de la villa luego e la su muger esso mesmo, llorando la señora de la villa muy fuertemente por que non podia con el que fincase. E el tyo de la señora de la villa le mando dar el palafren e le mando dar muy grant auer [174], e salieron con el todos quantos caualleros auia en la villa, trauando con el e rogandole que fincase, e que todos le farian e seruirian e catarian por el asy commo por su señor; peroque del palabra nunca podieron auer que fincaria; antes les dezia que su entençion era de se yr de todo en todo. E quando fueron redrados todos de la villa vna grand pieça, partiose el Cauallero Zifar e dixoles asy: «Amigos, acomiendovos a Dios, ca ora es de vos tornar.» «Dios vos guie», dixieron los otros; pero con grant pesar tornaron, llorando de los oios.

---

[174] Su primera aventura acaba en ganancia, no sólo de prestigio, sino también de riqueza.

De commo vna leona lleuo a Garfin, el fijo mayor del Cauallero Zifar

Tanto andudo el Cauallero Zifar fasta que llego a vn reyno que le dezien Falac[175], de muy rica gente e muy apuesta. E quando se cunplieron los dies dias despues que salieron de Galapia, moriosele el cauallo quel diera la señora de la villa, de guisa que ouo de andar bien tres dias de pie; e llegaron vn dia a ora de terçia çerca de vn montezillo. E fallaron vna fuente muy fermosa e clara, e buen prado enderredor della. E la dueña, auiendo grant piedat de su marido que venie de pie, dixole: «Amigo señor, desçendamos a esta fuente e comamos esta fianbre que tenemos.» «Plazeme», dixo el cauallero; e estudieron çerca de aquella fuente e somieron de su vagar[176], ca açerca auian la jornada fasta una çibdat que estaua çerca de la mar, quel dezian Mella. E despues que ouieron comido, acostose el cauallero vn poco en el regaço de su muger, e ella espulgandole, adormiose[177]. E sus fijuelos andauan trebejando por aquel prado, e fueronse llegando contra el montezillo, e salio vna leona del montezillo e tomo en la boca el mayor. E a las bozes que daua el otro fijuelo que venia fuyendo, boluio la cabeça la dueña e vio commo la leona leuaua el vn fijuelo, e començo a dar bozes. E el cauallero desperto e dixo: «Que auedes?» «El vuestro fijuelo mayor», dixo ella, «lieua vna bestia, e non se sy es leon o leona, e es entrado en aquel monte». E el cauallero caualgo luego en el palafren de la dueña, e entro por el monte; peroque non fallo ningunt recabdo dello. E tornose muy cuytado e muy triste e dixo a la dueña: «Vayamosnos para esta çibdat que esta aqui çerca; ca non podemos aqui fazer sy non gradesçer a Dios quanto nos fas, e tenergelo por merçed»[178].

---

[175] *Falac* en árabe quiere decir «desgracia», según señala Walker (*Tradition and Technique*.... pág. 38).
[176] *De su vagar:* tranquilamente, sin prisa.
[177] Detalle realista comentado por muchos críticos.
[178] Zifar reacciona como Job ante la pérdida de sus hijos.

De commo el Cauallero Zifar e su muger perdieron el otro su fijo en la çibdat de Falac

E llegaron a la çibdat a ora de bisperas, e posaron en las primeras casas del albergueria que fallaron; e dixo el cauallero a la dueña: «Yre buscar que comamos e yerua para este palafren.» E ella andando por casa fablando con la huespeda, saliole el palafren de la casa, e ouo ella de salir en pos el, deziendo a los que encontraua que gelo tornasen. E el su fijuelo quando vio que non era su madre en casa, salio en pos ella llamandola, e tomo otra calle e fuese perder por la çibdat; e quando torno la madre para su posada, non fallo su fijuelo, e dixo a la huespeda: «Amiga, que se fizo mio fijuelo que dexe aqui?» «En pos vos salio», dixo ella, «llamando madre señora». E el Cauallero Zifar quando llego e fallo a la dueña muy triste e muy cuytada, e preguntole que auia, ella dixo que Dios que la queria fazer mucho mal, ca ya el otro fijuelo perdido lo auia. E el le pregunto commo se perdiera, e ella gelo conto. «Çertas», dixo el cauallero, «Nuestro Señor Dios derramar nos quiere; e sea bendito su nonbre por ende» [179]. Peroque dieron algo a omes que lo fuesen buscar por la çibdat, e ellos andudieron por la çibdat toda la noche e otro dia fasta ora de terçia, e nunca podieron fallar recabdo del, saluo ende vna buena muger que les dixo: «Çertas, anoche despues de bisperas, paso por aqui dando bozes, llamando a su madre; e yo auiendo duelo del llamelo e preguntele que auia, e non me quiso responder, e boluio la cabeça e fuese la calle ayuso.» E quando llegaron con este mandado al cauallero e a su muger, pesoles muy de coraçon, señaladamente a la madre, que fizo muy grant duelo por el, de guisa que toda la vezindat fue y llegada. E quando lo oyo dezir que en aquel dia mesmo le auie leuado el fijo mayor la leona de çerca de la fuente, e deste otro de commo lo perdiera ese dia, tomauan grant pesar en sus coraçones e grant piedat de la dueña e del cauallero que tan grant perdida auian fecho en vn dia. E asy era salida la dueña de seso que andaua commo loca entre todas las otras, deziendo sus palabras muy

---

[179] Zifar cree que la desgracia forma parte de un plan divino y la acepta.

estrañas con grant pesar que tenia de sus fijos; peroque las otras dueñas la conortauan lo mejor que podian [180].

De commo los marineros se lleuaron a la muger del Cauallero Zifar en la naue, e dexaron a el solo

E otro dia en la mañana fue el Cauallero Zifar a la ribera de la mar, e andando por y vio vna naue que se queria yr para el reyno de Orbin, do dezian que auia vn rey muy justiçiero e de muy buena vida. E pregunto el Cauallero Zifar a los de la naue sy le querian pasar alla a el e a su muger, e ellos dixieronle que sy, sy les algo diese. E el pleteo con ellos e fuese para la posada e dixole a su muger commo auia pleteado con los marineros para que los leuasen a aquel regno do era aquel buen rey. A la dueña plogo mucho, e preguntole que quando yrian. «Çertas», dixo luego, «cras en la mañaña, sy Dios quesiere». La dueña dixo: «Vayamos en buen punto, e salgamos desta tierra do nos Dios tantos enbargos fizo e quiere fazer.» «Commo», dixo el Cauallero Zifar, «por salir de vn regno e yrnos a otro, cuydades fuyr del poder de Dios? Çertas non puede ser, ca el es señor de los çielos e de la tierra e del mar e de las arenas, e ninguna cosa non puede salir de su poder, asy commo contesçio a vn enperador de Roma que cuydo fuyr del poder de Dios; e contesçiole commo agora oyredes dezir».

«Dize el cuento que vn enperador ouo en Roma, e auia muy grant miedo de los truenos e de los relampagos, e reçelandose del rayo del çielo que caya estonçe. E con miedo del rayo mando fazer vna casa so tierra, abrada con muy grandes cantos e muchas bobedas de yuso, e mientra nublado fazia, nunca de ally salie. E vn dia venieron a el en la mañaña pieça de caualleros sus vasallos, e dixieronle de commo fazia muy claro dia e muy fermoso, e que fuesen fuera de la villa a caça a tomar plazer. E el enperador caualgo e fuese con los caualleros fuera de la villa; e el seyendo fuera quanto vn migero [181], vio vna nuuezilla en el çielo, pequeña, e caualgo en vn cauallo muy corredor para se yr a aquella casa muy

---

[180] Grima reacciona como una madre típica ante la pérdida de sus hijos.
[181] *Migero:* milla.

137

fuerte que feziera so tierra; e ante que alla llegase, seyendo muy çerca della, ouose estendido la nuue por el çielo, e fizo truenos e relampagos, e cayo muerto en tierra. E esta enterrado en vna torre de la su casa fuerte, e non pudo fuyr del poder de Dios. E ninguno non deue dezir: Non quiero fincar en este lugar do Dios tanto mal me faze; ca ese mesmo Dios es en vn lugar que en otro, e ninguno non puede fuyr de su poder. E porende le deuemos tener en merçed que quier que acaesca de bien o de mejor, ca el es el que puede dar despues de tristeza alegria, e despues de pesar plazer; e esforçemosnos en la su merçed, e çierto so que en este desconorte nos ha de venir grant conorte.» «Asy lo mande Dios!», dixo ella. E otro dia en la mañana despues que oyeron misa, fueronse para la ribera de la mar para se yr. E los marineros non atendian sy non viento con que mouiesen; e desque vieron la dueña estar con el cauallero en la ribera, el diablo, que non queda de poner pensamientos malos en los coraçones de los omes, para fazer las peores cosas que pueden ser, metio en los coraçones de los señores de la naue que metiesen a la dueña en la naue, e el cauallero que lo dexasen de fuera en la ribera; e fezieronlo asy. «Amigo», dixieron al Cauallero, «atendetnos aqui con vuestro cauallo en la ribera, que non cabremos todos en el batel [182], e tornaremos luego por vos e por otras cosas que auemos de meter en la naue». «Plazeme», dixo el cauallero, «e acomiendovos esta dueña que la guardedes de mal». «Çertas. asy lo faremos», dixieron los otros. E desque touieron la dueña en la naue e les fizo vn poco de viento, alçaron la vela e començaron de yr.

De commo el Cauallero se partio de la ribera de la mar e se fue muy triste e muy desconsolado

E el cauallero andando pensando por la ribera non paro en ellos mientes, nin vido quando mouieron la naue. E a poco de tienpo vio la naue muy lexos, e pregunto a los otros que andauan por la ribera: «Amigos, aquella naue que se va, es la que va al regno de Orbin?» «Çertas», dixieron los otros, «sy». «E por mi auian de tornar?», dixo el. «Non desta vegada», dixieron los otros. «Vedes amigos», dixo el cauallero, «que grant falsedat me han fecho! deziendo que tornarian por mi mentieronme e leuaron mi muger». Quando esto oyeron los otros fueron mucho espantados de tan grant enemiga [183] commo auian aquellos marineros fecho, e sy podieran y poner consejo, fezieranlo de muy buena mente; mas tan lexos yua la naue e atan buen viento auian, que se non atreuieron a yr en pos ella. Quando el buen Cauallero Zifar se vio asy desanparado de las cosas deste mundo que el mas queria, con grant cuyta dixo asy:

«Señor Dios, bendito sea el tu nonbre por quanta merçed me fazes, pero Señor, sy te enojas de mi en este mundo, sacame del; ca ya me enoja la vida, e non puedo sofrir bien con paçiencia asy commo solia. E Señor Dios, poderoso sobre todos los poderosos, lleño de misericordia e de piedat, tu que eres poderoso entre todas las cosas, e que ayudas e das conorte a los tus sieruos en las sus tribulaçiones e ayudas los que bien quieres que derramas por las desauenturas deste mundo: asy commo ayudeste los tus sieruos bien auenturados Eustachio e Teospita su muger e sus fijos Agapito e Teospito, plega a la tu misericordia de ayuntar a mi e a mi muger e a mis fijos que somos derramados por semejante. E non cates a los mis pecados, mas cata a la grant esperança que oue sienpre en la tu merçed e en la tu misericordia; pero sy avn te plaze que mayores trabajos pase en este mundo, fas de mi a tu voluntad; ca aparejado esto de sofrir que quier que me venga» [184].

Mas Nuestro Señor Dios, veyendo la paçiençia e la bondat deste buen cauallero, enbiole vna bos del çielo, la qual oyeron todos los que y eran enderredor del, conortandole lo mejor que podian, la qual bos le dixo asy: «Cauallero bueno», dixo la bos del çielo, «non te desconortes ca tu veras de aqui adelante que por quantas desauenturas te auenieron que te vernan muchas plazeres e muchas alegrias e muchas onrras; e non temas que has perdido la muger e los fijos, ca todo lo abras a toda tu voluntad». «Señor», dixo el cauallero, «todo es en tu poder, e fas commo touieres por bien» [185].

---

[183] *Enemiga:* maldad.

[184] Alusión a la leyenda de Eustaquio o Plácido, en la que se inspira, en parte, la historia de Zifar.

[185] Dios confirma oficialmente lo que ya Zifar creía: que todas estas desgracias forman parte de un plan divino que tendrá un final feliz. Se trata de una profecía milagrosa o milagro profético. Ver nota 141.

Peroque el cauallero finco muy conortado con estas palabras que oya, e los otros que estauan por la ribera que oyeron esto, fueron mucho marauillados e dixieron: «Çertas este ome bueno de Dios es, e pecado fizo quien le puso en este grant pesar.» E trauaron con el que fincase y en la villa, e quel darian todas las cosas del mundo que ouiese mester. «Çertas», dixo el cauallero, «non podria fincar do tantos pesares he resçebido; e acomiendovos a Dios». Caualgo en su cauallo e fuese por vna senda que yua ribera de la mar, e la gente toda se marauillauan destas desauenturas que contesçieran a este cauallero en aquella çibdat; ca por esta razon vnos dezian de commo lloraua los fijos, deziendo que la leona le leuara el vno çerca de la fuente a la qual dizen agora la Fuente de la Leona, e el otro en commo le perdiera en la villa; e los otros dezian de commo aquellos falsos de la naue leuaron su muger con grant trayçion e con grant enemiga.

De commo el burges dixo a los de la ribera de commo fallara los sus fijos de aquel cauallero, e de commo los profijara el e su muger

E ellos estando en esta fabla, sobrevino vn burges de los mayores e mas ricos e mas poderosos de la villa, e pregunto que era aquello en que fablauan, e ellos contarongelo todo. «Çertas», dixo el burges, «non son perdidos los sus fijos». «E commo non?», dixieron los otros. «Yo vos lo dire», dixo el burges. «Yo andando el otro dia a caça con mis canes e con mi conpaña, senti los canes que se espantauan mucho, e fuy en pos ellos e falle que yuan latiendo [186] en pos vna leona que leuaua vna criatura en la boca muy fermosa, e sacudierongela, e tome yo la criatura en los braços e traxela a mi posada. E porque yo e mi muger non auiamos fijo ninguno, roguel que quesiese quel porfijasemos, pues non le sabian padre nin madre. E ella touolo por bien e porfijamoslo. E quando fue en la tarde, estando mi muger a las feniestras [187] con aquella criatura en braços, vio venir otra criatura muy fermosa del tamaño que aquella o poco menor, llorando por la cal; dixole: 'Amigo, que es?' E el non respondio. E la otra criatura que tenia en braços viola commo

---

[186] *Latir:* ladrar.
[187] *Feniestras:* ventanas.

yua llorando, e diole vna bos, e el otro alço los oios e viole e fue llegandose a la puerta, faziendo la señal quel acogiesen; ca non sabia bien fablar. E la mi muger enbio vna mançeba por el, e sobiogelo a la camara; e los moços quando se vieron en vno començaronse abraçar e a besar, faziendo muy grant alegria commo aquellos que fueron nasçidos de vna madre e criados en vno e conosçianse. E quando preguntauan a qualquier dellos: 'Que es de tu padre e de tu madre?' respondian: 'Non se.' E quando yo llegue a la posada, falle a mi muger mucho alegre con aquella criatura que Dios le enbiara; e dixome asy; 'Amigo señor, vedes quan fermosa criatura me traxo Dios a las manos! E si a vos fizo merçed en esta otra criatura que vos dio, tengo que mejor la fizo a mi en querer me fazer graçia e enbiarme esta otra. Çertas creo que sean hermanos, ca se semejan; e pidovos por merçed que querades que porfijemos a esta criatura commo fezimos a la otra.' E yo respondile que me plazia muy de coraçon, e porfijamoslo.»

«O Nuestro Señor!», dixo el otro burges, «e que buenas nueuas para el cauallero sy ouiese quien gelas leuar». «Çertas», dixo el otro, «yo quiero andar en su demanda estos ocho dias, e sy lo fallare dezirle he estas buenas nueuas». E tomo cartas de los omes buenos de la çibdat por que lo creyese [188], e caualgo e fuese en demanda del cauallero; pero tal fue la su ventura que nunca pudo fallar mandado del, sy era muerto o biuo, e tornose para la çibdat e dixo a los omes buenos commo non podiera fallar recabdo ninguno del cauallero. E pesoles muy de coraçon. E todos punauan en fazer merçed e plazer a aquellas criaturas, e mas el padre e la madre que los porfijaron, ca ellos eran muy plazenteros, e de muy buen donayre, e muy linpios e bien acostunbrados, maguer moços pequeños, ca asy los acostunbrara e los nodresçiera aquella buena dueña que los falsos leuaron en la naue, de que agora vos contara la estoria en commo paso su fazienda [189].

[188] Parece que se refiere a las cartas de creencia mencionadas por Hernández en su estudio de la «historicidad latente» de la obra («Ferrán Martínez, *escrivano del rey...*», pág. 312).

[189] Concatenación: los mozos están bien *acostumbrados* > la que los *acostumbró* fue la *dueña* > la *dueña* está en la nave.

Agora dexa la ystoria de fablar del Cauallero Zifar e fabla de su muger que fue leuada en la naue por la mar

Dize el cuento que quando la dueña vio que los marineros mouian su naue e non fueron por su marido, touo que era cayda en manos malas e que la querian escarnesçer [190]; e con grant cuyta e con grant pesar que tenia en su coraçon fuese por derribar [191] en la mar, e tal fue la su ventura que en dexandose caer reboluiose [192] la çinta suya en vna cuerda de la naue, e los marineros quando la vieron caer fueron a ella corriendo, e fallaronla colgada; e tiranrola e sobieronla en la naue. «Amiga», dixo el vno de los de la naue, «por que vos queredes matar? Non lo fagades, ca el vuestro marido aqui sera mucho ayna: ca por razon del cauallo, que non podieramos de ligero meter en la naue, roguemos a otros marineros que estauan muy çerca de la ribera con su naue, que lo acogiesen y, e mucho ayna sera conbusco; e non dudedes. E demas, estos que estan aqui todos vos quieren grant bien, e yo mas que todos». Quando ella estas palabras oyo, entendio que eran palabras de falsedat e de enemiga [193], e dio vna bos e dixo asy: «Uirgen Santa Maria, tu que acorres a los cuytados e a los que estan en peligro, e acorre a mi, sy entiendes que he mester.»

E desy tomaronla e fueron la meter en la saeta de la anue, porque non fuese otra vegada a se derribar en la mar, e sentaronse ayantar, ca era ya çerca de medio dia. E ellos estando comiendo e beuiendo a su solas e departiendo en la fermosura de aquella dueña, la Virgen Santa Maria, que oye de buena mente los cuytados, quiso oyr a esta buena dueña, e non consentio que resçebiese mal ninguno, segunt entendredes por el galardon que resçebieron del diablo aquestos falsos por el pensamiento malo que pensaron. Asy que ellos estando comiendo e beuiendo mas de su derecho e de lo que auian acostunbrado, el diablo metioles en coraçon a cada vno dellos

---

[190] *Escarneçer:* burlar, ofender.
[191] *Derribarse:* echarse.
[192] *Reboluerse:* Enredarse.
[193] Las palabras de los marineros se califican, no sólo de mentirosas, sino también de malas. En esta obra hay mentiras buenas y mentiras malas, según veremos más adelante.

que quesiesen aquella dueña para sy; e ouo a dezir el vno: «Amigos, yo amo aquesta dueña mas que a ninguna cosa del mundo e quierola para mi; e ruegovos que non vos trabajedes [194] ningunos de la amar; ca yo so aquel que vos la defendere fasta que tome y muerte.» «Çertas», dixo el otro, «yo eso mesmo fare por mi, ca mas la amo que tu». Asy que los otros todos de la naue, del menor fasta el mayor, fueron en este mal acuerdo e esta discordia, en manera que metieron mano a las espadas e fueron se ferir vnos a otros, de guisa que non finco ninguno que non fuese muerto.

De commo la muger del Cauallero Zifar fallo muertos a los que la lleuauan en la naue, e los lanço en la mar fonda

E la dueña estaua ayuso en la saeta de la naue, e oyo el ruydo muy grande que fazian e oya las bozes e los golpes, mas que non sabia que se era, e finco muy espantada, de guisa que non osaua sobir. E asy finco todo el dia e la noche; pero estando faziendo su oraçion e rogando a Dios quel ouiese merçed. E quando fue el alua, ante que saliese el sol, oyo vna bos que dezia: «Buena dueña, leuantate e sube a la naue, e echa esas cosas malas que y fallaras en la mar, e toma para ti todas las otras cosas que y fallares; ca Dios tiene por bien que las ayas e las despiendas en buenas obras.» E ella quando esto oyo gradesçiolo mucho a Dios, pero dudaua que por auentura que era enemiga de aquellos falsos, que llamauan para escarnesçerla. E non osaua salir fasta que oyo otra bos; e dixole: «Sube e non temas, ca Dios es contigo.» E ella penso en estas palabras tan buenas e tan santas que non serian de aquellos falsos, e demas que sy ellos quesiesen entrar a la saeta de la naue que lo podian bien fazer.

E subio a la naue e vio todos aquellos falsos muertos e finchados, e segunt la bos le dixiera tomaualos por las piernas e daua con ellos en la mar; ca tan liuianos le semejauan commo sy fuesen sendas pajas, e non se espantaua dellos, ca Dios le daua esfuerço para lo fazer e la conortaua e ayudaua; e ella bien veya e bien entendia que este esfuerço todo le venia de Dios, e dauale las graçias que ella podia, bendiçiendo el su nonbre e el su poder. E quando vio ella delibra-

---

[194] *Trabajar:* empeñarse.

da la naue de aquellas malas cosas, e barrida e linpia de aquella sangre, alço los oios e vio la vela tendida; que yua la naue con vn viento el mas sabroso que podiese ser, e non yua ninguno en la naue que la guiase, saluo ende vn ñiño que vio estar ençima de la vela muy blanco e muy fermoso. E marauillose commo se podie tener atan pequeño niño ençima de aquella vela. E este era Iesu Cristo, que veniera a guiar la naue por ruego de su madre Santa Maria; e asy lo auia visto la dueña esa noche en visión. E este ñiño non se quito de la dueña nin de dia nin de noche fasta que la leuo e la puso en el puerto do ouo de arriba, asy commo lo oyredes adelante.

La dueña andido por la naue catando todas las cosas que en ella eran, e fallo y cosas muy nobles e de grant preçio, e mucho oro, e mucha plata, e mucho aljofar [195] e muchas piedras preçiosas, e paños preçiados e muchas otras mercadurias de muchas maneras, asy que vn rey non muy pequeño se ternia por abondado de aquella riqueza; entre las quales cosas fallo muchos paños tajados [196] e guarnidos [197], de muchas guisas, e muchas tocas de dueñas segunt las maneras de las tierras. E bien semejo que auia paños e guarnimentos para dozientas dueñas, e marauillose mucho que podria ser esto. E por esta buena andança alço las manos a Nuestro Señor Dios e gradesçiole quanta merçed le feziera, e tomo desta ropa que estaua en la naue, e fizo su estrado muy bueno en que seyese, e vestiose vn par de paños los mas ordenados que y fallo, e asentose en su estrado e ally rogaua a Dios de dia e de noche quel ouiese merçed e quel diese buena çima a lo que auia començado. E bien dixo el cuento que esta ouo grant espanto para catar las cosas de la naue e saber que eran e las poner en recabdo; e non era marauilla, que sola andaua, e dos meses andido sola dentro en la mar desde el dia que entro en la naue, fasta que arribo al puerto. E este puerto do arribo era la çibdat de Galan, e es en el regno de Orbin.

---

195 *Aljofar:* perla irregular.
196 *Tajar:* cortar, fabricar.
197 *Guarnir:* adornar, aderezar.

De commo entro vn ome en vna naue por saber quien venia en ella, e de commo fallo a la dueña e lo fue a dezir al rey su señor

E en aquella çibdat estaua el rey e la reyna, faziendo sus fiestas muy grandes por la fiesta de Santa Maria, mediado agosto, e la gente que estaua ribera de la mar vieron aquella naue que estaua parada en el puerto, la vela tendida, e faziendo muy grant viento, non se mouiendo a ninguna parte, e marauillaronse mucho, de guisa que entraron muchos en bateles e fueron alla a saber que era. E llegaron a la naue e vieron en commo non tenia ancoras, e touieron que era miraglo de Dios, asy commo lo era, e non se atreuia ninguno de sobir en la naue; pero vno dellos dixo que se queria auenturar a subir, a la merçed de Dios, a saber que era. E subio a la naue, e desque vio la naue asy, e la dueña asentada en vn estrado muy noble a marauilla, fue mucho espantado e dixole asy: «Señora quien sodes vos, o dezitme quien guia esta naue?» «E vos sodes cauallero?», dixo ella. «Çertas«, dixo el, «non». E por ende non se quiso leuantar a el. «E por que non respondedes», dixo el, «a la mi demanda?». Dixo ella: «Porque non es vuestro de lo saber agora quien so yo.»

«Señora», dixo el, «dezirlo hedes al rey sy aca veniere?» «Çertas», dixo ella, «razon es, ca por el vine de la mi tierra». «E esta vuestra naue», dixo el ome, «commo esta asy syn ancoras ningunas?». «Esta asy commo vos vedes», dixo ella, «en poder de aquel que la mantiene, e la guia pues la mantiene». «E quien la guia?», dixo el. «Aquel que mantiene e guia todas las cosas», dixo ella. «Pues señora, yre al rey», dixo el, «con este mandado e con estas nueuas». «Dios vos guie», dixo la dueña. Desçendio a su batel e fuese para los otros, que se marauillauan mucho de su tardança, e preguntaronle que en que tardara, o que era aquello que viera alla. «Tarde», dixo el, «por vna dueña que falle alla, de las mas fermosas del mundo e muy bien razonada; mas por cosa que me dixiese non pude saber nin entender ninguna cosa de su fazienda» [198]. Desy fueronse para el rey, que

---

[198] *Fazienda:* ocupación, estado, asuntos.

estaua en la ribera con la reyna e con muy grant gente a saber que era aquello.

De commo el rey de Orbin subio a la naue e supo toda la fazienda de la dueña e commo arribara alli a aquel reyno

El que subio a la naue dixo al rey: «Dezirvoslo he lo que vy en aquella naue.» E contogelo todo quanto pasara con aquella dueña e quantas buenas repuestas le diera, en manera que entendio el rey por las repuestas que esta dueña era de Dios e de buen entendimiento. E metiose en vna galea [199] e otros muchos con el, e otros en otras barcas, e fueronse para la naue. E quando llegaron a la naue marauillaronse de commo estaua queda, non teniendo ancoras ningunas, e dudaron los que yuan alla, e dixieron al rey: «Señor, non te auentures a cosa que non sabes que es.» E el rey era muy buen cristiano e dixoles asy: «Amigos, non es este fecho del diablo, ca el diablo non ha poder de retener los vientos e las cosas que se han a mouer por ellos; mas esto puede ser fecho por el poder de Dios que fizo todas las cosas e las ha a su mandado. E porende quiero me auenturar a lo de Dios, en el su nonbre, e ponerme he en la su merçed.» E poca de gente, de aquellos quel escogio, subio a la naue. E quando la dueña vio que traya vna corona de oro en la cabeça e vna pertiga [200] de oro en la mano, entendio que era rey e leuantose a el e fue por le besar las manos.

El rey non quiso e fuese sentar con ella al su estrado, e preguntole quien era. E ella le dixo que era vna dueña de tierra de las Yndias que fincara desanparada de su marido e que non sabia sy era muerto o sy era biuo, tienpo auia, e el rey de aquella tierra que era muy cruo e muy syn justiçia, e que ouiera miedo del quel tomaria todas sus riquezas; e porque oyera dezir del que era buen rey e justiçiero, que quesiera beuir a la su sonbra, e que feziera cargar aquella naue de todas las riquezas que auia, e que se veniera para el [201]. «Commo», dixo el rey, «viene esta

---

[199] *Galea:* galera.
[200] *Pertiga:* vara.
[201] Grima miente sobre la procedencia de las riquezas, proba-

naue syn gente e syn gouernador? Non salio de alla gente conbusco?» «Çertas», dixo ella, «señor, sy salio». «E pues que se fizo la gente?», dixo el. «Señor, fazianme grant falsedat e grant enemiga», dixo ella, «e por sus pecados matáronse vnos a otros queriendo me escarnesçer, ca asy gelo auia puesto el diablo en sus coraçones». «Pues quien vos guia la naue?», dixo el rey. «Señor», dixo ella, «non se al sy non el poder de Dios e vn moço pequeño que esta ençima de aquella vela, que la guia segunt es el mio cuydar».

E el rey alço los oios e vido vna criatura muy fermosa ençima de la vela, asi commo ome que santigua, e el entendio que era el fijo de Dios, e finco los ynojos e adorolo, e dende en adelante non paresçio aquella criatura[202]. E el rey enbio luego a la reyna que saliese a la ribera con todas las otras dueñas e donzellas de la villa con las mayores alegrias que podiesen. E desy tomaronla e desçendieronla a la galea, e mando el rey que echasen las ancoras e baxasen la vela de la naue. E dexo muy buenas guardas en ella que guardasen bien todas las cosas, e venieron su paso a la ribera, faziendo los de la mar muy grandes alegrias e muchos trebejos. E quando llegaron a la ribera, estaua y la reyna, e muchas donzellas faziendo sus danças. E desy salio el rey de la galea e tomo la dueña por la mano e dixo asy: «Reyna, resçebit estas donas que vos Dios enbio, ca bien fio por la su merçed que por esta dueña verna mucho bien a nos e a nuestra tierra e a nuestro regno.» «E yo en tal punto la resçibo», dixo la reyna, e tomola por la mano e fueronse para el palaçio e toda la gente con ellos. E la reyna yua preguntando de su fazienda e ella respondiendo lo mas bien, a guisa de buena dueña e de buen entendimiento, de guisa que fue muy pagada della e dixole asy: «Dueña, sy vos ploguiese, dentro en las nuestras casas moraredes comigo, porque vos podamos ver cada dia e fablar en vno.» «Señora», dixo ella, «commo mandardes». E asy finco con la reyna mas de vn año en las sus casas, que non se partio

---

blemente por modestia y por prudencia. La verdad, por una parte, podría despertar demasiada admiración en los presentes y, por otra. podría hacerles cuestionar el derecho de Grima a las riquezas. Mentira buena.

[202] Según Burke, este milagro está en la línea de muchos otros milagros marianos y el hecho de que Grima llegue a Galan el día de la Asunción indica que se trata de una alabanza especial de la Virgen (*History and Vision...*, pág. 48).

della, e tenia la reyna que fazia Dios a ella e a el rey e a toda su tierra bien por esta dueña. E señaladamente tenian los de la tierra que la plantia [203] grande que ese año ouiera a demas, que todo les viniera por la oraçion que fazie esta buena dueña, e por ende la amauan e la onrrauan mucho.

De commo la dueña, muger del Cauallero Zifar, fizo vn monesterio de monjas en el reyno de Orbin donde ella estaua

E esta buena dueña luego que vino fizo sacar el su auer de la su naue, e pedio por merçed al rey e a la reyna quel diesen vn solar de casas do podiese fazer vn monesterio de monjas, e ellos dierongelo de muy buena mente. E la dueña tan acuçiosa fue en aquella lauor de aquel monesterio que a cabo de vn año fue todo acabado. E despues pedio por merçed al rey e a la reyna que quesiesen poblar aquel monesterio, non porque ella quesiese entrar en la orden, ca esperança auia ella en la merçed de Dios de ver a su marido, mas para lo poblar de muy buenas dueñas e fazer y su abadesa. E pedioles quel diesen liçençia a todas las dueñas e a todas las donzellas que quesiesen entrar en aquel monesterio, que traxiesen lo suyo libremente.

E el rey e la reyna touieronlo por bien e mandaron pregonar por toda la tierra que todas aquellas dueñas e donzellas que quesiesen en aquel monesterio entrar, que veniesen seguramente a seruiçio de Dios, e que gelo gradesçerian mucho. E venieron pieça [204] de dueñas e de donzellas, mas de quatroçientas, e ella escogio dellas dozientas, las que entendio que conplian para el monesterio, que podiesen sofrir e mantener la regla de la orden. E fecha y vna abadesa muy fija dalgo e muy buena cristiana, e heredo el monesterio muy bien e dotolo de muchas villas e castiellos que conpro, de muchas heredades buenas e de mucho ganado, e de aquellas cosas que entendian que conplian al monesterio, de guisa que non ouiese mengua en ningunt tiempo. E es de la orden de Sant Benito e oy en dia le dizen el monesterio de la Dueña Bendicha. E las otras dueñas

---

[203] *Plantia:* cosecha.
[204] *Pieça:* número.

e donzellas que fincaron e non podieron caber en el monesterio, casolas e heredolas, e las que caso vestiolas de aquellos paños que en la naue tenia, muy nobles e muy preçiados, de guisa que la reyna e las otras dueñas que lo veyan se marauillauan mucho de quan nobles paños eran.

E veyendo la dueña que la reyna se pagaua de aquellos paños, enbiole vn grant presente dellos, e dellos fechos e dellos por fazer, e mucho aljofar e muchas cosas e otras joyas preçiadas. E la reyna fue marauillada que fuera la razon por que traya tantos paños fechos e adouados [205], e preguntole: «Dueña, dezirme hedes por que traedes tantos paños?» «Señora», dixo ella, «yo vos lo dire. Este monesterio que yo aqui fis de dueñas, cuydelo fazer en mi tierra, e en mi proposito fue de lo conplir de casadas al tantas commo fuesen en el monesterio, e mande fazer estos paños; e con miedo del rey que con codiçia me queria tomar todo lo que ouiese, oue de venir aca a esta estraña tierra» [206]. «Bendicho sea Dios», dixo la reyna, «e el dia en que vos pensastes este pensamiento, e sea bendito el nonbre de Dios que aca vos guio, e bendichos sean los dias en que vos auedes a veuir, e ayades buena çima dellos asy commo vos codiçiades». «Amen», dixo la dueña. En este monesterio estouo la dueña del dia que llego âquella çibdat e lo ouo fecho, fasta nueue años, muy onrrada e muy amada e muy vesitada de toda la buena gente de la tierra. E conplidos los nueue años, pedio por merçed al rey e a la reyna que la dexasen yr para su tierra a uer sus parientes e sus amigos e murir entrellos.

De commo la muger del Cauallero Zifar se partio de aquel reyno de Orbin e se fue beuir a otra tierra estraña

Quando lo oyeron el rey e la reyna fueron mucho espantados e resçebieron muy grant pesar en sus coraçones por que se queria yr, e dixo el rey: «Ay! buena dueña, amiga de Dios, por Dios non nos desanparedes, ca mucho tenemos que sy vos ydes, que non yra tan bien a esta tierra de

---

[205] *Adouados:* preparados, adornados.
[206] Grima miente otra vez sobre la procedencia de las riquezas. Mentira buena.

commo fue fasta aqui desque vos venistes» [207]. Dixo ella: «Señor, non podria fincar, ca a vos non ternia pro la mi fincança e a mi tornarse ye en muy grant daño. E hevos aqui estas dueñas en este monesterio, muy buenas cristianas, que rueguen a Dios por vos e por la reyna e por endreçamiento de vuestro regno. E vos señor, guardat e defendet el monesterio e todas las cosas e onrralde, e Dios por ende guardara a vos en onrra; ca mucho bien vos ha Dios a fazer por las oraçiones destas buenas dueñas.» «Çertas», dixo el rey, «asy lo faremos por lo de Dios e por el vuestro amor». «Señor», dixo ella, «mandat me vender vna naue destas del puerto, ca la mia vieja es e podrida es». «Dueña», dixo el rey, «yo vos mandare dar vna de las mias, de las mejores que y fueren, e mandarvos he dar todo lo que ouierdes mester». «Muchas graçias», dixo la dueña, «mas señor, mandat me dar la naue e a omes seguros que vayan comigo en ella, ca yo he auer asas, loado sea Dios!». E el rey mando dar la naue e muy buenos omes que fuesen con ella, e ella fizo y meter muy grant auer que tenia e muchas joyas, e espediose del rey e de la reyna e de toda la gente de la çibdat, e fue se meter en la naue para fincar y la noche fasta otro dia que ouiesen viento para mouer. Ay Dios! Commo fincaron desconortados el rey e la reyna e todos los otros de la tierra quando la vieron yr a la naue! Ca grant alegria fizieron el dia que la resçebieron, e muy grant tristeza e muy grant pesar ouieron al partir.

De commo aparesçio a la dueña el niño que le solia aparesçer en el mastel de la naue que gela guiaua las otras vegadas

E otro dia en la grant mañana, la buena dueña alço los oios a ver sy fazia viento, e vio estar ençima del mastel aquella criatura mesma que estaua y a la venida, que guiaua la naue; e ella alço las manos a Dios e dixo asy: «Señor, bendito sea el tu nonbre, que tanta merçed me fazes, e tan bien auenturado es aquel que tu quieres ayudar e guiar e endresçar, asy commo fazes a mi tu sierua, por la tu santa piedat e la tu santa misericordia!» E estando en esta

---

[207] Grima es vista como amiga de Dios», como enviada de Dios. Su dimensión religiosa es, en este sentido, mayor que la de Zifar.

oraçion, vn ome bueno que yua con ella a quel acomendara el rey el gouierno de la naue, dixole asy: «Señora, en que estas, o que guiador demandas para la naue? Ay otro guiador sy non yo?» «Çertas sy», dixo ella, «e alçad la vela e endresçalda e dexalda andar en el nombre de Dios». El ome bueno fizolo asy e despues vinose para el gouierno tomar, e fallolo tan fuerte e tan rezio que lo non podia mouer a ninguna parte, e fue mucho espantado e dixo: «Señora, que es esto? que non puedo mouer el gouierno.» Dixo ella: «Dexalde; ca otro le tiene de mayor poder que vos; e yd folgar e trebejar con aquella conpaña e dexatla andar en buen ora.» E la naue mouiose con muy buen viento que fazia, e yua muy endresçadamente. E todos los de la naue se marauillauan ende e dezian entresy: «Este es el poder de Dios que quiere guiar a esta buena dueña, e por amor della fagamosle la onrra que podieremos e siruamosla muy bien.» E ella estaua pensando en su marido sy lo podria fallar biuo, lo que non cuydaua sy non fuese por la merçed de Dios que lo podria fazer [208].

Dexa la ystoria de fablar de la dueña e fabla de lo que contesçio a su marido el Cauallero Zifar con el hermitaño

Onde dize el cuento que este su marido quando se partio della de la ribera donde gela tomaron, que se fue la ribera arriba, asy commo lo oystes de suso [209], e en la montaña sobre la ribera fallo vna hermita de vn ome bueno sieruo de Dios que moraua en ella. E dixole: «Amigo, puedo aqui albergar esta noche?» «Sy», dixo el hermitaño, «mas non he çeuada para vuestro cauallo que traedes». «Non nos incal» [210], dixo el cauallero, «ca esta noche ha de ser muerto». «Commo», dixo el hermitaño, «lo sabedes vos eso?». «Çertas», dixo el cauallero, «porque se cunplen oy los dies dias que lo tengo, e non se podria mas detener que non muriese». «E commo», dixo el hermitaño, «lo sabedes vos esto?». «Porque es mi ventura que me non duran mas de dies dias

---

[208] Concatenación: aventuras de *Grima* > *Grima* piensa en *Zifar* > aventuras de *Zifar*.

[209] *Suso:* arriba.

[210] *Incalar:* importar.

las bestias.» E ellos estando en este departimiento cayo el cauallo muerto en tierra. Desto fue el hermitaño mucho marauillado e dixole asy: «Cauallero, que sera de vos de aqui adelante, o commo podredes andar de pie pues duecho [211] fuestes de andar de cauallo? Plazerme ya si quisiesedes folgar aqui algunt dia, e non vos meter a tanto trabajo atan ayna.» «Çertas», dixo el cauallero, «mucho vos lo agradesco; sy quier vnos pocos dineros [212] que tengo despenderlos he aqui conbusco; ca muy quebrantado ando de grandes cuydados que me sobrevenieron, mas de los que auia de ante que a la çibdat de Mela llegase». E desy finco en aquella hermita con aquel hermitaño, rogando a Dios quel ouiese merçed. E en la ribera de la mar so la hermita auia vna choça de vn pescador do yua por pescado el hermitaño quando lo auia mester.

De commo el ribaldo dixo al hermitaño que se queria yr a solazar vn poco con aquel cauallero

En la choça del pescador auia vn ribaldo [213], e quando se yua el su señor venie el ribaldo a la hermita auer solas con el hermitaño. E ese dia que llego y el cauallero, vino y el ribaldo e preguntol quien era aquel su huesped; e el dixole que vn cauallero viandante que llegara y por su ventura, e que luego que y fuera llegado le dixiera que se auia de murir el su cauallo, e que le non duraua ninguna bestia mas de dies dias e que se cunplien ayer, e que non podria mas veuir el su cauallo; e luego que cayera en tierra muerto. «Çertas», dixo el ribaldo, «creo que es algunt cauallero desauenturado e de poco recabdo, e quiero me yr para el e dezirle he algunas cosas asperas e graues e vere sy se mouera a saña o commo me respondera». «Ve tu via, ribaldo loco», dixo el hermitaño. «Cuydas fallar en todos los otros omes lo que fallas en mi, que te sufro en paçiencia

[211] *Duecho:* ducho.

[212] Detalle realista. El *Zifar* no es la única novela de caballerías en la que se habla de dinero. Lo mismo se hace en el *Curial* y en el *Tirant.*

[213] Según Scudieri Ruggieri la palabra *ribaldo* está relacionada con la palabra francesa *ribaut,* que quiere decir «libertino», «bribón», «vagabundo», documentada en España por primera vez en *La Gran Conquista de Ultramar* («Due note...», pág. 247).

quanto quieres dezir? Çertas de algunos querras dezir las locuras que a mi dizes, de que te podras mal fallar, e por auentura que te contesçera con este cauallero, sy te non guardares de dezir neçedat.»

«Verdat es lo que vos dezides», dixo el ribaldo, «sy este cauallero es loco de sentido; ca sy cuerdo es e de buen entendimiento, que non me respondera mal. Ca la cosa del mundo en que mas proeua el ome sy es de sentido loco, sy es en esto: que quando le dizen alguna cosa aspera e contra su voluntad, que se mueue ayna a saña e responder mal, e el cuerdo non; ca quando alguna cosa le dizen desaguisada, sabe lo sofrir con paçiençia e dar respuesta de sabio; e por auentura», dixo el ribaldo, «que este cauallero es mas paçiente quanto vos cuydades». «Dios lo mande», dixo el hermitaño, «e que non salga a mal el tu atreuimiento». «Amen», dixo el ribaldo, «peroque me conuiene de lo prouar, ca non enpesçe prouar ome las cosas, sy non sy la proeua es mala». «Deso he yo miedo», dixo el hermitaño, «que la tu proeua sea non buena; ca el loco en lo que cuyda fazer plazer a ome, en eso le faze pesar; porende non es bien resçebido de los omes buenos. E guardete Dios non te contesca commo contesçio a vn asno con su señor». «E commo fue eso?», dixo el ribaldo. «Yo telo dire», dixo el hermitaño.

Del enxenplo que dio el hermitaño al ribaldo sobre lo que dixo que diria al Cauallero Zifar

«Vn ome bueno auia vn caramiello [214] que tenia en su camara, de que se pagaua mucho e tomaua plazer con el; e auia vn asno en quel trayan lleña e las cosas que eran mester para su casa. E vn dia estando el asno en su establo muy folgado, e auia dias que non trabajaua, vio a su señor que estaua trebejando e jugando con aquel caramiello e falagandolo, e el caramiello poniendole las manos en los pechos de su señor, e saltandole e corriendo delante el; e penso entre sy el asno, e semejole que pues el mas seruia a su señor que aquel caramiello, que non fazia al sy non comer e folgar, que bien podria el yr a trebejar con el. E desatose e fuese para su señor, corriendo delante

---

[214] *Caramiello*: perro.

del, alçando las coçes, e pusole las manos sobre la cabeça de guisa quel ferio mal. E dio muy grandes bozes el señor e venieron sus seruientes e dieronle palancadas [215] al asno fasta que lo dexaron por muerto; e fue con grant derecho, ca ninguno non se deue mas atreuer de quanto la natura le da. Onde dize el proberbio, que lo que la natura niega, ninguno lo deue cometer. E tu sabes que non te lo da la natura, nin fueste criado entre los omes buenos, nin sabes bien razonar. E este cauallero paresçe commo de alfaja [216], e de buen entendimiento, e por auentura que cuydases dezir algo antel e diras poco recabdo.» «Andat, ome bueno», dixo el ribaldo, «que nesçio me faria sienpre sy non prouase las cosas. E non sabes», dixo el ribaldo, «que la ventura ayuda aquellos que toman osadia? E por auentura que puedo yo aprender buenas costunbres deste cauallero a ser bien andante con el» [217]. «Dios lo mande!», dixo el hermitaño, «e vete e sey cortes en tus palabras, sy Dios te ayude!». «Asy lo fare», dixo el ribaldo; e fuese para el cauallero, e en lugar de dezirle: «Salue vos Dios!», dixole estas palabras que agora oyredes.

De las preguntas que fizo el ribaldo al Cauallero Zifar e de lo que el le respondia a todas ellas

«Cauallero desauenturado, perdiste tu cauallo e non muestres y pesar?» «Non lo perdy yo», dixo el cauallero, «porque non era mio; ca lo tenia en acomienda fasta dies dias e non mas». «Pues crees», dixo el ribaldo, «que lo non peches [218] a aquel que te lo acomendo, pues en tu poder murio e por auentura por mala guarda?». «Non pechare», dixo el cauallero, «ca aquel lo mato cuyo era e auia poder de lo fazer». «Pues asy es», dixo el ribaldo, «yo te do por quito de la demanda». «Muchas graçias», dixo el cauallero, «porque tan buen juyzio diste, e bien semeja que eres ome de entendimiento; ca syn buen entendimiento non podria ser dado atan buen juyzio». E el ribaldo dixole al cauallero: «Non me respondas con lisonja o con maestria, cuydando asy es-

---

[215] *Palancadas:* palos, golpes.
[216] *Alfaja:* nobleza.
[217] El Ribaldo expresa su deseo de ascender socialmente, deseo que caracteriza a la mayoría de los personajes de esta obra.
[218] *Pechar:* pagar.

capar de mi, ca mucho mas se de quanto vos cuydades.»
«Çertas», dixo el cauallero, «a cada vno dio Dios su entendimiento. Bien creo que pues ome te fizo, algunt entendimiento te dio, e tengo que con entendimiento dezides quanto dezides». E el ribaldo se partio del muy pagado e fuese para su cabaña.

E otro dia recudio al cauallero e dixole: «Cauallero desauenturado, mal dizen de ti los omes.» «Çertas bien puede ser», dixo el cauallero, «ca sienpre dizen mal los que bien non saben; e por ende con ygual coraçon deue ome oyr denuestos de los nesçios». E el ribaldo le dixo: «Cauallero desauenturado, pobre eres e muy graue cosa es la pobredat para tal ome commo tu.» «Çertas», dixo el cauallero, «mas graue so yo a la pobredat que ella a mi; ca en la pobredat non ay pecado ninguno sy la bien sufre ome con paçiençia, mas el que non se tiene por abondado de lo que Dios le da, peca porende. E crey que aquel es pobre el que por pobre se tiene, e non es rico el que mas ha, mas el que menos codiçia». El ribaldo le dixo: «Cauallero desauenturado, muchos tuertos has de resçibir.» «Plazeme», dixo el cauallero, «porque non puedo nin los quiero fazer a ninguno». El ribaldo le dixo: «Cauallero desauenturado, nunca seras poderoso.» «Çertas», dixo el cauallero, «mientre que ouiere paçiençia e alegria bien abre poder en mi; e crey que aquel non es poderoso el que non ha poder en sy». El ribaldo le dixo: «Cauallero desauenturado, nunca seras tan rico commo aquel señor de aquel castiello que alli paresçe.» «Del señor de aquel castiello me fablas?», dixo el cauallero. «Sepas que arca es de bolsas de enbidia peligrosa; ca todos le han enbidia por le desfazer.» El ribaldo le dixo: «Cauallero desauenturado, digote que grand algo ha.» «Non lo ha», dixo el cauallero, «si escaso es, ca non lo sabe lograr; e si desgastador es, non lo avra, ca la su vida non la sabe tenplar». El ribaldo le dixo: «Cauallero desauenturado, muchos aconpañan a aquel rico.» «Que marauilla es?», dixo el cauallero; «ca las moscas siguen a la miel e los lobos a la carniça [219] e las formigas al trigo; mas creas por çierto que aquella conpaña que tu ves non seruian nin siruen aquel rico, mas sigen la prea [220] e lo que cuydan ende sacar». El ribaldo le dixo: «Cauallero desauenturado, rico eras e perdiste tu auer.» «Çertas», dixo el caua-

---

[219] *Carniça:* pasto de las fieras.
[220] *Prea:* presa.

llero, «bien auenturado es aquel que perdio con el la escasedat».

«Pero perdiste tu auer», dixo el ribaldo. «Natura es del auer», dixo el cauallero, «de andar de mano en mano, e porende deues creer que el auer nunca se pierde; e sepas que quando lo pierde vno otro lo gana; e sepas que quando yo lo oue, otro lo perdio»[221]. «Pero», dixo el ribaldo, «perdiste tu auer». «E por que me sigues?» dixo el cauallero, «ca mejor fue en que lo perdy yo, que non perdiese ello a mi». «Cauallero desauenturado», dixo el ribaldo, «perdiste los fijos e la muger, e non lloras?». «Que ome es», dixo el cauallero, «quien llora muerte de los mortales? Ca que pro tiene el llorar, en que aquello por que llora non se puede cobrar? Çertas si las vidas de los muertos se podiesen por lagrimas recobrar, toda la gente del mundo andaria llorando por cobrar sus parientes o sus amigos; mas lo que vna vegada deste mundo pasa, non puede tornar sy non por miraglo de Dios, asy commo Lazaro, que fizo resuçitar Nuestro Señor Iesu Cristo. Onde bienauenturado es aquel que sopo pasar con paçiençia las perdidas deste mundo. E amigo, que marauilla es en se perder los mis fijos e la mi muger? Ca se perdio lo que se auia a perder, e por auentura que los resçebio Dios para sy, ca suyos eran, e asy me los tollio Dios para sy. Ca que tuerto faze Dios al ome sy le tuelle lo quel dio en acomienda, mayormente queriendo para sy lo que suyo es? Çertas quanto en este mundo auemos, en encomienda lo tenemos, e non se atreua ninguno a dezir: 'Esto mio es', ca en este mundo non han al sy non el bien que fas, e esto lieua consigo al otro mundo e non mas». El ribaldo le dixo: «Cauallero desauenturado, dolor grande te verna agora.» «Sy es pequeño», dixo el cauallero, «suframoslo; ca ligera cosa es la paçiençia e buena de sofrir; e si es grande suframoslo; ca grande es la gloria en saber ome sofrir e en pasar los dolores deste mundo». «Para mientes», dixo el ribaldo, «ca dolor es cosa muy dura e muy fuerte, e pocos son los que lo bien pueden sofrir». «E que cuydado as tu», dixo el cauallero, «si quiero yo ser vno de aquellos que lo pueden sofrir?». «Guardate», dixo el ribaldo, «que mas dura cosa es el dolor de sufrir, e por ende fuye del sy pudieres». «Poco a poco», dixo el cauallero. «Tu que lo non

---

[221] Zifar enuncia la ley de la movilidad social en la que, precisamente, se basan sus aventuras: la riqueza, lo mismo que la fama, igual que se puede perder, se puede ganar.

puedes sofrir dizes que fuyamos del dolor, e esto non puede ser. El dolor va enpos del que fuye, e çertamente el que fuye non fuye sy non con dolor que siente e tiene ya consigo, e fuye de otro mayor que va en pos el.»

El ribaldo le dixo: «Cauallero desauenturado, enfermaras de fiebre.» «Enfermare», dixo el cauallero, «mas creas que dexare la fiebre o la fiebre a mi». «Verdat es», dixo el ribaldo, «que non puede ome fuyr el dolor natural, asy commo el que viene por muerte de parientes o de amigos, mas el dolor açidental puede fuyr sy bien se guardare.» «Çertas asy es commo tu dizes», dixo el cauallero, «mas pocos son los que en este mundo guardados son en todo». El ribaldo le dixo: «Cauallero desauenturado, morras desterrado.» «Non es», dixo el cauallero, «el sueño mas pesado en casa que fuera de casa, e eso mesmo de la muerte; ca a la ora de la muerte asy estiende ome el pie en casa que fuera». El ribaldo le dixo: «Cauallero desauenturado, morras mançebo.» «Muy mejor es», dixo el cauallero, «auer ome la muerte ante que la codiçie; ca non la codiçia ome sy non seyendo enojado de la vida por razon de las muchas malas andanças deste mundo. Ca a los que biuen mucho es dada esta pena, que vean muchos pesares en su luenga vida, e que esten sienpre con lloro e con pesar en toda su vegedat, codiçiando la muerte; ca estos tales no pueden estar sin muerte de amigos e de parientes e sin rescebir grandes quebrantos y pesares y perdidas e daños por que han de cobdiciar la muerte. E por ende buena cosa es morir quando hombre se puede ayudar mejor de su fuerça y de su entendimiento, sin cobdiciar la muerte. Ca sy mançebo he de murir, por auentura la muerte que me tan ayna viene, me sacara de algunt mal que me podria venir mientra visquiese; e porende non he de contar quantos años he de auer, mas quantos años he auidos, sy mas non puedo auer; ca esta es la mi hedat conplida. Onde qualquier que viene a la postrimeria de sus fados muere viejo e non mançebo; ca la su vegedat es la su postrimeria. E por eso non dizes bien que morre mançebo; ante he de murir viejo e non mançebo quando los mis dias fueren conplidos». El ribaldo le dixo: «Cauallero desauenturado, degollado has de murir.» «E que perdimiento ha», dixo el cauallero, «entre ser degollado o murir de otra llaga? Çertas que commoquier que muchas sean las llagas deste mundo, vna ha de ser la mortal, e non mas».

«Cauallero desauenturado», dixo el ribaldo, «perderas los oios». «Quando los perdiere», dixo el cauallero, «quedara la codiçia del coraçon; ca lo que vee el ojo desea el coraçon». «Cauallero desauenturado», dixo el ribaldo, «en que estas porfiando? Creas que morras de todo en todo». «Amigo», dixo el cauallero, «que pequeña marauilla en morir! Ca esta es natura de ome e non pena, e creas que con tal condiçion vine a este mundo, por que saliese del. E porende, segunt razon non es pena mas deudo a que so tenudo de conplir. E non te marauilles en la vida del ome, que atal es commo prigrinaçion. Quando llegara el pelegrino al lugar do propuso de yr, acaba su peligrinaçion. Asi fas la vida del ome quando cunple su curso en este mundo; que dende adelante non ha mas que fazer. Çertas ley es entre las gentes establesçida, de tornar ome lo que deue a aquel de quien lo resçibe. E asy lo resçebimos de Dios, e deuemos gelo tornar; e lo que resçebimos de la tierra deuemos lo tornar a la tierra; ca el alma tiene el ome de Dios e la carne de la tierra; e porende muy loca cosa es temer ome lo que escusar non puede, asi commo la muerte, que se non puede escusar; ca ella es la postrimera pena deste mundo, sy pena puede ser dicha, e tornar ome a su natura que es la tierra, onde es fecho el ome. Onde non deue temer la muerte, **ca maguer** la aluengue non la puede fuyr. E yo non me **marauillo** porque he murir, ca non so yo el primero nin el postrimero, e ya todos los que fueron ante que yo son ydos ante mi, e los que agora son e seran despues de mi muerte, todos me seguiran; ca con esta condiçion son todas las cosas fechas, que comiençen e ayan fin; que commoquier que el ome aya muy grant sabor de beuir en este mundo, deue ser çierto que ha de murir, e deue ser desta manera aperçebido, quel falle la muerte commo deue. Ca que pro o que onrra es quando por fuerça e syn grado sale de su lugar do esta, deziendole: 'Sale ende maguer non quieras?' E porende mejor es e mas syn verguença salir ome de su grado ante quel echen de su lugar por fuerça. Onde bien auenturado es el que non teme la muerte e esta bien aparejado, de guisa que quando la muerte veniere, quel non pese con ella e que diga: 'Aparejado so, ven quando quesieres.'»

El ribaldo le dixo: «Cauallero desauenturado, despues que murieres non te soterraran.» «E por que?», dixo el cauallero, «ca la mas ligera cosa es del mundo de echar el cuerpo en la sepultura, mayormente que la tierra es casa de todas las cosas deste mundo e resçibelas de grado. E creed que la sepultura non se fas synon por onrra de los biuos, e porque los que la vieren digan: 'Buen siglo aya quien yaze en la sepultura, e buena vida los que la mandaron fazer tan noble.' E porende todos se deuen esforçar de fazer la mejor sepultura que podiesen». «Cauallero desauenturado», dixo el ribaldo, «commo pierdes tu tienpo, auiendo con que podrias vsar de cauallleria?» «E en que podria yo vsar», dixo el cauallero, «de mi caualleria?». «Çertas», dixo el ribaldo, «sepas que ayer pregonauan en aquella villa que de aqui paresçe, de commo el rey de Ester tiene çercado en vna çibdad al rey de Menton, que ha nonbre Grades, e dizenle asy porque esta en alto e suben por gradas alla. E este rey de Menton enbio dezir e pregonar por toda su tierra que qualquier quel desçercase, quel daria su fija por muger e el regno despues de sus dias; ca non auia otro fijo»[222].

El cauallero començo a reyr como en desden, e el ribaldo touolo por mal, ca le semejo quel tenia en nada todo lo quel dezia; e dixole: «Cauallero desauenturado, en poco tienes las mis palabras?» «Digote», dixo el cauallero, «que en poco; ca tu non vees aqui ome para tan grant fecho commo ese que tu dizes». «Çertas», dixo el ribaldo, «agora non te tengo por tan sesudo commo yo cuydaua. E non sabes que cada vno anda con su ventura en este mundo, los vnos para ganar e los otros para perder e los vnos para dexar e los otros para cobrar? E no sabes que Dios puede poner al ome de pequeño estado en grande? E non eres tu el que me dixiste que te dexase sufrir el dolor maguer que era graue e duro, con aquellos que lo podrian sofrir?». «Sy», dixo el cauallero. «Pues commo», dixo el ribaldo, «podras sofrir muy grant dolor quando te acaesçiere, pues tu cuerpo non quieres poner a afan en lo que por auentura ganaras pres e onrra? Ca bien sabes tu quel dolor sienpre vien con desauentura, e porende te dexaras esforçar a bien fazer e a pararte âfan e trabajo por que mas valieses».

«E sy agora, mientra eres mançebo, non lo fezieres, non he esperança en ti que lo fagas quando fueres viejo. E non semeja que estarias mejor con aquella caualleria que esta en aquel canpo, auiendo su acuerdo en commo desçercarien al rey de Menton?» «Çertas», dixo el cauallero, «tanto ay de bien en aquel canpo quanto yo veo». «E commo puede ser?», dixo el ribaldo. «Yo te lo dire», dixo el cauallero. «En el canpo non ha pecado ninguno, e en aquella gente ha mucha falsedat e mucha enemiga, e cada vno dellos se trabaja por

---

[222] Obsérvese que la idea de intentar la liberación de Menton es del Ribaldo.

engañar los otros por razon de la onrra del regno ganar, e çiertamente en ninguna cosa non se guarda tan mal el derecho nin verdat commo por regnar e señorear.» «E commo», dixo el ribaldo, «e tu non quieres regnar e ser señor de alto logar?». «Sy quiero», dixo el cauallero, «non faziendo tuerto a ninguno». «Esto non puede ser», dixo el ribaldo, «que tu puedes ser rey nin señor de ningunt logar, synon tirando al otro del». «Sy puedo», dixo el cauallero. «E commo?», dixo el ribaldo. «Sy este rey de Menton», dixo el cauallero, «fuese desçercado por mi e me diese la su fija por muger, e el regno despues de sus dias, asy commo lo mando apregonar por toda la tierra, asy lo podria auer syn pecado [223]. Mas veome muy alongado [224] de todas aquestas cosas para el que yo so, e qual es el fecho, ca contra vn rey otro es mester de mayor poder, para leuar atan grant fecho adelante». «Cauallero desauenturado», dixo el ribaldo, «que poco paras mientes a las palabras que te ome dize! E ya desanparar me fazes el buen entendimiento que fe cuydaua que auias. Ruegote cauallero», dixo el ribaldo, «que por amor de Dios non me desanpares, ca Dios te puede fazer merçed. Sy non, sepas que non perderas el nonbre de desauenturado. E ayudate bien e ayudarte ha Dios; ca Dios non quiere bien fazer nin leuar adelante synon âquel que se esfuerça a fazer el bien e lo muestra por obra. E porende dizen, que non da Dios pan sy non en ero senbrado, onde sy tu bien te ayudares, çierto so que te ayudara e leuara la tu fazienda adelante. E non tengas que tan pequeña es la ayuda de Dios; ca los pensamientos de los omes, sy buenos son, el los pone por obra e los lieua adelante. Sy los omes han sabor de lo seguir e lo siguen, acaban parte de lo que quieren».

De commo se fue el ribaldo con el Cauallero Zifar e se acordaron en vno

«Ay amigo!», dixo el cauallero, «queden ya tus palabras, sy Dios te vala! ca non te puedo responder ya a quantas preguntas me fazes; pero creas por çierto yria a aquellas

---

[223] Zifar matiza la ley de la movilidad social: para ganar un reino «syn pecado» hay que centrarse, no en perder al rey, sino en salvar el reino.

[224] *Alongar*: alejar.

partes de aquel regno que tu dizes, sy ouiese quien me
guiase». Dixo el ribaldo: «Yo te guiare, que se do esta
çercado aquel rey, e non ay de aqui adelante fasta alla mas
de dies dias de andadura; e seruirtehe muy de buena mente,
a tal pleito que quando Dios te posiere en mayor estado
que me fagas merçed [225]; que so çierto que Dios te guiara
sy lo quisieres por conpañero, ca de grado aconpaña e guia
Dios a quien lo resçibe por conpañero.» «Muy de buena
mente», dixo el cauallero, «faria lo que me consejares; e ve
tu via, e quando fuere en la grant mañana, sey aqui comigo».
E el ribaldo se fue, e el cauallero andido vna grant pieça
por la hermita fasta que vino el hermitaño. E el cauallero
le pregunto que donde venia. «De aquella villa», dixo el
hermitaño, «de buscar de comer». «E fallaste algo?», dixo
el cauallero. «Çertas fallevos vna aue muy buena», dixo el
hermitaño. «Comamosla», dixo el cauallero, «ca segunt mio
cuydar cras me abre a yr de aqui, ca asas vos he enojado
en esta hermita». «E sabe Dios», dixo el hermitaño, «que
non tomo enojo con vos; ca antes me plaze muy mucho con
la vuestra conpañia. Mas pienso que auedes tomado enojo
con las cosas que vos dixo aquel ribaldo que a vos vino».
«Non tome», dixo el cauallero, «ante me fueron solas las sus
palabras, e comigo se quiere yr para me seruir». «Commo»,
dixo el hermitaño, «leuarlo queredes conbusco aquel ribaldo
malo? Guardatvos non vos faga algunt mal». «Guardeme
Dios!», dixo el cauallero.

De la vision que vido el hermitaño sobre lo de
su huesped el Cauallero Zifar

Despues que fue adobada la çena comieron e folgaron;
e en departiendo, dixo el hermitaño: «Cauallero, nunca vistes
tan grant roydo commo anda por la villa, que quien desçer-
cara a vn rey que tiene otro çercado, quel da su fija por
muger e el regno despues de sus dias. E vanse para alla
muchos condes e duques e otros ricos omes.» E el cauallero
callo e non quiso responder a lo quel dezia, e fuese a dormir.
E el hermitaño estando dormiendo, vinole en vision que
veya el cauallero su huesped en vna torre mucho alta, con

[225] El Ribaldo se ofrece a servir a Zifar a cambio de una paga
muy concreta: el ascenso social. Su ambición se hace patente.

vna corona de oro en la cabeça e vna pertiga de oro en la mano. E en esto estando desperto e marauillo mucho que podria ser esto, e leuantose e fuese a su oratorio a fazer su oraçion, e pedio merçed a Nuestro Señor Dios quel quesiese demostrar que queria aquello sinificar. E despues que fizo su oraçion fuese echar a dormir. E estando dormiendo vino vna bos del çielo e dixo: «Leuantate e dy al tu huesped que tienpo es de andar; ca çierto sea que ha a desçercar aquel rey, e a de casar con su fija, e a de auer el regno despues de sus dias.» Leuantose el hermitaño e fuese al cauallero e dixo: «Dormides o velades?» «Çertas», dixo el cauallero, «nin duermo nin velo; mas esto esperando que sea çerca el dia, a que pueda andar».

«Leuantadvos», dixo el hermitaño, «e andat en buen ora, ca el mas auenturado cauallero auedes a ser de quantos fueron de muy grant tienpo aca». «E commo es eso?», dixo el cauallero. «Yo vos lo dire», dixo el hermitaño. «Esta noche en dormiendo, vy en vision que estauades en vna torre muy alta, e que teniedes vna corona de oro en la cabeça e vna pertiga en la mano, e en esto desperte muy espantado e fue fazer mi oraçion. E rogue a Dios que me quesiese demostrar que queria dezir esto que viera en vision, e torneme a mi lecho a dormir. E en dormiendo me vino vna bos e dixome asy: 'Dy al tu huesped que ora es de andar; e bien çierto sea que ha de desçercar aquel rey e ha de casar con su fija, e a de auer el regno despues de sus dias.'» «E creedes vos esto», dixo el cauallero, «que podra ser verdat?». «Creolo», dixo el hermitaño, «que podra ser con la merçed de Dios, ca el es poderoso de fazer e desfazer commo el touiere por bien, e fazer del muy pobre rico. E ruegovos que quando Dios vos troxiere e vos posiere en otro mayor estado, que vos venga emientes deste logar». «Muy de buena mente», dixo el cauallero, «e prometovos que quando Dios a esta onrra me llegare, que la primera cosa que ponga en la cabeça por nobleza e por onrrar, que lo enbie a ofresçer a este lugar. E vayamos en buen ora» [226]; dixo el cauallero, «mas do podremos oyr misa?». «En la villa», dixo el hermitaño.

---

[226] A la profecía de Grima de que Zifar tendría éxito, se añade ahora la profecía del ermitaño, que es más específica, ya que se refiere a esta empresa en particular, y que es más importante, ya que se trata de un mensaje de Dios.

De commo el ribaldo se barajo [227] con su amo el pescador e se partio del

E fueronse amos a la villa, e mientra ellos oyan misa el riblado estaua contendiendo con su amo que le diese algo de su soldada. E ouole a dar vna saya [228] que tenia e vn estoque [229] e vnos pocos de dineros que tenia en la bolsa, que dezia que non tenia mas. E el ribaldo le dixo: «Non me quieres pagar toda mi soldada? Avn venga tienpo que te arrepentiras!» «Ve tu via, ribaldo nesçio», dixo el pescador. «E que me puedes tu fazer, avnque venga otro tienpo del que agora es?» «Avn verna tienpo», dixo el ribaldo, «que abre yo mayor poder que tu». «Çertas», dixo el pescador, «tu nunca lo veras; ca non veo en ti señal por que esto pueda ser». «Commo», dixo el ribaldo, «tienes que Dios non puede fazer lo que quesiere? E non sabes tu que a canpo malo le viene su año? Commoquier que yo non sea tan cuerdo commo me era mester, que Dios me puede dar seso e entendimiento que mas vala». «Sy», dixo el pescador, «mas non tiene agora oio para ti para lo fazer». «Vengasete emiente esta palabra que agora dizes», dixo el ribaldo, «ca muy mejor vy yo responder poco ha vn ome bueno a las preguntas que fazian, que tu non sabes responder. E acomiendote al tu poco seso, que yo vome».

De commo el ribaldo libro al Cauallero Zifar vna noche de vnos ladrones que lo querian robar, e commo mato a los dos

E el ribaldo se fue para el hermita e non fallo y al cauallero nin al hermitaño; e fuese para la villa e fallolos que oyan misa. El cauallero quando lo vio, plogole e dixole: «Amigo, vayamos en buen ora.» «Commo», dixo el ribaldo, «asy yremos de aqui ante que almorzemos primero? Yo trayo vn pes de mar de la cabaña de mi señor». «Comaslo», dixo

---

[227] *Barajar:* reñir.
[228] *Saya:* túnica.
[229] *Estoque:* florete.

el cauallero, «e fagamos commo tu touieres por bien, ca me
conuiene seguir tu voluntad mientra por ti me ouiere a
guiar, pero ha tienpo non es mi costunbre de comer en la
mañana». «Verdat es», dixo el ribaldo, «demientra que andauades de bestia, mas mientra andodierdes a pie non podredes andar syn comer e syn beuer, mayormente auiendo
de fazer jornada» [230]. Desy fueron a casa de vn ome bueno
con el hermitaño, e comieron su pes, que era bueno e muy
grande, e espedieronse del hermitaño e fueron andando su
camino. E acaesçioles vna noche de albergar en vna albergueria do yazian dos malos omes ladrones, e andauan en
manera de pelegrinos, e cuydaron que este cauallero que
traya muy grant auer maguer venian de pie, porquel vieron
muy bien vestido. E quando fue a la media noche leuantaronse estos dos malos omes para yr degollar al cauallero
e tomarle lo que traya. E fuese el vno echar sobrel, e el
otro fue para lo degollar; en manera que el cauallero non
se podia dellos descabollir. E en esto estando desperto el
ribaldo, e quando los vio asy estar, a lunbre de vna lanpara
que estaua en medio de la camara, e començo de yr a ellos
dando bozes e deziendo: «Non muera el cauallero!», de guisa
que desperto el huesped e vino corriendo a las bozes. E quando llego, auia el ribaldo muerto el vno dellos, e estauase
feriendo con el otro, en manera quel cauallero se leuanto,
e el huesped e el ribaldo presieron al otro ladron. E preguntaronle que fuera aquello. E el les dixo que cuydaran el
e su conpañero que este cauallero traya algo, e por eso se
leuantaron para le degollar e gelo tomar. «Çertas», dixo el
cauallero, «en vano vos trabajauades, ca por lo que a mi
fallaredes, sy pobres erades, nunca salierades de pobredat».
Desy tomo el huesped el ladron delante sus vezinos que
recudieron a las bozes, e atolo muy bien fasta otro dia en
la mañaña, quel dieron a la justiçia, e fue justiçiado de
muerte.

---

[230] El Ribaldo se ocupa de la salud y del bienestar de Zifar, lo
que forma parte de su trabajo de servidor.

De commo el Cauallero Zifar libro al ribaldo, que lo querian colgar, e commo le corto la soga

E yendose por el camino dixo el ribaldo: «Bien fuestes seruido de mi esta noche.» «Çertas», dixo el cauallero, «verdat es; e plazeme mucho porque tan bien has començado». «Mas me prouaredes», dixo el ribaldo, «en este camino». «Quiera Dios», dixo el cauallero, «que las proeuas non sean de nuestro daño!». «Dello e dello», dixo el ribaldo, «ca todas las maçanas non son dulçes; e porende conuiene que nos paremos a lo que nos veniere». «Plazeme», dixo el cauallero, «destas tus palabras, e fagamoslo asy; e bendicho seas porque lo tan bien fazes» [231]. E a cabo de los seys dias que se partieron del hermitaño, llegaron a vn castiello muy fuerte e muy alto que ha nonbre Herin. E auia y vna villa al pie del castiello, muy bien çercada. E quando y fueron era ya ora de bisperas, e el cauallero venia muy bien cansado, ca auia andado muy grant jornada. E dixo a su conpañon quel fuese buscar de comer, e el ribaldo lo fizo muy de grado. E en estando conprando vn faysan, llego a el vn ome malo que auia furtado vna bolsa lleña de pedaços de oro, e dixole: «Amigo ruegote que me guardes esta bolsa mientra que yo enfrene aquel palafre.» E mentia, que non auia bestia ninguna, mas venia fuyendo por miedo de la justiçia de la villa que venia en pos el por le prender. E luego que ouo dado la bolsa al ribaldo, metiose entre ome e ome e fuese.

E la justiçia andando buscando el ladron, fallaron al ribaldo que tenia el faysan que conprara en la vna mano e la bolsa quel acomendara el ladron en la otra, e presieronlo e sobieronlo al castiello fasta otro dia, quel judgasen los alcalles. El cauallero estaua esperando su conpañon, e despues que fue noche e vio que non venia, marauillose porque non venia. E otro dia en la mañana fuelo buscar, e non pudo fallar recabdo del, e cuydo que por auentura era ydo con cobdiçia de vnos pocos de dineros quel acomendara que despendiese, e finco muy triste; peroque avn tenia vna pieça de dineros para despender, e mayor cuydado auia del conpañon que perdiera que non de los dineros, ca lo seruia muy bien, e tomaua alegria con el, ca le dezia muchas cosas en que

---

[231] El Ribaldo muestra su fidelidad y su valor.

tomaua plazer. E syn esto que era de buen entendimiento e de buen recabdo e de buen esfuerço, e fallauase muy menguado syn el. E otro dia desçendieron al ribaldo del castiello para le judgar ante los alcalles.

E quando le preguntaron quien le diera aquella bolsa, dixo que vn ome gela diera en encomienda quando conprara el faysan, e que non sabia quien era, pero sy lo viese que cuydaua que lo conosçeria. E mostraronle muchos omes si lo podria conosçer, e non pudo açertar en el, ca estaua ascondido aquel que gela diera, por miedo de lo que auia fecho. E sobre esto mandaron los alcalles que lo leuasen a enforcar[232], ca en aquella tierra era mantenida justiçia muy bien, en manera que por furto de çinco sueldos o dende arriba mandauan matar al ome. E ataronle vna cuerda a la garganta e las manos atras, e caualgaronle en vn asno, e yua muy grant gente en pos el a ver de commo fazian del justiçia. E yua el pregonero delante el, desçiendo a grandes bozes; «Quien tal faze, tal prenda.» E es grant derecho, que quien al diablo sirue e cree, mal galardon prende; commoquier que este non auia culpa en aquel furto, mas ouo culpa en resçebir en encomienda cosa de ome que non conosçie, nin veye lo que le daua en acomienda; ca çiertamente quien alguna cosa quiere resçibir de otro en encomienda, deue catar tres cosas: la primera, quien es aquel que gelo acomienda; la segunda, que cosa es lo quel da; la tercera es sy la sabra o podra bien guardar; ca podria ser que gela daria algunt mal ome, e que gela daria con engaño la cosa quel acomendase, e por auentura resçebiese … que non seria en estado para lo saber guardar; asy commo contesçio a aqueste, que el que gelo dio era mal ome e ladron, e la cosa que le dio era furtada, e otrosy el que non estaua en estado para poder resçibir deposito de ninguno. E avnque el ome este en estado que lo pueda guardar, mucho deue estrañar de non resçebir en guarda deposito. Ca de tal fuerça es el deposito que deue ser guardado enteramente asy commo lo ome resçibe, e non deue vsar dello en ninguna manera syn mandado del que gelo da en guarda; si non, puede gelo demandar por furto porque vso dello contra voluntad del señor.

E quando lleuauan a enforcar a aquel ribaldo, los que yuan en pos el auian muy grant piedat del porque era ome estraño e era mançebo mucho apuesto e de buena palabra,

---

[232] *Enforcar*: ahorcar.

e fazia salua que non feziera el aquel furto, mas que fuera engañado de aquel que gelo acomendara. E estando el ribaldo al pie de la forca, cauallero en el asno, e los sayones [233] atando la soga a la forca, el Cauallero Zifar, pues que non podia auer a su conpañero, rogo al huesped quel mostrase el camino del regno de Menton. E el huesped doliendose del porque perdiera a su conpañero, salio con el al camino. E desque salieron de la villa vio el cauallero estar muy grant gente en el canpo en derredor de la forca, e pregunto al su huesped que «a que esta ally aquella gente?». «Çertas», dixo el huesped, «quieren enforcar vn ribaldo que furto vna bolsa lleña de oro». «E aquel ribaldo», dixo el cauallero, «es natural desta tierra?». «Non», dixo el huesped, «e nunca paresçio aqui sy non agora, por la su desauentura, quel fallaron con aquel furto».

El cauallero sospecho que aquel podria ser el su conpañero, e dixole: «Ay amigo, la fe que deuedes, ayudame a derecho. Aquel ome syn culpa es.» «Çertas», dixo el huesped, «muy de grado sy asy es». E fueronse para ally do auian atado la soga en la forca e querian mouer el asno. E el cauallero llegando conosçiolo el ribaldo, e dando grandes bozes dixo: «Señor, señor, vengasevos emiente del seruiçio que vos fize oy a terçer dia, quando los ladrones vos venian para degollar!» «Amigo», dixo el cauallero, «e que es la razon por que te mandan matar?». «Señor», dixo el ribaldo, «a tuerto e syn derecho, sy me Dios vala!». «Atiende vn poco», dixo el cauallero, «e yre fablar con los alcalles e con la justiçia, e rogarles he que te non quieran matar, pues non feziste por que». «E que buen acorro de señor!», dixo el ribaldo, «para quien esta en tan fuerte paso commo yo esto. E non vedes señor, que la mi vida esta so el pie deste asno, en vn harre solo con quel mueuan, e dezides que yredes a los alcalles a les demandar consejo? Çertas los omes buenos e de buen coraçon, que tienen razon e derecho por sy, non deuen dudar nin tardar el bien que han de fazer; ca la tardança muchas vezes enpesçe». «Çertas amigo», dixo el cauallero, «sy tu verdat tienes non estara la tu vida en tan pequeña cosa commo tu dizes». «Señor», dixo el ribaldo, «por la verdat e por la jura que vos prometi, verdat vos digo». E el cauallero metio mano al espada e tajo la soga de que estaua ya colgado, ca auian ya mouido el asno. E los omes de la justiçia quando esto vieron, presieron al cauallero

---

[233] *Sayones:* alguaciles verdugos.

e tomaronlos amos ados e leuaronlos ante los alcalles, e contaronles todo el fecho en commo acaesçiera. E los alcalles preguntaron al cauallero que commo fuera atreuido de cometer atan grand locura de quebrantar las presiones del señorio, e que non conpliese justiçia. E el cauallero escusando a sy e su conpañon dixo que qualquier que dixiese que su conpañon feziera aquel furto, quel meteria las manos, e quel cuydaua vençer; ca Dios e la verdat que tenia le ayudaria, e que era syn culpa de aquel furto quel ponian a su conpañon.

De commo prendieron al que auia furtado la bolsa con el oro e de commo lo lleuauan a colgar

E aquel que ouo furtado la bolsa con el oro, despues que sopo que aquel a quien el la bolsa acomendo era leuado a enforcar, cuydando que era enforcado e quel non conosçeria ninguno, fuese para alla do estauan judgando los alcalles; e luego quel vio el ribaldo conosçiolo e dixo: «Señor, mandat prender aquel que ally viene, que aquel es el que me acomendo la bolsa.» E mandaron lo luego prender, e el ribaldo traxo luego testigos a aquel de quien auia conprado el faysan, e los alcalles por esto e por otras presunçiones que del auian, e por otras cosas muchas de que fuera acusado, e maguer non se podian prouar, pusieronlo a tormento; de guisa que ouo a conosçer que el feziera aquel furto, e porque yuan en pos el por le prender, que lo diera âquel ribaldo que gelo guardase, e el que se ascondiera fasta que oyera dezir que le auian enforcado. «Ay falso traydor!», dixo el ribaldo, «que do fuye el que al huerco [234] deue? Çertas tu non puedes fuyr de la forca, ca esta ha de ser el tu huerco, e a ti espera para ser tu huespeda; e ve maldicho de Dios porque en tan grant miedo me metiste; que bien çierto so que nunca oyre dezir harre que non tome gran espanto. E gradesco mucho a Dios porque en ti ha de fincar la pena conplida e con derecho, e non en mi». E leuaron al ladron a enforcar, e el cauallero e su conpañon fueronse por su camino, gradesçiendo mucho a Dios la merçed que les feziera.

---

[234] *Huerco:* muerte, demonio.

De commo colgaron al que furto la bolsa e de commo el ribaldo se fue con su señor el Cauallero Zifar

«Señor», dixo el ribaldo, «quien a buen arbol se allega, buena sonbra le cubre. E par Dios fallome bien porque me a vos allegue, e quiera Dios que a buen seruiçio avn vos yo de la rebidada en otra tal, o mas graue». «Calla amigo», dixo el cauallero, «que fio por la merçed de Dios que non querra que en tal nos veamos; que bien te digo que mas peligrosa me semejo esta que el otro peligro por que pasamos ante noche». «Çertas, señor», dixo el ribaldo, «non creo que con esta sola escapemos». «E por que non?», dixo el cauallero. «Yo vos lo dire», dixo el ribaldo. «Çertas quien mucho ha de andar, mucho ha de prouar, e avn nos lo mas peligroso auemos a pasar.» E ellos yendo a vna çibdat do auian de albergar, acaesçioles que a cabo de vna fuente fallaron vna manada de çieruos, e entrellos auia çeruatillos pequeños. E el ribaldo metio mano al estoque e lançolo contra ellos e ferio vno de los pequeños. E fue lo alcançar e tomolo e traxolo a cuestas, e dixo: «Ea, ea, don cauallero! ca ya tenemos que comer!» «Bien me plaze», dixo el cauallero, «sy mejor posada ouieremos e con mejores huespedes que los de anoche».

«Vayamosnos», dixo el ribaldo, «ca Dios nos dara consejo». E ellos yendo, ante que llegasen a la çibdat fallaron vn comienço de torre syn puertas, tan alto commo vna asta de lança, en que auia muy buenas camas de paja de otros que auian y albergado, e vna fuente muy buena ante la puerta, e muy buen prado. «Ay amigo!», dixo el cauallero, «que grant verguença he de entrar por las villas de pie! ca commo estraño estan me oteando e faziendome preguntas, e yo non les puedo responder. E fincaria aqui en esta torre esta noche, ante que pasar las verguenças de la çibdat». «Folgad», dixo el ribaldo, «ca yo yre e traere pan e vino de la çibdat, e con la lleña deste soto que aqui esta, despues que veniere aguisare de comer». E fizolo asy, e despues que fue aguisado de comer dio a comer al cauallero, e el caullero se touo por bien pagado e por viçioso estando çerca de aquella fuente en aquel prado. Peroque despues que fueron a dormir llegaron atantos lobos a aquella torre que non fue sy non marauilla;

de guisa que despues que ouieron comido los lobos aquella carniça que fincara de fuera, querian entrar a la torre a comer a ellos, e non se podian defender en ninguna manera. E tanto los aquexaron que leuaron al ribaldo la vna falda de la saya, que tenie vntada de la sangre del çieruo, de manera que en toda esa noche non podieron dormir nin folgar, feriendolos muy de rezio.

E en esto estando arremetiose vn lobo grande al cauallero, que estaua en derecho de la puerta, e fue lo trauar de la espada con los dientes e sacogela de la mano e echola fuera de la torre. «Santa Maria val!», dixo el cauallero, «leuadome ha el espada aquel traydor de lobo e non he con que defenderme». «Non temades», dixo el ribaldo, «tomad este mio estoque e defendet la puerta, e yo cobrare la vuestra espada». E fue al rencon de la torre do auia cozinado, e tomo toda quanta brasa y fallo, e pusolo en pajas e con lleña, e parose a la puerta e derramolo entre los lobos. E ellos con miedo del fuego redraronse de la torre, e el ribaldo cobro el espada e diola al cauallero, e demientra que las brasas duraron del fuego, a la puerta de la torre, non se llegaron y los lobos; ante se fueron yendo e apocando. E çertas bien sabidor era el ribaldo, ca de ninguna cosa non han los lobos tan grant miedo commo del fuego[235]. Peroque era ya çerca de la mañaña, en manera que quando fue el alua non finco y lobo ninguno. «Por Dios», dixo el cauallero, «mejor fuera pasar las verguenças de la çibdat que non tomar esta mala noche que tomamos». «Cauallero», dixo el ribaldo, «asy va ome a parayso, ca primeramente ha de pasar por purgatorio e por los lugares mucho asperos ante que alla llegue. E vos ante que lleguedes a grant estado al que auedes a llegar, ante auedes a sofrir e a pasar muchas cosas asperas». «E amigo», dixo el cauallero, «qual es aquel estado a que he de allegar?» «Çertas non se», dixo el ribaldo, «mas el coraçon me da que a grant estado auedes a llegar e grant señor auedes a ser»[236]. «Amigo», dixo el cauallero, «vayamosnos en buen ora e punemos de fazer bien; e Dios ordene e faga de nos lo que la su merçed fuere».

---

[235] El Ribaldo muestra su fidelidad y su ingenio.
[236] Nueva profecía: el Ribaldo tiene la corazonada de que Zifar llegará a ser muy importante.

De commo se escuso el ribaldo del señor de la huerta quando lo fallo cogiendo los nabos e los metia en el saco

Andudieron ese dia tanto fasta que llegaron a vna villeta pequeña que estaua a media legua del real de la hueste. E el Cauallero Zifar, ante que entrasen en aquella villeta vio vna huerta a vn vall muy fermoso, e auia alli vn nabar muy grande; e dixo el cauallero: «Ay amigo! que de grado conbria esta noche de aquellos nabos sy ouiese quien me los sopiese adobar!» [237]. «Señor», dixo el ribaldo, «yo vos los adobare». E llego con el cauallero a vna alberguería e dexole y, e fuese para aquella huerta con vn saco. E fallo la puerta çerrada, e sobio sobre las paredes e salto dentro, e començo de arrancar de aquellos nabos, e los mejores metia en el saco. E arrancandolos, entro el señor de la huerta, e quando lo vio fuese para el e dixole: «Çertas, ladron malo, vos yredes comigo preso ante la justiçia, e darvos han la pena que meresçedes porque entrastes por las paredes a furtar los nabos.» «Ay señor», dixo el ribaldo, «sy vos de Dios buena andança, que lo non fagades, ca forçado entre aqui». «E commo forçado?», dixo el señor de la huerta, «ca non veo en ti cosa por que ninguno te deuiese fazer fuerça, si vuestra maldad non vos la fiziese fazer». «Señor», dixo el ribaldo, «yo pasando por aquel camino, fizo vn viento torbilliño atan fuerte que me leuanto por fuerça de tierra e me echo en esta huerta». «Pues quien arranco estos nabos?», dixo el señor de la huerta. «Señor», dixo el ribaldo, «el viento era tan rezio e tan fuerte que me soliuiaua [238] de tierra, e con miedo que me echase en algunt mal lugar, traueme a los nabos e arrancauanse mucho». «Pues quien metio los nabos en este saco?», dixo el señor de la huerta. «Çertas señor», dixo el ribaldo, «deso me marauillo mucho». «Pues tu te marauillas», dixo el señor de la huerta, «bien das a entender que non has en ello culpa. Perdonote esta vegada». «Ay señor!», dixo el ribaldo, «e que

---

[237] Obsérvense las continuas alusiones a la comida: pez, faisán, ciervo y ahora nabos. Más que para producir un efecto realista, parece que estas alusiones se han puesto en la obra para provocar las aventuras del Ribaldo.

[238] *Soliuiar:* sublevar.

mester ha perdon al que es syn culpa? Çertas mejor fariades en me dexar estos nabos por el lazerio que leue en los
arrancar, peroque contra mi voluntad, faziendome el grant
viento». «Plazeme», dixo el señor de la huerta, «pues atan
bien te defendiste con mentiras apuestas; e toma los nabos e
vete tu carrera, e guardate de aqui adelante que non te contesca otra vegada, si non tu lo pagaras».

Fuese el ribaldo con los nabos, muy alegre porque atan
bien escapara. E adobolos muy bien con buena çeçina que
fallo a conprar, e dio a comer al cauallero. E desque ouo comido contole el ribaldo lo quel contesçiera quando fue coger
los nabos. «Çertas», dixo el cauallero, «e tu fueste de buena
ventura en asy escapar, ca esta tierra es de grant justiçia; e
agora veo que es verdat lo que dixo el sabio, que a las vegadas aprouecha a ome mentir con fermosas palabras [239].
Pero amigo, guardate de mentir, ca pocas vegadas açierta
ome en esta ventura que tu açertaste, que escapeste por malas arterias». «Çertas señor», dixo el ribaldo, «de aqui adelante mas querria vn dinero que ser artero, ca ya todos entienden las arterias e las encobiertas. El señor de la huerta
por su mesura me dexo, que luego me entendio que fablaua
con maestria; e non se quiera ninguno engañar en esto, ca
los omes deste tienpo luego que nasçen son sabidores mas
en mal que non en bien. E porende ya vno a otro non puede
engañar, por arterias que sepa, commoquier que a las vegadas
non quieren responder nin dar a entender que lo entienden.
E esto fazen por encobrir a su amigo o a su señor, que fabla
con maestria e arteria de mal, e non por lo non entender nin
porque non ouiese y respuesta qual conuenia. Onde muy
poco aprouecha el arteria al ome pues que la entienden.»

De commo se acordaron el Cauallero Zifar y el ribaldo de commo entrarian a la vĩlla

E el cauallero pregunto al ribaldo: «Amigo, que te semeja
que auemos a fazer, que ya çerca de la hueste somos?» «Çertas», dixo el ribaldo, «yo vos lo dire. El rey de Ester, ese
que tiene çercado al rey de Menton, tiene en poco las cosas,

---

[239] Este proverbio explica y justifica, no sólo la mentira del
Ribaldo en este caso, sino también las otras mentiras buenas de
la obra.

porque es señor del canpo; mas la onrra e el brio quien lo ganar quiere, con los de dentro que menos pueden ha de estar, para los defender e para los anparar e para los sacar de la premia [240] en que estan. E ende semejame que es mejor de vos meter con los de la villa que non fincar aca do non cataran por vos». «E commo podria yo entrar», dixo el Cauallero, «a la villa syn enbargo?». «Yo vos lo dire», dixo el ribaldo. «Vos me daredes estos vuestros vestidos, e vos tomaredes estos mios que son viles, e pornedes vna guirnalda de fojas de vides en vuestra cabeça e vna vara en la mano, bien commo sandio [241]. E maguer vos den bozes vos non dedes nada por ello; e en la tarde ydvos allegando a la puerta de la villa, ca non cataran por vos, e sy estudiere ome alguno en los andamios, dezirle hedes que queredes fablar con el mayordomo del rey. E desque vos acogieren ydvos para el mayordomo, ca dizen que es muy buen ome, e demostralde vuestra fazienda lo mejor que podierdes, e endresçevos Dios a lo mejor. E yo dicho vos he aquello poco que yo entiendo», dixo el ribaldo. «Sy mas sopiese mas vos diria, mas non ha en mi mas seso de quanto vos vedes; e acorredvos de aqui adelante del buen seso que Dios vos quiso dar, e andemos nuestro camino e lleguemos ayna al real.

De commo el Cauallero Zifar se vistio los paños del ribaldo, e se metio dentro con los de la villa, e el ribaldo se finco de fuera

«Amigo», dixo el cauallero, «tomar quiero vuestro consejo, ca non tengo nin veo otra carrera mas segura para entrar a la villa». Quando fue en la mañaña desnuyo sus paños el cauallero e desnuyo los suyos el ribaldo, e vestiose el cauallero los paños del ribaldo, e puso vna guirnalda de fojas en la cabeça, e fuese para la hueste. E quando entraron por la hueste començaron a dar bozes al cauallero todos, grandes e pequeños, commo a sandio, e deziendo: «Ahe aqui el rey de Menton, syn caldera e syn pendon» [242]. Asy que aqueste ruydo

---

[240] *Premia:* necesidad.

[241] *Sandio:* loco.

[242] Para Burke, este episodio es una alegoría de la vida de Jesucristo, concretamente del momento en que le llaman «rey de los judíos» y se burlan de él. Según Burke, para redimir Menton, Zifar tiene que sufrir antes estas humillaciones, lo mismo que Je-

andido por toda la hueste, corriendo con el e llamandole rey
de Menton. E el cauallero, commoquier que pasaua grandes
verguenças, fazia enfinta que era sandio, e yua saltando e
corriendo fasta que llego a vna choça (do vendien vino e mal
cozinado, que estaua en cabo de la hueste e contra los muros
de la villa. E entro dentro en aquella choça e demando del
pan e del vino. El seruiente venia en pos el a trecho, deziendo a todos que era sandio, e fuese a la choça do vendian
el vino e dixo: «O sandio rey de Menton, aqui eres? Has
comido oy?» «Çertas», dixo el sandio, «non». «E quieres
que te de a comer por amor de Dios?», dixo el ribaldo. Dixo
el sandio: «Querria.» Metio mano el seruiente a aquello que
vendian mal cozinado, e diole de comer e beuer quanto quiso.
E dixo el seruiente: «Sandio, agora que estas beodo cuydas
que estas en tu regno?» «Çertas», dixo el sandio.

E dixo el tauernero: «Pues sandio, defiende tu regno.»
«Dexame dormir vn rato», dixo el sandio, «e veras commo
me yre luego a dar pedradas con aquellos que estan tras aquellas paredes». «E commo», dixo el tauernero, «el tu regno
quieres tu conbatir?» «O nesçio», dixo el sandio, «e non sabes tu que ante debo saber que tengo en mi que non deua
yr contra otro?» «Que quiere dezir eso?», dixo el tauernero. «Dexatle», dixo el seruiente, «que non sabe que se
dize; duerma, ca ya deuanea». E asy se dexaron de aquellas palabras e el sandio dormio vn poco. E desque fue el
sol yendo, leuantose e fizole el seruiente del oio que se fuese
escontra las puertas de la villa. E el tomo dos piedras en las
manos e su espada so aquella vestidura mala que traya e
fuese. E los omes quando le veyan dauanle bozes, llamandole
rey de Menton; asy que llego a las puertas de la villa, e a
vno que estaua en los andamios dixo: «Amigo, fazeme acoger alla, ca vengo con mandado al mayordomo del rey.»
«E commo te dexaron pasar los de la hueste?», dixieron los
que estauan en los andamios. «Çertas», dixo el, «fisme entrellos sandio, e dauanme todos bozes, llamandome rey de
Menton». «Bien seas tu venido», dixo el de los andamios, e
fizole acoger [243]. E desque fue el cauallero dentro en la villa,

---

sucristo tuvo que sufrirlas para redimir a la humanidad (*History
and Vision...*, págs. 77-82).

   [243] La explicación alegórica de Burke, aunque interesante, no
puede probarse y, sobre todo, no aclara la función de este episodio. Parece que lo que este episodio muestra es que Zifar está
dispuesto a tragarse su orgullo de caballero otra vez con tal de

demando do era la posada del mayordomo del rey, e mostrarongela.

E quando fue alla, el mayordomo queria caualgar, e llego a el e dixo: «Señor, querria fablar conbusco sy lo por bien touiesedes.» E apartose con el e dixole asy: «Señor, yo so cauallero fijo dalgo e de luengas tierras, e oy dezir de vos mucho bien, e vengo vos seruir sy lo por bien tenedes.» «Bien seades vos venido», dixo el mayordomo, «e plazeme conbusco. Peroque sabredes vsar de caualleria?». «Sy», dixo el cauallero, «con la merçed de Dios, sy guisamiento touiese». «Çertas yo vos lo dare», dixo el mayordomo. E mando le dar muy bien de vestir, e buen cauallo e buenas armas e todo conplimiento de cauallero, e desque fue vestido el cauallero pagose mucho el mayordomo del, ca bien le semejo en sus fechos e en sus dichos que era ome de grant seso e de grant lugar. E estando vn dia con el mayordomo en su casa en su solas, dixo el cauallero: «Señor, que es esto? que de la otra parte de la hueste sale vno a vno a demandar sy ha quien quiera lidiar con ellos, e de aca non ay ninguno que salga a ellos, auiendo aqui tantos omes buenos.» «Çertas cauallero», dixo el mayordomo, «escarmentados son los nuestros; ca aquellos dos caualleros que vedes que sale vno a vno son fijos del rey, e son muy buenos caualleros de sus armas. E aquellos mataron ya dos condes, por que non osa ninguno salir a ellos». «Commo», dixo el cauallero, «pues asy auedes a estar enuergoñados e espantados dellos? Çertas sy vos quesierdes, yo saldre alla, quando alguno dellos saliere, e lidiare con el».

«Mucho me plaze de lo que dezides», dixo el mayordomo, «mas saberlo he ante del rey mio señor». E caualgo luego el mayordomo e fuese para el rey e dixole: «Señor, vn cauallero estraño vino a mi el otro dia e dixome que queria beuir comigo a la vuestra merçed, e resçebilo e mande le dar de vestir e aguisar de cauallo e de armas; e agora pediome quel dexase salir a lidiar con aquellos de la otra parte que demandauan lidiadores, e yo dixele que lo non faria amenos que lo vos sopiesedes.» «E que cauallero vos semeja», dixo el rey, «que es aquese?» «Señor», dixo el mayordomo, «es vn cauallero mucho apuesto e de buena palabra, e muy guisado para fazer todo bien». «Veamoslo», dixo el rey. «Muy de grado», dixo el mayordomo, e enbio por el. El cauallero entro por el pa-

---

lograr sus propósitos. Zifar se comporta como un guerrero profesional y, como tal, usa el engaño para sus fines.

laçio e fuese para el rey do estaua el e su fija, e el mayordomo con ellos, e entro muy paso e de buen continente, en
manera que entendio el rey e su fija que era ome de prestar.
E el rey le pregunto e dixole: «Cauallero, onde sodes?» «Señor», dixo, «de tierra de las Indias». «E atreuervos hedes»,
dixo el rey, «a lidiar con aquellos que salen ally a demandar
lidiadores?» «Sy», dixo el cauallero, «con la merçed de Dios,
vna vez con el vno e otra vez con el otro, ca ningund atreuimiento malo non querria acometer». «Yd en buen hora»,
dixo el rey, e ayudevos Dios.

De commo el Cauallero Zifar mato al vn fijo
del rey de Ester que los tenia çercados

E otro dia en la grant mañaña aguisose el cauallero muy
bien de su cauallo e de sus armas, asy que non le menguaua
ninguna armadura, e fuese para la puerta de la villa. E el
mayordomo enbio con el vn ome, e mando a los que estauan
a la puerta de la villa quel dexasen salir e quel acogiesen
quando el quesiese. Quando començo el sol a salir, salio vn
fijo del rey de Ester a demandar lidiador, e vn ome que
estaua en los andamios començo a dar bozes diziendo: «Ya
es salido de la hueste el lidiador, e viene se çercando contra
aca.» E el cauallero quando lo oyo, dixo al portero que le
dexase salir, e el portero dixo que lo non faria sy el non
prometiese quel diese algo sy Dios le ayudase. El cauallero
dixo que sy Dios le ayudase acabar su fecho, quel daria el
cauallo del otro, sy lo podiese tomar. E el portero le abrio
la puerta e dexolo salir. E quando fue en el canpo con el
otro, dixole el fijo del rey: «Cauallero, mal consejo ouistes en
vos querer atreuer a lidiar comigo. Creo mejor fizierades en
vos fincar en vuestra posada.» «Non me metades miedo»,
dixo el cauallero, «mas de quanto yo me tengo, e fazet lo que
auedes a fazer». E desy dexaronse correr los cauallos el vno
contra el otro, e ferieronse de las lanças en manera que pasaron los escudos mas de señas braçadas. Mas asy quiso Dios
cuydar al cuallero que non le enpesçio la lança del fijo
del rey, e la lança del cauallero paso las guarniçiones del
fijo del rey e echogela por las espaldas, e dio con el muerto
en tierra. E tomo el cauallo del fijo del rey e traxolo e diolo
al portero asy commo gelo prometiera, e fuese luego para su
posada a desarmarse.

De commo el rey de Menton sopo que vn cauallero estraño avia matado a vn fijo del rey de Ester

El ruydo e llanto fue muy grande por la hueste por el fijo del rey que era muerto, e las nueuas eso mismo fueron por toda la villa, peroque non sabien quien lo matara; saluo los condes dezia cada vno que el lo matara. E el rey enbio por su mayordomo e pregunto quien mato el fijo del rey. «Señor», dixo el mayordomo, «el vuestro cauallero que vino ayer aqui a vos; e auemos çiertas señales ende», dixo el mayordomo, «ca el cauallo del fijo del rey que mato, dio a los porteros, e bien lo conosçen ellos e los que estauan en las torres e sobre las puertas». «En el nonbre de Dios sea bendicho», dixo el rey, «ca por auentura Dios traxo a este ome por su bien e el nuestro. E que faze ese cauallero?», dixo el rey. «Señor», dixo el mayordomo, «despues que se desarmo non salio de la posada, ca se encubre mucho e non quiere que lo conozcan». «Plazenos por ello», dixo el rey, «e dexemoslo folgar, e veremos cras lo que fara». «Señor», dixo el mayordomo, «çierto so que cras saldra alla, ca ome es de buen coraçon e de buen seso natural».

La infante, fija del rey, auia grant sabor de lo ver, e dixo: «Señor, bien fariades en enbiar por el e falagarle e castigarle que faga lo mejor.» «E sy el mejor lo faze», dixo el rey, «en que lo podremos nos castigar? Dexemosle e vaya con su buen andança adelante»[244].

De commo el Cauallero Zifar mato al otro cauallero, que era sobrino del rey de Ester

E quando fue otro dia en la mañaña ante del alua, el cauallero fue armado e caualgo en su cauallo e fuese para la puerta de la villa, e dixo a los otros de las torres que sy algunt lidiador saliese, que gelo feziesen saber. E de la hueste non

---

[244] La infanta de Menton, ante la posibilidad de que el Cauallero Zifar salve el reino y se case con ella, siente una curiosidad natural por conocerle.

salio ningunt lidiador, e dixo vno de los que estauan en las torres: «Cauallero, non sale ninguno, e bien podedes yr sy quesierdes.» «Plazeme», dixo el cauallero, «pues Dios lo tiene por bien.» E en yendose el cauallero, vieron salir los de las torres dos caualleros armados de la hueste, que venian contra la villa dando bozes sy auia dos por dos que lidiasen. E los de las torres dieron bozes al cauallero que se tornase. E el vinose para la puerta e preguntoles que era lo que querian, e ellos le dixieron: «Cauallero, mester auiades otro conpañon.» «E por que?», dixo el cauallero. «Porque son dos caualleros bien armados e demandan sy ay dos por dos que quieran lidiar.» «Çertas», dixo el cauallero, «non he aqui conpañon ninguno, mas tomare a Dios por conpañon, que me ayudo ayer contra el otro, e me ayudara oy contra estos dos». «E que buen conpañon escogiste!», dixieron los otros. «Yd en nombre de Dios, e el por la su merçed vos ayude.»

Abrieron las puertas e dexaronle yr, e quando fue fuera en el canpo, dixieron los otros dos caualleros muy soberuiamente e commo en desden. «Cauallero, do el tu conpañon?» «Aqui es comigo», dixo el cauallero. «E paresçe?», dixieron los otros. «Non paresçe a vos», dixo el cauallero, «ca non sodes dinos de lo ver». «Commo», dixieron los caualleros, inuisible es, que se non puede ver?» «Çertas inuisible», dixo el cauallero, «a los muy pecadores» [245]. «E commo», dixieron los caualleros, «mas pecadores tienes que somos nos que tu?» «A mi creençia es», dixo el cauallero, «que sy; ca vos con muy grand soberuia tenedes çercado este rey en esta çibdad, non vos faziendo mal nin meresçiendo por que. E bien creo que sy lo desçercasedes que fariades mesura e bondat, e fazervos ya Dios bien por ende». «Çertas», dixieron los otros, «bien cuyda este cauallero que desçercaremos nos este rey por sus palabras apuestas. Bien creedes que lo non faremos fasta quel tomemos por la barua». «Palabras son de soberuia esas», dixo el cauallero Zifar, «e parad mientes que Dios vos lo querra acaloñar». E destos dos caualleros era el vno el fijo del rey de Ester, e el otro su sobrino: los mas poderosos caualleros que eran en la hueste, e los mejores de armas. Todos los que eran en la hueste e en la çibdat estauan parando mientes a lo que fazian estos caualleros e marauillauanse mucho en que se detenian; peroque les semejaua que estauan razonando, e cuydauan que fablauan en alguna pletesia. E eso mesmo cuydaua el rey de Menton, que estaua en su alcaçar

---

[245] Detalle humorístico. Ver notas 79 y 100.

con su fija e con su mayordomo mirandolos. E el rey dixo a su mayordomo: «Es aquel el nuestro cauallero estraño?» «Señor», dixo el mayordomo, «sy». «E commo», dixo el rey, «cuyda lidiar con aquellos dos caualleros?». «Yo non lo se», dixo el mayordomo. «Dios Señor!», dixo el rey, «ayude a la nuestra parte!». «Sy fara», dixo la infante, «por la su merçed, ca nos non lo meresçemos por que tanto mal nos feziesen» [246].

Los dos caualleros de la hueste se tornaron contra el cauallero e dixieronle: «Cauallero, do es tu conpañon? Loco eres sy tu solo quieres conusco lidiar.» «E ya vos lo dixe», dixo el cauallero, «que comigo esta mi conpañon, e cuydo que esta mas çerca de que non sodes amos vno de otro». «E eres tu, cauallero», dixieron los otros, «que mateste el nuestro pariente?». «Matolo su soberuia e su locura», dixo el cauallero, «lo que cuydo que matara a vos. Amigos, non tengades en poco a ninguno porque vos seades buenos caualleros de alta sangre. Çertas deuedes pensar que en el mundo ay de mas alta sangre e de mas alto logar que non vos». «Non lo eres tu», dixo vn cauallero dellos. «Nin me yo pornia en tan grandes grandias» [247], dixo el cauallero, «commo pongo a vos, e bien se quien so; e ninguno non puede bien judgar nin conosçer a otro si ante non sabe conosçer e judgar a sy mesmo. Peroque vos digo que ante judgue a mi que a vos, e porende non ay de errar en lo que dixe. Pero commoquier que caualleros buenos sodes, e de grant logar, non deuedes tener en poco los otros caualleros del mundo asy commo fazedes con soberuia. Çertas todos los omes del mundo deuen esquiuar los peligros, non solamente los grandes mas los pequeños. Ca do ome cuyda que ay muy pequeño peligro a las vegadas es muy grande; ca de pequeña çentella se leuanta a las vegadas grant fuego, e maguer que el enemigo omildoso sea, non le deuen tener en poco; ante lo deue ome temer». «E que enemigo eres tu», dixo el fijo del rey, «para nos a ti temer?». «Non digo yo por mi», dixo el cauallero, «mas digo que es sabio el que teme a su enemigo e se sabe guardar del, maguer non sea buen cauallero nin tan muy poderoso; ca pequeño can suele enbargar muy grant venado, e muy pequeña cosa mueue a las vegadas la muy grande e la faze caer». «Pues por derribados nos tienes?», dixo el fijo del rey.

---

[246] La infanta de Menton muestra más interés y más fe en el caballero Zifar que en los demás.

[247] *Grandias*: grandezas, bravatas.

«Çertas non por mi», dixo el cauallero, «ca yo non vos podria derribar nin me atreuo atanto en mi». «Querria saber», dixo el fijo del rey, «en cuyo esfuerço salistes aca, pues en vos non vos atreuedes». «Çertas», dixo el cauallero, «en el esfuerço de mi conpañon». «Mal acorrido seras del», dixieron los otros, «quando fueres en nuestro poder». «Bien deuedes saber», dixo el cauallero, «que el diablo non ha ningunt poder sobre aquel quien a Dios se acomienda, e porende non me veredes en vuestro poder». «E mucho nos baldonas», dixieron los otros; «Este cauallero, vayamos a el». E fincaron las espuelas a los cauallos e dexaronse yr contra el cauallero, e el fizo eso mesmo.

Los caualleros dieron seños golpes con las lanças en el escudo del Cauallero Zifar, de guisa que quebrantaron las lanças en el, mas non podieron abatir al cauallero, ca era muy caualgante. E el cauallero dio vna lançada al sobrino del rey que le metio la lança por el costado e falso las guarniçiones e dio con el muerto en tierra. E desy metieron mano a las espadas el cauallero e el fijo del rey, e dauanse tamaños golpes ençima de los yelmos e de las guarniçiones que trayan, en manera que los golpes oya el rey de Menton ençima del alcaçar do estaua. E que buen abogado auia el cauallero en la infante, que sy el fuese su hermano non estaua mas deuotamente faziendo sus pregarias a Dios por el, e demandando muchas vegadas al mayordomo e deziendo: «Commo va al mi cauallero?» fasta quel vino dezir por nueuas que auia muerto el vn cauallero de los dos, e que estaua lidiando con el otro. «Ay Nuestro Señor Dios», dixo ella, «bendito sea el tu nonbre, que tanto bien e tanta merçed fazes por este cauallero. E pues buen comienço le has dado a su fecho, pidote por merçed quel des buen acabamiento» [248]. E luego se torno a su oraçion commo ante estaua, e los caualleros se andauan feriendo en el canpo de las espadas muy de rezio, en manera que les non finco pedaço en los escudos.

---

[248] La infanta de Menton está cada vez más excitada con lo que está sucediendo.

De commo el Cauallero Zifar mato al otro fijo del rey e se lleuo los cauallos

E el Cauallero Zifar veyendo que se non podian enpesçer por las guarniçiones que tenian muy buenas e muy fuertes metio mano a vna misericordia [249] que traya e llegose al fijo del rey e pusole el braço al cuello e baxole contra sy, ca era muy valiente, e cortole las correas de la capellina [250] e vn baçinete [251] que tenia so ella, a tirogelas e començolo a ferir en la cabeça de muy grandes golpes con la misericordia sobrel almofa [252], fasta que se despunto la misericordia. E metio mano a vna maça que tenia e diole tantos golpes en la cabeça fasta que lo mato.

De commo el ribaldo se entro con el cauallero dentro en la villa con los cauallos

E ellos estando en aquella lid, el ribaldo que venia por el camino con el Cauallero Zifar e estaua mirando con los otros de la hueste que fin abria aquella lid, paro mientes e seme-jole en la palabra que el que lidiaua por los de la villa, que era su señor, e quando el cauallero daua alguna bos, que el era de todo en todo. E porque ouiese razon de yr alla a lo saber, dixo a los de la hueste: «Señores, aquel cauallo del sobrino del rey que anda por el canpo, temo que se yra a la villa sy alguno non lo va tomar; e sy lo por bien touiesedes yria yo por el» [253]. «Çertas», dixieron los de la hueste, «di-zeslo muy bien, e ve por el». E el ribaldo se fue para alla do lidiauan estos dos caualleros, e quando fue çerca dellos conosçiole el Cauallero Zifar en los paños quel auia dado, e dixole: «Amigo, aqui eres?» «Señor», dixo el ribaldo, «aqui a la vuestra merçed; e commo estades», dixo el ribaldo, «con ese cauallero?». «Çertas», dixo el cauallero, «muy bien, mas

---

[249] *Misericordia:* puñal para rematar.
[250] *Capellina:* armadura de acero para la cabeza.
[251] *Baçinete:* casco.
[252] *Almofa:* capucha.
[253] El Ribaldo miente para poder obrar libremente. Mentira buena.

espera vn poco fasta que sea acortado, ca avn esta resollando». «Pues que me mandades fazer?», dixo el ribaldo. «Ve a tomar aquel cauallo que anda en aquel campo», dixo el cauallero, «e vete para la villa comigo».

El ribaldo fue tomar el cauallo e caualgo en el, e el cauallero, pues que vio aquel otro era muerto, dexolo caer en tierra e tomo el cauallo por la rienda e fuese para la villa e el ribaldo con el. E quando llegaron a la puerta, llamo al portero el cauallero e dixo que los leuasen a vna casa do se podiesen desarmar, e que le darie el cauallo que le prometiera. E entraron a vna casa e çerraron la puerta. E diole el cauallo que fue del fijo del rey, e desarmaron el cauallero e el cauallo que traya el ribaldo. E el cauallero demando al portero quel enprestase sus vestiduras fasta que llegase a su posada, por quel non conosçiesen, e el portero emprestogelo. E caualgo en su cauallo e el ribaldo en el otro e fueronse por otra puerta mucho encubiertamente para su posada.

De commo el rey enbio saber quien era el otro cauallero que entro a la villa con el Cauallero Zifar

E toda la gente estaua a la puerta por do entro el cauallero, esperandolo quando saldria por lo conosçer, tan bien los condes commo los otros omes grandes; ca tenian que ningunt cauallero del mundo non podria fazer mejor de armas que este feziera en aquel dia. E quando les dixieron que era ydo por otra puerta encubiertamente, pesoles muy de coraçon e preguntaron a los porteros sy lo conosçien. E ellos dixieron que non, que era vn cauallero estraño, en no les semejaua que era de aquella tierra. Los condes e los omes buenos se partieron ende con muy grant pesar porque non le auian conosçido, fablando mucho de la su buena caualleria, e loandolo. E esta lid destos dos caualleros duro bien fasta ora de bisperas, e el rey e la infante e el mayordomo, quando vieron que la lid era ya acabada e el su cauallero se tornaua, marauillaronse mucho del otro que venia con el en el otro cauallo [254]; e dixo el rey a su mayordomo: «Ydvos para la

---

[254] El otro es el Ribaldo, que ellos no saben que fue con él.

posada e sabet de aquel cauallero en commo paso todo su fecho e quien es el otro que con el vino. E nos entretanto conbremos, ca tienpo es ya de comer, e venirvos hedes luego con las nueuas que del sopierdes.» «Muy de grado», dixo el mayordomo.

De commo el rey dixo a la infante su fija que le conuenia de casar con aquel cauallero

«Par Dios señor», dixo la infante, «vos yantastes oy muy bien, e ouistes por huesped a Nuestro Señor Dios, que vos non quiso desanparar; ante vos ayudo contra vuestros enemigos. Muy bien touistes vitoria contra ellos, e bendito sea el nonbre de Dios que vos tal cauallero quiso aca enbiar. Fio yo por la merçed suya que por este sera la çibdat desçercada e nos fuera desta premia» [255]. E el rey se asento a comer e dixo a la ynfante otrosy que se fuese a comer, e ella dixo que lo non faria fasta que oyese nueuas de aquel cauallero, sy era sano; ca tenia, de tan grandes golpes que ouo commo en aquella batalla, de la vna parte e de la otra, que por auentura seria ferido. «E commo, fija», dixo el rey, «e tanto de bien lo queredes vos a aquel cauallero que assy vos doledes del?». «Par Dios, señor», dixo ella, «grand derecho fago en quererlo bien, ca lidia por vos e por el vuestro reyno defender, e lidia por mi otrosy, por me dexar heredera despues de vuestros dias. «Fija», dixo el rey, «queredes que el vençiese e desçercase esta çibdat e nos sacase desta premia en que somos?». «Señor», dixo ella, «querria, sy a Dios ploguiese, esto mucho ayna». «E non parades mientes, mi fija», dixo el rey, «que a casar vos conuiene con el?». «Çertas señor», dixo ella, «sy lo Dios tiene por bien, muy mejor es casar con vn cauallero fijo dalgo e de buen entendimiento e buen cauallero de armas para poder e saber anparar el regno en los vuestros dias e despues de vuestros dias, que non casar con infante o con otro de grant lugar que non sopiese nin podiese defender a sy nin a mi». «Par Dios, fija», dixo el rey, «mucho vos lo agradesco porque atan bien lo dezides;

Parece, pues, que el Cavallero Zifar tenía un compañero después de todo.

[255] Nueva profecía sobre el éxito del cavallero Zifar, más concreta que las anteriores, ya que está más cerca de los hechos profetizados o presentidos.

e bien cuydo que este cauallero de mas alto lugar es de quanto nos cuydamos»[256].

De commo el mayordomo troxo al rey nueuas del cauallero e del otro su conpañero que vino con el

E ellos estando en esto, ahevos do venia el mayordomo con todas las nueuas çiertas. E quando la infante le vio dixo asy: «El mio cauallero, sy non es ferido?»[257]. «Non», dixo el mayordomo, «loado sea Dios, ante esta muy leydo e muy sano». «E quien era el otro que venia con el?», dixo el rey. «Un su siruiente que vino con el por el camino», dixo el mayordomo; quel dixiera que vn su seruiente que veniera con el fasta en la hueste. «E avn dixome el cauallero vna cosa que yo ante non sabia: que este su seruidor le auia consejado ante que entrasen en la hueste, que sy el queria entrar a la çibdat, quel darie aquellas sus vestiduras e que tomase las suyas que valian poco, e que pasase por la hueste asy commo sandio, non faziendo mal a ninguno, e que desta guisa podria venir a la çibdat syn enbargo. E avn dixo mas el seruiente, que quando venia por la hueste quel dauan bozes commo a sandio, e llamando rey de Menton, que asy entro en la çibdat.» E dixo el rey: «Estas palabras non quiere Dios que se digan de balde, e alguna onrra tiene aparejada para este cauallero»[258]. «Dios gela de», dixo la infante, «ca mucho lo meresçe bien». E el començo de reyr e dixo al mayordomo que fuese fazer pensar muy bien del cauallero[259].

---

[256] La infanta de Menton no oculta que está muy dispuesta a casarse con el caballero Zifar. Sin embargo, las razones que aduce son todas de conveniencia, al igual que había hecho la señora de Galapia respecto al hijo del conde de Éfeso.

[257] La infanta de Menton habla del caballero Zifar en términos posesivos abiertamente.

[258] El episodio de la burla del sandio, a quien habían llamado rey de Menton, es interpretado por los personajes de la obra como una profecía. La simetría en la obra se logra, no sólo mediante el paralelismo entre dos acciones, sino también mediante el paralelismo entre una acción y su profecía.

[259] El rey de Menton se ríe de las palabras de su hija, que muestra sus deseos con tanta ingenuidad. La infanta de Menton se comporta de manera muy distinta a como se había comportado la señora de Galapia en una situación similar. En parte pue-

El mayordomo se fue e mando a su seruiente que pensasen del cauallero muy bien, e fuese asentar a comer, que non auia comido en aquel dia.

De commo dixo el rey de Menton que aquellos que el Cauallero Zifar matara, que eran los dos fijos del rey de Ester, e el otro que era su sobrino

E quando fue otro dia en la mañana venieron los condes e los grandes omes a casa del rey, e preguntoles el rey: «Amigos, quien fue aquel cauallero tan bueno que tanto bien fizo ayer? Por amor de Dios mostradmelo e fagamosle todos aquella onrra que el meresçe, ca estrañamente de bien me semeja que vso de sus armas.» «Çertas», dixieron los condes, «señor non sabemos quien es, e bien nos semejo que ningunt cauallero del mundo non podria fazer mejor de armas quel faze. E nos fuemos a la puerta de la villa por saber quien era, e fallamos que era entrado a vna casa a se desarmar. E nos esperando a la puerta por lo conosçer quando saliese, e salio por otra puerta muy encobiertamente, e fuese, de guisa que non podriemos saber quien era». «Çertas», dixo el rey, «cuydo que sea cauallero de Dios, que nos ha aqui enbiado para nos defender e lidiar por nos. E pues asy es que lo non podemos conosçer, gradescamoslo a Dios mucho por este acorro que nos enbio, e pidamosle por merçed que lo quiera leuar adelante; ca aquel cauallero de Dios ha muerto los mas soberuios dos caualleros que en todo el mundo eran; e avn me dizen que el terçero es sobrino del rey, que le semejaua mucho en la soberuia».

«Verdat es», dixieron los otros condes, «ca asy lo apresiemos nos a la puerta de la villa quando alla fuemos, e nunca tan grant llanto viemos fazer por ome del mundo commo por estos fizieron esta noche, e avn fazen esta mañana». «Dios les de llanto e pesar», dixo el rey, «e a nos alegria,

de ser a causa de una diferencia en la situación política: el hijo del conde de Éfeso era un enemigo, mientras que el caballero Zifar es un amigo. En parte puede ser a causa de una diferencia en la situación personal: la señora de Galapia era más vieja y más experta (viuda), mientras que la infanta de Menton es más joven y más inexperta (soltera).

ca asas nos han fecho de mal e de pesar, non gelo meresçiendo». «Asy lo quiera Dios», dixieron los otros... e de ally adelante le dixieron el Cauallero de Dios [260].

«Amigos», dixo el rey, «pues tanta merçed nos ha fecho Dios en toller al rey de Ester los mejores dos braços que el auia, e a vn su sobrino el terçero, en quien el auia grant esfuerço, e pensemos en commo podamos salir desta premia en que nos tienen». «Muy bien es», dixieron todos, «e asy lo fagamos».

De commo el Cauallero de Dios dixo al mayordomo del rey que por que non salian a pelear con los de fuera del real

El Cauallero de Dios estando con el mayordomo en su solas, pregunto el mayordomo en commo podrian salir de aquella premia en que eran porque el rey les tenia çercados. «Çierto», dixo el Cauallero de Dios, «el que non se quiere auenturar non puede grand fecho acabar, ca la ventura ayuda a aquel que se quiere esforçar e toma osadia en los fechos; ca non da Dios el bien a quien lo demanda, mas a quien obra en pos la demanda». «E commo?», dixo el mayordomo, «ya vemos muchas vegadas atreuerse muchos a tales fechos commo estos e fallanse ende mal». «Non digo yo», dixo el cauallero, «de los atreuidos, mas de los esforçados; ca grant departimiento ha entre atreuido e esforçado, ca el atreuimiento se faze con locura e el esfuerço con buen seso natural». «Pues commo nos podriemos esforçar», dixo el mayordomo, «para salir desta premia destos nuestros enemigos?». «Yo vos lo dire», dixo el Cauallero de Dios. «Çertas de tan buena conpaña commo aqui es con el rey, deuían se partir a vna parte quinientos caualleros e a la otra parte otros quinientos, e salir por sendas partes de la villa, e ante que amanesçiese ser con ellos al tienpo que ellos en la su folgura mayor souiesen. E esto faziendo asy amenudo, o los faran derramar o yrse por fuerça, o los faran grant daño, ca se enojaran con los grandes daños

---

[260] El caballero Zifar pasa a llamarse caballero de Dios. En esta novela, como en las demás novelas de caballerías, los caballeros reciben diversos nombres en las diversas fases de su vida. Este fenómeno no es exclusivo de las novelas de caballerías hispánicas, sino que es típico de todas las obras europeas de esta clase.

que resçebiesen e se abrian a yr; ca mientre vos quesierdes dormir e folgar, eso mesmo se querran ellos. E avn vos digo mas», dixo el Cauallero de Dios, «que sy me dierdes quinientos caualleros desta caualleria que aqui es, que les yo escogiese, esforçarme ya a acometer este fecho, con la merçed de Dios» [261].

Del consejo que pedio el rey de Menton a los condes sobre lo que dixo el Cauallero de Dios al su mayordomo

«Plazeme», dixo el mayordomo, «de quanto dezides». E fuese luego para casa del rey, e quando llego preguntole el rey que fazia el Cauallero de Dios. «Señor», dixo el mayordomo, «esta a guisa de buen cauallero e ome de buen entendimiento, e semeja que sienpre andido en guerra e vso de caualleria, atan bien sabe departir todos los fechos que pertenesçen a la guerra». «Pues que dize desta guerra en que somos?», dixo el rey. «Çertas», dixo el mayordomo, «tiene que quantos caualleros e quantos omes buenos aqui son, que menguan en lo que han de fazer». E contole todo lo que con el pasara. «Bien es», dixo el rey, «que guardemos entre nos aquellas cosas que dixo el Cauallero de Dios, e veremos lo que nos responderan los condes e los nuestros omes buenos e toda la gente que ay aqui cras conbusco». «Por bien lo tengo e por vuestro seruiçio», dixo el mayordomo.

E otro dia en la grant mañaña fueron llegados los condes e los omes buenos e toda la gente de la çibdat en casa del rey. E despues que llego y el rey, preguntoles sy auian acordado alguna cosa por que podiesen salir de premia destos enemigos. E mal pecado! tales fueron ellos que non auian fablado en ello nin les veniera emiente. E leuantose vno e dixo al rey: «Señor, datnos tienpo en que nos podamos acordar, e respondervos hemos.» E el rey con grant desden dixo: «Cauallero, quanto tienpo vos quesierdes; pero mientra vos acordades, sy lo por bien touierdes, datme quinientos caualleros de los que yo escogiere entre los vuestros e los mios, e començaremos alguna cosa por que despues sepamos mejor

---

[261] El caballero de Dios muestra otra vez sus conocimientos estratégicos. En este caso, muestra, además, que no es atrevido, sino esforzado.

entrar en el fecho.» «Plazenos», dixieron los condes, «e vaya el mayordomo e escojalos».

E enbio el rey por el mayordomo e por el cauallero que se veniesen para el. E desque venieron mandoles que escogiesen quinientos caualleros de los suyos e de los otros. Ellos fizieronlo asy, e quales señalaua el Cauallero de Dios tales escriuia el mayordomo, de guisa que escriuieron los mejores quinientos caualleros de aquella cauallería. E mandoles el mayordomo que otro dia en la grant mañaña que saliesen a la plaça a fazer alarde [262], muy bien aguisados e con todas sus guarniçiones.

De commo el Cauallero de Dios e los otros de la villa desbarataron al rey d'Ester que los tenia çercados, e lo vençieron

E otro dia salieron y todos aquellos caualleros armados, en manera que semejaua al rey que era muy buena gente e bien guisada para fazer bien e acabar grant fecho, sy buen caudiello ouiesen. E vn cauallero dellos dixo: «Señor, a quien nos daredes por cabdiello?» «El mio mayordomo», dixo el rey, «que es muy buen fidalgo e es buen cauallero de armas, asy commo todos sabedes». «Mucho nos plaze», dixieron los caualleros, «e por Dios señor, lo que auemos a fazer, que lo fagamos ayna, ante que sepan de nos los de la hueste e se aperçiban». «Gradescovoslo mucho», dixo el rey, «porque lo tan bien dezides, e sed de muy grant madrugada, cras ante del alua, todos muy bien guisados, a la puerta de la villa, e fazet en commo mandare el mio mayordomo». «Muy de grado lo faremos», dixieron ellos.

E otro dia en la grant mañaña, ante del alua, fueron a la puerta de la villa los quinientos caualleros muy bien aguisados, e tres mill omes de pie con ellos muy bien escudados, que auia aguisados el mayordomo. E guisose el Cauallero de Dios e tomo su cauallo e sus armas, peroque leuaua las sobreseñales del mayordomo. E fuese con el mayordomo para la puerta de la villa. E el mayordomo dixo a los caualleros: «Amigos, aquel mio sobrino que va delante, que lieua las mis sobreseñales, quiero que vaya en la delantera, e vos seguitle e guardatle; e por do el entrare entrad todos; e yo yre

[262] *Fazer alarde:* formar, ponerse en orden.

en la çaga e recudre conbusco, e non catedes por otro sy non por el.» «En el nonbre de Dios!», dixieron los cavalleros, «ca nos lo seguiremos e lo guardaremos muy bien». E abrieron las puertas de la villa e salieron todos muy paso vnos en pos otros. E el Cauallero de Dios puso los peones delante todos e tornose a los cavalleros e dixoles: «Amigos, nos auemos a yr derechamente al real do el rey esta, ca sy nos aquel desbaratamos lo al todo es desbaratado.» E castigo a los peones que non se metiesen ningunos a robar, mas a matar tan bien cauallos commo omes, fasta que Dios quesiese que acabasen su fecho[263], e esto les mandaua so pena de la merçed del rey. E ellos prometieron que conplirian su mandado. E quando ellos mouieron tornose el mayordomo, que asy gelo auia mandado el rey.

E el Cauallero de Dios metiose por la hueste con aquella gente, feriendo e matando muy de rezio, e los peones dando fuego a las choças, en manera que las llamas sobian fasta el çielo. E aquando llegaron a las tiendas del rey, el ruydo fue muy grande e la priesa de matar e de ferir quantos fallauan, pero non era avn amanesçido, e porende non se podieron aperçebir los de la hueste para armarse. E quando llegaron a la tienda del rey, conbatieronla muy de rezio, e cortauan las cuerdas, de guisa que el rey non oyo ser acorrido de los suyos nin se atreuio a fincar. E caualgo en vn cauallo quel dieron, e fuese. E los otros fueron en pos el en alcançe bien tres leguas, matando e firiendo. La gente del real quando venieron a la tienda e preguntauan por el rey e les dezian que era ydo, non sabian que fazer sy non guaresçer e yrse derramados, cada vno por su parte. E el Cauallero de Dios con la su gente, commo los fallauan que yuan derramados, matauanlos todos, que ninguno dexauan a vida. E asy se tornaron para el real, do fallaron muy grant auer e muy grant riqueza, ca non lo pudieron leuar nin les dieron vagar, ca los de la villa despues que amanesçio e vieron que se yuan, sallieron e corrieron con ellos.

---

[263] Obsérvese que el caballero de Dios no dice que no roben, sino que no roben antes de que se acabe la batalla.

De commo el Cauallero de Dios vençio el real, e el rey de Menton pregunto a su fija sy le plazia de otorgar en aquel casamiento

El Cauallero de Dios enbio dezir al rey que enbiase poner recabdo en aquellas cosas que eran en el real, porque se non perdiesen. E el rey enbio a su mayordomo; e bien podia el mayordomo despender e tener palaçio, ca muy grant ganançia era e muy rico fincaua; peroque con consejo del Cauallero de Dios fizo muy buena parte âquellos quinientos caualleros e a los tres mill peones que fueron en el desbarato [264]. E el Cauallero de Dios se vino para su posada mucho encubiertamente, que lo non conosçiesen, e los otros todos para las suyas a desarmar. El rey estaua en su posada gradesçiendo mucho a Dios la merçed que les auia fecho, e dixo a la infante su fija: «Que vos semejo deste fecho?» «Par Dios señor», dixo ella, «semejame que nos faze Dios grant merçed, e este su fecho semeja, e non de ome terreñal, saluo ende que quiso que veniese por alguno de la su parte con quien el se tiene». «Pues fija, que sera? Ca en juyzio abremos a entrar para saber quien desçerco esta villa, e aquel vos abremos a dar por marido.» «Ay padre señor!», dixo, «non auedes vos por que dudar en este, que todos estos buenos fechos el Cauallero de Dios los fizo; e sy non por el, que quiso Dios que lo acabase, non podieramos ser desçercados tan ayna». «E creedes vos fija, que es asy?» «Çertas señor», dixo ella, «sy». «E plaze vos», dixo el rey, «de casar con aquel cauallero de Dios?». «Plazeme pues lo Dios tiene por bien» [265]. E el rey enbio dezir luego a los condes e a todos los otros que fuesen otro dia mañana al su palaçio. E ellos venieron otro dia al palaçio del rey, e el rey gradesçio mucho a Dios esta merçed quel fizo, e desy los quinientos caualleros que fueron en el desbarato.

---

[264] Una vez acabada la batalla se reparte el botín, como era costumbre.

[265] La infanta de Menton sigue hablando del caballero de Dios con el entusiasmo y la claridad acostumbradas. Sobre los amores de la infanta de Menton con el caballero de Dios, véase el estudio de Ruiz de Conde (*El amor...*, págs. 96-97).

De commo vn cauallero de los quinientos dixo al rey que aquel Cauallero de Dios auia desçercado la villa e non otro cauallero ninguno

Vn cauallero bueno de los quinientos se leuanto e dixo asy: «Señor, nos has por que gradesçer a ninguno este fecho sy non a Dios primeramente, e a vn cauallero que nos dio tu mayordomo por que nos guiasemos, que dezia que era su sobrino; que bien me semeja que del dia en que nasçi non vy vn cauallero tan fermoso armado, nin tan bien caualgante en vn cauallo, nin que tan buenos fechos fiziese de sus armas commo el fizo en este desbarato, e tan bien esforçase su gente commo el esforçaua a nos; ca quando vna palabra nos dezia semejauanos que esfuerço de Dios era verdaderamente. E digote, señor, verdaderamente, que en lugares nos fizo entrar con el su esfuerço que sy yo dos mill caualleros touiese, non mas atreuerme ya a entrar y. E sy cuydas que yo en aquello miento, ruego a estos caualleros que se açertaron y, que te lo digan sy es asy.» «Señor», dixieron los otros, «en todo te ha dicho verdat, e non creas señor, que en tan pequeña ora commo nos auemos aqui estado se podiesen contar todos los bienes deste cauallero que nos en el viemos». «Pues que sera?», dixo el rey: «quien diremos que desçerco este lugar?». «Non lo pongades en duda señor», dixo el cauallero de los quinientos, «que este la desçerco de que agora fablamos, por su ventura buena». «Mas segunt esto», dixo el rey, «semejame que le abremos a dar la infante mi fija por muger». «Tuerto farias», dixo el cauallero bueno, «sy gela non dieses; ca bien lo ha meresçido a ti e a ella»[266].

---

[266] Conceder la mano de su hija y dejar el reino en herencia a su marido es un paso serio y el rey quiere que la idea salga de sus vasallos y no de él.

De commo vn fijo de vn conde dixo al rey que ouiese su acuerdo si gela daria

Vn fijo de vn conde, e muy poderoso, que era y, leuantose en pie e dixo: «Señor, tu sabes que muchos condes e muchos omes buenos de alta sangre fueron aqui venidos para te seruir, e demas para mientes a quien das tu fija; ca por auentura la daras a ome de muy baxo lugar que non seria tu onrra nin del tu regno. Piensa mas en ello e non te arrebates.» «Çertas», dixo el rey, «yo pensado lo he de non fallesçer en ninguna manera de lo que prometi, nin fallesçeria al mas pequeño ome del mundo»[267]. «Señor», dixo el fijo del conde, «sabe ante de la infante sy querra». «Çierto so», dixo el rey «que ella querra lo que yo quesiere, mayormente en guarda de la mi verdat». «Señor», dixieron todos, «enbia por tu mayordomo e que traga al cauallero que dezia que era su sobrino». E el rey enbio por el mayordomo e por el Cauallero de Dios, e ellos venieron muy bien vestidos, e commo quier que el mayordomo era mucho apuesto cauallero, toda la bondat le tollia el Cauallero de Dios. E quando entraron por el palaçio do toda la gente estaua, atan grant sabor auian de lo ver que todos se leuantaron a el, e a grandes bozes dixieron: «Bien venga el Cauallero de Dios.» E entro de su paso delante el mayordomo; ca el mayordomo por le fazer onrra quiso que veniese en pos el. El cauallero yua inclinando la cabeça a todos e saludandolos, e quando llego ally do estaua el rey asentado en su siella, dixo: «Cauallero de Dios, ruegovos, fe que deuedes a aquel que vos aca enbio, que me digades ante todos aquestos sy sodes fijo dalgo o non.» «Verdad vos digo, señor», dixo el Cauallero de Dios, «que so fijo dalgo e fijo de dueña e de cauallero lindo». «Venides», dixo el rey, «de sangre real?». Callo el cauallero e non respuso. «Non ayades verguença», dixo el rey, «dezitlo». Dixo el cauallero: «Señor, verguença grande seria a ninguno en dezir que venia de sangre de reyes andando asy pobre commo yo ando; ca sy lo fuese, abiltaria e desonrraria a sy.» «Cauallero», dixo el rey, «dizen aqui que vos desçercastes este lugar».

---

[267] El rey está dispuesto a cumplir lo prometido, aunque el salvador no sea de «alto lugar», lo que confirma la vigencia de la ley de la movilidad social en la obra.

«Desçercolo Dios», dixo el cauallero, «e aquesta buena gente que alla enbiastes». «Auemos asy a estar?», dixo el rey. «Vayan por la infante e venga aca.» La infante se vino luego con muchas dueñas e donzellas para ally do estaua el rey, mucho noblemente vestida ella e todas las otras que con ella venian. E traya vna guirnalda en la cabeça lleña de robis e de esmeraldas, que todo el palaçio alunbraua.

EL REY DE MENTON

De commo el Cauallero de Dios fue casado con la fija del rey de Menton e commo el rey ... llegaron a el por ...

EL REY DE MENTON [268]

De commo el Cauallero de Dios fue casado con la fija del rey de Menton e murio el rey e alçaron a el por rey

«Fija», dixo el rey, «sabedes quien desçerco este lugar do nos tenian çercados?» «Señor», dixo ella, «vos lo deuedes saber, mas atanto se que aquel cauallero que ally esta mato al fijo del rey dEster, al primero que demando la lid, e bien creo que el mato a los otros e nos desçerco». El fijo del conde quando esto oyo, dixo asy: «Señor, semejame que esto viene por Dios; e pues asy es, casadlos en buen ora.» «Bien es», dixieron todos.

Dize el cuento que demandaron luego capellan, e el capellan fue y venido luego, e tomoles las juras, e el Cauallero de Dios resçebio a la infante por su muger e la infante al cauallero por su marido. E bien creed que non y ouo ninguno que contradixiese; mas todos los del regno que y eran lo resçebieron por señor e por rey despues de los dias de su señor el rey; peroque la ouo atender dos años, ca asy lo touo por bien el rey, porque era pequeña de dias [269]. Por este cauallero fueron cobradas muchas villas e muchos castiellos que eran perdidos en tienpo del rey su suegro,

---

[268] Esta división de las aventuras de Zifar en dos partes es idea de Wagner y no responde a una división real en la *historia*.

[269] Muy convenientemente, el caballero de Dios tiene que esperar dos años para consumar su matrimonio con la infanta de Menton, lo que le impedirá cometer adulterio.

e fizo mucha justiçia en la tierra e puso muchas justiçias e muchas costunbres buenas, en manera que todos los de la tierra grandes e pequeños, lo querian grant bien. El rey su suegro ante de los dos años fue muerto, e el finco rey e señor del regno, muy justiçiero e muy defendedor de su tierra, de guisa que cada vno auia su derecho e biuian en pas [270].

---

[270] El caballero de Dios pacifica el reino y, cuando muere el rey, lo hereda de acuerdo con lo previsto, acabando, así, en ganancia de prestigio y de riqueza su segunda aventura, que se ajusta fielmente a la fórmula «Héroe > (lucha) > Mujer > (matrimonio) > Reino». Esta fórmula, de origen histórico y folklórico, fue enunciada por James G. Frazer y por Vladimir Propp. Según Frazer, en algunos estadios de la evolución de algunos pueblos arios, el trono no lo heredaban los varones, sino las hembras, cuyo marido pasaba a ser el nuevo rey, matando con frecuencia al viejo. Esta sucesión tenía lugar periódicamente. Poco antes de la llegada de la vejez y de la decrepitud, el rey era sustituido por un sucesor más joven y más fuerte, ya que del vigor del rey dependía la prosperidad del pueblo («The Magic Art and the Evolution of Kings», *The Golden Bough*, II, Londres, Macmillan, 1917). Según Propp, el cuento maravilloso refleja esta situación. Antes de obtener la mano de la hija del rey y el trono, el héroe tiene que someterse a unas pruebas que, además de tener carácter prenupcial, muestran si es capaz de regir la naturaleza, de la que depende el bienestar del pueblo. La muerte del viejo rey a manos del nuevo no siempre aparece, sino que muchas veces se sustituye por una cesión pacífica del trono o por una muerte natural o una muerte en la guerra (*Las raíces históricas del cuento*, Madrid, Fundamentos, 1974). En las novelas de caballerías se encuentran casos, tanto del régimen antiguo, de traspaso del poder de suegro a yerno, como del régimen moderno, de traspaso del poder de padre a hijo. El caballero de Dios hereda el reino de acuerdo con el régimen antiguo de transmisión del poder. Sin embargo, su hijo mayor, Garfin, es proclamado heredero del reino de Menton de acuerdo con el régimen moderno y su hijo menor, Roboan, hereda el imperio de Trigrida de acuerdo también con el régimen moderno, ya que el emperador, que no tiene hijos, lo nombra su heredero, según se verá más adelante.

De commo este rey de Menton dixo a su muger que por vn pecado que auia fecho que le auian mandado que guardase castidat dos años continuadamente

Este rey estando vn dia folgando en su cama, vinosele emiente de commo fuera casado con otra muger, e ouiera fijos en ella, e commo perdiera los fijos e la muger. Otrosy le vino emiente las palabras quel dixera su muger quando lo el contara lo quel acaesçiera con su auuelo. Estando en este pensamiento començo a llorar porque la su muger que non veria plazer desto en que el era, e que segunt ley que non podia auer dos mugeres, synon vna, e que asy beuia en pecado mortal[271]. E el estando en esto sobredicho, vino la reyna e violo todo lloroso e mas triste, e dixole asy: «Ay señor, que es esto? Por que llorades o que es el cuydado que auedes? Dezitmelo.» «Çertas, reyna», dixo el, queriendo encubrir su pensamiento, «lo que pensaua es esto. Yo fis muy gran yerro a Nuestro Señor Dios, de que non le fis emienda ninguna, nin conpli la penitençia que me dieron por razon deste yerro». «E puede ser emendado?», dixo la reyna. «Sy puede», dixo el, «con grant penitençia». E dixole ella: «Tenedes que esta penitençia podriades pasar e sofrir?» «Sy», dixo el, «con la merçed de Dios». «Pues partamosla», dixo ella. «Tomad vos la meytad e tomare la otra meytad, e cunplamosla.» «Non lo quiera Dios», dixo el rey, «lazren justos por pecadores, mas el que yerro fizo sufra la penitençia, ca esto es derecho». «Commo?», dixo la reyna, «non somos amos ados fechos vna carne del dia que casemos aca, segunt las palabras de santa eglesia? Çertas non podedes vos auer pesar en que yo non aya mi parte, nin plazer que non aya eso mesmo. E sy en la vña del pie vos dolierdes, dolermê yo en el coraçon; ca toda es vna carne, e vn cuerpo somos amos ados[272]. E asy non podedes vos auer nin sentir ninguna cosa en este mundo que por mi parte non aya».

---

[271] Los críticos comentan lo inverosímil que resulta este súbito recuerdo y encuentran muchas dificultades para justificar la bigamia de Zifar.

[272] Se expresan ideas sobre el matrimonio parecidas a las expresadas en el Poema de Mio Cid.

«Verdat es», dixo el rey, «mas non quiero que fagamos agora esta penitençia vos nin yo». «Pues estaredes en pecado mortal?», dixo la reyna. «Sy fare», dixo el rey, «por amor de vos, e faria avn mas». «Por amor de mi non», dixo la reyna; «e sabet que comigo non podedes auer plazer fasta que fagades emienda a Dios e salgades desde pecado». «Pues asy es», dixo el rey, «conuiene que sepades la penitençia que yo he a fazer. El yerro», dixo el rey, «fue tan grande que yo fis a Nuestro Señor Dios, que non puede ser emendado amenos de me mantener dos años en castidat». «Commo!», dixo la reyna, «por esto lo dexauades de fazer, por me fazer a mi plazer? Par Dios, aquello me fuera a mi pesar a par de muerte, e aquesto me semeja plazer e pro e onrra al cuerpo e al alma; e agora vos abria yo por pecador e enemigo de Dios, e estonçe vos abre syn pecado e amigo de Dios; e pues otros dos años atendistes vos a mi, deuo yo atender estos dos por amor de vos». «E muchas graçias», dixo el rey, «que tan grant sabor auedes de me tornar al amor de Dios» [273].

El rey finco muy bien ledo [274] e muy pagado con estas palabras, e la reyna eso mesmo, e mantouieronse muy bien e muy castamente. E el rey lo gradesço mucho a Dios porque se asy endresço la su entençion por bondat desta reyna; ca la su entençion fue por atender algunt tienpo por saber de su muger sy era muerta o biua [275].

Agora dexa la ystoria de fablar del rey e de la reyna, e torna a fablar de la muger del cauallero, commo le aconteçio despues que se partio del reyno de Orbin

Segunt cuenta la estoria suya desta buena dueña, asy commo ya oyestes, ella era biua, e venia en vna naue que guiaua Nuestro Señor Iesu Cristo, por la su merçed. E tanto andudieron que ouieron âportar a vn puerto de la tierra del rey de Ester. E la buena dueña pregunto a los de la ribera

---

[273] Zifar miente para evitar cometer adulterio. Mentira buena.
[274] *Ledo:* alegre.
[275] Concatenación: *Zifar* hace voto de castidad por dos años > *Zifar* quiere esperar a ver si *Grima* está viva o muerta > *Grima* está viva.

que tierra era aquella, sy era tierra de justiçia do los omes podiesen beuir. E vino a la dueña vn ome bueno que se yua de la tierra con toda su conpaña, e dixole: «Señora, demandades sy es esta tierra de justiçia? Digovos que non, ca non ha buen comienço.» «E commo non?», dixo la dueña. «Porque non ha buen gouernador», dixo el ome bueno, «e el buen comienço del castiello o de la villa o del regno, es el buen gouernador, que lo mantiene en justiçia e en verdat, e non las piedras nin las torres, maguer sean labradas de buenos muros e fuertes. Antes ay aqui vn rey muy soberuio e muy cruo e muy syn piedat, e que desehereda muy de grado a los que son bien heredados, e despecha sus pueblos syn razon so color de fazer algunt bien con ello. E mal pecado! non lo faze, e mata los omes syn ser oydos, e faze otros muchos males que serian luengos de contar. E sy el ome fuese de buen entendimiento, ya se deueria escarmentar de fazer estos males, sy quier por quanto pesar le mostro Dios en dos sus fijos, que non auia mas». «E commo fue?», dixo la dueña. «Yo te lo dire», dixo el ome bueno.

De commo el ome bueno conto a la dueña toda la fazienda del rey de Ester, e otrosi la del Cauallero de Dios

«Poco tienpo ha que este rey de Ester auia çercado con muy grant soberuia al rey de Menton, en vna çibdat. E este rey de Menton era muy buen ome, mas era viejo, que non podia bien mandar [276], e por esto se atreuia en lo acometer mucho mal; e auia jurado de nunca se partir de aquella çerca fasta que tomase al rey por la barba. Mas los omes proponen de fazer e Dios ordena los fechos mejor que los omes cuydan. E asy que en dos dias le mato vn cauallero solo dos sus fijos delante de los sus oios, e a vn su sobrino fijo de su hermano, e despues al quarto dia fue arrancado e desbaratado en el canpo de aquel logar do estaua asentado, en manera que venieron en alcançe en pos de muy grant tierra, matando toda la gente. E ally perdio todo el tesoro que tenia muy grande, ca a mal de su grado lo ouo a dexar.

---

[276] Esta explicación coincide con las teorías de Frazer y de Propp: el rey tenía problemas porque no podía controlar el reino como solía a causa de su vejez.

Çertas grant derecho fue, ca de mala parte lo ouo; e porende dizen que quando de mala parte viene la oueja, alla va la pelleja. E avn el mesquino por todas estas cosas non se quiere escarmentar, ante faze agora peor que non solia. Mas Dios, que es poderoso, quel dio estos majamientos [277] en los fijos, le dara majamiento en la persona, de guisa quel quedaran los sus males e folgara la tierra. E por mio acuerdo tu te yras morar a aquel regno de Menton, do ay vn rey de uirtud, que tenemos los omes que fue enbiado de Dios; ca mantiene su tierra en pas e en justiçia, e es muy buen cauallero de sus armas e de buen entendimiento, e defiendese muy bien de aquellos quel quieren mal fazer. E este es el que mato los dos fijos del rey de Ester e a su sobrino, e desbarato al rey e le arranco de aquella çerca en que estaua, e por eso le dieron a la infante fija del rey de Menton por muger, e despues de muerte del rey su suegro, finco el rey e señor del regno. E por las bondades que ya dixe del, yo e esta mi conpaña nos ymos a morar alla so la su merçed.»

De commo la muger del Cauallero Zifar se fue aportar âquel reyno de Menton con toda aquella conpaña que con ella yua

La buena dueña penso mucho en esto quel auia dicho aquel ome bueno, e luego fue caer el pensamiento en el su coraçon, dubdando sy era aquel su marido o non, e dixo al ome bueno: «Amigo, tengome por bien aconsejada de vos; e vayamosnos en la mañana en el nonbre de Dios para aquel regno do vos dezides.» «Por Dios!», dixo el ome bueno, «sy lo fazes fazerlo has muy bien, ca aquellos que vos vedes en la ribera todos vestidos a meytad de vn paño, son del rey, e estan esperando quando fueres descargar esta naue, e sy te fallaran algunas cosas nobles, tomartelasyan e leuarlasyan al rey, so color de los conprar, e non te pagarian ende ninguna cosa. E asy lo fazen a los otros. Dios nos guarde de malas manos de aqui adelante».

E otro dia mañaña endresçaron su vela e fueron su via. E asy los quiso Dios guardar e endresçar, que lo que ouieron a andar en çinco dias andudieron en dos, de guisa que lle-

---

[277] *Majamientos:* golpes.

garon a vn puerto del rey de Menton, do auia vna çibdat
muy buena e muy rica a que dezian Bellid. E ally desçendieron e descargaron la naue de todas las sus cosas que y
tenian, e posieronlas en vn ospital [278] que el rey de Menton
auia fecho nueuamente. E auia y vn ome bueno que el rey
y posiera, e resçebia los huespedes que ay venian e les fazia
mucho algo. E asy lo fizo a esta buena dueña e a todos
los otros que con ella venieron, e a la buena dueña dio
sus camaras do el moraua, e a la otra conpaña dioles otro
logar apartado. A la buena dueña semejo que non era bueno
de tener consigo aquella conpaña que con ella veniera, e
dioles grant algo de lo que traya en la naue, quel diera el
rey su señor, que feziese su pro dello; e asy se partieron
della ricos e bien andantes, e se fueron para sus tierras.
E dixo el vno dellos a los otros: «Amigos, verdadero es el
proberbio antigo, que quien a buen señor sirue con seruiçio
leal, buena soldada prende e non al. E nos guardemos a
esta buena dueña e seruimosla lo mejor que podiemos, e
ella dionos buen galardon mas de quanto nos meresçiamos.
E Dios la dexe acabar en este mundo e en el otro aquellas
cosas que ella codiçia.» E respondieron los otros: «Amen,
por la su merçed.» E metieronse en la naue e fueron su via.

De commo el ome bueno del ospital conto a la dueña toda la fazienda del rey

La dueña, que estaua en el ospital, pregunto a aquel ome
bueno que y era por el rey de Menton, que ome era e que
vida fazia, e do moraua sienpre lo mas. E el le dixo que
era muy buen ome e de Dios, e que paresçia en las cosas
que Dios fazia por el; ca nunca los de aquel regno tan ricos
nin tan anparados fueron commo despues que el fue señor
del regno. Ca lo mantenia en justiçia e en pas e en concordia, e que cada vno era señor de lo que auia, e non dexaua de
paresçer con ello mucho onrradamente e fazer su pro
de lo suyo, e apaladinas [279] syn miedo. E ninguno, por poderoso nin por onrrado que fuese, non osaria tomar a otro
ome ninguno de lo suyo, syn su plazer, valia de vn dinero.
E sy lo tomase perderia la cabeça; ca el establesçimiento

---

[278] *Ospital:* posada.
[279] *Apaladinas:* descubiertamente.

era puesto en aquel regno que este fuero se guardaua en los mayores commo en los menores, de que pesaua mucho a los poderosos, que solian fazer muchas malfetrias [280] en la tierra. Peroque atan cruamente lo fizo aguardar el rey por todo el regno, que todos comunalmente se fezieron a ello; e plogoles con el buen fuero, ca fueron sienpre mas ricos de lo que auian; e porende dizen que mas vale ser el ome bueno amidos [281] que malo de grado. E çiertamente qual vso vsa el ome, por tal se quiere yr toda via; e sy mal vso vsare, las sus obras non pueden ser buenas; e asy pierde el amor de Dios primeramente e el amor del señor de la tierra, e non es seguro del cuerpo nin de lo que ha; ca el que de buen vso quiere vsar e se diere a buenas costunbres, este ganara el amor de Dios e el amor del señor de la tierra e de las gentes, e avra vida folgada, e sera seguro de lo que ha, saluo ende sy el señor non castiga los malos, porque los buenos se ayan a encojer e a reçelar. «E dezirte has mas: este rey fizo muy buena vida e muy santa, ca bien ha vn año e mas que el e la reyna mantienen castidat, commoquier que se ama vno a otro muy verdaderamente, seyendo la reyna vna de las mas fermosas e de las mas endresçadas de toda la tierra, e el rey en la mejor hedat que podria ser; de lo qual se marauillauan mucho todos los del regno. E este rey mora lo mas en vna çibdat muy noble e muy viçiosa, a la qual dizen Glanbeque, do han todas las cosas del mundo que son mester. E por la grant bondat de la tierra, e justiçia, e pas, e concordia que es en ella, toma y muy poco trabajo el nin sus juezes de oyr pleitos, ca de lieue non les viene ninguno, asy commo podredes ver en esta çibdat do estades, sy quesierdes; ca pasa vn mes que non verna ante los juezes vn pleito. E asy el rey non se trabaja de otra cosa sy non de fazer leer ante sy muchos libros buenos e de muchas buenas estorias e buenas fazañas, saluo ende quando va a monte o a caça [282], do lo fazen los condes e todos los de la tierra mucho seruiçio e plazer en sus lugares; ca non les toma ninguna cosa de lo que han, nin les pasa contra sus fueros nin sus buenas costunbres; ante gelas confirma e les faze graçias a aquellos que entiende que puede fazer syn daño de su señorio. E por todas estas razones sobredichas se puebla toda la tierra mucho; ca de todos los otros

---

[280] *Malfetrias:* maldades.
[281] *Amidos:* contra la propia voluntad.
[282] La caza es la actividad de los guerreros en tiempo de paz.

señorios vienen poblar a este regno de guisa que me semeja que ayna non podremos en el caber» [283].

La buena dueña se començo a reyr e dixo: «Por Dios, ome bueno, la bondat mas deue caber que la maldat, e la bondat largamente resçibe los omes e mantienelos en espaçio e en viçio, asy commo en el parayso las buenas almas; e la maldat resçibe los omes estrechamente e mantienelos en estrechura e en tormento, asy commo el infierno las almas de los malos. E porende deuedes creer que la bondat deste regno segunt vos auedes aqui dicho, cabra todos los deste mundo s'y veniesen morar, ca la su bondat alargara en su regno, ganando mas de sus vezinos malos de enderredor. E sabe Dios que me auedes guarido por quantos bienes me auedes dicho deste rey e del regno, e desde aqui propongo de yazer toda mi vida en este regno mientra justiçia fuere y guardada, que es rays de todos los bienes e guarda e anparamiento de todos los de la tierra. E bien auenturado fue el señor que en su tierra justiçia quiere guardar; ca asi commo la guardare e la fiziere guardar, asy le sera guardada ante Nuestro Señor Dios. E quiero me yr para aquella çibdat do es el rey, e fare y vn ospital do posen todos los fijos dalgo que y acaesçieren. E ruegovos, ome bueno, que me guardedes todas estas cosas que tengo en aquesta camara, fasta que yo venga o enbie por ellas.» «Muy de grado», dixo el ome bueno, «e set bien çierta que asy vos las guardare commo a mis oios, que me los non saquen». «E ruegovos», dixo la buena dueña, «que me catedes vnas dos mugeres buenas que vayan comigo, e yo darles he bestias en que vayan, e de vestir, e lo que ouieren mester». «Çertas», dixo el ome bueno, «aqui en el ospital ha tales dos mugeres commo vos abriades mester, e darvoslas-he que vayan conbusco e vos siruan». La buena dueña fizo conprar bestias para sy e para aquellas mugeres en que fuesen muy ordenadamente.

---

[283] Detalle humorístico. Ver notas 79 y 100.

De commo estaua el rey de Menton, e de commo la reyna sopo toda la fazienda della e de commo andaua por tierras estrañas

E caualgaron e fueronse para aquella çibdat do estaua el rey, e non ouieron menester quien les guardase las bestias, ca doquier que llegauan las resçebian muy bien e fallauan quien pensase dellas, e non reçelauan que gelas furtasen nin que gelas leuasen por fuerça, asy commo suele acaesçer las mas vegadas do non ay justiçia nin quien la quiera guardar. E mal dia fue de la tierra do non ay justiçia; ca por mengua della se destruyen e se despueblan, e asy fincan los señores pobres e menguados, non syn culpa dellos; ca sy non han gente non ay quien los sirua.

Otro dia en la mañaña despues que llego la buena dueña a la çibdat do era el rey, fue oyr misa con la reyna en la capiella; e la misa auianla començada. E finco los ynojos e començo de rogar a Dios que la endreçase e la ayudase a su seruiçio. E la reyna paro mientes e vio aquella dueña estraña que fazia su oraçion mucho apuestamente e con grant deuoçion, e penso en su coraçon quien podria ser; ca la veya uestida de vestiduras estrañas, a ella e a las otras dos mugeres que con ella venian. E despues que fue dicha la misa fizo la llamar e preguntole quien era e de quales tierras e a que veniera. E ella le dixo: «Señora, yo so de tierras estrañas.» «E donde?», dixo la reyna. «De las Yndias», dixo ella, «do predico sant Bartolome despues de la muerte de Iesu Cristo». «Sodes dueña fija dalgo?», dixo la reyna. «Çertas señora», dixo ella, «sy so, e vengo aqui beuir so la vuestra merçed, e querria fazer aqui vn ospital, sy a vos ploguiese, do resçebiese los fijos dalgo viandantes quando y acaesçiesen». «E commo!», dixo la reyna, «en vuestra tierra non le podiedes fazer sy auiedes de que?» «Non», dixo ella, «ca auiemos vn rey muy codiçioso que desheredaua e tomaua lo que auian a los vasallos, porque lo auia mester por grandes guerras que auia con sus vezinos e con grandes omes de la su tierra. E porende oue a vender quantos heredamientos auia, e llegue quanto auer pude e vineme para aca a beuir en este vuestro señorio, por quantos bienes oy dezir del rey e de vos, e señaladamente por la justiçia que es aqui guardada e mantenida» [284].

---

[284] Grima miente para justificar su presencia. Mentira buena.

De commo el rey e la dueña se conosçieron e non se osauan descobrir el vno al otro

«Por Dios!», dixo la reyna, «dueña, mucho me plaze conbusco, e seades vos bien venida; e yo fablare con el rey sobre esto, e guisare commo vos de lugar do fagades este ospital a seruiçio de Dios, e yo ayudarvos he a ello. E mandovos que oyades la misa e comades cada dia comigo». «Señora», dixo ella, «de vos Dios vida por quanta merçed me fazedes e me prometedes; pero pidovos por merçed que querades que acabe antes esta obra que he propuesto en mi coraçon de fazer». «Mucho me plaze», dixo la reyna. E la buena dueña fuese luego para su posada. E el rey vino ver la reyna asy commo solia fazer toda via, e la reyna contol lo quel acaesçiera con aquella buena dueña. E el rey preguntole que donde era, e ella le dixo que de las tierras de India do predicara sant Bartolome, segunt que la dueña le dixiera. E el rey por las señales que oyo della dubdo sy era aquella su muger, e començo a sonrreyrse. «Señor», dixo la reyna, «de que vos reydes?» «Rio de aquella dueña», dixo el rey, «que de tan luengas tierras es venida». «Señor», dixo la reyna, «mandatle dar vn solar do faga vn ospital a seruiçio de Dios». «Mucho me plaze», dixo el rey, «e venga despues e mandargele he dar do quisiere».

La reyna enbio por aquella buena dueña e dixole de commo auia fablado con el rey. E ellas estando en esta fabla entro el rey por la puerta. E asy commo la vio luego la conosçio que era su muger, e demudosele toda la color pensando que ella le diria commo ella era su muger. E ella dubdo en el, porque la palabra auia canbiada, e non fablaua el lenguaje que solia, e demas que era mas gordo que solia e que le auia cresçido mucho la barba [285]. E sy le conosçio o non, commo buena dueña non se quiso descobrir, porque non perdiese la onrra en que estaua [286]. E el rey mandole que escogiese vn solar qual ella quesiese en la çibdat. «Señor», dixo ella, «sy fallase casas fechas a conprar, tenedes por bien que

---

[285] Los críticos señalan el realismo de estas observaciones.
[286] Tanto Zifar como Grima saben, no sólo mentir, sino también callar cuando conviene.

las conpre?». «Mucho me plaze», dixo el rey, «e yo ayudarvos he a ello». «E yo fare», dixo la reyna. «Pues», dixo el rey, «buena dueña, conplit vuestro promitimiento».

De commo la buena dueña fizo en aquella çibdat do era el rey e la reyna, el ospital para los fijos dalgo

La dueña se fue andar por la villa a catar algunt logar sy fallaria a conprar, e fallo vn monesterio desanparado que dexaron vnos monges por se mudar a otro logar, e conprolo dellos, e fizo y su ospital muy bueno, e puso y mucha ropa, e fizo y muchos lechos onrrados para los omes buenos quando y acaesçiesen, e conpro muchos heredamientos para adobar aquel ospital. E quando acaesçien los fijos dalgo, resçebianlos muy bien e dauanles lo que era mester. E la buena dueña estaua lo mas del dia con la reyna, ca nin queria oyr misa nin comer fasta que ella veniese. E en la noche yuase para su ospital, e todo lo mas estaua en oraçion en vna capiella que y auia, e rogaua a Dios que ante que muriese quel dexase ver a alguno de sus fijos, e señaladamente al que perdiera en aquella çibdat ribera de la mar; ca el otro, que leuara la leona, non auia fuzia ninguna de lo cobrar, teniendo que lo auia comido [287].

Aqui dexa la ystoria de fablar del rey e de la reyna e de la dueña, e fabla de sus fijos

Dize el cuento que estos dos fijuelos fueron criados de aquel burges e de aquella burgesa de Mela, e porfijados asy commo ya oyestes, e fueron tan bien nodridos e tan bien acostunbrados que ningunos de la su hedat non lo podrian ser mejor; ca ellos bofordauan muy bien e lançauan, e ninguno non lo sabian mejor fazer que ellos, nin juego de tablas nin de axedres, nin de caçar con aues, e eran muy bien razonados e retenian muy bien quequiera que les dixiesen, e sabian lo mejor repetir con mejores palabras e mas afeytadas [288] que

[287] Concatenación: *Grima* reza > *Grima* se acuerda de sus *hijos* en sus rezos > sus *hijos* están vivos.

[288] *Afeytar*: adornar.

aquel que lo dezia. E eran de buen recabdo e de grant coraçon; e mostraronlo quando âquel su padre que los criaua leuauan los golfines, andando a caça en aquel monte do leuo la leona al mayor dellos; ca ellos amos ados, armados en sus cauallos, fueron en pos de los malfechores e alcançaronlos e mataron e ferieron dellos, e sacaron a su padre e a otros tres que eran con el de poder de los ladrones, e venieronse con ellos para la çibdat. Todos se marauillauan mucho deste atreuimiento que estos moços cometieron, teniendo que otros de mayor hedat que non ellos non lo osarian cometer, e semejauales que de natura e de sangre les venia este esfuerço e estas buenas costumbres que en ellos auia [289]. E muchas vegadas dixieron a su padre que los criaua, que les feziese fazer caualleros, ca segunt las señales que Dios en ellos mostrara, omes buenos auian a ser.

De commo el burges e su muger enbiaron sus criados al rey de Menton para que los armase caualleros

El padre e la madre pensaron mucho en ello, e semejauales bien de lo fazer. E oyeron dezir del rey de Menton que era muy buen cauallero e muy buen rey e muy esforçado en armas e de santa vida, e commoquier que era lexos touieron por guisado de enbiar estos dos sus criados a este rey que les feziese caualleros. E enbiaronlos muy bien guisados de cauallos e de armas, e muy bien aconpañados, e dieronles muy grant algo. E quando se ouieron de partir de alli fablo con ellos su padre delante de su muger e dixoles asy: «Fijos, yo vos he criado lo mejor que pude, e amovos mas que al mi coraçon, e agora enbiovos a logar do resçibiredes onrra e comienço de buena andança; e ruegovos que por quequier que vos contesca que vos menbredes de la criança que en vos he fecho.» E ellos le dixieron que nunca lo Dios quisiese que en ellos tal yerro cayese, ca sienpre conosçerian el bien e la merçed que del resçibieran, e que rogauan a Dios que sienpre los truxiese Dios a tienpo en que gelo pudiesen seruir

[289] En la Edad Media se creía que la herencia era más importante que el ambiente. Además, la idea de que los nobles se comportan como tales, aunque se críen como plebeyos es frecuente en los cuentos folklóricos.

e gradesçer. E con tanto despedieronse de la buena dueña e partieronse de alli, e salio el con ellos con asaz de sus conpañas. E ellos se despedieron dellos, e fueronse para aquella çibdat do el rey de Menton era, e posieron en el camino vn mes; ca non podieron y llegar mas ayna, tan lexos era. E ellos entraron por la çibdat e fueron a las alcarias [290]. E preguntoles vn ome bueno sy eran fijos dalgo, e ellos dixeron que sy. «Amigos», dixo el ome bueno, «pues ydvos para aquel ospital que es entrante la villa, que fizo vna dueña para los fijos dalgo viandantes; ca y vos resçibiran muy bien, e vos daran lo que fuere mester». E ellos se fueron para el ospital, e fallaron y muchas mugeres que lo guardauan, e preguntaron sy los acogerian. E ellas dixieron que sy eran fijos dalgo, e ellos respondieron que lo eran, e asy los acogieron muy de grado e mandaron guisar de ayantar.

De commo la buena dueña conosçio a sus fijos e se amorteçio con el gozo que ella ouo con ellos quando los vido

E vna mançeba que estaua en el ospital paro en ellos mientes, e porque oyo dezir muchas vegadas a su señora que ouiera dos fijuelos, el vno que leuara la leona e el otro que perdiera, e violos commo se pararon a la puerta de vna casa do estaua vn leon, e que dixiera el vno al otro: «Hermano, mal fazes en te parar y, ca escarmentado deuias ser de la leona que te leuo en la boca e ouieras a ser comido della sy non por los canes de mi padre que te acorrieron, por que te ouo a dexar, e avn las señales de las dentelladas traes en las espaldas, e çertas quien de vna vegada non se escarmienta, muchas vezes se arrepiente»; — la mançeba quando esto oyo fuese luego para su señora e dixo commo dos donzelles eran venidos al su ospital, los mas apuestos que nunca viera, e los mas mejor guisados, que segunt cuydaua aquellos eran sus fijos que ella perdiera; ca oyera dezir al vno, quando a la casa do estaua el leon, que se guardase, ca escarmentado deuia ser de la leona que lo leuaua en la boca quando era pequeño.

La dueña quando lo oyo non se quiso detener, e vinose para el ospital. E quando vio los donzeles, plogole mucho

---

[290] *Alcarias:* alquerías.

con ellos, e fizoles lauar las cabeças e los pies, e fizo pensar luego bien dellos. E despues que ouieron comido, preguntoles onde eran e a que venieran. E ellos le dixieron que eran de vna çibdat que dezian Mella, en el regno de Falit, e que su padre e su madre que los criaron, que los enbiaron al rey de Menton que los feziese caualleros. «Commo, fijo», dixo la duena, «dezides que vuestro padre e vuestra madre que vos criaron? Bien se yo que los padres e las madres crian sus fijos e los dan a criar». «Señora», dixo el vno dellos, «por eso vos dezimos que nos criaron, porque non son nuestros padres naturales; ante nos ovieron por auentura; e porque non auian fijos ningunos, porfijaronnos. E la ventura fue buena para nos, ca a mi leuaua la leona en la boca, que me tomara çerca de vna fuente, estando y nuestro padre e nuestra madre, e me metio en vn monte, e aquel que nos porfijo andaua estonçe por el monte buscando los venados; e los canes quando vieron la leona, fueron en pos ella, e tanto la afincaron que me ouo a dexar luego. E estonçe llego el burges con su conpaña e tomaron la leona, e fizome a vn escudero tomar ante sy en el cauallo, e troxieronme a la çibdat, e avn tengo en las espaldas las señales de las dentelladuras de la leona. E este otro mi hermano, non se por qual desauentura se perdio de su padre e de su madre e andaua por la çibdat perdido, e la buena dueña muger de aquel burges que a mi gano, con piedat que ouo deste mi hermano, fizolo meter a su posada, e porfijaronle el burges e su muger asy commo fizieron a mi».

La buena dueña quando estas palabras oyo, dexose caer en tierra commo muger salida de seso e de entendimiento. E marauillaronse los donzelles mucho, e preguntaron a las mugeres que podria ser aquello, e ellas les dixieron que non sabian, saluo ende que veyan a su señora transida, e que les amanesçiera mal dia por la su venida. «Ay señora!», dixo el vno dellos, «e por que vos amanesçio mal dia por la nuestra venida? que sabe Dios que non cuydamos que feziesemos enojo ninguno a vuestra señora nin a vos, nin somos venidos a esta tierra por fazer enojo a ninguno; ante nos peso muy de coraçon por esto que acaesçio a vuestra señora, e que quesiese Dios que non ouiesemos venido a esta posada, commoquier que mucho plazer e mucha onrra ayamos resçebido de vos e de vuestra señora».

De commo los donzeles conosçieron a aquella buena dueña por su madre, a ella otrosy a ellos por sus fijos

E ellos estando en esto, entro en acuerdo la buena dueña, e abrio los oios e leuantose commo muger muy lasa [291] e muy quebrantada. E fue para su camara e mando que pensasen dellos muy bien e folgasen. E despues que ouieron dormido apartose con ellos e dixoles que sopiesen por çierto que era su madre, e contoles todo el fecho en commo pasara, e de commo auia perdido su marido, e qual manera pasara la vida fasta aquel dia. E Nuestro Señor queriendo los guardar de yerro, e conosçiesen aquello que era derecho e razon, non quiso que dubdasen en cosa de lo que su madre les dezia; e ante lo creyeron de todo en todo que era asy, e fueron la besar las manos e conosçieronla por madre. E Garfin el fijo mayor le dixo asy: «Señora, nunca sopistes de nuestro padre algunas nueuas?» [292]. «Çertas», dixo ella, «mios fijos, non; mas fio por la merçed de Nuestro Señor Dios que pues que touo por bien que cobrase a vos, de lo que era ya desesperada, e señaladamente de Garfin que leuo la leona, que el por la su grant piedat, doliendose de nos, que terna por bien de nos fazer cobrar a vuestro padre e mio marido, e tomaremos algunt plazer con el, e que oluidemos los pesares e los trabajos que auuemos auido fasta aqui» [293]. «Asy lo quiera Dios por la su merçed!», dixo Garfin. E en la noche, mando les fazer su cama muy grande e muy buena a amos ados, e mando les dar a comer muy bien. E ella comio con ellos, ca non auia comido avn en aquel dia, con plazer que auia resçebido.

---

[291] *Lasa:* cansada.

[292] Garfin es el que lleva la iniciativa en la primera parte de la obra, mientras que Roboan es el protagonista de la segunda.

[293] Grima sabe o sospecha quién es Zifar, pero miente. Mentira buena.

De commo el portero fallo dormiendo a la dueña con los donzeles, e lo fue a dezir a la reyna

E quando ouieron comido, fueronse a dormir, e ella echose entrellos commo entre sus fijos que auia perdidos e cobrado nueuamente; ca non se fartaua de fablar con ellos nin se podia dellos partir. E tanto fablo con ellos e ellos con ella, que fincaron muy cansados e dormieron fasta otro dia a ora de terçia. La reyna non queria oyr misa fasta que aquella dueña llegase, asy commo lo solia fazer, e enbio por ella a vn su portero. E el portero quando llego a la posada de la dueña, fallo las puertas abiertas e entro fasta la cama do yazia la buena dueña con sus fijos. E deque la vido asy yazer entre aquellos dos escuderos, fue mucho espantado de la grant maldat que vio en ella, e tornose a la reyna e dixole: «Señora, yo vengo muy espantado por la grant maldat que yo vi en aquella dueña en que vos fiauades.» «Calla, mal ome!», dixo la reyna, «e non digas tales cosas commo estas. Ca non podria ser que tu tal maldat vieses ninguna en aquella buena dueña». «Çertas señora, yo vy tanto en ella de que resçebi yo muy grant pesar por la grant fuzia que vos en ella auiedes, por que cuydauades que era mejor de quanto es.» «Mal ome», dixo la reyna, «que es lo que tu viste?». «Señora», dixo el portero, «vos me mandestes que fuese para aquella dueña que veniese a oyr misa con-busco, e fallola que esta en vna grant cama en medio de dos escuderos muy grandes e mucho apuestos, dormiendo, e vn cobertor de veros [294] sobre ellos». «Non podria ser esto», dixo la reyna, «por cosa que en todo el mundo fuese, e mientes commo aleuoso, o en tan grant maldat que en ti a, quesiste poner en mal preçio aquella buena dueña». «Señora», dixo el portero, «enbiat luego alla, e sy asy non fallardes esto que es verdat que vos dixe, mandat me matar por ello, commo aquel que dize falsedat e mentira a su señor».

---

[294] *Veros:* forros de pieles.

De commo el rey sopo que era verdat lo que le dixiera el portero e mando que luego quemasen a la dueña por ello

A aquestas palabras sobrevino el rey, e vio a la reyna muy demudada e muy triste, e preguntole por que estaua asy. «Señor», dixo ella, «sy verdat es lo que este mal ome me dixo, yo me tengo por muger de fuerte ventura en fiar en mala cosa e tan errada commo aquella buena dueña estraña que aqui vino; e digavos el aquello que dize que vido en aquella dueña, lo que yo non creo que podiese ser en ninguna manera». El portero lo conto todo el fecho asy commo lo vio, e el rey quando lo oyo fue mucho espantado, commo aquel a que teñia la desonrra de su dueña[295]. E enbio alla al su alguazil, e mandole que sy los fallase en aquella manera quel portero dezia, que los prendiese a ellos e a ella, e que los troxiese delante del. E el aguazil se fue a casa de la dueña, e bien asy commo el portero lo dixo al rey, asy lo fallo; e dio vna grant bos commo salido de seso, e dixo: «O dueña desauenturada, commo fueste perder el tu buen pres e la tu buena fama que auias entre todas las dueñas desta tierra? E maldita sea la ora en que estos escuderos aqui vinieron, que atan ayna te engañaron!» E los donzeles a las bozes que dauan e a lo que dezia el aguazil, despertaron e leuantaronse mucho apriesa commo omes espantados, e quesieron meter mano a las espadas para se defender, mas non les dieron vagar, ca luego fueron recabdados e la dueña eso mesmo, en saya e en pellote[296], asy commo se auia echado entrellos. E asy la leuaron delante del rey, e el alguazil dixo al rey en qual manera los auia fallado. E el rey con grant saña e commo salido fuera de sentido, non sabia que se dezir, e non quiso mas preguntar de su fazienda[297]; e mando que la fuesen quemar luego, commoquier

---

[295] Zifar se espanta por lo que le atañe: su honor. Lo interesante es que, de haber agravio, es secreto, ya que nadie sabe que Grima es su esposa. Ruiz de Conde señala que esta actitud preludia la actitud de los personajes de Lope y de Calderón (*El amor...*, pág. 67).

[296] *Pellote:* túnica.

[297] Zifar, furioso por el «ménage à trois», manda ajusticiar a los sospechosos con demasiada rapidez. Ruiz de Conde señala que

que se doliese mucho della, ca sabia que aquella era su muger. E ante que la dueña leuasen, pregunto el rey a los donzeles e dixoles:

De commo el rey conosçio que eran aquellos sus fijos e mando luego soltar a la dueña

«Amigos, onde sodes o que fue la razon por que venistes a esta tierra, que en tan mala pres posistes a esta dueña, por su desauentura?»

«Señor», dixo Garfin, «non somos de Mella, vna çibdat del regno de Fallid, e aquellos que nos criaron enbiaronnos aqui a la tu merçed que nos fezieses caualleros, porque oyeran dezir que eras buen rey e de justiçia. E ayer, quando lleguemos a la casa de aquella buena dueña, por las palabras que nos dixiemos e por las que ella dixo a nos, fallamos verdaderamente que nos eramos sus fijos e ella nuestra madre; ca nos auia perdidos ñiños muy pequeños. E Dios por la su merçed quiso que nos cobrasemos a ella e ella a nos».

«E commo vos perdio?», dixo el rey. «Señor», dixo Garfin, «nuestro padre e ella andando su camino, commo omes cansados asentaronse a comer çerca de vna fuente clara que estaua en vnos prados muy fermosos. E despues que ouieron comido, nuestro padre puso la cabeça en el regazo de nuestra madre, e ella espulgandole el dormiose. E yo e este mi hermano, commo niños que non auiamos entendimiento, andando trebejando por el prado, salio vna leona de vn montezillo que estaua en vn collado y çerca, e llego ally do nos estauamos trebejando, e tomome en la boca e leuome al monte. E aquel que nos crio salio a caça con su gente e sus canes, e plogo al Nuestro Señor Dios que entrando comigo la leona en el monte, recudieron los canes de aquel burges con ella, e al ruydo de los canes que yuan latiendo por el rastro de la leona, llego el burges con su gente e sacaronme de su poder. E nuestro padre e esta dueña nuestra madre, deque vieron que non me podian cobrar, fueronse a aquella çibdat do era aquel burges e posaron en vna posada entrante de la villa. E nuestro padre fue buscar que comiesen. E esta dueña nuestra madre, estando en la posada

esta actitud es más de marido ultrajado que de amante celoso (*El amor...*, págs. 66-67).

muy triste porque me auia perdido, soltose el palafren e salio de casa, e ella fue en pos el. E este mio hermano, commo ñiño syn entendimiento salio en pos su madre llorando. E ella auia tomado vna calle e el tomo otra, e commoquier quel lamasen muchos omes buenos e muchas buenas dueñas, auiendo piedat del porque andaua perdido, nunca quiso catar por ninguno sy non por vna dueña que estaua sobre las puertas de las sus casas, que tenia a mi en braços falagandome, porque estaua llorando ca me sentia de las mordeduras de la leona. E mando a vna su seruiente descender por el. E asy commo nos viemos amos ados, començamos nos âbraçar e a besar e a fazer alegria commo los moços que se conosçen e se crian en vno. E el burges e aquella buena dueña porfijaronnos e criaronnos e fezieronnos mucho bien, e enbiaronnos a la tu merçed que nos fezieses caualleros, e traemoste sus cartas en que te lo enbia pedir por merçed; por que nos pedimos por merçed, señor, por la grant uirtud que dizen que Dios puso en ty de te pagar de verdat e de justiçia, que non mandes matar esta dueña nuestra madre; ca non fizo por que deua murir; e que nos quieras fazer caualleros e seruirte de nos en lo que touieres por bien».

De commo el rey fizo caualleros a sus fijos e les dio tierras e vasallos e mando soltar a la madre

El rey quando estas cosas oyo gradesçiolo mucho a Dios e touo quel auia fecho grant merçed, lo vno por auer cobrados sus fijos, e lo otro porque se non conplio lo quel mandaua fazer con saña a aquella dueña su muger. E enbio mandar que la non matasen. E porende dizen que aquel es guardado el que Dios quiere guardar. E el rey resçebiolos por sus vasallos e fizolos caualleros con muy grandes alegrias, segunt el vso de aquella tierra. E desque el rey ouo fechos caualleros aquellos donzeles, e les puso sus tierras grandes e en çiertos logares, estos, commo aquellos que fueron bien criados, trabajauanse del seruir bien e verdaderamente e syn regateria [298] ninguna; ca quando veyan ellos que era mester fecho de armas, luego ante que fuesen llamados caualgaban

---

[298] *Regateria:* escape, escasez.

con toda su gente e yuanse para aquel lugar do ellos entendian que mas conplia el su seruiçio al rey, e ally fazian
muchas buenas cauallerias e tan señalados golpes, que todos
se marauillauan e judgauanlos por muy buenos caualleros,
deziendo que nunca dos caualleros tan mançebos oviera que
tantas buenas cauallerias feziesen nin tan esforçadamente
nin tan syn miedo se parasen a los fechos muy grandes.
E quando todos venian de la hueste, algunos auian sabor
de contar al rey las buenas cauallerias destos dos caualleros
mançebos, e plazia al rey muy de coraçon de lo oyr, e
sonrriose e dezia: «Çertas creo que estos dos caualleros mançebos querran ser omes buenos, ca buen comienço han.»
E por los bienes que la reyna oyo dezir dellos e por las
grandes aposturas e enseñamientos que en ellos auia, querialos muy grant bien e faziales todas onrras e las ayudas
que ella podia. E ellos quanto mas los onrrauan e los loauan
por las sus buenas costunbres, atanto punauan de fazerlo
sienpre mejor; ca los omes de buena sangre e de buen entendimiento, quanto mas dizen dellos loando las sus buenas
costunbres e los sus buenos fechos, tanto mas se esfuerçan
a fazer lo mejor con vmildat; e los de vil logar e mal
acostunbrados, quanto mas los loan sy algunt bien por auentura fazen, tanto mas orgullesçen con soberuia, non queriendo nin gradesçiendo a Dios la uirtud que les faze; asy commo
fizo el conde Nason contra el rey de Menton.

De commo el conde Nason se leuanto contra el rey, e fueron sus fijos del rey contra el, e de alli adelante llamaron al cauallero ribaldo, Cauallero Amigo

Dize el cuento que este conde Nason era vn vasallo del
rey de Menton, e alçose con el su condado contra el rey con
mill caualleros de sus parientes e de sus vasallos, e corriale
la tierra e faziale mucho mal en ella. E los mandaderos
llegauan al rey vnos en pos otros a le mostrar el mal que
el conde Nason fazia en su tierra. E mientra el rey enbiaua
por los sus vasallos para yr contra el conde, estos dos
caualleros mançebos Garfin [299] e Roboan [300] guisaron a sy e

---

[299] *Garfin* es una palabra de origen árabe que significa «peque-

a su gente muy bien; ca ellos auian trezientos caualleros por vasallos de muy buena caualleria que les escogiera el rey de su mesnada quando los puso tierra, e gelos dio por vasallos, e entre los quales era el ribaldo que vino con el rey a la hueste de Menton quando se partio del hermitaño, el qual auino en armas muy bien e fizo muchas caualleria buenas por que touo el rey por guisado del fazer cauallero e del heredar e de lo casar muy bien, e dezianle Cauallero Amigo [301].

E mouieron e fueronse contra el conde Nason de guisa que ellos entrando en su condado quanto vna jornada, el sol puesto, vieron fuegos muy grandes en vn canpo do albergaua el conde Nason con quinientos caualleros. E los que yuan delante pararonse, de guisa que se llegaron todos en vno e fezieronse vn tropel. E Roboan el hermano menor dixo asy: «Amigos, non semeja que segunt los fuegos que paresçen que grant gente ally aya, e creo que nos Dios faria bien con ellos, ca ellos tienen tuerto e nos derecho; ca el rey nuestro señor les fizo muchas merçedes e nunca les fizo cosa que a mala estança fuese, e nos tenemos verdat por el rey nuestro señor e ellos mentira. E sy lo por bien touiese el mio hermano Garfin, tomaria yo la delantera, e fio por la merçed de Dios que los vençeremos esta noche» [302].

De commo enbiaron Garfin e Roboan al Cauallero Amigo por escucha a la hueste del conde Nason

El Cauallero Amigo que era mucho atreuido, dixo: «Señor Roboan, vos sodes muy mançebo, e non auedes prouado las cosas, commoquier que Dios vos fizo mucha merçed en fecho

ño príncipe», según dice Walker (*Tradition and Technique...*, página 34).

[300] *Roboan* es una palabra de origen árabe que significa «mejorador», según dice Walker (*Tradition and Technique...*, página 34).

[301] El Ribaldo, un personaje de la más baja extracción social, gracias a sus méritos, llega a ser caballero. Su nombre cambia de Ribaldo a caballero Amigo, de acuerdo con los métodos ya vistos. Su ascenso social se realiza, como el de Zifar, mediante la lucha y el matrimonio.

[302] Roboan parece impaciente por entrar en combate.

de armas ally do vos acaesçistes, e porende non deuedes leuar todas las cosas con fuerça de coraçon; ca çiertos somos que tan esforçado sodes que non dudariedes de acometer muchos mas que vos, peroque deuedes pensar en qual manera, e mas a vuestra guisa e mas a vuestra onrra. E sy lo por bien tenedes, yre alla yo esta noche, e sabre quantos son o por qual parte abredes la entrada mejor. E yo tengo muy buen cauallo e muy corredor, que sy mester fuere que me verne muy toste para vos aperçebir.» E Garfin e todos los otros acordaron en esto quel Cauallero Amigo dixo, commoquier que pesaua a Roboan porque los non yuan luego acometer [303]. El Cauallero Amigo se fue luego despues que ouo çenado, e llego a la hueste del conde lo mas que el pudo, de guisa que a las vegadas andaua entrebuelto con los veladores; asy que dies vezes andido por la hueste en derredor esa noche, en guisa que asmo bien quantos podian ser, e en qual guisa los podrian mejor entrar. E el estando por se partir de la hueste e se venir para los suyos, oyo tocar el cuerno tres vezes en la tienda del conde. E marauillose ende mucho, e atendio fasta que sopiese por que era tocado aquel cuerno, e vio los rapazes que se leuantauan a ensellar e armar los cauallos. E el entretanto andaua entre las rondas commo sy fuese vno dellos, e oyo dezir a vn rapas que llamaua a otro denostandolo: «Lieuate, fijo de muger trauiesa, e ensiella e arma el cauallo de tu señor.» «Çertas», dixo otro, «non lo fare; ante quiero dormir e folgar, ca el nuestro señor non es de los çiento e çinquaenta caualleros que son dados para correr el canpo de vueça esta mañaña». E el Cauallero Amigo quando esto oyo plogole muy de coraçon e dixo: «Bendito sea el nonbre de Dios, que desta hueste çiento e çinquaenta caualleros auemos ganado syn golpe e syn ferida.» E de guisa que atendio fasta que estos çiento e çinquaenta caualleros fueron mouidos, e fue en pos ellos al paso que ellos yuan. E auian de yr a correr a vna legua donde estaua Garfin e Roboan con su gente; e quando el cauallero vio que endresçauan su camino para ally do auian a yr, endresço el para los suyos. E quando se fue partido dellos quanto vn migero, el cauallo començo a reninchar muy fuerte, e despues que se vio apartado de los otros. E los çiento e çinquaenta caualleros quando oyeron aquel renincho de aquel cauallo marauillaronse mucho, e los vnos dezian que era gente del rey, e los otros dezian

[303] Garfin es sensato. Roboan es impulsivo.

que era algunt cauallo que se auia soltado de la hueste e que andaua radio[304] por el canpo. E vn cauallero que era entrellos, a que llamauan Gamel, mucho atreuido, dixoles que sy ellos quesiesen, que yria saber nueuas de aquel cauallo en commo andaua, e recudria a ellos en la mañaña a aquel lugar do ellos yuan, e ellos touieronlo por bien. El cauallero se fue derechamente al renincho del cauallo, e quando fue çerca del començo a reninchar el suyo, e tan escura noche fazia que se non podian ver. El Cauallero Amigo començose de yr quanto pudo, cuydando que era mayor gente, e el cauallero Gamel cuydo que el cauallo yua suelto, e començo a llamar e a siluarle segunt vso de aquella tierra. E el Cauallero Amigo cuydando que era alguna pantasma quel queria meter miedo, atendio e non oyo estruendo mas de vn cauallo, e puso la lança so el sobaco e fue ferir al cauallero, de guisa quel derribo del cauallo mal ferido, e tomo su cauallo e fuese para los suyos. E asmo que podria ser alguno de los çiento e çinquaenta. E quando llego a los suyos preguntaronle commo venia, e el dixo que de çiento e çinquaenta caualleros que se partieron de la hueste, que auian ganado el vno, e que estaua ferido çerca dellos e que enbiasen por el sy querian saber toda la verdat de la hueste del conde; peroque les conto en commo pasara, e aquellos caualleros que venian a correr a vna legua dellos, e que non fincauan con el conde de trezientos e çinquaenta caualleros arriba.

De commo el conde Nason fue desbaratado e de commo lo tomo presso Garfin

E ellos ouieron su acuerdo sy yrian ante a los çiento e çinquaenta que a los trezientos e çinquaenta, e los vnos dezian que mejor era de yr a aquellos que tenian apartados e non les consentir que feziesen daño en la tierra, que non a los trezientos e çinquaenta do era el conde, que era muy cauallero e mucho esforçado. E los otros dizian que mejor era yr al albergada del conde, e señaladamente Roboan que lo afincaua mucho[305], deziendo que sy la cabeça quebrantasen, que en los otros poco esfuerço fincaria; de guisa que

---

[304] Radio: errante.
[305] Roboan sigue mostrándose más impetuoso que Garfin.

acordaron en lo que Roboan dixo, e caualgaron e fueronse para la hueste del conde. E encontraron al cauallero ferido e preguntaronle quien lo feriera; e el dixo que vn cauallero desconoçido, e que si el sano fuese e lo conosçiese, quel diria mucho mal porque quando lo ferio non le quiso fablar. E preguntaronle que gente que tenia el conde ally do estaua, e el les dixo que fasta trezientos e çinquaenta caualleros, e çiento e çinquaenta que auia enbiado a correr. «Çertas», dixo el Cauallero Amigo, «çiento e çinquaenta menos vno son». «Verdat», dixo el cauallero Gamel. E reninchando el cauallo del Cauallero Amigo, dixo: «Ay! cauallero, creo que vos sodes el que me feristes.» El Cauallero Amigo le dixo: «Que queriedes el mio cauallo que nunca vierades nin conosçierades e veniades siluando? E bien vos digo que quando oy el estruendo de vuestro cauallo que venia en pos mi, e vos siluando el mio cauallo commo si lo ouierades criado, que me yo marauille mucho que cosa podria ser, e fuy mucho espantado, cuydando que era el diablo que me queria espantar; ca la noche era tan escura que vos non podia deuisar. E digovos que sy vos feri, que mas lo fis con miedo que con gran esfuerço, e non vos puedo fazer mayor hemienda que esta.» «Çierto», dixo el cauallero Gamel, «non auedes por que me fazer otra hemienda, ca yo oue la culpa en este fecho, ca quando cuerdo estouiese non me deuiera partir de la gente, que eramos dados todos para vn fecho. Mas quien de locura enfermo, tarde sana; e non es esta la primera locura que yo acometi de que me non falle bien». «Cauallero», dixo Roboan, «aquella gente en quien vos yuades, a de durar mucho en la tierra del rey corriendo?» «Dos dias», dixo el cauallero, «e non mas, e luego se han a tornar para el conde». «Çertas amigo», dixo Roboan, «muy bien nos va con la merçed de Dios, ca estos caualleros non pueden ser en ayuda de su señor; e sy Dios bien nos ha de fazer esta noche e mañana, sera librado nuestro fecho e del conde». E queriendo se yr, dixo el cauallero Gamel: «Ay! amigos, ruegovos que sy Dios vitoria vos diere, que me non dexedes aqui murir, ca muy mal ferido so; e porende digo que sy Dios vitoria vos diere, porque çierto so que sy vençidos fuerdes que cada vno abra que ver en sy en fuyr o en defender.» «Commo?», dixo Roboan, «cuydas que seremos vençidos en este fecho?». «Dios lo sabe», dixo el cauallero, «ca despues que en el canpo fueredes, en Dios sera el juyzio». «Çierto», dixo Roboan, «sy en Dios fuere el juyzio, segunt mio entendimiento Dios por nos sera».

«Commo eso?», dixo el cauallero. Dixo Roboan: «Yo te lo dire. Ca sabes que el conde tiene grant tuerto al rey e el rey ninguno a el, e el tiene mentira, e nos verdat que tenemos la parte del rey.» «Çertas», dixo el cauallero, «asy es commo vos dezides; ydvos en el nonbre de Dios, ca la verdat vos ha de ayudar» [306].

El Cauallero Amigo descaualgo e fuele desarmar por quel fazian mal las armaduras, e atole la llaga lo mejor quel pudo, e prometiole de venir por el sy Dios le diese tienpo en que lo podiese fazer. E tomo las sus armas e armo vn su escudero e fizole caualgar en el cauallo del cauallero, e fueron en pos de los otros. E quando los alcançaron dixoles el Cauallero Amigo: «Por aqui auedes a yr, e a mester que me sigades, e quando diere vna bos e dixiere 'feritlos', que aguijedes [307] muy de rezio a las tiendas, que ally esta el conde. Ca ellos non tienen escuchas porque estan en su tierra e non han reçelo ninguno. E tan çerca vos porne yo dellos que quando yo la bos diere, en pequeño paso seades con ellos.» E quando fueron en vn cabeço [308] e vio el conde que estaua con su gente, dio vna bos el Cauallero Amigo, e dixo: «Feridlos, caualleros, que agora es el ora.» Garfin e Roboan leuauan consigo bien trezientos escuderos fijos dalgo, e posieronlos delante sy, e fueronse quanto mas podieron para las tiendas del conde, e començaron a ferir e a matar quantos fallauan ante sy. E quando llegaron a las tiendas del conde, non se pudo vestir sy non vn ganbax [309], e tomo su escudo ante pechos e pusose ante las puertas de la tienda, e vnos pocos de escuderos que se açertaron con el, pero non se podieron parar contra los otros, en manera que los ouieron a ferir e a matar e vençer. E pues que el conde Nason vio que era desanparado, e que ningunt cauallero de los suyos non recudia a el, tenia que eran todos muertos e feridos, e tornose e metiose por las alabes [310] de la tienda con su escudo, e salio a la otra parte, do estauan muchas tiendas e muchos tendejones llegantes a la suya, e fallaua los suyos muertos e feridos e maltrechos en las tiendas, de guisa que non fallaua ninguno de los suyos quel aconpaña-

---

[306] Aquí se vuelve a aludir al juicio de Dios. Los protagonistas de esta obra no dan un paso sin antes asegurarse que Dios está de su parte.

[307] *Aguijar:* apretar el paso.

[308] *Cabeço:* cerro.

[309] *Ganbax:* jubón colchado.

[310] *Alabes:* aleros.

sen, sy non vn cauallero ferido que yua con el consejandole que guaresçiese, ca todos los suyos eran feridos e muertos. E ellos yendo vn barranco ayuso, dixo vn escudero que estaua con su señor que estaua muy mal ferido: «Señor, ally va el conde de pie con otro conpañero e non mas.» Garfin, que andaua en su demanda del conde, oyolo e ferio de las espuelas al cauallo e fue en pos el.

E quando llego a el, dixole: «Preso o muerto, qual mas quesierdes.» «E quien sodes vos», dixo el conde, «que queredes que sea vuestro preso?» «So vn cauallero qual vos vedes», dixo Garfin. «E por vos ser cauallero», dixo el conde, «terniades por aguisado que fuese vuestro preso? ca çiertas muchos son caualleros que lo non son por linage, mas por sus buenas costunbres, e por seruiçio que fazen a sus señores. E sy vos fijo de rey non sodes, o de mayor linaje que yo, vos digo que non quiero ser vuestro preso» [311]. «Par Dios», dixo Garfin, «mejor vos seria ser mio preso que non tomar aqui la muerte». «Çertas», dixo el conde, «mas val buena muerte que vida desonrrada». «Pues encobritvos de ese escudo», dixo Garfin, «ca yo librarme quiero desta demanda sy podiere». «Bien dexistes», dixo el conde, «'sy podierdes'; ca del dezir al fazer mucho ay». E metio mano al espada e cobriose del escudo, e Garfin se dexo venir e diol vna grant lançada a sobremano por el escudo, de guisa que le falso el escudo e quebranto la lança en el, pero quel non fizo mal ninguno; ca tenia el braço el conde en el escudo redrado del cuerpo. E el conde ferio del espada vn grant golpe al cauallo de Garfin en el espalda, de guisa que el cauallo non se podia tener nin mouer. Quando esto vio Garfin, dexoxe caer del cauallo e metio mano al espada e fuese para el conde, e diole vn grant golpe, asy que le tajo todo el cantel [312] del escudo. E ferio el conde a Garfin de guisa que le fendio el escudo todo de çima fasta fondon, e cortole vn poco en el braço. «O cauallero», dixo el conde, «quan pequeña es la mejoria de la vna parte a la otra, peroque sodes vos armado e yo desarmado!». «Çertas», dixo Garfin, «porque vos fallesçistes de la verdat, mas muy grande, quan grande de la verdat a la mentira; ca vos tenedes mentira e yo verdat». «Commo asy?», dixo el conde. «Çertas», dixo Garfin, «porque vos

[311] Interesante distinción entre los caballeros que lo son por méritos y los caballeros que lo son por linaje. Esto confirma la ley de la movilidad social ya varias veces enunciada en la obra.
[312] *Cantel:* armazón.

fallesçistes de la verdat al rey de Menton mi señor, e mentistele en el seruiçio quel auiades a fazer, seyendo su vasallo, e non vos desnaturando del, nin vos fallesçiendo; quel corriedes la tierra, e porende morredes commo aquel que mengua en su verdat e en su lealtad». «Mientes», dixo el conde, «commo cauallero malo; ca yo me enbie despedir del rey e besarle las manos por mi». «Çertas», dixo Garfin, «non es escusa de buen cauallero, por se espedir e correr la tierra, syn fazerle el señor por que, e creo que fariades mejor en darvos a presion, e yo leuarvos he al rey, e pedirle ya merçed por vos». «Prometovos, cauallero», dixo el conde, «que vos non me leuedes preso esta vegada, sy mayor esfuerço non vos acreçe». «Commo», dixo Garfin, «por tan descoraçonado me tenedes? Yo fio por la merçed de Dios que avn conosçeredes la mi fuerça ante que de aqui partades». E fueronse vno contra otro esgrimiendo las espadas, ca sabian mucho de esgrima, e dauanse muy grandes golpes en los escudos, de guisa que todos los fezieron pedaços. El conde Nason dexo correr el estoque e fue dar en la mexiella a Garfin muy grant ferida, e dixole: «Çertas cauallero, mejor vos fuera fincar con la ganançia que vos Dios diera en el canpo, que lo non querer todo; porende dizen: 'Quien todo lo quiere todo lo pierde.'» «Commo», dixo Garfin, «cuydades ser libre deste pleito por esto que me auedes fecho? Non querra Dios que el diablo, que es mantenedor de la mentira, vença al que es mantenedor de la verdat». «Çertas», dixo el conde, «todo es mester quanto sabedes, e bien vedes vos que sy me non seguierades tan afincadamente non leuarades esta prestojada [313] que leuastes; e porende dizen: 'Sigue el lobo mas non fasta la mata.' E bien tengo que fariades mejor e mas a vuestro pro de vos tornar para los vuestros e a mi dexarme andar en pas». El conde teniendo alçado el braço con el espada, e Garfin estando en grant saña, diole vn muy grant golpe que le corto la manga del ganbax con el puño, de guisa quel cayo la mano en tierra con el espada. E tan de rezio enbio aquel golpe Garfin, quel corto del anca vna grant pieça, e los dedos del pie, en manera que se non pudo tener el conde e cayo en tierra. «Ea, conde», dixo Garfin, «non vos fuera mejor yr de grado en la mi presion, e sano, que non yr syn vuestro grado, manco e coxo?». «Mal grado aya», dixo el conde, «qui vos tan grant fuerça dio, ca çertas non erades vos ome para me vençer nin me tan mal traer». «Ya desespe-

---

[313] *Prestojada*: golpe en el percuezo.

rades?», dixo Garfin, «çertas esta descreençia mala que en vos es vos traxo a este lugar».

Mientra estauan en esto, Roboan e toda la otra gente andauan buscando a Garfin, ca non sabian del sy era muerto o biuo, e non sabian que se feziesen, e estauan muy cuytados, que nin eran buenos de se tornar con aquella ganançia que Dios les diera, e non eran buenos de fincar; e cuydaron quel conde que era ydo por auentura para venir sobre ellos con grant gente.

Garfin, veyendo que non podia sacar el conde de aquel val e lo leuar a la hueste, subio en vn cabeço donde paresçian todos los de la hueste, e començo a tocar vn cuerno que traya. Roboan quando lo oyo, dixo a los otros: «Çertas, Garfin es aquel. Yo lo conosco en el tocar del cuerno; e vayamosnos para el, que de pie esta.» Vn cauallero ançiano le dixo: «Roboan señor, fincad aqui con aquella gente, e yremos alla vnos çient caballeros e sabremos que es.» E Roboan touolo por bien. E quando a el llegaron, conosçieronlo e dexaronse caer de los cauallos e preguntaronle do era su cauallo. E el les dixo quel fallesçiera de manera que no se podia del ayudar, e que estaua el conde ferido en aquel val, e que fuesen por el e leuarlo yan al rey. E caualgo en vn cauallo Garfin quel dieron. Los otros con el fueron para aquel val do estaua el conde, muy flaco por la mucha sangre quel salia, e posieronle en vna bestia e leuaronlo para la hueste. E quando Roboan a los otros vieron que trayan preso al conde, gradesçieronlo mucho a Dios e fueron muy ledos e muy pagados porque vieron biuo a Garfin, commoquier que era muy mal ferido en la mexiella e tenia inchada la cara; pero quel amelezinaron [314] muy bien, de guisa que a pocos de dias fue guarido, e ataron las llagas al conde [315]. E a la media noche caualgaron e yuanse para el rey con aquella ganançia que Dios les diera. E a los escuderos fijos dalgo que leuauan consigo dieronles cauallos e armas de aquello que y ganaron, e fizieronlos caualleros. E de trezientos que eran primero, fizieronse quinientos e çinquaenta; e por este bien que Garfin e Roboan que fezieron a estos escuderos fijos dalgo, todos los escuderos de la tierra se venian para ellos, e non syn razon, ca tenian que commo âquellos fizieran merçed por el seruiçio

[314] *Amelezinar:* curar.
[315] A pesar de la impetuosidad demostrada por Roboan es Garfin, el mayor, el protagonista de esta victoria, en la que demuestra cualidades semejantes a las de Zifar: *fortitudo* y *sapientia.*

que dellos auian resçebido, que asy lo farian a ellos por seruiçio que les feziesen [316].

Çertas mucho se deuen esforçar señores en dar buen galardon a aquellos que lo meresçen, ca so esta esperança todos los otros se esforçaran sienpre de seruir e de fazer sienpre lo mejor. E ellos yendo en el camino encontraronse con los çiento e çinquaenta caualleros de los del conde que eran ydos a correr la tierra del rey, e trayan muy grand presa de bestias e de ganados, en manera que los desbarataron e mataron e prendieron dellos, e tomaronles la presa e tornaronla a la tierra del rey. E fezieron pregonar por toda la tierra que veniese cada vno a conosçer lo suyo, e que gelo darian. E non quesieron retener ninguna cosa ende para sy, commo aquellos que eran, e que non auian sabor de tomar ninguna cosa de lo ageno, asy commo algunos fazen, que sy los enemigos lieuan algunt robo de la tierra e van algunos en pos ellos e les tiran la presa, dizen que suya deue ser. Çertas muy syn razon es, ca pues de vn señorio son e de vn logar, vnos deuen ser e de vn coraçon en seruiçio de su señor ên guardar e defender vnos a otros, que non resçiban daño. E sy algunt enemigo les leuare lo suyo, deuen los ayudar e se parar con ellos o syn ellos a lo cobrar sy podieren, ca de otra guisa puede se dezir lo que dixo el ome bueno a su conpadre, a quien leuaua el lobo su carnero.

El conpadre fue en pos el lobo e siguiole e tomo el carnero e comiosele. E quando el ome bueno vio su conpadre, dixole asy: «Conpadre, dixieronme que yuades en pos el lobo que leuaua mi carnero. Dezit quel fezistes.» «Yo vos lo dire», dixo el. «Yo fuy con mis canes en pos el lobo e tomamosgelo.» «Par Dios, conpadre», dixo el ome bueno, «mucho me plaze, e gradescovoslo mucho. E que es del carnero?», dixo el ome bueno. «Comimoslo», dixo el conpadre. «Comisteslo!» dixo el ome bueno; «çertas conpadre, vos e el lobo vno me semeja, que tan robado fue yo de vos commo del lobo».

E estos atales que toman la presa de los enemigos de la tierra, por tan robadores se dan commo los enemigos, sy la non tornan a aquellos cuya es; e commoquier que en algunos logares ha por costunbre que la presa que toman los de la

---

[316] La ganancia es doble: riqueza (botín) y prestigio (hidalguía). Este ascenso social, nada menos que de doscientos cincuenta escuderos a hidalgos de un golpe, ilustra la ley de la movilidad social que constituye el tema de esta obra.

tierra a los enemigos, que la tienen, porque dizen que quando los enemigos la lieuan e trasnochan con ella, que ya non era de aquel cuya fuera, e que auer es de los enemigos que ganaron, e tienen que deuen fincar con la presa, çertas de derecho non es asy; mas los señores lo consentieron que fuese asy, porque los omes ouiesen mas a coraçon de yr en pos los enemigos por la ganançia que cuydauan y fazer. Ca touieron que mejor era que se prestasen dello los de la tierra que lo cobrauan, que non los enemigos. E esto es por mengua de verdat que es en los omes, que non quieren guardar vnos a otros asy commo deuen, ca de derecho comunal e de egualdad es que son tenidos de anparar e defender a los vnos e a los otros, tan bien las personas commo los algos, pues de vna tierra e de vn señorio son. E porende Garfin e Roboan, commo caualleros buenos e syn codiçia, queriendo dar buen enxienplo de sy, fezieron dar aquella presa a aquellos cuya era, e desy fueron derechamente para el rey.

De commo el Cauallero Amigo llego con el mandado del conde Nason a su señor el rey

E el rey era ya salido con su hueste muy grande e estauan en vnos prados muy fermosos que dezian de Val de Parayso. E marauillauase de Garfin e de Roboan que non venian y con el, e demandaua mucho afincadamente por ellos e non fallaua quien dixiese recaudo dellos, saluo ende quel dezian que auia quinze dias que salieran con toda su gente de aquella çibdat do estauan, e que non sabian onde fueran. E el rey con reçelo que tomasen algunt enpesçemiento en algunt logar, estaua muy cuydadoso e non podia folgar nin asosegar. E çertas sy al rey pesaua porque non eran ally con el, asy lo fazia a quantos eran ally en la hueste; ca los querian grant bien, porque eran muy buenos caualleros e bien acostunbrados e aprouauan bien en armas. E ellos estando en esto, heuos vn cauallero de Roboan do entro por las tiendas del rey. E este era el Cauallero Amigo, que fizo el rey cauallero e le dio por vasallo a Roboan. E fue fincar los ynojos antel rey e besole la mano e dixole asy: «Señor, Garfin e Roboan tus vasallos leales te enbian besar las manos e encomendarse en la tu graçia, e enbian te pedir por merçed que non mueuas de aquí, ca cras en la mañaña, sy Dios quesiere, seran aqui contigo e te diran muy buenas nueuas con que resçibas muy

grant plazer.» «Ay Cauallero Amigo!», dixo el rey, «por aquella fe que me tu deues, que me digas sy son biuos e sanos».
«Çertas», dixo el Cauallero Amigo, «yo te digo señor, que
biuos». «Pero sy son sanos?», dixo el rey. El Cauallero Amigo non gelo queria dezir, ca le fue defendido de su señor
Roboan que non lo dixiese que fuera ferido Garfin su hermano, nin que trayan al conde preso, mas que le dixiese que
seria con el otro dia en la mañana. El rey afincaua mucho
al Cauallero Amigo que le dixiese sy eran sanos, e el Cauallero Amigo le dixo: «Señor, non me afinquedes, ca non te
lo dire, ca defendido me fue; pero atanto quiero que sepas,
porque asosiegue el tu coraçon, que tan escorrechamente [317]
andan e caualgan commo tu.» «E tu seas bien venido!», dixo
el rey.

De commo Garfin e Roboan llegaron al rey de Menton con el conde Nason que leuauan preso e mal ferido

E otro dia en la mañana llegaron al rey Garfin e Roboan
con toda su gente, saluo ende çinquaenta caualleros que dexaron que troxiesen al conde preso, e venian lexos dellos
quanto vn migero e non mas, porque los ouiesen sienpre a
ojo, porque sy algunt rebate acaesçiese, que recudiesen luego
a ellos. E quando llegaron al rey fueron fincar los ynojos antel e besaronle las manos, e el rey se leuanto a ellos e resçebiolos muy bien, commo aquellos que amaua de coraçon.
E el catando a Garfin, viole vn velo que traya en la mexiella
diestra sobre la llaga de la ferida, e dixole el rey: «Garfin,
que fue eso? Del rostro fue ferida?» «Señor», dixo Garfin,
«non, mas fue vna naçençia que nasçio y». «Çertas», dixo el
rey, «non podia ser tan grant nasçençia en aquel lugar. E mala nasçençia nasca en quanto bien quiere aquel que vos lo
fizo». «Señor», dixo Roboan, «creo que sodes adeuino, ca
asy le contesçio; que non le podria peor nasçençia nasçer a
aquel que gelo fizo, nin en peor estado de quanto esta».
«Çertas algunt atreuimiento fue», dixo el rey, «que començo Garfin». «Non fue», dixo Roboan, «atreuimiento, mas fue
buen esfuerço [318]. «E commo fue eso?», dixo el rey. «Señor»,

[317] *Escorrechadamente:* esbeltamente.
[318] Como Zifar, Garfin es esforzado.

dixo Garfin, «dexemos esto agora estar, ca quien non lucha non cae; e conuiene a los caualleros mançebos de prouar alguna cosa de caualleria, ca por eso lo resçebieron. E çertas ninguno non puede ser dicho cauallero sy primeramente non se prouare en el canpo». «Verdat es», dixo el rey, «sy en el finca el canpo». «E yo asy lo entiendo», dixo Garfin. E aqui quedo el rey de fazer mas preguntas sobre esta razon.

«Señor», dixo Garfin, «Roboan e yo con el, e con estos caualleros buenos vuestros vasallos que vos me distes, e con la vuestra ventura buena e con la merçed de Nuestro Señor Dios, vos traemos aqui preso el conde Nason, peroque viene ferido». «E quien lo ferio?», dixo el rey. «Su atreuimiento e su desauentura», dixo Garfin, «e la mala verdat que traya» [319]. «Por Dios, Garfin e Roboan», dixo el rey, «vos me traedes muy buena dona, e gradescovoslo mucho; ca por aqui abremos todas las fortalezas que el auia, ca el fijo ninguno non ha, nin gelo de Dios, ca esa esperança abriamos del que del padre». E mandoles que gelo troxiesen delante. E ellos fezieronlo asy traer, asentado en vn escaño, acostado en vnos cabeçales [320], ca non se podia tener en pies. Quando lo el rey vio, la mano corta e todos los dedos de vn pie, e ferido en el anca muy mal, dixole asy: «Conde, non creo que con esa mano derecha me amenazedes de aqui adelante.» «Çertas», dixo el conde, «nin con la siniestra fare, ca de todo el cuerpo so tollido». «Bendito sea el nonbre de Dios», dixo el rey, «que da a cada vno el galardon que meresçe. Conde», dixo el rey, «de vagar estaua el que asy dolaua por vos, tantos golpes vos dio en ese cuerpo». «Señor», dixo el conde, «non fue mas de vn golpe aqueste que vedes». «Non?», dixo el rey, «muy tenprada creo que era el espada e el cauallero muy rezio e muy ligero, que tan fuerte golpe fazia. Dezit, conde, quien fue aquel que vos ferio?». «Señor», dixo el conde, «ese cauallero mançebo que esta ay çerca de vos a vuestros pies, a que llaman Garfin». «Par Dios», dixo el rey, «bien començo su mançebia, e bien creo que querra yr con tales obras commo estas adelante; e Dios gelo endresçe, por la su merçed». «Amen», dixo Roboan. «Çertas», dixo el conde, «non començo bien para mi, e pesame porque tan adelante fue con su buena andança». «Conde», dixo el rey, «bien se que vos pesa, pero conosçerle hedes esta vegada mejoria».

---

[319] Garfin responde de manera parecida a como había respondido Zifar en situaciones semejantes.

[320] *Cabeçales:* almohadas.

«Çertas», dixo el conde, «e avn para sienpre; ca en tal estado me dexo quel non pude enpesçer en ninguna cosa». Todos quantos y estauan se marauillaron de aquel golpe tan esquiuo [321], e touieron que recudria Garfin a ser buen cauallero e mucho esmerado entre todos los otros omes: ca avn mançebo era e estonçe le apuntauan las barbas. E otro dia mañaña ouo el rey acuerdo con todos los condes e los ricos omes que con el eran, sy yria con su hueste a cobrar la tierra del conde, o sy enbiaria algunos en su logar. E los que non auian sabor que tan ayna se tomase la tierra del conde, le consejauan que fincase el e que enbiase y aquellos quel touiese por bien; e los otros que auian sabor de seruir al rey, entendiendo que se libraria el fecho mas ayna por el, consejauanle que fuese y por su cuerpo. El touose por bien aconsejado, e mouio con toda su hueste para la tierra del conde.

De commo vn sobrino del conde Nason se aperçibio con el de gente contra el rey de Menton su señor

Mas vn sobrino del conde Nason, fijo de su hermana, muy buen cauallero de armas, que dexo el conde en su logar, con quinientos caualleros, e con trezientos que se fueron del albergada del conde quando el desbarato, con los que fueron de los que trayan la presa de la tierra del rey, que eran por todos ochoçientos caualleros allegados asy, e juraronse de se parar a defender la tierra del conde. E el algara [322] del rey entroles por la tierra del conde a correr e a quemar e astragar [323] todo quanto fallauan. El sobrino del conde estando en vna villa muy bien çercada con quatroçientos caualleros, vio los fuegos muy grandes que dauan en las alcarias, e el astragamiento grande que en la tierra fazian, e fablo con los caualleros e dixoles: «Amigos, ya vedes el mal que los del rey fazen por la tierra, e creo que el primer logar que querran venir a conbater que este sera en que nos estamos. E tengo que sera bien que saliesedes alla e que dexemos estos escuderos fijos dalgo e esta gente que tenemos a pie, que guardasen la villa con los çibdadanos de aqui. E por auentura

---

[321] *Esquiuo:* malo.
[322] *Algara:* vanguardia.
[323] *Astragar:* dañar.

que nos encontraremos con algunos de la conpaña del rey, e por la su desauentura que los fostigaremos de guisa que non entrarian tan atreuidamente commo entraron por la tierra.» Los caualleros le respondieron que mandase lo que touiese por bien, ca ellos prestos eran para yr do el quesiese e caloñar la desonrra del conde; ca mejor les era morir en el canpo faziendo bien, que auer a estar ençerrados quando los touiesen çercados. El sobrino del conde mando que otro dia en la mañaña que fuesen todos armados fuera de la villa, e ellos fezieronlo asy.

De commo Roboan pedio por merçed a su señor el rey que le dexase yr a fazer alguna caualgada

Garfin e Roboan uenian con el rey por el camino departiendo muchas cosas e preguntandolos el rey commo les contesçiera en el desbarato del conde. E quando le contauan de commo les acaesçiera, tomaua en ello grant plazer. E el yua castigandolos e consejandolos toda via en commo feziesen quando acaesçiesen en alguna lid canpal, e que non quesiesen que los sus enemigos acometiesen a ellos primeramente, mas que ellos acometiesen a los otros, e el miedo que los otros les auian de poner, que ellos que lo posiesen a los otros; ca çiertamente en mayor miedo estan los acometidos que non los acometedores, que vienen de rauiadamente e con grant esfuerço contra ellos. Roboan quando estas cosas oyo al rey dezir, touogelo en merçed señalada, e fuele besar las manos, e dixole asy: «Señor, nin Garfin nin yo non vos podriemos seruir quantas merçedes nos auedes fecho e nos fazedes cada dia, mas que a ningunos de vuestro señorio, ca non solamente nos mandades commo señor, mas castigadesnos commo padre a fijos.» Respondio el rey muy alegremente e dixo: «Roboan amigo, vos faziendo bien en commo lo fazedes, e creo que faredes mejor toda via, fio por Dios que me conosçeredes que vos amo verdaderamente, commo padre a sus fijos. E non me de Dios onrra en este mundo sy para vos non la codiçio.» Ally se dexaron caer a los sus pies Garfin e Roboan, e besaronle las manos muchas vezes, teniendo que les fazia grande e muy señalada merçed en les dezir atan altas palabras e de tan de coraçon. E pedieronle por merçed que quesiese que fuesen adelante con los algareros para fazer algunt bien. «Garfin», dixo el rey, «non quiero que vayades alla, que avn non sodes bien sano de la ferida que tenedes». «Señor», dixo Garfin, «non tengo ferida por que me deua escusar de yr fazer bien». «Garfin», dixo Roboan, «e muy bien vos dize el rey que folguedes e guarescades, ca de pequeña çentella se leuanta grant fuego sy ome non pone y consejo. E commoquier que esa vuestra ferida non sea muy grande, sy non y ponedes mayor cura de quanta fazedes, podervos yedes ver en peligro; mas sy touierdes por bien, yre con vuestra gente e con la mia con aquellos algareros a ganar alguna buena señal de caualleria». «E que señal?», dixo el rey. «Señor», dixo Roboan, «atal qual la gano mi hermano Garfin; ca non podiera mejor señal ganar que aquella que gano, ca la gano a grant pres e a grant onrra de sy, e por aquella señal sabran e conosçeran los omes el buen fecho que fizo, preguntando commo lo ouo, e bien veran e entenderan que la non gano fuyendo»[324].

De commo Roboan desbarato al sobrino del conde Nason, e le quebro los ojos de vn golpe que le dio

El rey fue mas pagado de quanto le oyo dezir, e dixole asy: «Mio fijo bien auenturado, de vos Dios la su bendiçion, e yo vos do la mia, e yd en el nonbre de Dios, ca fio por la su merçed que acabaredes todo quanto quesierdes.» Roboan caualgo e tomo la gente de su hermano e la suya, asy que eran trezientos e çinquaenta caualleros, e entraron por la tierra del conde guardando toda via los labradores de daño e de mal en quanto ellos podian, saluo ende lo que tomauan para comer, ca asy gelo mandaua Roboan, teniendo que los labradores non auian culpa en la mala verdat del conde. Çertas sy Roboan se tenia con Dios en fazer sienpre lo mejor, bien lo demostraua Dios que se tenia con el en todos sus fechos; asy que vn dia en la mañana, saliendo de vn montezillo, vieron venir el sobrino del conde con quatroçientos omes de cauallo, peroque venian muy lexos dellos bien seys migeros. «Amigos», dixo Roboan, «podremos oyr misa en este canpo ante que lleguen aquellos caualleros? ca en

---

[324] Roboan, que sigue deseoso de luchar, aprovecha todas las oportunidades para solicitar permiso para hacerlo.

todos los nuestros fechos deuemos anteponer a Dios». «Señor», dixo vn capellan, «muy bien la podedes oyr, ca yo vos dire misa priuado». E luego fue parado el altar en el canpo mucho ayna e el capellan reuestido, e dixo su misa bien, ca era ome bueno e de buena vida.

Quando ouieron oyda la misa vieron que los otros caualleros venian çerca, peroque ellos dubdauan e estauan parados. E dixo Roboan: «Amigos, los miedos partidos son, segunt me semeja, e vayamoslos acometer, que non ha çinco dias que me castigaron que el miedo que los enemigos nos auian a poner en acometiendonos, que gelo posiesemos nos primero feriendolos muy de rauiadamente e syn dubda.» Los caualleros commo omes de buen esfuerço e commo aquellos que auian sabor de bien fazer, dixieron que dezie muy bien, e fezieronlo asy e fueron su paso fasta que llegaron çerca de los otros. Estonçe mando Roboan que mouiesen e fueron los ferir de rezio. Los otros se touieron muy bien, a guisa de muy buenos caualleros, e boluieronse, feriendose muy de rezio los vnos a los otros. Ally veriedes muchos caualleros derribados e los cauallos syn señores andar por el canpo. E a los primeros golpes quebrantaron las lanças de la vna parte e de la otra e metieron mano a las espadas, e grande era la priesa de se ferir los vnos a los otros; e atan espesos andauan que non se podian bien conosçer, saluo ende quando nonbrauan cada vno de su parte. Roboan andaua en aquel fecho a guisa de muy buen cauallero e muy esforçado[325], llamando «Menton por su señor el rey», e ellos llamando «Tures por el conde Nason»[326]. Pero el que se encontraua con Roboan non auia mester çerugiano, que luego yua a tierra o muerto o mal ferido; ca fazia muy esquiuos golpes del espada e mucho espantables, de guisa que a vn cauallero fue dar por çima del yelmo vn golpe quel corto la meytad de la cabeça, e cayo la meytad en el onbro e la otra meytad yua enfiesta, e asy andido entrellos muy grant pieça por el canpo, de que se marauillauan mucho los que lo veyan, e fincauan espantados de aquel golpe tan esquiuo e estraño. E non queria caer del cauallo, e andaua enfiesto e leuaua la espada en la mano, espoloneando el cauallo entrellos.

E Roboan vio al sobrino del conde Nason e endresço para el e dixole asy: «Sobrino del malo, defiendete, ca yo contigo so. E çierto seas que los pecados de tu tio el conde te han

---

[325] Como Zifar, Roboan es esforzado.
[326] Exclamación bélica. Ver nota 128.

ha enpesçer.» «Mientes», dixo el sobrino del conde, «que non so sobrino del malo; ca nunca mejor cauallero fue en todo el regno de Menton que el». Desy dexaronse venir vno contra otro e dieronse muy grandes golpes de las espadas, peroque se non podian enpesçer por las armaduras que trayan muy buenas, e desy fezieron otra buelta e venieron vno a otro e dieronse muy grandes golpes, de guisa que el sobrino del conde ferio a Roboan del estoque en la baruiella) asy quel ouiera a fazer perder los dientes. E Roboan ferio al sobrino del conde del espada en el rallo [327] que tenia ante los oios de trauieso, en manera quel corto el rallo e entrole el espada por la cara e quebrantole amos oios. E tan grande e tan fuerte fue la ferida que non se pudo tener en el cauallo, e cayo en tierra. E desy Roboan torno a los suyos a esforçarlos, deziendoles: «Feritlos, que muerto es el sobrino del conde.» E los de la otra parte del conde que lo oyeron, saliense del canpo e yuanse, e asy que finco el canpo en Roboan e en los suyos. E non escaparon de los del conde mas de çinquaenta caualleros, ca todos los otros fueron muertos e presos; peroque de la conpaña de Roboan fueron muertos e mal feridos çiento e çinquaenta caualleros, ca de la otra parte e de la otra lidiaron a guisa de buenos caualleros, commo aquellos que auian sabor de vençer los vnos a los otros.

De commo el Cauallero Amigo llego al rey de Menton con el mandado de commo Roboan avia vençido la batalla

E estonçe mando Roboan que los caualleros de su parte que eran feridos que los amelezinasen e les catasen las llagas e los posiesen en los cauallos, e desy torno ally do yazia el sobrino del conde e fizo lo desarmar, e fallaron que tenia los oios quebrados de la ferida quel dio Roboan. E posieronlo en vna bestia e venieronse luego para el rey. El Cauallero Amigo, peroque era ferido de dos golpes, fue al rey adelante con estas nueuas, e quando gelas conto llamo el rey a todos los omes buenos de la hueste e dixoles: «Amigos, sy Garfin traxo buen presente para ser mas conplido, Roboan nos trae lo que menguaua, e este es el sobrino del conde,

---

[327] *Rallo:* ranura.

que mantenia toda la su gente e se cuydaua parar a nos defender la tierra, peroque trae amos los oios quebrados commo vos contara el Cauallero Amigo.» El rey paro mientes al Cauallero Amigo e viole ferido de dos golpes, e dixole: «Cauallero Amigo, creo que fallastes quien vos crismase.» «Çertas señor», dixo el Cauallero Amigo, «fallamos; ca non se vio el rey Artur en mayor priesa en mayor peligro con el Gato Paul que nos viemos con aquellos maldichos; ca sy los rascauamos, tan de rezio nos rascauan que apenas lo podiamos sofrir. Ca bien creet señor, que de nuestra parte en duda fue vn rato la batalla, tan fuertemente nos afincauan, asy que de la nuestra parte bien ouo muertos e feridos fasta çiento e çinquaenta caualleros». «E de la otra parte?», dixo el rey. «Çertas señor», dixo el Cauallero Amigo, «de quatroçientos caualleros que eran non fincaron mas de çinquaenta, que todos los otros fueron muertos e presos». «Çertas», dixo el rey, «muy ferida fue la batalla do fueron tantos muertos». «Bien creed señor», dixo el Cauallero Amigo, «que non me acuerdo que me açertase en logar de tan grant afruenta commo aquella batalla fue». «Ay! Cauallero Amigo», dixo Garfin, «Roboan mi hermano viene sano?». «Çertas tan sano commo vos», dixo el. «Commo?», dixo Garfin, «es ya señalado commo yo?». «Çertas», dixo el Cauallero Amigo, «sy». «En que lugar tiene la ferida?», dixo Garfin. «So la boca», dixo el Cauallero Amigo, «e bien creed que sy non por la gorguera que tenia alta, que ouiera a perder los dientes». «E quien lo ferio?», dixo Garfin. «El sobrino del conde lo ferio del estoque», dixo el Cauallero Amigo. «Mucho se presçian estos omes buenos de ferir de estoque»; dixo Garfin, «e Roboan, firio al sobrino del conde?». «Por Dios», dixo el Cauallero Amigo, «feriolo de vn muy fuerte golpe, ca le dio vna espadada sobre el rallo de trauieso, quel metio el espada en la cara e quebrantole amos ados los oios. E avn fizo otro golpe muy estraño a otro cauallero, quel dio vn golpe del espada ençima de la cabeça que le echo la meytad del yelmo con la meytad de la cabeça al onbro, e la otra meytad andaua enfiesta, e ansy andando vn grant rato por entre nos en el canpo, que non queria caer del cauallo; e todos fuyan del commo de cosa espantable». «Dexatlo», dixo el rey, «ca bien encarniçado es e creo que non dubdara de aqui adelante de salir a los venados quando le acaesçiere, e çertas yo cuydo que sera ome bueno e buen cauallero de armas».

De commo Roboan llego al rey con el preso que le lleuaua, con todos los otros que leuauan presos e feridos

E ellos estando en esto, aheuos Roboan do asomo con toda su gente. E el rey caualgo con todos esos omes buenos que con el eran, e saliole a resçebir. E fue muy bien resçebido del rey e de todos los otros. E quando vio el rey muy grant gente de la su conpaña los vnos las cabeças atadas e los otros entre costales, pesole mucho, pero en solas dixo a Roboan, sonrriendose: «Roboan, do fallestes tan presto el obispo que vos esta gente crismo?» «Çertas señor», dixo Roboan, «obispos pueden ser dichos, que cada vno ouo el suyo». «E con que los crismaron?», dixo el rey; «tenian consigo la crisma e el agua bendita?». «Con las estolas», dixo Roboan, que traen en los cuellos e con los manipulos que traen en los puños, e la sangre dellos mismos; pero señor, el fecho todo andido a rebendecha, que quales nos las enbiauan tales gelas tornauamos.» «Pero», dixo el rey, «el obispo que a vos crismo non vos dio la pescoçada en la tienbla [328], e cuydo que era viejo cansado e non pudo alçar la mano, e diovosla en la barba; o era muy soberuio e non ovo verguença porque la trayedes descubierta». E esto dezia el rey porque non auia punto de barua. «Çertas señor», dixo Roboan, «en tal logar fue fecho que non auia vergueña nin miedo el vno al otro». «E al que vos esta desonrra fizo», dixo el rey, «ouo y alguno que gelo feziese?» «Sy», dixo Roboan. «E quien?», dixo el rey. «La mala verdat que tenia», dixo Roboan [329]. «Çertas», dixo el rey, «el fue mas desonrrado de la mas desonrrada cosa que en el mundo podia ser, e tal commo aqueste non es ya para paresçer en plaça; ca non ha buena razon por sy con que se defienda. Pero traedlo», dixo el rey, «e veremos sy se querra defender por razon; ca el buen jues non deue judgar a menos de ser oydas amas las partes». Estonçe troxieron al sobrino del conde en vna bestia cauallero, la cara toda descobierta. E quando llego antel rey venia tan desfaçiado, por aquel golpe de trauieso traya por los oios, que aspereça era grande de lo catar; pero dixo el rey:

---

[328] *Tienbla:* temblor.
[329] Roboan responde de manera parecida a como había respondido Zifar en situaciones semejantes.

«Ay sobrino del mal conde! creo que non seriades de aqui adelante para atalaya.» «Çertas, nin para escucha faria.» «E commo asy?», dixo el rey. «Yo vos lo diria; el golpe me llego fasta dentro en los oydos todos, e asy que he perdido el ver e el oyr.» «Bien aya obispo», dixo el rey, «que tan buena pescoçada da. E bien creo que quien asy confirmo non vos queria grant bien». «Çertas», dixo el, «non era y engañado, que nin yo fazia a el; e maldita sea mano de obispo tan pesada que asy atruena e tuelle a quien confirmar quiere!». E començaronse todos a reyr. «Çertas», dixo el sobrino del conde, «todos podedes reyr, mas a mi non se me rie, e en tal se vea a quien plaze». E dixo el rey: «Avn diria este soberuia sy en su poder fuese.» E enbiaron por el conde que veniese ver su sobrino, e traxieronlo ally.

De las cosas que se dixieron delante del rey e delante de todos los caualleros de la corte el conde Nason e otrosy su sobrino

E quando el conde vio a su sobrino desfaçionado, dexo se caer en tierra asy commo muerto, de grant pesar que ouo. E quando lo leuaron dixo asy: «Ay mi sobrino! que mesreçistes vos por este mal vos aueniese?» «Çertas», dixo el, «por los pecados del padre lazran los fijos, e asy fize yo por los pecados vuestros». «Non digades»; dixo el conde, «que el ome que mas me metio a esto e mas me enrrizo [330] vos fuestes». «Çertas», dixo, «yo a vos non podiera mouer, mas por do queriades guiar yo auia a vos por fuerça a seguir, e vos auiedes poder sobre mi e yo non sobre vos. E bien creed que por la grant soberuia que ouo sienpre en vos non temiades ninguna cosa, e faziades vos temer e non vos queriades guiar por consejo de ninguno. E vengasevos emiente que a la puerta de vuestro castiello de buelta antel portal estando con vuestros parientes e vuestros vasallos, dixistes con grant soberuia que vos non fincaria el rey en logar del mundo quel non corriesedes e le echariedes del regno».

«Agora», dixo el rey, «asas auemos oydo. Bien semeja que es verdadero el enxienplo que dize que quando pelean los ladrones descubrense los furtos. E çertas asas ay dicho de la vna parte e de la otra para buen jues». «Conde», dixo

---

[330] *Enrrizar*: azuzar.

el rey, «mandat me dar las villas e los castiellos del condado». «Señor», dixo el conde, «a este mi sobrino fezieron todos omenaje, tan bien de las villas commo de los castiellos». «Çertas», dixo el sobrino del conde, «verdat; mas con tal condiçion que sy vos y llegasedes yrado o pagado, o sano o enfermo, muerto o biuo, con pocos o con muchos, que vos acogiesen, e sy esto a vos feziesen, que fuesen quitos del omenaje que a mi fezieron. E porende conde vos sodes aquel que gelos podedes dar». «Çertas», dixo el rey al conde, «sy asy es verdat lo que dize vuestro sobrino?». «Señor», dixo el conde, «verdat es asy commo el dize; mas señor, commo me darian a mi las villas e los castiellos pues vieren que non so en mi poder e esto en presion?». «Conde», dixo el rey, «en al estades; ca deuedes saber que a traydor non deuen guardar omenage aquellos que lo fezieron». «Al leal señor», dixo el conde, «gelo fizieron». «Sy», dixo el rey, «e mientra duro en la lealtad tenudos fueron de guardar el omenage; mas desque cayo en la trayçion, por quitos son dados de Dios e de los omes del omenage; ca non gelo deuian guardar en ninguna manera, commo âquel que non es par de otro ome por de pequeño estado que sea; ca lo pueden desechar en qualquier juyzio que quieran entrar con el para razonar o para lidiar. E de aquellos que fazen omenage a traydor a sabiendas, sabiendo que cayo en traycion, o oyendolo, el non mostrando que se saluara ende, non lo deuieran resçebir por señor; mas deuieran le esquiuar commo a traydor o manzellado [831] de fama de traydor. Pues purgado non era de la infamia e le fezieron omenage, cayeron en el pecado de trayçion asy commo aquel que la fizo».

«E proeuase por semejante que sy alguno fabla o partiçipa con el descomulgado manifiesto a sabiendas, en menospreçio de la sentençia de descomunion en que cayo el descomulgado con quien partiçipo, que es descomulgado asy commo el otro. E porende bien asy caen en trayçion el que lo consiente commo el que lo faze, auiendo poder de lo vedar que se non faga, e non lo vieda; ca los fazedores e los consejadores del mal ygual pena meresçen, mayormente queriendo se ayuntar con el que faze la trayçion e querer con el leuarlo adelante. Onde dizen razon: «O quan caramente se conpra el infierno!» ca el que conpra el infierno da muchas buenas cosas por el faziendo mal; ca el que faze mal pierde la graçia de Dios e el amor de los omes e anda difamado

---

[831] *Manzellado:* manchado.

e sienpre esta en miedo de sofrir pena en este mundo por
el mal que fizo, e ençima para el infierno, que conpro muy
caro dando todas estas cosas tan nobles por tan vil cosa e
tan dañosa commo el infierno. E el que bien faze ha la graçia de Dios, e gana buena fama, e non ha miedo ninguno,
ca non fizo por que. E desy vase para parayso que conpro
refes [332], ganando la graçia de Dios e el amor de los omes
e buena fama, e non auiendo miedo a ninguno. E asy bien
auenturado es el que fuye del mal e se llega al bien, ca del
bien puede ome auer onrra e pro en este mundo e en el
otro. E del mal puede auer desonrra e daño para el cuerpo
e para el alma; asy commo lo deue el que faze trayçion;
ca el traydor es dado por semejante a la culebra, que nunca
anda derecha, synon tuerta, e al can rauioso, que non muerde de derecho, synon de trauieso, e al puerco, que se dexa
bañar en el agua clara e linpia, e va se bañar en el mas po-
drido çieno que falla. E avn es dado por semejante a la
mosca, que es la mas vil cosa del mundo, que en lugar de
se fartar de la carne fresca, vase fartar de la carne mas
podrida que puede fallar. E asy el traydor, quando quiere
basteçer la trayçion, non fabla con los omes de derecho en
derecho en los fechos de su señor, mas por maneras de engaño, difamando a su señor e deziendo mal del encubiertamente e con falsedat e delante del con lisonjas, fablando a
plazenteria; e asy le muerde de trauieso commo can rauioso,
desfaziendo su buena fama e su onrra. Otrosy dexa la carrera del bien e toma la carrera del mal, e asy anda tuerto
commo la culebra; ca faze tuerto a su señor, non le guardando verdat nin lealtad commo deue. Otrosy dexa de ganar
buena fama, que es tan clara commo buen espejo, e va a
ganar infamia de trayçion, que es aborresçida de Dios e de
los omes; e asy semeja al puerco, que dexa el agua clara e
se baña en el çieno. E syn esto dexa buen galardon por pena,
e dexa onrra por desonrra, asy commo la mosca que dexa
la carne fresca e va a la podrida. Onde sy los omes quesieren
parar mientes a saber que cosa es trayçion, fuyrian della
commo de gafedat [333]; ca bien asy commo la gafedat enco-
na [334] e gafeçe fasta quarta generaçion desçendiendo por la
liña derecha, asy la trayçion del que la faze manziella a los
que del desçienden, fasta quarto grado; ca los llamarian fijos

---

[332] *Refes:* fácilmente.
[333] *Gafedat:* lepra.
[334] *Enconar:* enojar.

e nietos e visnietos de trayçion, e pierden onrra entre los omes, e non los resçiben en los ofiçios, saluo sy el señor los diere por quitos de aquella infamia a los que desçienden del traydor, porque puedan auer los ofiçios de la su tierra. E porende deuen todos fuyr del asy commo de gafo e de cosa enconada, e los parientes, por çercanos que sean, deuen lo negar e dezir que non es su pariente nin de su sangre, e deuen fuyr del los sus vasallos otrosy, que non es su señor.»

«E proeuase por semejante que lo deuen fazer asy; ca sy razon es que los omes fuyan del descomulgado e nin le fablen nin partiçipen con el en ninguna cosa, porque erro a Dios primero en quebrantar los sus santuarios o en otra manera, en meter manos yradas en algunos de los seruidores dellos, quanto mas deuen fuyr del que erro a Dios primeramente faziendo la trayçion e non guardando la jura que fizo en su nonbre, e el omenage para seruir su señor lealmente, nin le guardando la fialdat[335] quel prometio del acresçer en su onrra, asy commo vasallo leal deue fazer a su señor? Çertas razon es de fuyr de cosa tan enconada commo esta, que tan malamente erro a Dios e a los omes e a sy mesmo; ca seys cosas deue fazer el que jura de guardar verdat e fialdat e lealtad a su señor: la primera, que deue guardar la persona de su señor en todas cosas sanas e alegres, e syn enpieço[336] ninguno; la segunda es que el señor sea del bien seguro en todo tienpo; la terçera, quel guarde su casa atan bien en los fijos commo en la muger, e avn segunt onestedat en las otras mugeres de casa; la quarta, que non sea en consejo de menguar ninguna cosa de su señor; la quinta, que aquello que podria el señor con derecho e con razon ganar de ligero e ayna, que non gelo enbargue de dicho nin de fecho nin de consejo, porque lo non pueda ganar tan ayna commo podria ganar sy non fuese enbargado; la sesta, que aquello quel señor ouiese de dezir o a fazer ally do su onrra fuese, que non gelo enbargue por sy nin por otre, que sele torne en desonrra. E avn es y setena cosa, que quando el señor le demandare el consejo, que el que gelo de verdaderamente syn engaño ninguno, segunt el buen entendimiento que Dios le dio. E el que fallesçe en cualquier destas cosas non es digno de la onrra de la lealtad, nin deue ser dicho leal. E estas cosas atan bien las deue guardar el señor al vasallo commo el vasallo al señor.»

---

[335] *Fialdat:* fidelidad.
[336] *Enpieço:* estorbo.

De commo el rey de Menton dio por traydor al conde Nason delante de todos, e lo mando luego lleuar a quemar

«Onde, commo vos, conde, fuestes mio vasallo e heredado en el mio regno, e teniendo de mi tierra grande de que me auiedes a fazer debdo, e muy grande auer cada año por que erades tenudo de me seruir, e auiendome fecho jura e omenage de me guardar fialdat e lealtad, asy commo buen vasallo deue fazer a buen señor, e fallesçistesme en todo, yo non vos deziendo nin faziendo por que, e non vos espediendo de mi corristesme la tierra e robastesmela e quemastesmela, e avn teniendo que esto todo non vos conplia dixistes contra mi persona muchas palabras soberuiosas e locas, amenazandome que me correriedes e me echariedes del regno, asy commo vos afronto agora vuestro sobrino ante todos los de mi corte, de lo que nunca vos quesistes arrepentir nin demandar perdon, maguer estades en mi presion...»

«Señor», dixo el conde, «si lo en vos podiese fallar, demandarvos ya el perdon». «E vos por que?», dixo el rey, «sy non fezistes por que». «Señor», dixo el conde, «por eso que dixo mio sobrino que yo dixe». «E fue verdat», dixo el rey, «que vos lo dixistes?». «Por la mi desauentura», dixo el conde, «sy». «Buena cosa es», dixo el rey, «el reprehender a las vegadas con palabras falagueras por que ome pueda saber la verdat». Ca el conde non deuia resçebir mal por lo que su sobrino dixiera sy lo el non ouiese conosçido; e porende dixo el rey: «Conde, pues vos confesastes por la vuestra boca lo que vuestro sobrino dixo, e por todas las otras cosas que fezistes contra la fialdat e la lealtad que me prometistes guardar e las non guardastes, yo auiendo a Dios ante los oios e queriendo conplir justiçia, la qual tengo acomendada del mio señor Iesu Cristo e he a dar cuenta e razon de lo que feziere, e auiendo mi acuerdo e mio consejo con los de mi corte, ante todos quantos omes buenos aqui son vos do por traydor, e a todos aquellos que vos quesieren ayudar e yr contra mi por esta razon. E porque non enconedes la otra tierra por do fuerdes con la vuestra trayçion, non vos quiero echar de mio regno, mas mando que vos saquen la lengua por el pescueço por las palabras que dixistes contra mi, e que vos corten la cabeça que vos fezistes cabo de otros para correr la mi tierra, e que vos quemen e vos fagan poluos por la quema que en ella fezistes, porque nin vos coman canes nin aues, ca fincarian enconadas de la vuestra trayçion; mas que cojan los poluos e los echen en aquel lago que es en cabo del mi regno, a que dizen lago solfareo, do nunca ouo pes nin cosa biua del mundo. E bien creo que aquel lugar fue maldito de Dios, ca segunt a mi fezieron entender aquella es la sepultura de vn vuestro bisauelo que cayo en otra trayçion asy commo vos fezistes. E ydvos de aqui e nunca vos saque Dios ende» [337].

De commo el conde Nason fue quemado e fecho poluos, e lançaron los poluos en vn lago fondo

Ally tomaron el conde e fezieron en el justiçia segunt que el rey mando, e desy cogieron los poluos del e fueron los echar en aquel lago, que era doze migeros del real. Çertas muy grant fue la gente que fue alla ver en commo echauan los poluos del en aquel lago. E quando los echaron, los que y estauan oyeron las mayores bozes del mundo que dauan so el agua, mas non podian entender lo que dezian. E asy començo a bollir el agua que se leuanto vn viento muy grande a marauilla, de guisa que todos quantos y estauan cuydaron peligrar e que los derribaria dentro, e fuyeron e venieronse para el real e contaronlo al rey e a todos los otros, e marauillaronse ende mucho. E sy grandes marauillas paresçieron y aquel dia, muchas mas paresçen y agora, segunt cuentan aquellos que lo vieron. E dizen que oy en dia van alla muchos a uer las marauillas, que veen muchos armados lidiar aderredor del lago, e veen çibdades e villas e castiellos muy fuertes conbatiendo los vnos a los otros e dando fuego a los castiellos e a las çibdades. E quando se fazen aquellas visiones e veen al lago, fallan que esta el agua bullendo tan fuerte e que lo non osan catar. E enderredor del lago bien dos mijeros, es todo fecho çeniza; e a las vegadas se para vna dueña muy fermosa en medio del lago e faze lo amansar, e llama a los que y estan por

---

[337] La traición es el mayor pecado político del vasallo, al igual que la injusticia es el mayor pecado político del señor. Los señores pierden el poder y, a veces, la vida, si son injustos. Los vasallos pierden la vida, si son traidores.

239

los engañar; asy commo contesçio a vn cauallero que fue a ver estas marauillas, que fue engañado desta guisa, segunt que agora oyredes [338].

Aqui dexa la ystoria de fablar de la conpaña del rey e fabla de vn cauallero atreuido, de commo vino alli e entro en aquel lago

Dize el cuento que vn cauallero del regno de Porfilia oyo dezir estas marauillas que paresçian en aquel lago e fue las ver. El cauallero era muy syn miedo e mucho atreuido, e non dudaua de prouar las auenturas del mundo, e porende auia nonbre el Cauallero Atreuido [339]. E mando fincar vna tienda çerca de aquel lago, e ay estaua de dia e de noche veyendo aquellas marauillas [340]; mas la su gente non podia estar con el quando aquellas visiones paresçian, e redrauanse ende. Así que vn dia paresçio en el lago aquella dueña muy fermosa, e llamo al cauallero, e el cauallero se fue para alla e preguntole que queria, peroque estaua lexos, ca non se osaua llegar al lago. E ella le dixo que el ome que ella mas amaua que era el, por el grant esfuerço que en el auia, e que non sabia en el mundo tan esforçado cauallero.

Quando estas palabras oyo semejole que mostraua couardia sy non feziese lo que querie, e dixole asy: «Señora, sy esa agua non fuese mucho alta, llegaria a vos.» «Non», dixo ella, «ca en el suelo ando, e non me da el agua fasta el touiello». E alço el pie del agua e mostrogelo. E al cauallero semejole que nunca tan blanco nin tan fermoso nin tan bien fecho pie de dueña viera, e cuydo que todo lo al se seguia asy segunt que aquello paresçia, e llegose a la oriella del lago, e ella fue lo tomar por la mano e dio con el dentro. E fue lo leuar por el agua fasta que lo abaxo ayuso, e fue lo leuar a vna tierra estraña, e segunt a el semejaua muy

---

[338] A continuación comienza el primer episodio fantástico de la obra, que se liga a la acción realista mediante un personaje —el caballero Atrevido— común a la acción principal y al episodio secundario.

[339] El autor, después de decirnos varias veces que el esfuerzo es bueno y el atrevimiento es malo y después de mostrarnos que Garfín y Roboan son caballeros esforzados, nos muestra un caballero atrevido.

[340] La curiosidad es la motivación del caballero Atrevido.

fermosa e muy viçiosa [341]. E vio muy grant gente de caualleros e de otros omes andar por esa tierra, pero quel non
fablauan nin dezian ninguna cosa.

De commo el Cauallero Atreuido tomo por su muger a la señora de aquel lago

E el cauallero dixo a la dueña: «Señora, que es esto por
que esta gente non fabla?» «Non les fabledes», dixo, «nin
a ninguna dueña, maguer vos fablen, ca perderme yedes
porende [342]. E vedes aquella çibdat muy grande que paresçe?
Mia es, e podedes la auer e ser señor della sy me bien
quesierdes guardar; ca yo guardarvos quiero e non catar
por otro sy non por vos, e asy seredes vos vno de vna e
yo vna de vno. Guardevos Dios que me non querades perder nin yo a vos, e en señal de buen amor verdadero
fagovos señor de aquesta çibdat e de quanto he». E çertas
dezia bien sy el amor tan verdadero era commo ella le
mostraua. «E grant merçed», dixo el, «de vuestro buen don,
ca vos veredes, señora, que vos seruire yo muy bien con
ello». Asy que todo este fecho era obra del diablo, non
quiso Dios que mucho durase, asy commo adelante oyredes.

De las marauillas quel Cauallero Atreuido vido dentro en el lago, de lo qual el fue mucho marauillado

Mas enante [343] que llegasen a la çibdat salieron a ellos
muchos caualleros e otra gente a los resçebir con muy grandes alegrias, e dieronles sendos palafres ensellados e enfrenados muy noblemente en que fuesen. E entraron a la çibdat
e fueronse por los palaçios do moraua aquella dueña, que

---

[341] El reino lejano de los cuentos folklóricos suele estar en una
isla o en un lago. En este caso, está en un lago. Según Propp,
este reino lejano de los cuentos folklóricos es un recuerdo del
reino de la muerte, a su vez relacionado con los ritos de iniciación
(*Las raíces históricas...*, págs. 523-535).

[342] Prohibición: no hablar con los habitantes del reino. Planteamiento del cuento.

[343] *Enante:* antes.

eran muy grandes e muy fermosos. E asy paresçieron a aquel cauallero tan noblemente obrados que bien le semejaua que en todo el mundo non podian ser mejores palaçios nin mas nobles nin mejor obrados que aquellos; ca ençima de las coberturas de las casas paresçian que auia robis e esmeraldas e çafires, todos fechos a vna talla tan grandes commo la cabeça del ome, en manera que de noche asy alunbraua todas las casas que non auia camara nin lugar por apartado que fuese, que tan alunbroso non estudiese commo sy fuese todo lleño de candelas [344].

E fueron ser el cauallero e la dueña en vn estrado muy alto que les auian fecho de seda e de oro muy noble. E ally venieron antellos muchos condes e muchos duques, segunt que ellos se llamauan, e otra mucha gente, e fueronle besar la mano al cauallero por mandamiento de la dueña, e resçebieronlo por señor. E desy fueron luego puestas tablas por el palaçio, e ante ellos fue puesta vna mesa la mas noble que ome podria ver; ca los pies della eran todos de esmeraldas e çafires. E eran tan altos e cada vno dellos commo vn codo o mas, e toda la tabla era de rubis, tan clara que non semejaua sy non vna brasa biua. E en otra mesa apartada auie y muchas copas e muchos vasos de oro muy noblemente obrados, con muchas piedras preçiosas, asy que el menor dellos non lo podrian conprar los mas ricos tres reys que auia en toda esa tierra.

Atanta era la baxiella que ally era que todos quantos caualleros comian en el palaçio, que era muy grande, conplian con ello. E los caualleros que ally comian eran dies

_____

[344] El reino lejano es siempre un lugar de abundancia y de riqueza. A este respecto, Propp dice que «... en el reino lejano hay edificios, y se trata siempre de palacios. Veamos ahora de cerca este palacio. La mayor parte de las veces es todo de oro... La arquitectura del palacio es totalmente fantástica...» (*Las raíces históricas...*, pág. 417). Propp dice también que «... en el otro mundo el cazador continúa con su oficio: allá se conservan las fuerzas que le dan el poder sobre la naturaleza, de allá se pueden transferir al mundo de los hombres y obtener así un perfeccionamiento de su caza, las flechas que no yerran nunca. Pero, más tarde, en el otro mundo se deja de producir y de trabajar, únicamente se consume... el poder mágico sobre la abundancia de animales es sustituido simplemente por una abundancia de cosas listas para su consumo. Aquí está la fuente de la representación de la abundancia inagotable. En los países de los muertos, el alimento no se acaba nunca...» (*Las raíces históricas...*, páginas 429-430).

242

mill; ca bien semejo al cauallero que sy el tantos caualleros touiese en la su tierra, e tan guisados commo a el paresçian, que non auia rey por poderoso que fuese, quel podiese sofrir, e que podria ser señor de todo el mundo. Ally les traxieron manjares de muchas maneras adobados, e trayanlos vnas donzellas las mas fermosas del mundo e mejor vestidas, segunt paresçian, enpero que non fablasen nin dixiesen ninguna cosa. El cauallero se touo por bien rico e por muy bien andante con tantos caualleros e tan grant riqueza que vio ante sy, peroque tenia por mucho estraña cosa en non fablar ninguno; que tan callados estauan que non semejaua que en todos los palaçios ome ouiese; e porende non lo pudo sofrir, e dixo: «Señora, que es esto por que esta gente non fabla?» «Non vos marauilledes», dixo la dueña, «ca costunbre es desta tierra que desde el dia que alguno resçiben por señor, fasta siete semanas non han de fablar, e non tan solamente al señor mas vno a otro; mas deuen andar muy omildosos delante de su señor, e serle mandados en todas aquellas cosas que el les mandaria. E non vos quexedes, que quando el plazo llegare, vos veredes que ellos fablaran mas de quanto vos querriades; pero quando les mandaredes callar que callaran, e quando les mandaredes fablar que fablaran, e ansy en todas las cosas que quesierdes».

E desque ouieron comido, leuantaron las mesas muy toste, e ally fueron llegados muy grant gente de joglares; e los vnos tanien estrumentos, e los otros saltauan, e los otros tunbauan, e los otros subian por los rayos del sol a las feniestras de los palaçios que eran mucho altos, e desçendian por ellos bien asy como sy desçendiesen por cuerdas, e non se fazian mal ninguno. «Señora», dixo el cauallero, «que es esto por que aquellos omes suben tan ligeramente por el rayo del sol e desçienden?». «Çertas», dixo ella, «ellos saben sus encantamentos para fazer estas cosas atales. E non seades quexoso para querer saber todas las cosas en vna ora, mas ved e callat, e asy podredes las cosas mejor saber e aprender; e las cosas que fueron fechas en muy grant tienpo e con grant estudio, non se pueden aprender en vn dia».

De commo el Cauallero Atreuido ouo vn fijo en aquella dueña señora de aquel lago, en siete dias

Quando anochesçio fueronse todos aquellos caualleros de ally e todas las donzellas que ally seruian, saluo ende dos, que tomaron por las manos la vna al cauallero e la otra a la señora, e leuaronlos a vna camara que estaua tan clara commo sy fuese de dia, por los robis muy grandes que estauan y engastonados ençima de la camara. E echaronlos en vna cama noble que en el mundo non podria ser mejor, e salieron luego de la camara e çerraron las puertas. Asy que esa noche fue ençinta la dueña.

E otro dia en la mañaña fueron por ellos las donzellas e dieronles de vestir, e luego en pos ello del agua a las manos en seños baçines, amos ados de finas esmeraldas, e los aguamaniles de finos robis. E desy venieronse para el palaçio mayor e asentaronse en vn estrado, e venieron ante ellos muchos trasechadores que plantauan los arboles en medio del palaçio, e luego nasçian e cresçian e floreçian e leuauan fruto, del qual fruto cogian las donzellas e trayan en los baçines al cauallero e a la dueña. E tenia el cauallero que aquella fruta era la mas fermosa del mundo e mas sabrosa. «Ay Nuestro Señor!», dixo el cauallero, «que estrañas cosas ha en esta tierra mas que en la nuestra!». «Çertas», dixo la dueña, «e avn mas estrañas veredes, ca todos los arboles desta tierra e las yeruas nasçen e floresçen e dan fruto nueuo de cada dia, e las otras reses paren a syete dias». «Commo señora», dixo el cauallero, «pues sy vos ençinta sodes, a syete dias abredes fruto?». «Çertas», dixo ella, «verdat es». «Bendita sea tal tierra!», dixo el cauallero, «que tan ayna lieua e tan abondada es en todas cosas». Asy pasaron su tienpo muy viçiosamente fasta los syete dias, que encaesçio la dueña de su fijo. E fasta los otros syete dias fue çerca tan grande commo su padre. «Agora», dixo el cauallero, «veo que todas las cosas cresçen aqui adesora; mas marauillome por que lo faze Dios en esta tierra mas que en la nuestra». E penso en su coraçon de yr andar por la çibdat e preguntar a otros que podria ser esto; e dixo: «Señora, sy lo por bien touiesedes, caualguemos yo e mio fijo, e yremos a andar por la çibdat.» Dixo ella: «Mucho me plaze.»

244

De commo el Cauallero Atreuido fue luego engañado de vna muger yendo por la çibdat

Traxieronles luego sendos palafres en que caualgasen, muy fermosos e bien ensellados e enfrenados, e quando salieron a la puerta fallaron mill caualleros armados que fueron toda via antellos, guardandolos por la çibdat e guiandolos. E en pasando por la calle, estaua a vna puerta vna dueña muy fermosa, mucho mas que su señora, peroque era amada de muchos, e non se pudo tener que la ouiese a fablar, e dixo asy: «Señora, podria ser que yo fablase conbusco aparte?» «E commo», dixo la dueña, «non sodes vos aquel otro dia tomamos por señor, e auedes por muger a nuestra señora?» «Çertas, sy so», dixo el. «E non vos defendio nuestra señora», dixo ella, «ante que entrasedes en la çibdat, que non fablasedes a ninguna dueña, sy non que la perde-riedes?». «Verdat es», dixo el. «Pues commo vos atreuistes», dixo ella, «a pasar su defendimiento?. Çertas muy mal man-dado le fuestes». «Señora», dixo el cauallero, «non lo ten-gades a marauilla, ca forçado fuy de amor». «De cuyo amor?», dixo ella. «Del vuestro», dixo el. «Ay señora!», dixo vna su cobigera [345], «que grant pecado fariedes sy lo asy enbiades de vos, que conbusco non fable. E non vedes quan apuesto es, e quan de buen donario, e commo da a entender que vos quiere grant bien?». E a estas palabras recudio otra maldita, que se non preçiaua menos que la pri-mera destas trugimanias [346] atales, e dixo mucho ayna: «Ay señora! que es del vuestro paresçer e del vuestro donario e de la vuestra buena palabra e del vuestro buen resçebir? Asy acogedes a quien vos muestra tan grant amor? E non vedes que en catandovos luego se enamoro de vos? E non es marauilla, ca de tal donario vos fizo Dios, que non ha ome que vos vea que luego non sea preso del vuestro amor. E çertas tuerto fariedes en ser escasa de lo que vos Dios quiso dar francamente, e par Dios señora, non le querades penar, dandole la buena repuesta que aspera.»

E mal pecado! destas atales muchas ay en el mundo, que non estudian en al sy non en esto, non catando onrra nin

---

[345] *Cobigera:* camarera.
[346] *Trugimanias:* trucos.

desonrra âquellos a quien consejan, nin parando mientes en les fazer perder pres e buena fama; mas fazenlo por auer soltura, e poder fazer a su talante en aquellos que saben que les non pesa con estas trugemanias, e por do ayan dia e vito [347], e sean anparadas e defendidas andando con ellas, conpliendo a su voluntad mala en este mundo [348]. Ca non ay cosa que tanto codiçian los malos omes commo soltura, e puedenla bien auer con aquellos que se pagan de eso mesmo. E porende dizen que todo talante a su semejante; e mal pecado! algunos que lo creen de grado, toman plazer en lo que les dizen e les consejan, ca les plaze de burla, ca lo tienen por brio de andar de mano en mano e auer muchos amados. E çertas estas atales non aman verdaderamente ningunt ome, nin los amadores non aman verdaderamente a las mugeres quando mucho quieren amar; ca non es verdadero nin durable, synon quando lo tienen delante. Onde sobre tales amores commo estos, que son syn Dios [349], puso vn enxienplo sant Geronimo de vnas preguntas que fazia vn ome bueno a su fija, en que se puede entender sy es verdadero el amor de la muger que muchos garçones ama, o non .

De las preguntas que fizo vn padre a su fija, sobre los amores de las mugeres

E dize asy: que vn ome bueno auia vna fija muy fermosa e muy leyda e de buena palabra e de buen resçebir, e plaziale mucho de dezir e de oyr, e por todas razones era muy visitada, e era familiar de muchas dueñas quando yuan a los santuarios en romeria, por muchas plazenterias que les sabia dezir. E porende quiso el ome bueno saber estos amores que su fija mostraua a todos, sy eran verdaderos; e dixole: «Ya mia fija mucho amada e muy visitada e muy entendida en muchos bienes, dezidera de buenas cosas e plazenteras, que-

---

[347] *Vito:* sustento.
[348] Aquí tenemos una de las primeras apariciones de la figura de la tercera en la literatura española, así como una de las primeras reflexiones sobre la inmoralidad de su conducta.
[349] Distinción entre los amores «syn Dios» y los amores con Dios. Según Ruiz de Conde, los amores del caballero Atrevido en el Lago y los amores de Roboan en las Ynsulas son amores «syn Dios» (*El amor...*, págs. 91-94).

rriades que feziesemos vos e yo vn trebejo de preguntas e de repuestas, en que tomasemos algunt plazer?». Respondio la fija: «Ya mi padre e mi señor, sabet que todo aquello que a vos plaze plaze a mi, e sabe Dios que muy grant deseo auia de ser conbusco en algunt solas, porque viesedes sy era en mi algunt buen entendimiento.» «Fija amiga», dixo el padre, «dezirme hedes verdat a las preguntas que vos feziere?». «Çertas, sy dire», dixo la fija, «segunt el entendimiento que en mi ouiere, e non vos encubrire ninguna cosa, maguer que algunas de las palabras que yo dixiere sean contra mi». «Agora», dixo el padre, «entremos yo preguntando e vos respondiendo». «Començad en buen ora», dixo la fija, «ca yo aparejada esto para vos responder». «Pues mi fija bien aventurada, respondetme a esta pregunta primera. La muger que muchos ama, a qual de los amadores ama?» «Çertas padre señor», dixo la fija, «non los puede a todos amar en vno, mas agora aqueste e agora aquel otro; ca quantas vegadas muchos ama, tantos mas amadores demanda; ca la codiçia non se farta que non quiera sienpre nueuas cosas, e codiçiando sienpre ome, agora ama a este e agora ama aquel otro; ca bien asy commo de ligero conçibe nueuas cosas en su coraçon, asy de ligero las pierde e las oluida. E asy quantos mas ama, tantos mas quiso amar, menospreçiando los otros, sy non el postrimero, e auiendo toda via en talante de lo dexar e de lo oluidar luego que otro nueuo sobreviene».

«Ya mia fija de buen conosçer, pues la muger que mucho ama, qual ama?» «Padre señor, aquel cuyo ymagen personalmente cata.» «Ay! mi fija, quanto dura el amor de tal muger commo esta?» «Padre señor, quanto dura la fabla entre amos ados por demanda e por repuesta, e quanto dura el catar continuado del vno al otro, e non mas. E padre señor, amor ninguno non ha en este amor de tal muger commo esta, que a las vegadas estando con el vn amador, tiene el coraçon en el otro que vee pasar. E asy mostrando que ama a cada vno, non ama a ninguno; ca el su amor non dura entero en el vno nin en el otro, synon quanto dura el catar e el fablar de coraçon entrellos, e a la ora que estas cosas fallesçen, luego fallesçe el amor entrellos, non se acordando del. E proeuase desta guisa: que bien asy commo el espejo, que resçibe muchas formas de semejança de omes quando se paran muchos delante del, e luego que los omes se tiran delante non retiene ninguna forma de ome en sy, a tal es la muger que muchos ama. E porende, padre señor, non se deue ayuntar ome en amor de aquella que fue amiga e familiar de muchos,

247

ca nunca le guarda fe nin verdat, avnquel jure sobre Santos Euangelios, ca non lo puede sofrir el coraçon ser vna de vnó. Ca estas atales non han parte en Dios, maguer fagan enfinta de ser sus sieruas, andando en romerias; ca mas van y porque vean e las vean, que non por deuoçion que y han.» «Ya mi fija verdadera», dixo el padre, «dezitme quando apresistes estas cosas, que tan sotilmente e tan çiertamente respondedes a ellas?». «Padre señor», dixo la fija, «mientra las pude catar e ver dellas». «Ya mi fija», dixo el padre, «ay estudio e maestro para mostrar e aprender estas cosas en algunt logar?». «Çertas sy», dixo la fija. «E do?», dixo el padre. «En los monesterios mal guardados», dixo la fija, «ca las destas maestrias atales an sabor de salir e de ver e de se fazer conosçer; e sy algunos las vienen vesitar o a ver, por de peor entendimiento se tiene la que mas tarde los aparta para fablar e entrar en razon con ellos, e avnque los non pueden apartar, alla alcançaran sus palabras de trauieso, en manera de juguetes; asy que el que bien y pensara entendran que se quieren acometer. E esto toman de niñes, auiendo suelta para dezir e fazer lo que quisieren, e asy non pueden perder la costunbre que vsaron, bien commo la olla, que tarde o nunca puede perder el sabor que toma nueuamente, por labar quel fagan. E çiertas destas que saben escriuir e leer non han mester medianeros que les procuren vesitadores e veedores; ca lo que sus voluntades codiçian las sus manos lo obran, commoquier que se non despagan de aquellos que les vienen con nueuas cosas [350]. E çertas, padre señor, algunas van a los monesterios mal guardados que las deuian guardar e castigar, que las meten en mayor escandalo e mayor bolliçio» [351]. «Fija amiga», dixo el padre, «dixistesme verdat en todas estas cosas que vos demando?». «Çertas sy», dixo la fija, «e non vos mengue en ninguna cosa que vos a dezir ouiese, commoquier que en algunas palabras que vos yo dixe me feria cruelmente en el coraçon, ca me tenian e me sentia ende». «Fija amiga», dixo el padre, «gradescovoslo mucho, e de aqui adelante finque el nuestro trebejo; ca asas ay dicho de la vna parte a la otra, e Dios vos dexe bien fazer».

E asy fueron padre e fija muy ledos e muy pagados, mas

---

[350] Interesante aclaración sobre el hecho de que la función de la tercera depende, en parte, del analfabetismo de los amantes, que no pueden, por eso, comunicarse directamente.

[351] Aparece aquí el conocido tema de los monasterios mal guardados, accesibles a la tercera o «trotaconventos».

que non el Cauallero Atreuido con su fijo, que estaua atendiendo la repuesta de la dueña, que non podia della auer repuesta, teniendose en caro. Pero a la çima salio otra su priuada de trauieso, mas fina que las otras en el mester, e dixo: «Señora, guardatvos non vos conprehenda Dios por la desmesura que mostrades contra este cauallero, ca ya vy otros tollidos de pies e de manos e de fabla por querer ser caros de palabra e de lo al que les Dios dio.» «Commoquier», dixo la señora, «que yo ganare poco en estos amores, e el menos…», «… çertas yo non yre de aqui denodado». E tomola por la mano e metiola a sus casas e finco con ella vna grant pieça fablando [352].

De commo el Cauallero Atreuido e su fijo fueron amos ados en vn punto lançados fuera de aquel lago por el mesmo lugar por do entro

E caualgo luego el cauallero e fuese para la posada. E la señora de la çibdad sopo luego el fecho en commo paso entrel cauallero e la dueña, e fue la mas sañuda cosa del mundo. E asentose en vn estrado e tenia el vn braço sobre el conde Nason, que dio el rey de Menton por traydor, e el otro braço sobre el visauuelo que fuera dado otrosy por traydor, asy commo ya oyestes. E quando entraron el cauallero e su fijo por la puerta del palaçio en sus palafres, vieron estar en el estrado vn diablo muy feo e mucho espantable, que tenia los braços sobre los condes, e semejaua que los sacaua los coraçones e los comia. E dio vn grito muy grande e muy fuerte, e dixo: «Cauallero loco e atreuido, ve con tu fijo e sale de mi tierra, ca yo so la Señora de la Trayçion.» E fue luego fecho vn terremotus que semejo que todos los palaçios e la çibdat venia a tierra, e tomo vn viento torbelliño tan fuerte el cauallero e a su fijo, que bien por ally por do desçendio el cauallero, por alli los sobio muy de rezio, e dio con ellos fuera del lago çerca de la su tienda [353]. E este terremotus sentieron dos jornadas en derredor del lago, de guisa que ca-

---

[352] El cavallero Atrevido transgrede la prohibición. Nudo del cuento.
[353] El cavallero Atrevido es expulsado del Lago. Desenlace del cuento.

yeron muchas torres e muchas casas en las çibdades e en los **castiellos.**

De commo fallaron los escuderos del Cauallero Atreuido fuera del lago muy espantados

La su gente del cauallero recudian cada dia a aquella tienda a uer sy paresçia su señor en aquel lago. E otro dia despues que el cauallero llego a la tienda, venieron y sus escuderos mucho espantados por el tremer [354] de la tierra que fuera fecho antedia; pero despues que vieron a su señor fueron mucho alegres e muy pagados, e dixieron: «Señor, pedimoste por merçed que salgas de aqueste lugar, ca muy peligroso es.» «Çertas», dixo el cauallero, «mucho nos es mester, ca nunca tan quebrantado sali de cosa que començase commo desta». «Pero tenemos bestias en que vayamos?», dixo el cauallero, «ca dos palafres en que saliemos del lago, luego que dellos descaualgamos, se derribaron en el lago, el vno en semejança de puerco, e el otro en semejança de cabra, dando las ma- «temblo aca suso la tierra?». «Çertas sy», dixo vn escudero, «tenemos todas nuestras bestias muy grandes e muy sazonadas, saluo ende que estan espantadas por el grant tremer de la tierra que ayer fue fecho». «E commo», dixo el cauallero, «temblo aca suso la tierra?». «Çertas sy», dixo vn escudero, «de guisa que cuydamos todos peresçer». «Señor», dixo vn escudero, «ese que conbusco viene, quien es?». «Mio fijo es», dixo el cauallero. «E commo señor», dixo el escudero, «fuestes ya otra vegada en esta tierra, que tan grant fijo tenedes?». «Çertas», dixo el cauallero, «nunca en esta tierra fuy sy non agora». «E pues commo podria ser vuestro fijo aqueste, ca ya mayor es que vos?» «Non lo tengades a marauilla», dixo el cauallero, «ca la yerua mala ayna cresçe. De tal manera es que en syete dias echo este estado que tu vees. E en aquella tierra do el nasçio, todas las reses paren a siete dias del dia en que conçiben, e todos los arboles verdesçen e floresçen e lieuan fruto de nueuo cada dia». «E en quien ouistes este fijo?», dixo el escudero. «En vna dueña», dixo el cauallero, «segunt me semejaua a la primera vista, la mas fermosa que en el mundo podria ser; mas a la partida que me ende agora parti, vyla tornada en otra figura que bien me semejo

---

[354] *Tremer:* temblar.

que en todos los infiernos non era mas negro e mas feo diablo que ella era. E bien creo que de parte de su madre, que es fijo del diablo, e quiera Dios que recuda a bien: lo que non puedo creer, ca toda criatura torna a su natura».

E contoles todo en commo pasara, e ellos fueron ende mucho marauillados de commo ende escapara biuo e sano. «E commo lo llamaremos a ese vuestro fijo?», dixo el escudero. «Çertas», dixo el cauallero, «non lo se, sy lo agora non bautizaremos e le posieremos agora nonbre de nueuo, e tengo que sera bien que lo fagamos». E acordaronse de lo bautizar, e posieronle nonbre Alberto Diablo. Aqueste fue muy buen cauallero de armas, e mucho atreuido e muy syn miedo en todas las cosas, ca non auia cosa del mundo que dubdase e que non acometiese. E deste linage ay oy en dia caualleros en aquel regno de Porfilia, mucho entendidos e mucho atreuidos en todos sus fechos. E este cuento vos conte deste Cauallero Atreuido, porque ninguno non deue creer nin se meter en poder de aquel que non conosçe, por palabras fermosas quel diga nin por promesas quel prometa, mayormente en lugar peligroso, ca por auentura puede ende salir escarnido; mas esquiuar las cosas dudosas, e mas sy algunt peligro vee a oio; asy commo fezieron los del regno de Menton; ca luego que vieron el peligro de aquel lago, se partieron ende e se fueron para su señor. E quando el rey sopo aquellas marauillas que se fazian en aquel lugar, e lo que acaesçiera a aquel Cauallero Atreuido, dixo asy: «Amigos, çiertamente creo que aquel lugar es maldito de Nuestro Señor, e por eso todos los que caen en aquel pecado de trayçion deuen ser echados en aquel logar.» E asy lo puso por ley de aqui adelante que se faga.

De commo el rey dio el condado del conde Nason a Garfin su fijo, e commo murio la reyna

Dize el cuento que el rey dio luego el condado del conde Nason a Garfin[355], e mando que fuese con el Roboan su hermano e muy grant caualleria de aquella que ally tenia, e mando que leuasen consigo al sobrino del conde Nason, quel auia ya fecho omenage de entregar toda la tierra. E mandoles quel diesen al sobrino del conde vn logar do vesquiese

---

[355] Garfin pasa de caballero a conde: ascenso social número uno.

abondadamente con dies escuderos. E ellos fezieronlo asy, ca luego les fue entregada la tierra syn contrario ninguno, e venieronse para el rey todos con el conde Garfin, e muy alegres e muy pagados. E el rey estando en vna çibdat muy buena quel dezian Toribia, e la reyna con el, e veyendo que non fincaua del plazo que el e la reyna auian a tener castidat mas de ocho dias, andaua muy triste e muy cuytado por miedo que abria a beuir en pecado con ella; mas Nuestro Señor Dios, guardador de aquellos que la su carrera quieren tener e guardarse del errar en ninguna guisa, non quiso que en este pecado visquiese, e ante que se cumpliesse aquel plazo diole vna dolencia a la reyna que la aquexaua mucho, de manera que sintio en si que era de muerte. E pensaua mucho en la grande bondad que Dios quisiera poner en el rey su marido, e veyendo como en aquellos quatro años se mantouieron ambos en castidad los dos; porque el la auia de atender hasta el complimiento de su hedad, e los otros dos por complir el rey su penitencia. E veya de como el rey quedaua muy mancebo y que no le quedaua fijo alguno que despues de sus dias heredasse el reyno, y pensando que por ventura los del reyno no le serian tan obedientes como deuian. Y tanto la afligian estas cosas que le hazian mucho crescer el mal de la dolencia. E llamo vn dia al rey e dixole este pensamiento en que estaua, y que le rogaua por su bondad, que si della ordenasse Dios alguna cosa, que le encomendaua su alma, y que no tardasse mucho en se casar con alguna muger de alto lugar en su señorio, porque los del reyno touiessen a quien acatar e obedescer y quedasse heredero en la tierra, pues Dios no quiso a ella dar esta gracia. Y el rey con muy gran tristeza y con gran pesar la consolaua quanto el podia; mas su consuelo no aprouecho nada, que antes de los ocho dias finose la reyna e Dios leuole el alma a parayso; ca su sierua era e buena vida e santa fazia. E el rey quando esto vio que Dios le auia fecho muy grant merçed, peroque non sabia que fazer, sy llegaria a sy aquella buena dueña, que era en la çibdat, e la conosçiera por muger, e eso mesmo a sus fijos Garfin e Roboan [356].

---

[356] El comportamiento de Zifar, que para unos críticos es egoísta y para otros es inexplicable, quizá obedezca a la idea casi fatalista que él tiene de que todo lo que pasa forma parte de un plan divino. Por eso él siempre espera a ver lo que sucede, como hace ahora.

De commo el rey mostro a los de su reyno a su muger e a sus fijos, e todos los del reyno los resçibieron por señores

E en esto fue pensando muy grant tienpo, asy que vna noche estando en su cama, rogo a Nuestro Señor Dios que el por la su santa piedat le quesiese ayuntar a su muger e a sus fijos en aquella onrra que el era, e adormiose luego. E escontra la mañana oyo vna bos que dezia asy: «Leuantate e enbia por toda la gente de tu tierra, e muestrales en commo con esta muger fueste ante casado con ella que non con la reyna, e ouieras en ella aquellos dos fijos, e de que tu e la reyna mantouistes castidat fasta que Dios ordeno della lo que touo por bien, e que quieran resçebir aquella tu muger por reyna, e a Garfin e a Roboan por tus fijos. E sey çierto que los resçiban muy de grado» [357].

El rey se leuanto mucho ayna e enbio por el chançeller e por todos los escriuanos de su corte, e mandoles que feziesen cartas para todos los condes e duques e ricos omes, e para todas las çibdades e villas e castiellos de todo su señorio, en que mandaua quel enbiasen de cada lugar seys omes buenos de los mejores de sus lugares, con cartas e con poder de fazer e otorgar aquellas cosas que fallase por corte que deuian fazer de derecho, de guisa que fuesen con el todos por la Pentecosta, que auia de ser de la data destas cartas fasta vn año [358].

Las cartas fueron luego enbiadas por la tierra mucho apresuradamente, de guisa que ante del plazo fueron todos ayuntados en el su palaçio mayor. E el asentose en su siella, su corona noble en la cabeça, e enbio por aquella dueña su muger e por Garfin e Roboan sus fijos. E quando llegaron al palaçio, dixo el rey asy: «Amigos e vasallos leales, yo oue este regno por la merçed de Dios, que me quiso guiar e endresçar e darme seso e poder e ventura buena, por que yo

---

[357] Zifar no toma ninguna decisión importante sin antes asegurarse de que Dios está de su parte. Por eso los milagros y las profecías de la obra tienen lugar en los momentos decisivos de su vida.
[358] Carta de convocatoria de Cortes mencionada por Hernández en su estudio sobre la «historicidad latente» de la obra («Ferrán Martínez, *escrivano del rey...*», págs. 314-315).

podiese desçercar esta çibdat do tenian çercado al rey que fue ante que yo, e oue su fija por muger; pero Dios por la su merçed non quiso que vesquiese con ella en pecado, por yo fuera ante casado con otra muger, de que non sabia sy era muerta o biua, e fasta que yo sopiese mayor çertanidat dello dixe a la reyna mi muger que por vn pecado graue que yo feziera que me dieran en penitençia que mantouiese castidat por dos años. E ella, commo de santa vida, dixo que manternia castidat comigo, e yo que la mantouiese otrosy, ca mas queria que fuese amigo de Dios e que conpliese mi penitençia que non beuir en pecado mortal e auer Dios ayrado. E ante quel plazo de los dos años se conpliese, quiso la Dios leuar para sy, e asy commo aquella que era su sierua e mantenia muy buena vida commo todos sabedes. E en ese tienpo veya yo aqui mi muger la primera e dos fijuelos que en ella ouiera, e conosçia a la mi muger muy bien, commoquier que me ella non conosçia. Ca los fijos perdilos muy pequeños e non me podia acordar bien dellos, saluo ende que me acordaua quando la buena dueña contaua de commo los perdiera e qual lugar. E son estos e aquella buena dueña que ally vedes, e Garfin e Roboan sus fijos e mios; mas en tienpo de la reyna, que Dios perdone, non me atreuy a lo dezir, por miedo de non meter escandalo e duda en los de la tierra. Por que vos ruego, que pues Dios asy lo quiso ordenar que la reyna e yo non visquiesemos en pecado mortal, e me quiso aqui traer la mi muger primera e los mis fijos, que vos plega que me mantenga con ellos asy commo deuo» [359].

Todos los de la tierra fueron mucho espantados, e se marauillaron mucho desto quel rey dezia, e començaron a fablar entresy e a murmurear. El estaua mucho espantado, e cuydaua que non fablauan nin murmureauan por al sy non por conplir su voluntad, e dixo: «Amigos, por que non respondedes? Plazevos que sea esto que vos yo pido o non? Pero quiero que sepades por çierto que ante vos sabria dexar el regno que beuir syn mi muger; ca beuiendo syn ella e non conosçiendo mis fijos commo deuia, vebria en pecado mortal, e tengo que por esta razon que faria Dios mal a mi e a vos.»

Leuantose en pie el conde Nafquino, que era el mas ançiano e el mas poderoso de toda la tierra, e dixo asy: «Señor, rey de uirtud, non quiera Dios que por ninguna cosa del mundo vos ayades a dexar el regno, mayormente por men-

---

[359] Su única defensa es que Dios está de su parte, que todo lo que pasó formaba parte de un plan divino.

gua de lo que vos auemos a dezir e a fazer. Ca señor vos sodes aquel que Dios quiso, e la vuestra buena ventura, que ouiesedes el regno para nos ser anparados e defendidos e onrrados asy commo nos somos, sobre todos los del mundo, por vos e por el vuestro esfuerço e por vuestro entendimiento. E sy por la nuestra desauentura vos ouiesemos a perder, mayormente por la nuestra culpa, perdidos e astragados seriamos nos, e non syn razon, ca seriamos en grant culpa ante Dios, e los vezinos astragarnos yan. Mas tenemos por derecho e por guisado que resçibades vuestra muger e que vos mantengades con ella, e que conoscades e lleguedes a vuestros fijos asy commo deuedes. E nos reçibremos a la vuestra muger por señora e por reyna, e a vuestro fijo el mayor por vuestro heredero despues de los vuestros dias.» E começo el conde a dezir a todos los otros: «Tenedes esto por bien?» Respondieron todos a vna bos e dixieron: «Tenemoslo por bien e plazenos.» E de ally adelante tomaron a su muger e fueron la meter en vn palaçio e vestieronla de nobles paños e posieronle vna corona de oro en la cabeça, muy noble, e fueronla asentar en vna siella a par del rey, e los dos sus fijos a sus pies. E fueron todos vno a vno a besar las manos e le fazer omenage a la reyna e al fijo mayor del rey [360]. E leuantaronse con muy grand alegria e con muy grant plazer e fueron todos a comer con el rey, ca conbidados los auia que fuesen sus huespedes ese dia. E despues de comer fueron las mayores alegrias que en el mundo podrian ser dichas, e eso mesmo fizieron en todo el regno despues que se tornaron a sus lugares los que venieron por mandaderos.

De commo el rey enbio su presente con el Cauallero Amigo a la hermita do era el hermitaño

El rey finco muy leydo e muy pagado con su muger e con sus fijos, contando la muger en commo pasara su tienpo despues que la perdiera, e commo le feziera Dios muchas merçedes asy commo ya oyestes. E los caualleros sus fijos contauan otrosy de aquel burges, de quantos bienes les auia fecho el e su muger, e pedieronles por merçed que quesiesen

---

[360] Garfin pasa de conde a príncipe heredero: ascenso social número dos.

que resçebiesen dellos algunt buen galardon por la criança que en ellos fezieran. Çertas al rey plogo muy de coraçon porque estos moços reconosçien· bienfecho, e mandoles dar sus donas muy buenas e que gelas enbiasen, e ellos·fizieronlo asy [361]. E vinosele emiente al rey de lo quel dixiera el hermitaño, que sy Dios le diese vitoria o le pusiese en el estado quel cuydaua, que sele viniese hemiente de aquella hermita, e enbio luego por el Cauallero Amigo, e dixo: «Cauallero Amigo, vienesete emiente del hermitaño do te yo conosçy primero?» «Çertas», dixo el cauallero, «sy». «Pues toma aquella mi corona mas noble, que vale muy grant aver, e dies salmeros [362] cargados de plata, e lieualo âquella· hermita e ofreçelo y. E sy fallares el hermitaño biuo, dagelo e dile que faga y fazer vn monesterio de monges, e que faga conprar muchos heredamientos en que se mantengan.» El Cauallero Amigo fizolo asy, e fue todo conplido commo el rey mando, de guisa que oy en dia es el monesterio muy rico e mucho abondado, e dizele el monesterio de Santi Espritus [363].

De commo el Cauallero Amigo fizo mucho bien al pescador su amo con quien el solia beuir

Despues que fue todo acabado, el Cauallero Amigo fizo pregonar que todos los que quisiesen venir a la fiesta de Santi Espiritus, que era la euocaçion de aquel lugar, por onrra de la fiesta e de aquella buena obra nueua, que les darian seños dineros de oro, e de comer aquel dia. E llegose y muy grant conpaña e gente, entre los quales era el pescador cuyo seruidor era el Cauallero Amigo. E conosçiolo e fizo lo meter a su camara, e desnuyo sus paños muy buenos que tenia, e diogelos e mandole que los vestiese luego. El pescador non lo conosçiendo dixole: «Señor, pidote por merçed que non quieras que tan ayna los vista, ca los que me conosçen cuydaran que los furte; e avnque sepan que me los tu diste, tenerme han por loco en vestir tales paños commo estos.» «E commo», dixo el Cauallero Amigo, «locura es en se traer ome apuesto e bien vestido? Çertas mayor locura es en los

---

[361] Garfin y Roboan agradecen al burgués las mercedes recibidas, demostrando, así, que las merecían.

[362] *Salmeros:* bestias de carga.

[363] Zifar cumple lo prometido al ermitaño, cuya profecía ha resultado verdadera.

non vestir el que los tiene, mayormente non costando nada. E sy otra razon non me dizes por que estrañas de los vestir, non te terne por de buen entendimiento». «Çertas señor yo te lo dire», dixo el pescador, «segunt el poco entendimiento que yo he. Bien sabes tu señor, que atales paños commo estos non caen para ome pobre, synon para ome muy rico e muy fecho, e quando estos dexare, que puede fazer otros tales o mejores». «E crees», dixo el Cauallero Amigo, «que podras tu llegar a tal estado en algunt tienpo que esto podieses fazer?». «Señor», dixo el pescador, «sy creo, con la ayuda de Dios e en la su merçed, que lo puede fazer». «Agora te digo», dixo el Cauallero Amigo, «que te tengo por de mejor seso que non quando me yo parti de ty, que dexiste que non veyas en mi señales por que Dios me feziese mejor que tu, e yo respondyte que te acomendaua al tu poco seso, e asy me despedy de ti». «Señor», dixo el pescador, «nunca yo atal palabra dixe, ca seria grant locura en dezir a tan poderoso señor commo tu, que non podria ser mejor que yo». «E non me conosçes?», dixo el Cauallero Amigo. «Non señor», dixo el pescador. «Pues yo so el tu collaço» [364], dixo el Cauallero Amigo, «que guardaua la choça ribera del mar». E el pescador lo cato mucho e conosçiolo e dexose caer a sus pies. El Cauallero Amigo le fizo leuantar e le dixo asy: «Amigo, non tengas en poco el poder de Dios, ca el es poderoso de fazer lo que otro ninguno non puede fazer; e dote aquestos paños por la saya vieja que me diste quando me parti de ti, porque non tenias al que me dar. E por la repuesta que agora diste, como ome de buen entendimiento, mando que te den, de la merçed que Dios me fizo, mill dineros de oro, en que puedas fazer cada año en tu vida otros tales paños, e otros mill dineros para mantener tu casa; e sy te fallesçiere en algunt tienpo, mando que te vayas a mi al regno de Menton, e yo te quiero conplir de lo que te fuere mester. E de mas, tengo por bien que tu seas veedor e mayordomo de todas las cosas del monesterio so el abad: el qual abad es el hermitaño de la hermita, huesped del rey de Menton, e lo touo por bien ca muchos plazeres auia resçebido del hermitaño» [365].

E por tales commo estos dize el proberbio antigo, que non

---

[364] *Collaço:* criado.
[365] El caballero Amigo agradece al pescador la ayuda recibida, demostrándole que estaba equivocado en cuanto a él cuando dijo que no podría mejorar: todos pueden mejorar si se lo proponen.

nasçe qui non medre. E çiertamente de muy pobres que estos eran, llegaron a buen estado, e señaladamente el Cauallero Amigo, asy commo adelante oyredes [366]. E desy tornose el Cauallero Amigo para el rey de Menton e contole lo que auia fecho, e plogo al rey muy de coraçon porque lo tan bien feziera, e gradesçiogelo mucho, e señaladamente porque el hermitaño era ende abad, ca era muy buen ome e muy onesto [367].

De commo Roboan rogo a su padre el rey que le dexasse yr a buscar su honrra e pres, e commo el rey gelo otorgo

E luego fizo el rey llamar a sus fijos que veniesen antel, e dixo a Garfin: «Fijo, a nos fizo Dios mucho bien e mucha merçed, mas de quanto nos meresçiemos, por que somos tenudos de gelo gradesçer e de gelo reconosçer en todo tienpo con buen seruiçio. E tu sabes que ya has a ser rey despues de mis dias, por que ha mester que a Roboan tu hermano quel fagas muy buena parte del regno, en manera que aya su parte de la onrra e de la merçed que Dios a nos fizo.» Garfin le fue besar las manos por esta merçed quel dezia, e dixole que non solamente ouiese parte, mas de todo en todo fuese señor e ordenador, e avn sy ser podiese que amos ados pudiesen auer nonbre de rey, quel plazia muy de coraçon. «Fijo», dixo el rey, «dizeslo muy bien, e çierto so que sy lo conplieres Roboan sienpre te sera mandado e punara en acresçer tu onrra». «Padre señor», dixo Roboan, «bien fio por la merçed de Dios Nuestro Señor, que el que fizo a vos merçed, e a mi hermano, en querer fazer a uos rey e a el en pos vos, que non querra a mi desanparar nin oluidar; e non quiera Dios que por parte que el quiera dar a mi en el regno, yo mengue de la su onrra en ninguna cosa; mas yo, seruiendo a Dios, punare en trabajar e fazer tanto que el por la su piedat me porna en tan grant onrra commo a mi hermano o por ventura en mayor. Mas pidoos por merçed que vos e mi hermano que me querades fazer algo de lo vuestro, e que me

---

[366] *Proverbio:* «Non nasçe qui non medre.» *Enxienplos:* Zifar, Grima, Garfin, Roboan, el Ribaldo, el ermitaño y el pescador medran. La ley de la movilidad social se enuncia y se ilustra así por enésima vez.

[367] Aquí acaba la primera parte de la obra, cuyo protagonista es Zifar y cuyo final es feliz: premios para todos.

dedes trezientos cauallleros con que vaya prouar las cosas del mundo, por que mas vala»[368].

Çertas con estas palabras que Roboan dixo peso mucho al rey, ca tenia que se non queria partir desta demanda, e por auentura que se partiria, e dixole asy: «Roboan, por amor de Dios que vos non querades partir desta tierra do fizo Dios grant merçed a mi e a vos, ca andando por tierras estrañas pasa ome muchos trabajos e muchos peligros, e aqui auedes vida folgada e todo se fara e se ordenara en el regno asy commo vos mandardes.» «Señor», dixo Roboan, «pues yo a vos e a mi hermano dexo asosegados en el regno, asy commo que lo auedes muy bueno e mucho en pas, loado sea Dios, pidovos por merçed que ayades duelo de mi, ca viçiosos e lazrados todos han a morir, e non finca al ome en este mundo sy non los buenos fechos que faze, e esto es durable por sienpre. Ca que pro me ternia de fincar yo aqui e auer vida muy viçiosa e muy folgada, syn ningunt bienfecho que yo feziese? Çertas el dia que yo muriere morra todo el viçio e toda la folgura deste mundo, e non dexarie en pos mi ninguna cosa por que los omes bien dixiesen de mi; ca bien vos digo señor, que la mayor mengua que me semeja que en cauallero puede ser es esta: en se querer tener viçioso e no vsar de caualleria assi como le conuiene; porque dandose el hombre al vicio ponese en oluido e desanparase de las cosas en que podria auer mayor onrra de aquella en que esta; ca çiertamente segund razon la honrra non se da sy non âquel que quiere trabajar por ella. E porende vos pido por merçed que non me querades sacar del proposito bueno en que esto, ca çiertamente oio tengo para trabajar e para ganar onrra»[369]. Pues asy es», dixo el rey, «Dios por la su merçed te lo en-

<hr>

[368] Roboan no se conforma con su situación de segundón y quiere salir en busca de aventuras para ver si puede llegar a ser tan importante o más que su hermano. Aquí comienza la secuencia de la partida de Roboan. Al final de la primera parte todos reciben importantes premios, menos Roboan. Garfin pasa de caballero a conde y de conde a príncipe heredero. Roboan pasa de caballero a príncipe segundón, lo que, para la ambición que caracteriza a esta familia, es, a todas luces, insuficiente. Por tanto, es el único personaje principal cuyas posibilidades siguen abiertas al final de la primera parte y es lógico que la segunda parte empiece precisamente con la secuencia de su partida.

[369] Aquí la honra se entiende como fama. La riqueza y el prestigio pueden heredarse o regalarse. La fama, no. Roboan le pide a su padre que no le condene a la muerte espiritual que supone

dresçe e te lo lieue adelante. E fio por el que asy sera. E segunt por mi entençion es, çierto so e non pongo en duda que has a llegar a mayor estado que nos, por el tu proposito que tan bueno es [370]; mas quiero que Garfin e tu seades cras en la mañaña comigo, ca vos quiero consejar tan bien en fecho de caualleria commo en guarda de vuestro estado e de la vuestra onrra quando Dios vos la diere».

E otro dia en la mañaña fueron con el rey Garfin e Roboan, e oyeron misa con el. E quando fue dicha, mando el rey a todos los que y estauan que se fuesen, porque auia mucho de librar en su casa de la su fazienda e pro del regno, e entrose en su camara con Garfin e con Roboan sus fijos, e asentose el rey en su silla, e mando a ellos que se asentasen antel, las caras tornadas contra el, e bien asy commo maestro que quiere mostrar a escolares [371]. El su comienço del rey fue este.

<hr />

el olvido, sino que le permita salir en busca de aventuras para ver si puede alcanzar la fama. El argumento es correcto. Sin embargo, se habla de que Garfin tiene o va a tener honra y, aunque ha demostrado ser valiente, no ha hecho nada tan extraordinario que le proporcione esa fama de la que Roboan habla. La honra de Garfin está más en la riqueza y en el prestigio que en la fama. Lo que nos hace sospechar que lo que a Roboan le corroe es: 1) no llegar a tener tanto prestigio como Garfin, ya que no será rey, y 2) no lograr tanta riqueza tampoco. Roboan usa la fama como argumento para convencer a su padre de que le deje partir. Sobre este problema, véase el estudio de Diz («El motivo de la partida...», pág. 10).

[370] Zifar profetiza que Roboan llegará a mayor estado que él. Como siempre, las aventuras de los héroes van precedidas de estas corazonadas y presentimientos, que sirven para animarlos y para dar a los lectores u oyentes una pista de lo que pueden esperar.

[371] Zifar, padre y maestro. Lo que sigue está en la línea de las enseñanzas de príncipes, tan populares en la Edad Media. Walker señala que los *castigos* se dividen en tres partes: 1) preceptos morales generales (capítulos 123-130), 2) exposición de los deberes de los vasallos y de las cualidades de los caballeros (capítulos 131-140), y 3) exposición de los deberes y de las cualidades de los reyes (capítulos 141-174) (*Tradition and Technique...*, páginas 121-122).

CASTIGOS DEL REY DE MENTON

De commo el rey se aparto con sus fijos e les mostro commo serian de mantener en sus casas

«Mios fijos, cosa muy verdadera es que qualquier bien e don perfecto que en nos es, que del omnipotente Dios lo recebimos. Del rescebimos el ser, y el mas noble que podimos rescebir, pues somos fechos a ymagen y semejança suya, dandonos conplimiento de gracia para alcançar aquello para que nos crio, que es la gloria eterna; y pues tanta obligacion le tenemos, que todo bien del rescebimos, todo nuestro amor en el pongamos. Assi que ante todas las cosas, por el mio consejo vos faredes asy commo vos agora dire: lo primero, amaredes e seruiredes e temeredes a Dios que vos fizo, e vos dio razon e entendimiento para fazer bien e vos saber guardar del mal. Ca dize en Santa Escriptura que el comienço de la sabiduria es el temor de Dios. E porende el que a Dios teme sienpre es guardado de yerro; e desy guardaredes sus mandamientos con grant temor del non fallesçer en ningunos dellos, e señaladamente guardaredes aquel en que manda que onbre onrre a su padre e a su madre sy quiere auer buen galardon sobre la tierra. E mal pecado! mas son los que se inclinan a tomar el mal consejo, pues a su voluntad es, que el bueno; pero el ome de buen entendimiento, quando el mal consejo e el bueno veen e lo entienden, acojese ante al bueno maguer sea graue, que al malo maguer sea con deleyte e a su voluntad; asy commo contesçio a vn rey mançebo de Armenia, commoquier que beuia a su voluntad.»

Del enxenplo que dio el rey a sus fijos de vn rey que yua a caçar e fallo a vn predicador que estaua predicando al pueblo

Dize el cuento que este rey yua a caça e fallo vn predicador en el camino que predicaua al pueblo, e dixole: «Predicador, yo vo a caça a grant priesa, e non puedo estar a tu predicaçion, que lo aluengas mucho; mas sy la quieres abreuiar, pararme ya a la oyr.» Dixo el predicador: «Los fechos de Dios son tantos e de tantas maneras que se non pueden dezir en pocas palabras, mayormente a aquellos que tienen oio por las vanidades deste mundo mas que por castigos e las palabras de Dios. E yd vos a buena ventura, e dexat oyr la predicaçion a aquellos que han sabor de la oyr e se pagan de conosçer la merçed que les Dios fizo en les dar entendimiento para las oyr e las aprender; pero mienbresevos que por vn pecado solo fue Adan echado de parayso; e por auentura sy querra acoger en el a quien fuere encargado de muchos?

Del enxenplo que dio el rey a sus fijos, del rey e vn fisico que estaua catando vnos orinales

E el rey fuese, e andido pensando en lo quel dixo el predicador, e tornose. E entrando por la villa vio vn fisico que tenia ante sy muchos orinales, e dixole: «Fisico, tu que a todos los enfermos cuyos son estos orinales cuydas sanar, e sabrias melezinas para sanar e guaresçer de los pecados?» E el fisico cuydo que era algunt cauallero, e dixole: «Tu, cauallero, podras sofrir el amargura de la melezina?» «Sy», dixo el rey. «Pues escriue», dixo el fisico, «esta reçepta del xarope [372] perpratiuo, que has a tomar primero para mudar los vmores [373] de los tus pecados, e despues que ouieres beuido el xarope, darte he la melezina para te desenbargar de tus pecados. Toma las rayzes del temor de Dios e meollo de los sus mandamientos, e la corteza de la buena voluntad de

[372] *Xarope:* jarabe.
[373] *Vmores:* líquidos del cuerpo.

los querer guardar, e los mirabolanos [374] de la homildat, e los mirabolanos de la paçiençia, e los mirabolanos de la castidad, e los mirabolanos de la caridat, e semiente de atenpramiento de mesura, e la semiente de la costança, que quiere dezir firmeza, e la semiente de la verguença, e ponlo a cozer todo en caldera de fe e de verdat, e ponle fuego de justiçia, e sollalo con viento de sapiençia, e cuega fasta que alçe el feruor de contriçion, e espumalo con cuchar de penitençia, e sacaras en la espuma las orruras [375] de vanagloria, e las orruras de la soberuia, e las orruras de la enbidia, e las orruras de la cubdiçia, e las orruras de luxuria, e las orruras de yra, e las orruras de auariçia, e las orruras de glotonia, e ponlo a enfriar al ayre de vencer tu voluntad en los viçios del mundo, e beuelo nueue dias con vaso de bien fazer, e maduraran los vmores endureçidos de los tus pecados de que te non repentiste nin feziste emienda a Dios, e son mucho ya endureçidos, e quieren te toller de pies e de manos con gota falaguera, comiendo e beuiendo e enbolbiendote en los viçios deste mundo, para perder el alma, de la qual as razon e entendimiento e todos los çinco sentidos del cuerpo. E despues de que tomares este xarope preparatiuo, tomaras el riobarba [376] fino del amor de Dios vna drama, pesado con balanças de auer esperança en el que te perdonara con piedat los tus pecados. E beuelo con el suero de buena voluntad para non tornar mas a ellos. E asy seras guarido e sano en el cuerpo e en el alma.»

«Çertas, fisico», dixo el rey, «mucho es amarga esta tu melezina, e non podria sofrir su amargura ca de señor que so, me quieres fazer sieruo, e de vezioso lazrado, e de rico pobre». «Commo», dixo el fisico, «por tu querer temer a Dios e conplir sus mandamientos, cuydas que seras sieruo? E por querer ser homildoso e paçiente, cuydas que seras lazrado, e por querer ser franco e mesurado cuydas que seras pobre? Çertas non lo cuydas bien, ca Dios, el que teme e cunple sus mandamientos, sacalo de lazerio e de seruidunbre del diablo e fazelo libre; e al omildoso e paçiente sacalo de lazerio e de cuydado e enxalçalo; e al franco e mesurado del su auer acreçientale sus riquezas». «Cauallero», dixo el fisico, «para mientes que mas amargas son las penas del infierno que esta melezina, e por auentura sy las podras sofrir; pero

[374] *Mirabolanos:* bellotas.
[375] *Orruras:* escorias, residuos.
[376] *Riobarba:* mirabarbo, planta que se emplea como purgante.

la buena andança pocos son los que la saben bien sofrir, e la mala sy, ca la sufren amidos, maguer non quieran. Onde pues buen consejo non quieres tomar, miedo he que abras a tomar mal consejo de que te fallaras mal. E conteçerte ha commo conteçio a vn caçador que tomaua aues con sus redes». «E commo fue eso?», dixo el rey. «Yo te lo dire», dixo el fisico [377].

Del enxenplo que dio el fisico al rey del caçador e de la calandria

Dize el cuento que vn caçador fue a caça con sus redes, e tomo vna calandria e non mas, e tornose para su casa, e metio mano a vn cuchiello para la degollar e comerla. E la calandria le dixo: «Ay! amigo, que grant pecado fazes en me matar! E non vees que te non puedes fartar de mi, ca so muy pequeña vianda para tamaño cuerpo commo el tuyo? E porende tengo que farias mejor en me dar de mano e dexarme biuir; e darte he tres consejos buenos, de que te puedes aprouechar sy bien quisieres vsar dellos.» «Çertas», dixo el caçador, «mucho me plaze, e sy vn buen consejo me dieres, yo te dexare e darte he de mano». «Pues dote el primero consejo», dixo la calandria: «que non creas a ninguno aquello que vieres e entendieres que non puede ser; el segundo, que te non trabajes en pos la cosa perdida, sy entendieres que la non puedas cobrar; el terçero, que non acometas cosa que entiendas que non puedes acabar. E estos tres consejos semejantes vno de otro te do pues vno me demandeste». «Çertas», dixo el caçador, «buenos tres consejos me has dado». E solto la calandria e diole de mano, e la calandria andando bolando sobre la casa del caçador fasta que vio que yua a caça con sus redes, e alla fue bolando en derecho del por el ayre, parando mientes sy se acordaria de los consejos quel diera, e sy vsaria dellos. E andando el caçador por el canpo armando sus redes, llamando las aues con sus dulçes cantos, dixo la calandria que andaua en el ayre: «O mesquino, commo fueste engañado de mi!» «E quien eres tu?», dixo el caçador. «Yo so la calandria

[377] El enxienplo del predicador y enxienplo del fisico están yuxtapuestos y tienen el mismo protagonista: el rey de Armenia. El enxienplo del caçador y la calandria está intercalado en el segundo. Ver nota 75.

que diste oy de mano por los consejos que te yo dy.» «Non fuy engañado segunt yo cuydo», dixo el caçador, «ca buenos consejos me diste». «Verdat es», dixo la calandria, «sy bien los aprendiste». «Pero», dixo el caçador a la calandria, «dyme en que fuy engañado de ti». «Yo te lo dire», dixo la calandria. «Sy tu sopieras la piedra preçiosa que tengo en el vientre, que es tan grande commo vn hueuo de estrus [378], çierta so non me dieras de mano, ca fueras rico para sienpre jamas sy me la tomaras, e yo perdiera la fuerça e la virtud que he de fablar, e tu cobraras mayor fuerça para acabar lo que quisieres.» El caçador quando lo oyo finco muy triste e muy cuytado, cuydando que era asy commo la calandria dezia, e andaua en pos ella por engañarla otra vegada con sus dulçes cantos. E la calandria commo era escarmentada guardauase del e non queria desçender del ayre, e dixole: «O loco, que mal aprendiste los consejos que te dy!» «Çertas», dixo el caçador, «bien me acuerdo dellos». «Puede ser», dixo la calandria, «mas non los aprendiste bien, e sy los aprendiste non sabes obrar dellos». «E commo non?», dixo el caçador. «Tu sabes», dixo la calandria, «que dixe al primero consejo que non quesieses creer a ninguno lo que vieses e entendieses que non podria ser?». «Verdat es», dixo el caçador. «Pues commo», dixo la calandria, «as tu a creer que en tan pequeño cuerpo commo el mio, pudiese caber tan grant piedra commo el hueuo de astrus? Bien deuias entender que non es cosa de creer. El segundo consejo, te dixe que non trabajases en la cosa perdida sy entendieses que la non podieses cobrar». «Verdat es», dixo el caçador. «Pues por que te trabajas», dixo la calandria, «en cuydar que me podras prender otra ves en tus lazos con tus dulçes cantos? E non sabes que de los escarmentados se fazen los arteros? Çertas bien deuias entender que pues vna vegada escape de tus manos, que me guardare de meterme en tu poder, e grant derecho seria que me matases commo quisiste fazer la otra vegada, sy me de ti non guardase. E en el terçero consejo te dixe que non acometieses cosa que entendieses que non podieses acabar». «Verdat es», dixo el caçador. «E pues tu vees», dixo la calandria, «que yo ando bolando por do quiero en el ayre, e que tu non puedes sobir a mi, nin as poder de lo fazer, ca non lo has por natura, e non deuias acometer de yr en pos de mi, pues non puedes bolar asy commo yo».

---

[378] *Estrus:* avestruz.

«Çertas», dixo el caçador, «yo non folgare fasta que te tome por arte o por fuerça». «Soberuia dizes», dixo la calandria, «e guardate, ca Dios de alto faze caer los soberuios».

E el caçador, pensando en commo podria bolar para tomar la calandria, tomo sus redes e fuese para la villa; e fallo vn trasechador[379] que estaua trasechando ante muy grant gente, e dixole: «Tu, trasechador, que muestras vno por al e fazes creer a los omes lo que non es, poderme yas fazer que semejase aue e podiese bolar?» «Sy podria», dixo el trasechador. «Toma las peñolas[380] de las aues e pegalas a ti con çera, e finche de peñolas todo el cuerpo e las piernas fasta en las vñas, e sube a vna torre alta e salta de la torre e ayudate de las peñolas quando podieres.» E el caçador fizolo asy, e quando salto de la torre cuydando bolar, non pudo nin sopo, ca non era de su natura, e cayo en tierra e quebro e murio. E grant derecho era, ca non quiso creer el buen consejo quel dauan, e crouo el mal consejo que non podia ser por razon de natura.

E el rey quando oyo esto, touo que el fisico le daua buen consejo, e tomo su castigo e vso del xarope e de la melezina, maguer le semejaua que era amarga e non la podria sofrir, e partiose de las otras lieuedades del mundo, e fue muy buen rey e bien acostunbrado, e amado de Dios e de los omes; en manera que por el amargor desta melezina quel dio el fisico, vsando e obrando della, escuso las amarguras de las penas del infierno.

De commo el rey de Menton dezia a sus fijos que fuesen sienpre bien acostunbrados

E vos, mios fijos, dixo el rey de Menton, sienpre parat mientes a los consejos que vos dieren los que vieredes que son en razon e pueden ser a vuestra pro e a vuestra onrra. Resçebitlos de grado e vsat dellos e non de los que fueren syn razon, e que entendades que non pueden ser; ca sabed que dos cosas son por que los omes pueden ser amados e onrrados e preçiados de Dios e de los omes: la primera es aprender buenas costunbres; la segunda es vsar dellas; onde la vna syn la otra poco valen al ome que a grant estado e grant onrra quieren llegar.

---

[379] *Trasechador:* mago.
[380] *Peñolas:* plumas.

E mios fijos, auedes a saber que en las buenas costunbres ay syete uirtudes, e son estas: umildat, castidat, paçiençia, abstinençia, franqueza, piedat, caridat, es dezir amor verdadero. Dellos oyredes dezir adelante, e aprenderedes sus propriedades de cada vna en su logar. E creed que con las buenas costunbres en que yazen estas virtudes, puede ser dicho noble aquel que dellas fuere señor; ca dize vn sabio que sola nobleza es aquella que guarneçe e orna el coraçon de buenas costunbres. E dize otro sabio: «Nin por el padre nin por la madre non es dicho noble el ome, mas por buena vida e buenas costunbres que aya.» E otro sabio dize a su fijo: «Non creas que puedes ser noble por la alta sangre del linage nin por las buenas costunbres dellos, mas por las tus buenas costunbres propias, sy en ty las ouiere.» E porende dizen que la muger apuesta non es de lo ageno conpuesta; ca sy de suyo non ouiere la apostura, poco mejorara por colores apostizos.

De commo el rey de Menton castigaua a sus fijos de commo syenpre fuesen nobles

Onde ninguno non se puede bien loar de bondat agena, mas de la suya propia. E asy, mios fijos, aprendiendo buenas costunbres e vsando bien dellas seredes nobles e amados e preçiados de Dios e de los omes. Pero deuedes saber que el noble deue auer en sy estas syete uirtudes que desuso dismos, e demas que sea amador de justiçia e de verdat.

El noble, quanto es mas alto, tanto deue ser mas omildoso, e quanto es mas noble e mas poderoso, tanto deue ser mesurado. Çertas muchos enbargos ha de sofrir el que quiere ganar nobleza, ca ha de ser franco a los que pidieren, e paçiencia a los que le erraren, e onrrador a los quel vinieren. Onde el que quiere ser noble, conuiene que sea de buenas costunbres e que vse bien dellas, e deue perdonar a quantos le erraren, e deue fazer algo a los que lo demandaren, e non deue parar mientes a la torpedat de los torpes; ca dize vn sabio: «Sy quieres ser de buenas costunbres, da algo al que pediste e non te lo dio, e perdona al que te fizo mal e fasle bien, ca tu faziendole bien pensara e entendera que fizo mal e repentirse ha, e asy faras de malo bueno.» E sabet que dos cosas son mester a los que quieren ser de buenas costunbres: la vna es que sea mesurado en sus

267

dichos e en sus fechos: la otra es que sea franco a los que ouieren mester. E mios fijos, quando vos feziere Dios grant merçed, sy usaredes della bien, durarvos ha, e sy non, sabet que la perderedes; ca Dios non dexa sus dones en el que lo non meresçe nin vsa bien dellos; ca derecho escripto es, que meresçe perder la franqueza del preuillegio quel dieron, el que mal vsa del.

E non querades departir ante aquel que tenedes que vos desmintira, e non pidades âquel que cuydades que vos non dara, e non prometades lo que non podierdes conplir nin touierdes en coraçon de dar, e non acometades cosa que entendedes que non podedes acabar. E punad en ser con omes de buena fe, ca ellos raen de los coraçones la orin de los pecados. El que ama ser de los buenos es alto de coraçon, e el que faze buenas obras gana pres. E sy quisieres conplir los mandamientos de la ley, non faredes a otro lo que non querriades que feziesen a vos. Sabet que en amor de Dios se ayuntan todas las buenas costunbres.

De commo el rey de Menton castigaua a sus fijos que mantouiesen sienpre castidat, e otrosi les castigaua de commo sienpre fuesen linpios

Onde mios fijos, deuedes saber que la primera e la mas presçiada de las buenas costunbres es castidat, que quiere dezir tenperançia, por que ome gana a Dios e buena fama. E sabet que castidat es amansar e atenprar ome su talante en los viçios e en los deleytes de la carne, e en las otras cosas que son contrarias de la castidat, e mantener su cuerpo e su alma; ca ninguna alma non puede entrar en parayso sy non despues que fuere purgada e linpia de sus pecados, asy commo quando fue enbiada al cuerpo. E çertas de ligero podria ome refrenar su talante en estos viçios sy quisiere, saluo en aquello que es ordenado de Dios, asy commo en los casamientos; mas los omes torpes dizen que pues Dios fizo masculo [381] e fenbra, que non es pecado, ca sy pecado es, que Dios non gelo deuia consentir, pues poder ha de gelo vedar. E yerran malamente en ello; ca Dios non fizo el ome commo las otras animalias mudas, a quien non dio razon nin entendimiento, e non saben nin entienden que

---

[381] *Masculo:* macho.

fazen, pero an sus tienpos para engendrar, e en el otro tienpo guardanse. E por eso dio Dios al ome entendimiento e razon, por que se podiese guardar del mal e fazer bien, e diole Dios su aluedrio para escoger lo que quesiese; asy que sy mal feziese que non resçebiese galardon. E çiertamente sy el entendimiento del ome quesiese vençer a la natura, seria sienpre bien. E en esta razon dizen algunos de mala creençia, que cada vno es judgado segunt su naçençia: onde oyd, mios fijos, este enxienplo que vos agora dire.

Del enxenplo de vn filosofo, que dio el rey de Menton a sus fijos sobre las naçençias de los omes

Dize el cuento que ay vn enxienplo que dize asy: que Filemon vn filosofo llego a vna çibdat e tomo escuela de finosomia, que es çiençia para judgar los omes por sus façiones, de quantas maneras deuen ser; e vn ome de la çibdat quel desamaua, ayunto algunos de esos escolares e demandoles asy, e dixo: «Quien tal fruente tiene, segunt lo que aprendistes, que muestra?» Dixieron ellos que deuia ser enbidioso, «E quien ouiere tales ojos, que demuestra?» Dixieron ellos que deuie ser luxurioso. «E quien ouiere tales çejas, que muestra?» Dixieron ellos que deuia ser mentiroso. E el les dixo: «Pues atales son todas las señales de vuestro maestro, e segunt el vos enseña, de tales malas maneras auiâ ser.» E ellos fueronse luego para su maestro e dixieronle: «Maestro, la vuestra catadura [382] demuestra tales malas maneras, segunt que vos nos lo demonstrades; pero», cortesmente dixieron ellos, «maestro, non veemos en vos esto, ca nos vemos que vos sodes tan guardado en todas cosas e tan conplido de todo bien, que se da a entender que este saber non es verdadero; ca mas por aguisado tenemos de dubdar desta çiençia que de dubdar de vos».

Filemon su maestro respondio commo sabio, e dixo: «Fijos, sabet que todas aquellas cosas que la mi cara demuestra, esas mesmas cosas codiçio yo toda via, e aquellas me vienen al coraçon. E yo forçelo de guisa que non paso poco nin mucho a nada de quanto la natura del cuerpo codiçia, e puno toda via en esforçar el alma e en la ayudar, porque

---

[382] *Catadura:* aspecto.

cunpla quantos bienes deue conplir. E por esto so yo atal qual vedes, maguer muestra mi bulto [383] las maneras que dexistes. E sabet que dixo vn sabio alla do demandaron que fallo de las fazes de los signos en astroligia e de lo que sube en ellos, e dixo que en cada vna fas suben muchas figuras de muchas maneras, e lo que sube en la fas primera, que es grado de açendente, sienpre lo ama ome e quiere toda via auer solas con el, mas que en ninguna otra cosa. E sabet que en la fas de mi açendente suben dos negros pequeños, e non se en este mundo que mas codiçie en mi voluntad que los ver ante mis ojos cada dia; e porque entiendo que non es bien, force mi voluntad e mande que nunca entrase ome negro en mi casa nin paresçiese ante mi» [384].

E otrosy sabed que vn ome demando a vn sabio que sy la nasçençia del ome mostraua que auia a matar ome o de forçar muger, sy lo cunpliese asy commo lo mostraua su naçençia, por que le avrian a matar o a fazer mal, pues nasçiera en tal punto que lo auia de fazer; ca non le se-mejaua que auia culpa. Respondio el sabio e dixo: «Porque ha el ome el aluedrio libre, por eso ha de lazrar por el mal que feziere.» «E que buen aluedrio», dixo el otro, «podria auer el que nasçio en punto de ser malo?». El sabio non le quiso responder, ca tantas preguntas podria fazer vn loco a que non podrian dar consejo todos los sabios del mundo; peroque el podiera muy bien responder aquesto, sy quesiera: ca las cosas çelestiales obran en las cosas elementales, e manifiesta cosa es que los cuerpos de los omes son elemen-tales, e non valen quando son syn almas, mas que sy fuesen lodo. E el alma es espritual, de vida que enbia Dios en los omes en aquellos que el quiere que biuan, e quando se ayunta el alma al cuerpo viene ende ome biuo e razonable e mortal. E el alma syn cuerpo e el cuerpo syn alma, non son para ningunt fecho del mundo, ca por su ayuntamiento es la vida del cuerpo, e al su departimiento es la muerte. E porque es el alma espritual e el cuerpo elemental, por eso ha el alma uirtud de guiar el cuerpo; e maguer que los aparejamientos de las estrellas muestran algunas cosas sobre la nasçençia de algunt ome, la su alma ha poder de lo de-fender dellos, sy el quesiere, por ella es espritual e es mas alta que las estrellas e mas digna que ellas; ca estan so el

---

[383] *Bulto:* rostro.
[384] A continuación se intercala un *enxienplo* dentro de este *enxienplo.* Ver nota 75.

çielo noueno o el alma viene de sobre el çielo dezeno; e asy lo dizen los astrolagos, e por aqui se proeua que en el poder del ome es de fazer bien e mal; e esto conuiene, que aya galardon o pena por lo que feziera. Onde por esto, mios fijos, deuedes saber que en poder del ome es que pueda forçar las voluntades de su carne, e que se pueda esforçar las bondades del alma; ca este aluedrio es dado al ome de fazer bien e mal porque aya galardon o pena [385].

De commo el rey de Menton castigaua a sus fijos que sienpre temiesen e amasen a su señor terenal

E porende, mios fijos, dixo el rey de Menton, deuedes creer e ser çiertos que non plaze a Dios ningunt mal, porque el es bueno e conplido, e non conuiene que ninguna mengua aya por el. E los que al dizen o creen, yerranlo malamente, ca non creen bien nin son obedientes a Dios, nin temen la pena que podrian resçebir en este mundo de los reys que mantienen la ley. Onde todo ome que quiere ganar onrra e sobir a alto logar, deue ser obediente a los mandamientos de Dios primeramente, e desy al señor terreñal. Ca obediençia es uirtud que deue ser fecha a los grandes señores, e señaladamente a los que han el señorio, de les ser obedientes e les fazer reuerençia; ca non biue ome en este mundo syn mayor que sy, saluo el Santo Padre, que es mayor de todos en lo espritual, peroque Dios es sobre el, a quien es tenudo a dar razon del ofiçio que tomo encomendado.

E sabet que obediençia es amar ome verdaderamente a su señor e quel sea leal e verdadero en todas cosas, e quel aconseje syn engaño, e que pugne en le fazer seruiçio bueno e leal, que diga bien del cada quel acaesçiere, e quel gradesca su bienfazer conçegeramente, e que amanse su voluntad a ser pagado del por que quier quel faga, sy por castigo gelo feziere. Ca sobre esto dixieron los sabios ca asy deue ser

---

[385] En la Edad Media y en el Siglo de Oro existía un gran interés por la influencia de los astros en las personas y esto se nota en obras como ésta. El principal conflicto era compaginar la noción de predestinación con la noción de libre albedrío, que es de lo que se habla aquí. Este problema alcanza su culminación literaria en *La vida es sueño*, de Calderón.

ome obediente a su rey commo lo deue ser a Dios; ca non podrie bien conplir la ley aquel que non fuese obediente a su rey. E porende dixieron: «Temed a Dios porquel deuedes temer, e obedeçed al rey porque le deuedes obedesçer.» E sabed que con la obedençia estuerçe ome toda mala estança e saluase de toda mala sospecha, ca la obedençia es guarda de quien la quiere, e castiello de quien la sigue, e lunbre de aquel con quien andudiere; ca quien ama a Dios ama a sus cosas, e quien ama a sus cosas ama a la ley, e quien ama a la ley deue amar al rey que la mantiene. E los que son obedientes a su rey son seguros de non auer bolliçio en el regno e de non cresçer codiçia entrellos por que se aya de desfazer su comunidat; ca seran seguros de non salir de regla e de derecho. E non deue ninguno de los del regno reprehender al rey sobre las cosas que feziere para endresçamiento del regno, e todos los del regno se deuen guiar por el rey. E sabet que con la obedençia se viedan las peleas e se guardan los caminos e aproueçen los buenos. E nunca fue ome que punase en desobedesçer al rey e buscarle mal a tuerto, quel non diese Dios mal andança ante que muriese; asy commo contesçio a Rages, sobrino de Fares rey de Siria, segunt agora oyredes.

Del enxenplo que dio el rey de Menton a sus fijos del rey Tabor, e otrosy de los sus priuados que eran en el su palaçio

Dize el cuento que Fares rey de Siria fue buen rey e mucho amado de los de su reyno, e fue casado dos vegadas, e en la primer muger non ovo fijo ninguno, e en la segunda ouo vno e non mas, e este ouo nonbre Tabor. E el rey amaua tanto a Rages, que era su sobrino, fijo de su hermana, commo sy fuera su fijo mesmo, e fizole mucho bien e mucha merçed sobre todos del su reyno, e leuolo adelante quanto el pudo. E desy contesçio que Fares rey de Siria ouo de adoleçer muy mal, de que ouo de morir. E ante que finase acomendo a su fijo e el reyno a este su sobrino Rages, e rogole que anparase el reyno e lo defendiese, e a su fijo que lo criase e le enseñase buenas costunbres e lo castigase, e Rages prometiole en sus manos que lo farie, e resçibio a Tabor, con todos los otros del reyno, por rey e por señor señalado despues de los dias de su padre.

Mas el diablo, que non queda de poner mal en los coraçones de los omes, e malos pensamientos, puso en coraçon a este Rages sobrino del rey Fares, que se trabajase de auer el reyno para sy. E el fizolo asy, cuydando que lo podria acabar con el grand poder que auie, desconosçiendo quanto bien e quanta merçed le fiziera el rey Fares padre deste rey Tabor; ca Rages era el mas poderoso del reyno, ca se trabajaua de tener todos los omes buenos del reyno por sy, e avn los pueblos, diziendoles que todo el reyno se destruye por la mengua del rey Tabor, que non querie fazer justiçia, mas que despechaua la tierra mas de quanto deuie, desaforandolos [386]. E todo esto era verdat, pero la culpa e la ocasion deste mal non era del rey Tabor, mas Rages, en cuya guarda e en cuyo poder era el rey despues de la muerte del rey Fares su padre; que el rey Tabor non auia mas de ocho años quando el rey su padre fino, ni auia entendimiento complido para gouernar el reyno assi commo deuia, ni fazia otra cosa saluo lo que mandaua e le aconsejaua Rages. En todas las cosas vsaua de moçedad e de trauesuras, que non auia quien lo castigasse ni lo refrenasse para fazer lo contrario, e con todo esto plazia a Rages, por la mala voluntad y el mal proposito en que estaua de reynar. E quando acaesçia que el rey queria fazer justiçia en alguno que lo mereçiesse, Rages lo deffendia luego, diziendo que era suyo, e rogaua por los malfechores, e assi que impedia la justiçia que non se cumpliesse; que muchas vezes prouo de yr con su mal proposito adelante, con el gran poder que auia, creyendo que tenia muchos amigos, y señaladamente con el fauor de Joel, vn gran cauallero del reyno e muy poderoso que le fauoresçia.

Mas Nuestro Señor Dios, al qual pesaua mucho deste tan gran desconosçimiento, no quiso ni consintio que se cumpliesse su mala voluntad ni su mal proposito; mas fue su voluntad que resçibiesse la pena aquel que la meresçia por los males del reyno, assi commo agora oyreys: que Dios es guiador de los que mal non meresçen, e puso en coraçon del rey Tabor, maguer moço, ca non auia mas de quinze años, que parase mientes e viese e entendiese el mal e la trayçion en quel andauan aquellos quel deuian guardar e defender; ca ya çerca eran de conplir de todo en todo el su mal proposito, e desheredar al rey e fincar Rages señor del regno. E porque algunos amigos del rey quel amauan

---

[386] *Desaforar:* quebrantar leyes, quitar privilegios.

seruir, e se sentian mucho destas cosas que veyan e entendian para lo deseheredar, dezianlo al rey en su poridat, que parase mientes en ello e se sentiese e non quisiese andar adormido e descuydado de la su fazienda, e abibaronle e despertaronle para pensar en ello.

E el rey estando vna noche en su cama parando mientes en estas cosas quel dezian e que veya el por señales çiertas, penso en su coraçon que para fincar el rey e señor, que el con Dios e con el su poder, que auia a poner las manos contra aquellos quel querian deseheredar. E semejole que para se librar dellos que non auia otra carrera sy non esta, e ador miose. E en dormiendose vio commo en sueños vn moço pequeño que se le puso delante e le dezia: «Leuantate e cunple el pensamiento que pensaste para ser rey e señor, ca yo sere contigo con la mi gente» [387]. E en la grant mañaña leuantose, e cuydando que fuera de los suyos moços quel aguardauan todo via, llamolos e preguntoles sy fuera alguno dellos a el esta noche de dezir algo, e ellos le dixieron que non. «Pues asy es», dixo el rey, «prometedme que me tengades poridat de lo que vos dixiere». E ellos prometierongelo, e el rey contoles el mal en que le andaua Rages e de lo que cuydaua fazer con Joel su amigo e con los otros del regno. E esto que el queria cometer que lo non podria fazer syn ayuda e consejo dellos. E commoquier que ellos sabian que todas estas cosas que el rey dezia que eran asy e lo vieran e entendieran, e dixo el vno: «Señor, grant fecho e muy graue quieres començar para el ome de la hedat que vos sodes e para quales ellos son, e de tan grant poder.» El otro dixo: «Señor, parat y mientes e guardatvos lo entiendan, sy non muertos e estragados somos vos e nos; ca en vn dia nos afogaran aqui en esta camara commo a sendos conejos.» E el otro le dixo: «Señor, quien grand fecho quiere començar, mucho deue en ello pensar, para lo acabar muy bien e syn daño de sy. El otro dixo: «Señor, en las cosas dudosas grant consejo y ha mester, asy commo en este fecho, que es muy dudoso sy se puede acabar o non.» E el otro dixo: «Señor, quien cata la fin de la cosa que quiere fazer, a que pueda recudir, non yerra.» E el otro dixo: «Señor, mejor es tardar e recabdar que non auerse ome a repentir por se rebatar; onde señor, commoquier que seamos aparejados de vos seruir e de nos parar a todo lo que nos acaesçiere en defendimiento

---

[387] Otra profecía milagrosa o milagro profético: el Niño Jesús se aparece en sueños a Tabor.

de la vuestra persona e del vuestro señorio, commo aquellos que nos tenemos por vuestra fechura e non auemos otro señor por quien catar sy non por Dios e por vos solo, e pedimosvos por merçed que sobre este fecho querades mas pensar; que nunca tan ayna lo començedes que todos los mas del regno non sean con ellos, e conbusco, mal pecado! non ninguno; ca vos han mesclado con la gente del vuestro señorio.»

E el rey sobre esto respondioles asy: «Amigos, quiero responder a cada vno de vos a lo que me dixistes. A lo que dixo el primero, que este fecho era muy grande e muy graue de cometer para quanto de pequeña hedat yo era e para quan poderosos ellos eran, digo que es verdat; mas sy la cosa non se comiença nunca se puede acabar. E porende nos conuiene que começemos con el ayuda de Dios, que sabe la verdat del fecho, e so çierto que nos ayuda. E a lo que dixo el otro, que parase mientes en ello que gelo non entendiesen, que sy non en vn dia seriamos afogados en esta camara, digo que aquel Dios verdadero e sabidor de las cosas que me lo puso en coraçon, penso en ello e paro y bien mientes; ca bien deuedes entender que atan grant fecho commo este non vernia de mio entendimiento nin de mio esfuerço, sy non de Dios que me mouio a ello e me lo puso en coraçon. E a lo que dixo el otro, que quien grant fecho ha de començar mucho deue cuydar para acabar su fecho syn daño de sy, digo que es verdat, mas qual pensamiento puede cuydar sobre el cuydar de Dios e lo quel faze para lo fazer mejor? Çertas, non ninguno; ca lo quel da o faze çierto es e syn duda, e porende non auemos que cuydar sobrello. E a lo que dixo el otro, que en las cosas dudosas grant consejo era mester, asy commo en este fecho, sy se puede acabar, pues es dudoso, o non, digo que es verdat, mas en lo que Dios ordena non ay duda ninguna nin deue auer otro consejo sobre su ordenamiento; ca el fue e es guiador e ordenador deste fecho. E a lo que dixo el otro, que quien cata la fin de la cosa que quiere fazer e a lo que puede recudir, non yerra e puede yr mas cierto a ello, digo que Dios es comienço de todas las cosas e medio e acabamiento de todas las cosas. E porende el que fue comienço deste fecho, çierto so que el cato el comienço e la fin del. E a lo que dixo el otro, que mejor era tardar e recabdar que non se arrepentir por se arrebatar, digo que en las cosas çiertas non ha por que ser el ome perezoso, mas que deue las acuçiar e leuar adelante; ca sy lo tardare, por auentura non se abra otro tal tienpo para lo acabar. E a lo que dezides todos, que «nunca tan ayna començedes este fecho que todos los de la tierra non sean por los otros» e por mi ninguno, digo que non es asy, ca la verdat sienpre andido en plaça paladinamente e la mentira por los rencones ascondidamente; e porende la bos de la verdat mas aconpañada fue sienpre que la bos de la mentira; asy commo lo podedes ver vesiblemente con la uirtud de Dios en este fecho. Ca a la ora que fuesen muertos estos falsos, todos los mas de los suyos e de su consejo derramaran por los rencones con muy grant miedo por la su falsedat que pensaron, asy commo los ladrones nucherniegos que son çiento, a bos de vno que sea dado contra ellos, fuyen e ascondense; e todos los otros que non fueron de su consejo recudran a la bos del rey, asy commo âquel que tiene verdat. E deuedes saber que mayor fuerça e mayor poder trae la bos del rey que verdadero es, que todos las otras bozes mintrosas e falsas de su señorio. E amigos», dixo el rey, «non vos espantedes, ca sed çiertos que Dios sera y conusco e nos dara buena çima a este fecho».

«Señor», dixieron los otros, «pues asy es e tan a coraçon lo auedes, començad en buen ora, ca conbusco seremos a vida o a muerte». «Començemos cras en la mañana», dixo el rey, «desta guisa; non dexando entrar a ninguno a la camara, e deziendo que yo esta noche oue calentura e que esto dormiendo. E aquellos falsos Rages e Joel, con atreuemiento del su poder e de la priuança, plaziendoles de la mi dolençia, entraran solos a saber sy es asy; e quando ellos entraren, çerrat la puerta e yo fare que me leuanto a ellos por los onrrar, e luego metamos mano al fecho e matemos los commo a traydores e falsos contra su señor natural, e tajemosles las cabeças. E sobredes dos de vos otros al tejado de la camara con las cabeças, mostrandolas a todos, e dezit asy a grandes bozes: 'Muertos son los traydores Rages e Joel, que querian desheredar a su señor natural!' e echat las cabeças delante e dezit a altas bozes, 'Seria por el rey Tabor!'. E çiertos sed que de los de su parte non fincara ninguno que non fuyan, e non ternan vno con otro. Ca los malos nunca catan por su señor deque muerto es, e los buenos sy; ca reconosçen bienfecho en vida e en muerte de aquel que gelo faze. E todos los otros del regno recudran a la bos del rey asy commo las abejas a la miel, ca aquella es la cabeça a que deuen recudir; ca el rey es el que puede fazer bien e merçed acabadamente en su señorio e non otro ninguno».

E los donzeles acordaron de seguir la voluntad de su señor, en manera que bien asy commo el rey les dixiera, bien asy se conplio todo el fecho. E quando los omes buenos del regno recudieron a la bos del rey, asy commo era derecho e razon, e sopieron en commo paso el fecho, marauillaronse mucho de tan pequeños moços commo el rey e los donzelles acometer tan grant fecho; ca ninguno de los donzeles non auia de dizeocho años arriba, e avn dellos eran menores que el rey. E porende los del regno entendieron que este fecho non fuera synon de Dios çiertamente; ca quando demandauan al rey e a cada vno de los donzeles el fecho en commo pasara, dezian que non sabian, mas que vieran la camara llena de omes vestidos de blancas vestiduras, sus espadas en la mano e vn niño entrellos vestido asy commo ellos ayudandolos e esforçandolos que conpliesen su fecho [388]. Onde todo ome se deue guardar de non dezir mal nin fazer mal nin buscar mal syn razon a su señor natural; ca qualquier que lo faga, çierto sea de ser mal andante ante que muera. E eso mesmo deue el señor a los vasallos que lealmente lo siruen, faziendoles mucho bien e mucha merçed, ca tenudo es de lo fazer. E faziendolo asy çierto sea que Dios lidiara por el contra los que falsamente le seruieren, asy commo lidio por este rey de Siria [389].

De commo el rey de Menton castigaua a sus fijos de que guissa se auian de mantener con el rey sy con el beuiesen

Otrosy mios fijos, guardatvos de fazer enojo a vuestro rey; ca aquel que enoja al rey, enpeçele, e quien se alongare, non se acordara del. E guardatvos de caer al rey en yerro, ca ellos han por costunbre de contar el muy pequeño yerro por

---

[388] El Niño Jesús les ayuda a matar o a ajusticiar a los traidores directamente. Es interesante que la intervención divina más directa de la obra tenga lugar, precisamente, en un caso de traición. Ver nota 340.

[389] Según Hernández, el *enxienplo* del rey Tabor, que no tiene una fuente conocida, está basado en la vida de Fernando IV, hijo de Sancho IV y de María de Molina, al que, por haberse quedado huérfano de padre a los nueve años, trataron de quitarle el reino unos parientes y unos nobles. Para Hernández, el *enxienplo* es una invitación a Fernando IV, que salió triunfante, a acabar con el caos del reino («Ferrán Martínez, *escrivano del rey...*», págs. 320-325).

grande, e peroque lo ome aya fecho tan grant seruiçio luengo tienpo, todo lo oluida a la ora de la saña. E quien se faze muy priuado al rey, enojase del, e quien se le tiene en caro, aluengalo de sy, sy lo non ha mucho mester. Ca ellos han por manera de se enojar de los que se les fazen muy priuados e de querer mal al que se les tiene en caro. E porende quanto mas vos allegare el rey a su seruiçio, atanto mas le auedes âuer reuerençia; ca sabet que non ha mayor saña nin mas peligrosa que la del rey; ca el rey reyendo manda matar, e jugando manda destruyr, e a las vegadas faze grand escarmiento por pequeño yerro, e a las vegadas dexa muchas culpas syn ningunt escarmiento. E porende non se deue ome ensañar contra el rey maguer le maltraya, e non se deue atreuer a el maguer sea su priuado; ca el rey ha braueza en sy e ensañase commo leon, e el amor del rey es penado, ca mata oras ya con la primera lança quel acaesçe quando le viene la saña, e despues pone al vil en lugar del noble, e al flaco en lugar del esforçado e pagase de lo que faze, sol que sea a su voluntad. E sabet que la graçia del rey es el mejor bien terreñal que ome puede auer, pero non deue mal fazer nin soberuia nin atreuimiento del amor del rey, ca amor de rey non es heredad nin dura toda via. E la semejança del rey es commo la vid, que se traba con los arboles que falla mas çerca de sy, qualesquier que sean, e sobre ellos se tiende e non busca mejores, pues que estan llueñe del.

E mios fijos, despues desto amaredes a vos primeramente, e el amor verdadero en sy mesmo comiença, e desy estender vos hedes a los otros, faziendoles bien de lo vuestro e buscandoles pro con vuestro señor en lo que podierdes. Pero maguer que muy priuados seades, guardatvos de lo enojar, ca el que esta mas çerca del mas se deue guardar que non tome saña contra el nin le enpesca; ca el fuego mas ayna quema lo que falla çerca de sy que lo que esta lexos del. E sy non ouierdes tienpo de buscar pro a vos nin a otro con el en el açidente tienpo, non le enojedes.

Ca todos los tienpos del mundo, buenos e malos, han plazo e dias contados quanto han de durar. Pues sy veniere tienpo malo, sofritle fasta que se acaben sus dias e se cunpla su plazo; ca los mejores tienpos del mundo son los dias en que biuen los omes a sombra del señor que ama verdat e justiçia e mesura. Ca la mejor partida de la mejoria del tienpo es en el rey. Ca sabet que el mundo es commo el libro, e los omes son commo letras, e las planas escriptas commo los tienpos; que quando se acaba la vna, comiença la otra.

E çiertos sed que segunt la ventura del rey atal es la ventura de los que son a su merçed. E quando se acaba el tienpo de los que ouieron ves, non les tiene pro la grant conpaña nin las muchas armas nin sus asonadas. E los que comiençan en la vez de la ventura, maguer sean pocos e flacos, sienpre vençen e fazen a su guisa. E esta auentura es quando Dios los quiere ayudar por sus meresçimientos. E el mejor tienpo que los del regno pueden auer e que sea el rey bueno e meresca ser amado de Dios, ca aquellos son sienpre bien andantes a los que Dios quiere ayudar.

E porende, mios fijos, non vos deuedes atreuer al rey en ninguna cosa, sy non quando vierdes que podedes auer tienpo para lo demandar lo que quisierdes; ca de otra guisa podervos ya enpesçer [390].

De commo cada vno deue de amar a todos, y mas a los suyos e castigarlos muy bien

Pero, mios fijos, despues que vos estendierdes a amar los otros, resçebiendolos e onrrandolos de palabra e de fecho, non los estoruando a ninguno en lo quel fuere mester de procurar nin deziendo mal de ninguno, primeramente amaredes los vuestros e despues los estraños con caridat, que quiere dezir amor verdadero; ca caridat es amar ome su proximo verdaderamente, e dolerse del e le fazer bien en lo que podiere, pero primeramente a los suyos; ca palabra es de la Santa Escriptura, que la caridat en sy mesma comiença.

Ca todo ome deue onrrar e fazer bien a sus parientes, ca por fazer bien e onrrar sus parientes esfuerçase la rays e cresçe el linage; pero non gelo deue fazer con daño de otre, ca pecado seria de cobrir un altar e descobrir otro. E bienfazer es temer ome a Dios e fazer bien a los suyos; ca la mejor limosna que el ome puede fazer es que faga el ome bien a sus parientes pobres; ca dizen que tres bozes suben al cielo: la primera es la bos de la merçed; la otra es del condesijo [391] çelado [392]; la otra es de los parientes; ca la bos

[390] Este capítulo no presenta una imagen muy optimista de la interacción del rey y sus privados precisamente. Parece un contrapunto al capítulo anterior, donde se hablaba de los privados que son traidores. Aquí se habla de los reyes que son injustos.

[391] *Condesijo:* escondrijo.

[392] *Çelado:* encubierto.

de la merçed dize asy: «Señor, fizieronme, e non me gradesçieron lo que resçibieron.» E la boz del condesijo dize asy: «Señor, non fezieron lealtad en mi, ca non me despendieron commo deuen.» La bos de los parientes dize asy: «Señor, desamannos e non sabemos por que.» E sabet que mal estança es fazer ome alimosna a los estraños e non a los suyos, e quien desama a sus parientes syn razon, fazen muy grant yerro saluo sy lo meresçen. E porende dizen que todo desamor que sea por Dios non es desamor, e otrosy todo amor que sea contra Dios non es amor. E sabet que non deue ome desamar a los suyos, quier sean pobres quier ricos, non se dando a maldat por que los parientes resçiban desonrra.

Ca de derecho el malo non deue resçebir ningunt pro tras de la su maldat, pero a las vegadas deue ome encobrir los yerros de los suyos, quando caen en ellos por ocasion e non con maldat nin a sabiendas, e non los deue descobrir nin meter en verguença; ca pesa a Dios quando algunos descubren a los suyos del yerro en que cayeron por ocasion, asy commo mostro quel peso quando Can, fijo de Noe, descobrio a su padre quando salio del arca e se enbeodo con el vino de la viña que planto, e lo fallo descobierto de aquellos lugares que son de verguença, e dixolo a sus hermanos en manera de escarnio. E el padre quando lo sopo, maldixolo, e Dios confirmo lo que dixo Noe. E porende, mios fijos, sienpre amad e guardat a todos comunalmente, pero mas a los vuestros, e non fagades mal a ninguno avnque lo meresça, saluo sy fuere tal ome a quien deuedes castigar e lo ouierdes a judgar; ca pecado mortal es encobrir los malos e non los castigar quien los castigar puede e deue. Çertas ante deue ome castigar los suyos que los estraños, e señaladamente los fijos que ouierdes, deuedeslos castigar syn piedat; ca el padre muy piadoso nunca bien criados fara sus fijos, ante saldran locos e atreuidos. E a las vegadas lazran los padres por el mal que fazen los fijos mal criados, e es derecho, que pues por su culpa dellos, non los queriendo castigar, erraron, que los padres resçiban la pena por los yerros de los fijos; asy commo contesçio a vna dueña de Gresçia desta guisa:

Del enxenplo que dio el rey de Menton a sus fijos de vna dueña que nunca quiso castigar a sus fijos e de lo que conteçio a la dueña sobrello

Dize el cuento que esta dueña fue muy bien casada con vn cauallero muy bueno e muy rico, e finose el cauallero e dexo vn fijo pequeño que ouo en esta dueña e non mas. E la dueña atan grant bien queria este fijo, que porque non auia otro, que todo quanto fazia de bien e de mal, todo gelo loaua e daualo a entender que le plazia. E desque cresçio el moço, non dexaua al diablo obras que feziese, ca el se las queria todas fazer, robando los caminos e matando muchos omes syn razon, e forçando las mugeres do quier que las fallaua e dellas se pagaua. E sy los que auian de mantener la justiçia lo prendian por alguna razon destas, luego la dueña su madre lo sacaua de presion, pechando algo a aquellos que lo mandauan prender, e trayalo a su casa, non le deziendo ninguna palabra de castigo nin que mal feziera; ante fazia las mayores alegrias del mundo con el, e conbidaua caualleros e escuderos que comiesen con el, asy commo sy el ouiese todos los bienes e todas las prouezas que todo ome podria fazer.

Asy que despues de todas estas enemigas que fizo, vino el enperador a la çibdat onde aquella dueña era, e luego venieron al enperador aquellos que las desonrras e los males resçebieron del fijo de aquella dueña, e querellaronsele. E el enperador fue mucho marauillado destas cosas tan feas e tan malas que aquel escudero auia fecho, ca el conosçiera a su padre, e fuera su vasallo grant tienpo, e dezia del mucho bien. E sobre estas querellas enbio por el escudero, e preguntole sy auia fecho todos aquellos males que aquellos querellosos dezian del, e contarongelos, e el conosçio todo, pero toda via escusandose que lo feziera con moçedat e poco entendimiento que en el auia. «Çertas amigo», dixo el enperador, «por la menor destas cosas deuian murir mill omes que lo ouiesen fecho, sy manifiesto fuese, e sy mio fijo fuese e cayese en estos yerros, pues justiçia deuo mantener e dar a cada vno lo que meresçe, yo lo mandaria matar por ello. E pues tan conosçido vienes que lo feziste, non ay mester aqui otra pesquisa ninguna y fagamos, ca lo que manifiesto es non ay proeua ninguna mester». E mando a su alguazil que lo leuasen a matar. E en leuandolo a matar yua la dueña su madre en pos el, dando bozes e rascandose [393] e faziendo el mayor duelo del mundo, de guisa que non auia ome en la çibdat que non ouiese grant piedat della. E yuan los omes buenos pedir merçed al enperador que le perdonase, e algunos querellosos dolien se de la dueña; mas el enperador, commo aquel a quien sienprel plogo de fazer justiçia, non lo queria perdonar, ante lo mandaua matar de todo en todo. E en llegando a aquel lugar do lo auian a matar, pedio la madre por merçed al alguazil que gelo dexase saludar e besar en la boca ante que lo matasen, e el alguazil mando a los monteros que le detouiesen e que lo non matasen fasta que su madre llegase a el e lo saludase. Los monteros le detouieron e le dixieron que su madre lo queria saludar e besar en la boca ante que muriese, e al fijo plogo mucho, e dixo luego a altas bozes: «Bien venga la mi madre, ca ayudarme quiere a que la justiçia se cunpla segunt deue, e bien creo que Dios non querra al sy non que sofriese la pena quien la meresçe.» Todos fueron marauillados de aquellas palabras que aquel escudero dezia, e atendieron por ver a lo que podria recudir. E desque llego la dueña a su fijo, abrio los braços commo muger muy cuytada e fuese para el; e a el auiene soltado las manos, peroque lo guardauan muy bien que non se fuese. «Amigos», dixo el escudero, «non creades que me yo vaya, antes quiero e me plaze que se cunpla la justiçia, e me tengo por muy pecador en fazer tanto mal commo fis, e yo lo quiero començar en aquel que lo meresçe». E llego a su madre commo que la queria besar e abraçar, e tomola con amas ados las manos por las orejas a buelta de los cabellos, e fue poner la su boca con la suya, e començola a roer e la comer todos los labros [394], de guisa que le non dexo ninguna cosa fasta en las narizes, nin del labro de yuso fasta en la barbiella, e fincaron todos los dientes descobiertos e ella finco muy fea e muy desfaçada.

Todos quantos y estauan fueron muy espantados desta grant crueldat que aquel escudero fazia, e començaronlo a denostar e maltraer. E el dixo: «Señores, non me denostedes nin me enbarguedes, ca justiçia fue de Dios, e el me mando que lo feziese.» «E por que en tu madre?», dixieron los otros. «Por el mal que tu feziste ha de lazrar ella? Dynos que razon te mouio a lo fazer.» «Çertas», dixo el escudero, «non lo dire sy non al enperador». Muchos fueron al enperador a

[393] *Rascar:* rasgar.
[394] *Labros:* labios.

contar esta crueldat que aquel escudero feziera, e dixieronle de commo non queria dezir a ninguno por que lo fiziera sy non a el. E el enperador mando que gelo traxiesen luego antel, e non se quiso asentar a comer fasta que sopiese desta marauilla e desta crueldat por que fuera fecho. E quando el escudero llego antel, e la dueña su madre muy fea e muy desfaziada, dixo el enperador al escudero: «Dy falso traydor, non te conplieron quantas maldades feziste en este mundo, e a la tu madre, que te pario e te crio muy viçioso e perdio por ti quanto auia, pechando por los males e las enemigas que tu fiziste, que tal la fueste parar en manera que non es para paresçer ante los omes, e non ouiste piedat de la tu sangre en la derramar asy tan abiltadamente [395], nin ouiste miedo de Dios nin verguença de los omes, que te lo tienen a grant mal e a grant crueldat?»

«Señor», dixo el escudero, «lo que Dios tiene por bien que se cunpla, ninguno non lo puede destoruar que se non faga. E Dios que es justiçiero sobre todos los justiçieros del mundo, quiso que la justiçia paresçiese en aquel que fue ocasion de los males que yo fize». «E commo puede ser esto?», dixo el enperador. «Çertas, señor, yo vos lo dire. Esta dueña mi madre que vos vedes, commoquier que sea de muy buena vida, fazedora de bien a los que han mester, dando las sus alimosnas muy de grado e oyendo sus oras muy deuotamente, touo por guisado de me non castigar de palabra nin de fecho quando era pequeño nin despues que fue criado, e loauame todo quanto fazia, quier fuese bueno quier fuese malo, e dauame todo quanto auia para despender, e mal pecado! mas despendia en las malas obras que en buenas. E agora quando me dixieron que me queria saludar e besar en la boca, semejome que del çielo desçendio quien me puso en coraçon que le comiese los labros con que me ella podiera castigar e non quiso. E yo fislo, teniendo que era justiçia de Dios. E el sabe bien que la cosa deste mundo que mas amo ella es; mas pues Dios lo quiso que asy fuese, non pudo al ser. E señor, sy mayor justiçia se a y de conplir, mandatla fazer en mi; ca mucho la meresco por la mi desauentura.» E los querellosos estando delante ouieron grant piedat del escudero e de la dueña su madre, que estaua muy cuytada porquel mandaua el enperador matar, e veyendo que el escudero conosçia los yerros en que cayera, pedieron por merçed al enperador que le perdonase, ca ellos le perdonauan.

---

[395] *Abiltadamente:* afrentadamente.

«Çertas», dixo el enperador», mucha merçed me ha fecho Dios en esta razon, en querer el fazer la justiçia en aquel que el sabia por çierto que fuera ocasion de todos los males que este escudero feziera, e pues Dios asy lo quiso, yo lo do por quito e perdonole la mi justiçia que yo en el mandaua fazer, non sabiendo la verdat del fecho asy commo aquel que la fizo. E bendicho el su nonbre por ende!». E luego lo fizo cauallero e lo resçebio por su vasallo, e fue despues muy buen ome e mucho onrrado, e finco la justiçia en aquella dueña que lo meresçio, por enxienplo por que los que han criados de fazer, que se guarden e non cayan en peligro por non castigar sus criados [396]; asy commo contesçio a Hely, vno de los mayores saçerdotes de aquel tienpo, segunt cuenta en la Bibria. Peroque el era ansy bueno e de santa vida, porque non castigo sus fijos asy commo deuiera, e fueron mal costunbrados, quiso Dios Nuestro Señor mostrar su vengança atan bien en el padre, porque non castigara sus fijos, asy commo en ellos por las malas obras; ca ellos fueron muertos en la batalla, e el padre quando lo sopo cayo de la siella alta en que estaua e quebrantose las çeruizes e murio. E commoquier que el enperador de derecho deuia fazer justiçia en aquel escudero por los males que feziera, dexolo de fazer con piedat de aquellos que han de fazer justiçia. Ca sienpre deuian auer piedad de aquellos que conosçen sus yerros e se arrepienten del mal que fezieron. E porende el enperador, por este escudero conosçio sus yerros e se arrepentio ende, e porque los querellosos le pedieron por merçed quel perdonase, perdonolo con piedat; ca dizen que non es dicha justiçia en que piedat non ha en los logares do conuiene, ante es dicha crueldat. Onde todos los omes que fijos han, deuen ser cruuos en los castigar e non piadosos, e sy bien los criaren abran dellos plazer; e sy mal, nunca pueden estar syn pesar; ca sienpre abran reçelo que por el mal que fizieron abran pena, e por auentura que la pena caera en aquellos que los mal criaron, asy commo contesçio a esta dueña que agora diximos. E çertas de ligero se pueden acostunbrar bien los moços, ca tales son commo çera, e asy commo la çera es blanda e la puede ome amasar e tornar en aquella figura que quesiere, asy el que ha de criar el moço, con la pertiga en la mano, non lo queriendo perdonar, puede lo traer a enformar en las costunbres quales quesiere.

---

[396] A continuación se intercala un *enxienplo* dentro de este *enxienplo*. Ver nota 75.

De commo el rey de Menton demostraua a sus fijos de todas las cosas que pertenesçen a las buenas costunbres

Asy vos, mios fijos, syenpre vos deuedes aconpañar e llegar a los mejores omes e mas entendidos e de mejor seso, ca destos aprenderedes bien e non al, e deuedes ser conpañeros a todos grandes e pequeños, e deuedes onrrar a las dueñas e donzellas sobre todas las cosas, e quando ouierdes a fablar con ellas deuedes vos guardar de dezir palabras torpes nin nesçias, ca vos reprehenderian luego; porque ellas son muy aperçebidas en parar mientes a lo que les dizen e en escatimar las palabras. E quando ellas fablan, dizen pocas palabras e muy afeytadas e con grant entendimiento, e a las vegadas con punto de escatima e de reprehension. E non es marauilla, ca non estudian en al. E deuedes ser bien acostunbrados en alançar e en bofordar e en caçar e en jugar tablas e axadres, e en correr e luchar; ca non sabedes do vos sera mester de vos ayudar de vuestros pies e de vuestras manos [397]. E deuedes aprender esgrima, ca mucho cunple al cauallero saber bien esgremir, e deuedes ser mesurados en comer e en beuer. E dizen en latin abstinençia por la mesura que es en comer e en beuer e en razonar, e es vna de las syete uirtudes; e porende seredes mesurados en razonar, ca el mucho fablar non puede ser syn yerro, e finca ome envergonçado por el yerro en que cayo por mucho querer dezir, mayormente deziendo mal de otre e non guardando la su lengua.

Ca el seso del ome yaze so su lengua. E porende commo non faze buen callar al que fabla sabiamente, asy non faze buen fablar al que fabla torpemente. Ca dizen que Dios escucha por oyr lo que dize cada lengua, e porende bien aueturado es el que es mas largo de su auer que de su palabra. E de todas las cosas del mundo esta bien al ome que aya abondo e avn demas, sacando de palabra, que enpesçe lo que es ademas. E porende mejor es al ome que sea mudo, que non que fable mal, ca en el mal fablar ay daño e non pro, tan bien para el alma commo para el cuerpo. Onde dize la Escriptura: «Quien non guarda su lengua non guarda su

---

[397] Cualidades caballerescas: hablar con las damas, luchar con los caballeros.

alma.» E sy fabla ome en lo que non es nesçesario ante de ora e de sazon, es torpedat. E porende deue ome catar que lo que dixiere que sea verdat, ca la mentira mete a ome en verguença, e non puede ome auer peor enfermedat que ser mal fablado e mal corado. E contesçe a las vegadas por el coraçon grandes yerros e por la lengua grandes enpieços. Ca a las vegadas son peores llagas de lenguas que los golpes de los cuchiellos. E porende deue ome vsar la lengua a verdat, ca la lengua quiere seguir lo que ha vsado. E sabet que vna de las peores costunbres que ome puede auer es aver la lengua presta para recodir al mal.

Mas a quien Dios quiso dar paçiençia e sufrençia, es bien andança.

Ca paçiençia es uirtud para sofrir los tuertos quel fezieren, e que non recuda ome mal por mal nin en dicho nin en fecho, e que non amuestre saña nin mala voluntad, nin tenga mal condesado en su coraçon por cosa quel fagan nin quel digan. E la paçiençia es en dos maneras: la vna es que sufra ome a los que son mayores que el; la otra que sufra el ome a los que son menores que el. E por esto dizen que quando vno non quiere, dos non barajan. E sabed que nunca barajan dos buenos en vno, otrosy nunca baraja vno bueno con otro malo, ca non quiere el bueno; mas en dos malos fallaredes baraja, e quando barajan bueno e malo e alto e baxo, amos son malos e contados por yguales. E porende deue ome dar vagar a las cosas e ser paçiente.

E asy puede ome llegar a lo que quisiere, sy sufre lo que non quesiere. Ca, mios fijos, sy dexa ome lo que desea en las cosas que entiende quel pueden enpeçer, avra lo que desea en las cosas quel aprouecharan. E por eso dizen que sofridores vençen. E sabet que la sufrençia es en çinco maneras: la primera es que sufra ome lo quel pesa en las cosas que deue sofrir con razon e con derecho; la segunda, que se sufra de las cosas quel pida su voluntad, seyendo dañosas al cuerpo e al alma; la terçera, que sufra pesar por las cosas de que atiende galardon; la quarta, que sufra lo quel pesa por las cosas de que se teme que podria resçebir mayor pesar; la quinta, que sea sofrido faziendo bien e guardandose de fazer mal. E sabet que vna de las mejores ayudas que el sesudo puede auer, es la sufrençia. E porende dizen que segund fuere el seso del ome, asy sera la su paçiençia.

E seyendo ome sofrido e paçiente non puede caer en verguença, que es cosa de que el ome se deue reçelar de caer en ella, e deue la ome mucho preçiar e tomar ante sy sienpre, e asy non cadra en yerro por miedo de verguença. E verguença es atal commo el espejo bueno, ca quien ende se cata, non dexa manziella en su rostro, e quien verguença tiene sienpre ante los sus oios, non puede caer en yerro, guardandose de caer en verguença. E asy el que se quiere guardar de yerro e de verguença es dado por sabio e entendido.

De commo el rey de Menton castigaua a sus fijos que sienpre aprendiessen el bien, e les demostro todas las virtudes del aprender

Onde mios fijos, punaredes en ser sabios e aprender, e non querades ser torpes, ca sy lo fueredes, perdervos hedes. E porende dize que mas vale saber que auer, ca el saber guarda al ome, e el auer a lo ome de guardar. Onde dizen que el saber es señor e ayudador. E sabida cosa es que los reys judgan la tierra, e el saber judga a ellos. E creed que el saber es mucho, asy que lo non puede ninguno caber todo; pues deuedes de cada cosa tomar lo mejor. Ca el preçio de cada vno es el su saber, e la çiençia ha la de buscar el que la ama, asy commo quien perdio la cosa que mas amaua; ca en buscandola vase en pos della quanto puede, e pregunta por ella a quantos falla, e buscala en quantas maneras puede e en quantos lugares asma que la fallara. Ca çierta cosa es que todas las cosas del mundo han mayor preçio quanto menos fallan dellas. Bien asy han menor preçio quantas mas fallan dellas. Onde dizen en latin: «Omne rarum preciosum»; que quiere dezir: «la cosa que es menos fallada, es mas preçiada», fueras ende el saber, que es más preçiado quanto mas es, e mas vale quanto mas ha ome del.

E el saber es commo la candela, que quantos quesieren ençienden en ella, e non vale menos nin mengua porende la su lunbre. Ca el mejor saber del mundo es el que tiene pro a quien lo sabe. E sabet mios fijos, que se estuerçe la lunbre de la fe quando se muestra el sabio por de mala creençia e el torpe por de buena; e tan poco puede escusar el de buena parte el saber, commo la vida; ca con el saber conosçe el ome el bien e la merçed que Dios le faze, e conosçiendola, gradesçerla ha, e gradesçiendo la meresçerla ha. E la mejor cosa que el sabio puede auer, es que faga lo quel saber manda; porende poca cosa que ome faga con el saber, vale mas que mucho que faga con torpedat. E algunos demandan el saber non a plazer de Dios, e en cabo tornalos el saber a su seruiçio; ca el saber es lunbre, e la torpedat escuridat. E porende, mios fijos, aprended el saber, ca en aprendiendolo faredes seruiçio a Dios. Ca todo ome que fabla en el saber es commo el que alaba a Dios.

E sabet que dos glotones son que nunca se fartan; el vno es el que ama el saber, e el otro el que ama el auer; ca con el saber gana ome parayso, e con el auer gana ome solas en su solidat, e con el sera puesto entre sus eguales. E el saber le sera armas con que se defienda de sus enemigos; ca con quatro cosas se puede enseñorear el que non ha derecho de ser señor: la vna es en saber; la otra es en ser ome bien acostunbrado; la otra es en ser de buena creençia; la quarta es ser leal. E mios fijos, con el saber alça Dios a los omes e fazelos señores e guardadores del pueblo. E el saber e el auer alça a los viles e cunple a los menguados. E el saber syn el obrar es commo el arbol syn fruto, e el saber es don que viene de la syella de Dios.

De commo el rey de Menton demostraua a sus fijos que sienpre vsasen del bien e que sienpre fuesen muy corteses

E porende conuiene al ome que obre bien con lo que sabe e non lo dexe perder, e asy con el saber puede ome ser cortes en sus dichos e sus fechos.

Ca, mios fijos, cortesia es suma de todas las bondades, e suma de cortesia es que el ome aya verguença a Dios e a los omes e a sy mesmo; ca el cortes teme a Dios, e el cortes non quiere fazer en su poridat lo que non faria en consejo. Cortesia es que non faga ome todas las cosas de que ha sabor. Cortesia es que se trabaje ome en buscar bien a los omes, quanto podiere. Cortesia es tenerse ome por abondado de lo que touiere; ca el auer es vida de la cortesia e de la linpieça, vsando bien del, e la castidat es vida del alma, e el vagar es vida de la paçiençia. Cortesia es sofrir ome su despecho e non mouerse a fazer yerro por ello; e por eso dizen que non ha bien syn lazerio.

Ca çiertamente el mayor quebranto e el mayor lazerio que a los omes semeja que es de sofrir, sy es quando al que les faze alguna cosa contra su voluntad, e gelo non caloña.

De commo el rey de Menton castigaua a sus fijos de commo sienpre fuesen omildosos

Pero mios fijos, creed que cortes nin bien acostunbrado nin de buena creençia non puede ome ser, sy non fuese omildoso; ca la vmildat es fruto de la creençia. E porende el que es de buena fe es de baxo coraçon. E la vmildat es vna de las redes con que gana ome nobleza. E porende dize la Santa Escriptura: «Quien fuere vmildoso sera ensalçado, e quien se quiere ensalçar sera abaxado.» E el noble quanto mayor poder ha, tanto es mas omildoso e non se mueue a saña por todas cosas, maguer le sean graues de sofrir; asy commo el monte que se non mueue por el grant viento. E el vil, con poco poder que aya, preçiase mucho e cresçel la soberuia. E la mejor bondat es que faga ome bien, non por galar don, e que se trabaje de ganar algo non con mala codiçia, e que sea omildoso non por abaxamiento; ca si se omilla el noble, es alçamiento del, e sy se preçia, es abaxamiento del. Ca la onrra non es en el que la resçibe, mas en el que la faze. Onde quien fuere omildoso de voluntad, el bien le yra buscar, asy commo busca el agua el mas baxo lugar de la tierra.

E porende, mios fijos, queret ser omildosos e non vrgullosos, ca por la vmildat seredes amados e preçiados de Dios e de los omes, e por orgullo seredes desamados e fuyran los omes de vos commo de aquellos que se quieren poner en mas de lo que deuen.

Ca non dizen orgulloso sy non por el que se pone en mas alto logar quel conuiene. E por esto dizen que nunca se preçia sy non el vil ome, ca sy se preçia el ome noble, enflaqueçe en su nobleza, e sy se omilla gana alteza; pues la ocasion del seso es que se preçie ome mas que non vale. E el que non se presçia mucho es de buen pres de su cuerpo e de su alma, e el que se preçia mucho, cae en verguença, quando acaesçe entre omes quel conosçen, avnque sea de alto lugar. Ca grant marauilla es en preçiarse mucho el que paso dos vezes por do paso la orina. E sabed que menos mal es quando peca ome e non se preçia, que quando non peca e se presçia.

Onde mios fijos, sy queredes ser preçiados e amados de Dios e de los omes, sed omildosos al bien e non al mal, que quiere dezir, sed omildosos a vuestro seso e non a la voluntad.

Ca nesçio es el que non sabe que la voluntad es enemiga del seso; ca el seso e el buen consejo duermen toda via fasta que los despierta el ome, e la voluntad esta despierta toda via. E por eso vençe la voluntad al seso las mas vezes. Onde la ocasion del seso es ser ome vmildoso a su voluntad. E sabet que obedesçer el seso e ser omildoso a la voluntad, es escalera para sobir ome a todas las maldades. E porende la mas prouechosa lid que ome puede fazer, es que lidie con su voluntad.

De commo el rey de Menton castigaua a sus fijos que vsasen mas de su sseso que non de su voluntad

Pues, mios fijos, vengatvos de vuestras voluntades con quien por fuerça deuedes lidiar, sy buenos queredes ser, e asy escaparedes del mal que vos venier. E creed bien que todo ome que es obediente a su voluntad, es mas sieruo que el catiuo ençerrado, e porende el que es de buen entendimiento, faze las cosas segunt su seso e non segunt su voluntad. Ca el que fuere señor de su voluntad pujara e cresçeran sus bienes, e el que es sieruo della abaxara e menguaran sus bienes. E sabet que el seso es amigo cansado, e la voluntad es enemigo espierto e seguidor mas al mal que al bien. E porende deue ome obedesçer al seso commo a verdadero amigo, e contrastar a su voluntad commo a falso enemigo.

Onde bien auenturado es aquel a quien Dios quiere dar buen seso natural, ca mas val que letradura [398] muy grande para saberse ome mantener en este mundo e ganar el otro. E porende dizen que mas val vna onça de letradura con buen seso natural, que vn quintal de letradura syn buen seso; ca la letradura faze al ome orgulloso e soberuio, e el buen seso fazelo omildoso e paçiente. E todos los omes de buen seso pueden llegar a grant estado, mayormente seyendo letrados, e aprendiendo buenas costunbres; ca en la letradura puede ome saber quales son las cosas que deue vsar e quales son de las que se deue guardar. E porende, mios fijos, punad en aprender, ca en aprendiendo veredes e entenderedes

---

[398] *Letradura:* literatura.

mejor las cosas para guarda e endresçamiento de las vuestras faziendas e de aquellos que quesierdes. Ca estas dos cosas, seso e letradura, mantienen el mundo en justiçia e en
verdat e en caridat.

De commo el rey de Menton castigaua a sus fijos que sienpre vsasen del themor de Dios si fuesen reys e señores de otros

Otrosy, mios fijos, parat mientes en lo que vos cae de
fazer, sy tierras ouierdes a mandar onde seades reys o señores. Ca ninguno non deue ser rey sy non aquel que es
noblesçido con los nobles dones de Dios. E deuedes saber
que la nobleza de los reys e de los grandes señores deue
ser en tres maneras: la primera, catando lo de Dios; la segunda, catando lo dellos mismos; la terçera, catando lo de los
pueblos que han de mantener en justiçia e en verdad. Onde
la nobleza que an de auer en sy los reys catando lo de Dios,
es partida en tres maneras: la primera es que tema el poder
de Dios; la segunda, que conosca la su verdad; la terçera,
que ame la su voluntad. E que estas noblezas deuen ser en
todo rey, proeuase por ley e por natura e por enxienplos.
Onde la primera nobleza del rey es temor de Dios; ca por
qual razon temeran los menores al su mayor, que non quiere temer a aquel onde ha el poder? Çertas el que non quiere
temer el poder de Dios da razon e ocasion a los quel deuen
temer, quel non teman. E porende con razon non puede
dezir e mandar a los menores quel teman, el que non quiere
temer al su mayor que ha poder sobre el. E deuedes saber
que el su poder es nada al poder de Dios, que es sobre todos
e nunca ha de fallesçer. E el poder del rey es so otro e
fallesçe. E pues del poder de Dios ha el rey poder de judgar
los deste mundo, deue entender que Dios ha de judgar a el,
onde ouo el poder. E çierta cosa es que Dios en el juyzio,
que non faze departimiento ninguno en el grande nin en el
pequeño, ca el fizo a todos e es señor de todos, e porende
es el juyzio ygual. Onde, mios fijos, sea sienpre el vuestro
temor mayor que non la vuestra codiçia para querer que vos
teman los otros. E non solamente deuedes temer lo de Dios,
mas deuedes temer lo del mundo; ca quanto en mas alto e
mas onrrado estado es el ome, tanto mas se deue guardar
de non caer del, porque quanto de mas alto cae, tanto mas

graue e peligrosa es la cayda. E porende el muy alto estado conuiene que sea sostenido e mantenido con buen seso e con buenas costunbres, asy commo la torre muy alta con buen çimiento, e la boueda muy alta con firmes colunas; ca el que esta baxo e cabo la tierra, non ha onde caya, e sy cae non se fiere tan mal commo el que cae de alto.

De commo el rey de Menton castigaua a sus fijos que sienpre amasen verdat e que sienpre se mantouiesen en ella

Otrosy la segunda nobleza de los reyes es conosçer la diuinal verdat, la qual verdat es de Dios, e non la pueden conosçer los omes sy non parando mientes a las obras de Dios; ca mucho es ascondida a los entendimientos de los omes; ca las obras de Dios sienpre fueron e son e seran. Onde, mios fijos, confirmadvos bien en la verdat de Dios, e lo que fezierdes e dixierdes sea verdat, e estad firmes en ella e guardatla bien que non se mude nin se canbie. Ca dize el Filosofo, que aquella es dicha verdat en que non cae mudamiento ninguno nin variedat. E la cosa que se canbia de lo que començo en verdat, non esta en verdat; mas deuedes saber que la verdat loada es de Dios verdadero, e los reys que la verdat de Dios conosçen e la siguen, e fincan firmes en ella, deziendo verdat a su gente e non les mentiendo nin les pasando contra lo que les prometen, estos son reys que conosçen la verdat de Dios, ca aman la verdat e aborrescen la mentira. E el rey o señor syn verdat non es rey sy non en el nonbre solo; e porende el rey mintroso non ouo nin abra nin puede auer vasallos nin amigos fieles, ca pierde el amor de Dios e de su gente e cae en grandes peligros, asy commo se falla por los enxienplos de las estorias antiguas de aquellos que fallesçieron en la verdat e vsaron de mentiras, non temiendo a Dios nin queriendo conosçer la su verdat, por que fueron muertos e astragados, asy commo Benadad rey de Siria, que adoraua los ydolos e se partia de la verdat de Dios, que fue afogado por manos de Açael su sieruo, e Sedechias, rey de Juda, que prometio e juro a Nabucdonosor verdat, e mentiole commo perjuro e fue vençido e preso en cadena, e fue trayado a Babilonia.

De commo el rey de Menton dezia a sus fijos que la nobleza de los reys era ganar amor de Dios

Otrosy la terçera nobleza de los reyes es el amor de la bondat de Dios, de la qual nasçen todas las otras bondades, ca fuente es de todos los bienes. Onde, mios fijos, sy queredes ser nobles, non partades los vuestros coraçones de la bondat de Dios, amandola e leuando vuestras obras en pos de ella; ca la bondat de Dios quiere e codiçia que todas las cosas sean semejables della, e que sean aconpañadas de todo bien, segunt el poder de cada vno. E mios fijos, sy bien quisierdes pensar onde vos viene el bien que fezierdes, fallaredes por çierto que vos viene de la bondat de Dios, asy commo vos viene el mal que fazedes de la maldat del diablo, que es contrario a los mandamientos de Dios; ca en la bondat de Dios es el vuestro bienfecho aguardado, asy commo en poder de aquel que lo puede guardar. E sabet que todas las cosas deuen tornar a Dios, asy commo a su acabamiento. E por eso dizen las palabras santas que por el, e con el, e en el, es toda onrra e gloria para sienpre; e del e en el son todas las cosas, e a el han de venir; ca la bondat de Dios las cosas que non son faze ser, e syn la bondat de Dios non es nin fue nin sera nin puede ser ninguna. E non vedes, mios fijos, que Dios tan bien da sol sobre los buenos commo sobre los malos, e llueue tan bien sobre los pecadores commo sobre los justos? E que bien auenturada es la bondat de Dios, que atiende los pecadores que se emienden, e corre en pos de los que fuyen e avn los que estan muy alongados della! Quando los vee tornar, acatalos con fermoso catar e resçibelos e quiere que sean çerca della; pues qual es aquel que la bondat de Dios non deue amar e la seguir en todos sus fechos? Çertas, con todos deue yr en pos ella, e la seguir. Onde, mios fijos, deuedes entender e saber e creer que todos los omes del mundo deuen amar la bondat de Dios e la mostrar por las obras, mayormente los reys e aquellos que los dones de la bondat de Dios resçiben mas largamente; entre los quales los que buenos son e aman verdat e vsan della, sienpre van de bien en mejor, e son sanos e alegres e rezios. E por la buena creençia de la su bondat son escogidos para ser puestos en onrra e para auer abondo de todas las noblezas deste mundo e la gloria del otro. E mios fijos, que es lo que deuen render a Dios los reys e los otros omes por los bienes que les fizo? Çertas non se al sy non que se guarnesçen de bondades para seruir a la bondat de Dios; ca de los bienes della an la onrra e todos los otros bienes, e asy pueden ser amados e ensalçados de Dios en onrra e mantenidos en ellos, por que fue Dauid, porque temio el poder de Dios e conosçio la verdad de Dios e amo la su bondat. E porende dixo Dios de Dauid: «Çerca del mio coraçon falle buen varon.»

De la nobleza que deue auer en los reys e los otros grandes señores

E otrosy la nobleza de los reys e de los grandes señores, catando lo suyo, es en tres maneras: la primera es guarda del coraçon; la segunda, guarda de la lengua; la terçera es dar çima a lo que comiençan. La guarda del coraçon es guardarse de grant codiçia de onrras e de riquezas e deleytes; ca pues el rey es mas onrrado de su señorio, porende deue ser mas tenprado en la codiçia de las onrras; ca quien mucho codiçia en su coraçon las onrras, muchas vegadas faze mas de lo que non deue por ellas, ca se quiere ensalçar por ellas sobre los otros. Otrosy deue guardar su coraçon de la grant codiçia de las riquezas; ca quien grant codiçia ha dellas, non puede estar que non tome de lo ageno syn razon. E porende primeramente deue ser amatado [399] el fuego de la codiçia de coraçon, en manera que el fumo del daño e del robo non faga llorar a las gentes que el daño resçiban, e la su bos suba a Dios. Otrosy deuen guardar su coraçon e amansarlo en los deleytes de la carne, en manera que la su codiçia non paresca por la obra; mas deue tajar las rayzes de la codiçia que tiene en su coraçon, asy commo dixo Tulio, vn sabio: «Refrene en sy el rey primeramente la luxuria, e apremie la auariçia, e abaxe la soberuia, e eche de su coraçon todas las otras manziellas, e obrando bien, e estonçe conuiene de mandar a los otros, ca tal rey o tal enperador es loado.» E çiertamente del coraçon salen todas las malas cosas e las buenas, e en el yaze la vida e la muerte. Onde sy las rayzes de la codiçia del coraçon fueren tajadas, secarse han las ramas della, asy commo quando es vazia la fuente, que quedan

---

[399] *Amatar:* matar.

los rios que non corren. E porque Abrahan e Ysac e Jacob e Moysen e Dauid e Salamon, profetas, guardaron los sus coraçones destas cosas, fueron fechos santos.

De la guarda que los reys e los otros grandes señores deuen poner en las sus lenguas e en los otros çinco sesos

E otrosy la guarda de la lengua del rey deue ser en tres cosas: la primera, que non diga mas de lo que deue; la otra, que non mengue en lo que ha de dezir; la otra, que non y aya variedat en lo que dixiere; ca estonçe dize mas de lo que non deue, quando dize cosas desonestas e syn pro e vanidades; e mengua en lo que deue dezir, quando dexa de dezir la verdat e porfia en lo que dize, maguer tenga mentira; e estonçe desacuerda en lo que dize, quando denuesta e alaba a vno, e alabandolo vna vegada e denostandolo otra, e dize mal de Dios e de su proximo, poniendolos en culpa commo non deue, deziendo de Dios muchas blasfemias e de su proximo muchas mentiras e muchas enemigas, e a las vegadas loando a sy e a otro lejonjando [400]. Onde sobre estas cosas mucho se deue guardar el rey o el señor que en la su palabra non aya ninguna cosa superflua nin menguada nin desacordada; ca en la palabra del rey es la vida o la muerte del pueblo, e es palabra de la Santa Escriptura que dize asy: «Dixo el rey ferid, ferieron; matad, mataron; dixo perdonat, perdonaron.» E por esto dixo Salamon. «Yo guardo e cato a la boca del rey, porque los sus mandamientos son commo la jura de Dios.» Ca todo lo que quiere faze, por que la su palabra es lleña de poder, e syn esto al que denuestra es denostado, e al que alaba es alabado. E porende la lengua del rey mucho deue ser çerrada e guardada en lo que ouiere a dezir. Ca dixo el Filosofo: «Conuiene que el rey non sea de mucha palabra, nin recontador del mal, nin mucho jusgador nin reprehendedor, nin escodriñador de las maldades de los omes que son encobiertas, nin las querer mucho saber, nin fablar en los dones que ouiere dado, nin ser mentiroso; ca de la mentira nasçe discordia, e de la discordia despagamiento, e del despagamiento injuria, e de la injuria departimiento de amor, e del departimiento aborren-

---

[400] *Lejonjar:* lisonjear.

çia, e de la aborrençia guerra, e de la guerra enemistad, e de la enemistad batalla, e de la batalla crueldat, que estraga todos los ayuntamientos e las conpañias de los omes; e la crueldat es destruymiento de toda natura de ome, e destruyçion de la natura de los omes es daño, e de todos los del mundo. Mas deue el rey sienpre dezir verdat; ca la verdat es rays de todas las cosas loadas; ca de la verdat nasçe temor de Dios, e del temor de Dios nasçe justiçia, e de la justiçia conpaña, e de la conpaña franqueza, e de la franqueza solas, e del solas amor, e del amor defendimiento.» E asy por todas estas cosas se afirman los deberes entre las gentes e la ley, e pueblase el mundo, e çertas esto conuiene a la natura del ome.

E porende conuiene al rey de ser de pocas palabras, e non fable sy non quando fuere mester, ca sy muchas vegadas la oyeren los omes, por el grant vso non lo preçiarian tanto; ca el grant afaçiamiento [401] nasçe menospreçio. E deue se guardar de non errar en la ley, e que non pase contra lo que dixiere, ca por esto seria menospreçiada la ley que feziese, e el establesçimiento. E deue guardar de jurar, sy non en aquella que deue conplir con derecho, pues lo juro, nin por miedo de muerte nin por al non lo deue dexar. E mios fijos, husat en la obra de la lengua segunt conuiene a la natura del ome, deziendo verdat, ca el que miente va contra natura. E sabet que la lengua es sergenta del coraçon, e es atal commo el pozal [402] que saca el agua del pozo; mas la lengua que miente coje lo que non fallo, e dize lo que non ha nin falla, e non quiere semejar al pozal, que non da sy non lo que falla. E çertas, estraña cosa seria querer coger de la vid figos e de las espinas vuas; ca el fuego non esfria, e el que non ha non da. E otrosy, mios fijos, sabet que el que dize las blasfemias faze contra sy; ca quando culpa la su nasçencia, dize contra aquel quel fizo, e es commo el ramo contra la rays que lo da, e el rio contra la fuente, e el mouido contra el mouedor, e la obra contra el maestro, e la segur [403] contra el que taja con ella. E este que dize las blasfemias estraga la su verdad e de los otros, e desonrra a todos quantos son, e denuesta las bondades de las cosas, quando enturbia la fuente onde venieron. E este atal faze ensañar contra sy todas las cosas, e fallarse ha ende mal;

---

[401] *Afaçiamiento:* trato.
[402] *Pozal:* cubo.
[403] *Segur:* hacha.

ca dize la Escriptura, que toda la redondeza de la tierra fara guerra por Dios contra este loco syn seso que dize las plasfemias.

De commo el rey de Menton castigaua a sus fijos que non fuesen maldezientes

Otrosy mios fijos, sabet que non fincara syn pena el maldiziente, el qual con seys dientes de maldat puna de comer e de roer la vida de los omes, e son estos: vn diente es quando niega el bien que sabe; e el otro es quando calla do los otros loan e dizen bien; e el otro es quando denuesta la bondat; e el otro es quando descubre la poridat; e el otro es quando asma el mal e lo dize; e el otro es quando acresçe en la culpa de los omes con maldezir. E porende, mios fijos, deuedes vos guardar de maldezir de ninguno. E non dedes carrera a los pueblos por do puedan dezir de vos; ca el pueblo, quando puede dezir, puede fazer. E quando alguno dize mal de Dios, Dios dize del por sus profetas en los sus juyzios, e quando dize e faze. E porende guardatvos del dicho e escaparedes del fecho. E parat mientes en los enxienplos antigos; ca porque dixo Roboan, fijo de Salamon, a su pueblo, «El mi padre vos mato con tormentos e yo vos matare con escorpiones», el pueblo sopieron esta palabra que dixo, e porende perdio el regno que le dexo su padre, e dixo mal e oyo peor; asy commo dize el proberuio antiguo: «Estonçe perdi mi onor quando dixe mal e oy peor.» E porque dixo Farahon blasfemando contra Dios: «El rio mio es, e yo fis a mi mesmo», fue vençido e echado del regno e desterrado murio. E Nabucodonosor rey de Babilonia, porque dixo mal de su pueblo e blasfemo con Dios, fue echado de entre los omes e visco con las bestias fieras de la tierra, e comia el feno [404] asy commo buey, e fue enconado su cuerpo del roçio del çielo fasta que los cabellos cresçieron en semejança de aguilas, e las sus vñas de aues, e fue dado el su regno a otro.

---

[404] *Feno:* heno.

De commo el rey de Menton dezia a sus fijos de commo los reys deuen ser justiçieros

Otrosy la nobleza de los reys catando lo de los pueblos es en dos maneras; la vna es reprehender los omes con razon e syn saña; la otra es saber los sofrir con piedat; ca la reprehension con razon e con derecho viene de justiçia, e la sufrençia con piedat viene de misericordia. Onde dize el Filosofo, que dos cosas son que mantienen el mundo e lo pueblan, e syn ellas nin el mundo non puede ser bien poblado nin bien mantenido, e son estas justiçia e verdat. Onde justiçia non quiere al dezir sy non guardar e defender a cada vno en su derecho, asy a grandes commo a pequeños. Ca guardando justiçia, cresçen los pueblos e enrriquezen los reys e todos los de la tierra; ca el pueblo rico tesoro es de los reys, e porende justiçia deue ser guardada e mantenida en todos los ofiçios e ordenamientos buenos de casa de los reys. Ca de casa de los reys nasçe endresçamiento de la tierra e pagamiento della, o daño, asy commo de las fuentes nasçen rios de aguas dulçes o amargas; ca quales son las fuentes, tales son las aguas que dellas nasçen, e asy quales son los gouernadores e los consejeros de casa de los reys, atales son las obras que ende nasçen. Onde bien auenturado es el rey que faze guardar justiçia en los sus ofiçios, e que non vsen sy non por los buenos ordenamientos, e biuan por regla de justiçia e de verdat, e que quiere auer consigo sienpre buenos consejeros que non son codiçiosos; ca çiertamente vna de las cosas mas prouechosas del mundo es justiçia; ca por justiçia es poblado el mundo, e por justiçia, es mantenido; ca por justiçia reynan los reys, e por justiçia los obedeçen los pueblos, e por justiçia se aseguran los coraçones de los medrosos, e por justiçia se parten los omes de saña e de enbidia e de malfazer. E porende dixieron los sabios que mas prouechosa es la justiçia en la tierra quel abondamiento de las viandas, e mas prouechoso es el rey justiçiero que la lluuia. E que pro tiene a los omes auer abondamiento de las viandas e de riquezas, e non ser señores dellas, e beuir sienpre en miedo e en reçelo por mengua de justiçia? Çertas mejor es beuir pobre en tierra de rey justiçiero e ser señor de aquello que ha, que beuir rico en tierra de rey syn justiçia e non poder ser señor de su riqueza, e de auer de fuyr con ella e la asconder e non se ayudar della. Ca en la tierra syn justiçia, todos biuen en miedo e con reçelo, saluo los omes de mala vida, que non quieren que se conpliese la justiçia en ellos nin en otros, e que andudiesen ellos faziendo mal a su voluntad.

Mas el rey e la justiçia son dos cosas que la vna syn la otra non pueden durar. E la justiçia syn el rey que la mantenga non pueden vsar de su uirtud, nin el rey syn justiçia non puede fazer lo que deue; ca la justiçia es atal commo buen rey que codiçia dezir e fazer lo que es derecho; ca el buen rey primeramente faze justiçia en sy e en los suyos ally do entiende que cunple, e despues faze justiçia mas syn verguença en los otros. Ca commo puede judgar a otro aquel que a sy mesmo non quiere fazer justiçia, nin commo puede bien judgar en otro el que en si mesmo nin en los suyos non la quiere fazer? Çertas non puede ser syn reprehension castigar a otro el que a sy mesmo non castiga; ca este atal quiere semejar al que dize que vee la pajuela en el ojo ageno, e non quiere ver la trabanca en el suyo. Onde muy vergoñosa cosa es, e mas al rey o a prinçipe, de querer reprehender a otro del yerro en que el mesmo yaze. E porende dize en la Santa Escriptura, que non deue auer verguença de emendar los sus yerros aquel que es puesto en el mundo para fazer emendar los yerros agenos, ca seria soberuia de querer perseuerar en el su yerro dañoso contra otro e dezir: «Quiero que sea firme e estable lo que mando, quiera sea bien, quier mal», e asy non auria nonbre de rey justiçiero; ca por amor nin por desamor, nin por algo quel prometan, nin por ninguna vanderia, non deue al fazer sy non justiçia e derecho, e deue guardar el poderio que Dios le dio sobre los omes; ca sy del bien vsare, puede le durar, e sy non vsare del bien, puede lo perder. Ca Dios non dexa sus dones luengamente en aquel que non los meresçe, nin vso bien dellos; e sy aquel que ha poder de fazer justiçia en los otros e non la faze, por auentura que la fara Dios en el. Ca en Dios non mengua justiçia, commoquier que con piedat grande la faze ally do entiende que es mester piedat.

De commo el rey de Menton dezia a sus fijos que feziesen toda via justiçia con piadat

E asy el rey faziendo justiçia deue auer piedat alli do conuiene auer piedat, asy commo en aquellos que cayeron en yerro por ocasion e non a sabiendas. E dize en la Escriptura, que non puede durar el rey en que non ha piedat. E quando el rey sigue e guarda justiçia e derecho, luego fuyen del regno las fuerças e los tuertos e las malhetrias, e sy les dan algunt poco de vagar, luego cresçen e dañanla, asy commo las malas yeruas que nasçen en los panes e los dañan sy los non escardan. E porende los reys nunca deuen dexar los malos mucho durar, mas sabiendo la verdat deuenlo luego fazer emendar con justiçia; ca çierta cosa es que justiçia nasçe de verdat; ca non se puede fazer justiçia derecha sy ante non es sabida la verdat. Asy todo rey o prinçipe deue ser verdadero en todo lo que ouiere a fazer e a dezir, porque sienpre tienen oio los omes mas por el rey que por otro ninguno; ca muy peligroso e mas dañoso es el yerro pequeño del señor que el grant yerro del pueblo; ca sy el pueblo yerra, el rey lo deue emendar, e sy el rey yerra, non ha quien lo emendar sy non Dios; onde el señor sienpre deue querer que los omes fallen en el verdat, ca la verdat sienpre quiere estar en plaça e non ascondida, porque la verdat es rays de todas las cosas loadas, e de la verdat nasçe temor de Dios, e del temor de Dios nasçe justiçia, e de la justiçia conpañia, e de la conpañia franqueza, e de la franqueza solas, e del solas amor, e del amor defendimiento; asy commo de la mentira, que es contraria de la verdat, nasçe despagamiento, e del despagamiento discordia, e de la discordia injuria, e de la injuria enamistad, e de la enamistad batalla, e de la batalla crueldat, e de la crueldat destruymiento, e del destruymiento daño de todas las cosas del mundo.

E asy que todos los reys e prinçipes del mundo deuen mucho amar justiçia e verdat sobre todas las otras buenas costunbres, e los que asy fazen son onrrados e poderosos e ricos e amados de Dios e de los omes, e biuen vida folgada; ca todos los de su regno se aseguraran en el rey justiçiero e verdadero, e tienen que non han de resçebir tuerto del nin de otro ninguno, pues que son çiertos que justiçia e verdat han de fallar en el, mayormente quando justiçia se faze con piedat ally do deue; ca el rey deue ser a semejança de Dios, ca Dios castigando los pecadores dales lugar por do se puedan arrepentir, alongandoles la pena, e dize que: «Non quiero muerte de los pecadores, mas que se conuiertan e biuan.» El rey non es tan solamente señor del pueblo, mas padre, nin tan solamente es para dar pena a los que la meresçen, mas para procurar e querer bien de su pueblo; e sy es rey, non deue ser enemigo, ca el rey deue querer su pueblo commo sus fijos, e deue los gouernar e abraçar con piedat, que es atenpramiento del coraçon para castigar yerros. E mios fijos, non vedes que el rey de las abejas, non quiso Dios que troxiese armas ningunas? Sabet que la natura non lo quiso fazer cruel; ca le tollio la lança e dexo la su saña desarmada. Çertas buen enxienplo es e grande este para los reys, para non fazer crua justiçia, sy non piedat, en aquellos que se quieren castigar e emendar; ca los que estan porfiados en sus maldades e non se quieren emendar, non meresçen que ayan piedat dellos; ca bien commo la grant llaga del cuerpo non puede sanar, sy non con grandes e fuertes melezinas, asy commo por fierro o por quemas, asy la maldat de aquellos que son endureçidos en pecado, non se pueden toller sy non en grandes sentençias syn piedat.

De commo el rey de Menton dezia a sus fijos que todos los reys deuen auer sus consejos con los perlados de la madre Santa Iglesia

E en todas estas cosas que dichas son de las noblezas de los reys, e en todo lo otro que ouieren de fazer los reys, deuen auer consejo con los saçerdotes de la fe, e en el gouierno del pueblo deuen tomar algunos conpañones de los saçerdotes, syn los quales non se pueden bien fazer, asy commo se muestra por la çiençia natural; ca el ome fue conpuesto de natura espritual e conpuesto de natura tenporal, e porende fue nesçesaria la justiçia para poner pas entre los omes, la qual justiçia deue ser mantenida por el rey e por el saçerdote de la fe. E el rey deue castigar los yerros publicos e manifiestos, e el saçerdote los yerros encobiertos. E el rey deue tener para castigar espada e cochiello material, e el saçerdote espada o cuchiello espritual, e el rey es dicho rey de los cuerpos, e el saçerdote de las almas; ca el vno syn el otro non pueden bien conplir su ofiçio, nin puede ser que el vno aya estos dos ofiçios, que sea rey de los cuerpos e rey de las almas. E porende los filosofos naturales ordenaron que fuesen dos retores, el vno para los cuerpos e el otro para las almas; y conuiene que sean amos a dos de vna ley, asi como dos cuchillos en vna vayna, y siendo en vna ley e conformes en derecho y justicia con piedat, pueden procurar mucho bien para si y para los pueblos, para los cuerpos e para las almas; ca sy non fuesen de vna creençia ellos e los pueblos, abra desacuerdo entrellos; ca el departimiento de las opiniones de los omes allegan discordia entrellos, e quando la opinion de los omes es vna, ayunta los coraçones de los omes en amor e tuelle muchos daños; e porende el rey e el saçerdote e el pueblo deuen conuenir a vna ley en lo que ouieren a fazer e de creer, e el rey deue demandar consejo al saçerdote, ca es lunbre e regla en estas cosas, e conuiene que el rey faga onrra al saçerdote asy commo a padre e que le aya asy commo a corretor del e del pueblo e quel ame asy commo a guardador de la fe. E sabet, mios fijos, que nunca se falla por escriptura que el rey fuese syn saçerdote, nin avn en tienpo de los gentiles. E todo rey cristiano deue traer consigo algunt ome bueno de Santa Eglesia, e demandarle consejo para el cuerpo e para el alma.

De commo el rey de Menton dezia a sus fijos commo devian guardar la tregua e el pleito e omenaje que fuese puesto entrellos

Otrosy, mios fijos, sabet que los filosofos antigos, para traer concordia entre los omes, fallaron que era bueno el alongamiento del tienpo para auer consejo sobre las discordias e las enamistades e los traer a concordia, e acordaron en estas quatro cosas: la vna es la jura; la otra es peños [405]; la otra es fiador; la otra es tregua o omenaje; que el quebrantamiento de la tregua non es tan graue commo el quebrantamiento del omenage, ca la tregua ha sus condiçiones apartadas, e el omenage las suyas; ca el omenaje, segunt los derechos de los caldeos onde lo ouieron los fijos dalgo, dizen quando lo toman que sy lo quebrantare el que faze el omenage, que sea traydor, asy commo quien tien castiello e mata su señor. Mas el que quebranta la tregua es dado por aleuoso, sy se

---

[405] Peños: prendas.

non salua commo el derecho manda. E la jura e el peño e el fiador son desta guisa: ca el que quebranta la jura quebranta la fe, que la non guarda; e el que non recude al su tienpo a fazer derecho sobre el peño que dio, pierdelo; e el que da fiador, sy non recude a su tienpo, deue pagar el fiador lo que demanda el que lo resçebio por fiador; e sy el fiador demanda a aquel que fio, esle tenudo el que lo dio por fiador del pagar doblado lo quel pago, e demas finca perjuro por la jura, sy la fizo, de lo sacar de la fiaduria syn daño. E segunt los derechos antiguos, el perjuro non puede demandar a otro lo que le deuen, e pueden demandar a el, e non puede ser testigo, nin puede auer ofiçio para judgar, nin deue ser soterrado, quando muriere, en lugar sagrado; ca el perjuro nin cree nin teme a Dios, e enpesçe a sy e a los otros. E çiertamente jurar e dar peños o fiador cae mas en el pueblo de la gente menuda, que non entre los fijos dalgo, en que deue yazer nobleza; ca entre los fijos dalgo ay tregua e omenage; ca se creen e se aseguran vnos a otros en la fe que se prometen. E la tregua es entre los enemigos puesta, ca despues de las enamistades se da e se resçibe. El omenage se faze e se resçibe tan bien entre los amigos commo entre los enemigos, e ante de la enamistad. E asy el que quebranta la tregua o el omenage destruye a sy mesmo, e destorua la fe que deue ser guardada entre los omes, e derriba las fuertes colunas e fuerte çimiento de la su creençia, e tuelle el amor verdadero que es puesto entrellos, e las concordias e las conpañias, e desfaze los ayuntamientos e desata los ordenamientos buenos de pas, e mueue los vnos contra los otros, e faze ensañar los menores contra los mayores, e faze a los señores que fagan mal a los sus omes, e el ayuntamiento de la amistad e de la fealdat que es bien llegado, departelo e desfazelo. E este atal, desque cae en tal yerro, de todo cae, ca non le perdonan los omes nin los reys, nin lo dexan beuir entrellos. E por estas quatro cosas sobredichas se dan los alongamientos de tienpo para auer consejo para poner amistad do non es, e que dure el amor do es, e para fazer guardar la ley e que ninguno vaya nin diga contra ella.

De commo el rey de Menton dezia a sus fijos commo deuian guardar la ley

Ca el dia que ome es resçibido por rey e por señor, grant enbargo toma sobre sy para fazer lo quel cae syn reprehension, guardando su ley verdaderamente.

Ca deuedes saber que la ley es çimiento del mundo e el rey es guarda deste çimiento, pues toda labor que non ha çimiento es guisada de caer, e todo çimiento que non ha guarda, mas ayna cae porende. Onde la ley e el rey son dos cosas que han hermandat en vno, e porende el rey deue se ayudar de la ley, e la ley del poder e del esfuerço del rey; ca con tres cosas se mantiene el regno; la vna es la ley; la otra es el rey; la otra es justiçia; pues la ley es guarda del rey, e el rey es guarda de la ley, e la justiçia es guarda de todo.

Onde el rey deue vsar de la ley mas que del su poder; ca sy quiere vsar de su poder mas que de la ley, fara muchos tuertos, non escogiendo el derecho. E porende deue el rey tener en la mano diestra el libro de la ley por que se deuen judgar los omes, e en la mano siniestra vna espada, que sinifica el su poder para fazer conplir sus mandamientos del derecho de la ley; ca bien asy commo la man derecha es mas usada e mas meneada que la esquierda, asy el rey deue vsar mas de los derechos para escoger lo mejor, que del su poder.

Ca el rey justiçiero es guarda de la ley e onrra del pueblo e endresçamiento del regno, e es commo el arbol de Dios, que tiene grant sonbra e fuelga so el todo cansado e flaco e lazrado. Pues la ley e el rey e el pueblo son tres cosas que non pueden conplir la vna syn la otra lo que deuen, commo la tienda, que ha tres cosas; que ha paño e çendal e cuerdas, e todas estas tres quando se ayuntan, fazen grant sonbra e cunplen mucho, lo que non farian sy fuesen departidas. E sabet que quando el rey sigue justiçia e verdat, luego fuyen de su regno las fuerças e los tuertos e las malhetrias; e sy les dan algunt poco de vagar, luego cresçen e dañan la tierra, asy commo las yeruas malas que nasçen en los panes e non las escardan. E porende el mandamiento del reyno es grant carga de sofrir, pero es grant señorio e grant poder que da Dios a quien bien el quiere. E en esta razon dixo vn sabio: «Non ha datil syn hueso nin bien syn lazerio.»

Onde, mios fijos, sy Dios vos diere esta onrra que vos he dicho, punad en ser justiçieros primeramente en vos, reuocando vuestros yerros, señaladamente en juyzio sy lo dierdes; ca seria pecado en perseuerar en vuestro yerro contra otro, e non deue ninguno tener que es mengua de omes emendar su yerro; ca dize Seneca que non es lieuedat partirse ome del yerro manifiesto e judgado por yerro, mas deue confesar e dezir: «Engañado fuy por lo non entender.» Ca locura e soberuia es perseuerar ome en su yerro e dezir lo que dixo vna vegada vn rey: «Qualquier cosa que sea quiero que sea firme e estable.» Çertas non es fea cosa mudar ome con razon su consejo en mejor; onde sy alguno vos dixiere sy estaredes en lo que proposistes, dezid que sy, sy otra cosa non acaesçiere mejor, por que se deua mudar. E asy non vos dira ninguno que errades, sy mudaredes vuestro proposito en mejor. E non dexaredes de fazer justiçia por algo que vos den nin que vos prometan, nin por amor nin por desamor, nin por vaderia [406] ninguna.

E porende quando el rey feziere justiçia en su pueblo, abra de Dios buen galardon, e grado del pueblo. Ca el rey que non faze justiçia non meresçe el regno. E sabet que el mejor de los tienpos del mundo es el tienpo del rey justiçiero; ca mejor es el año que viene malo en tienpo del rey justiçiero, que el buen año que viene en tienpo del rey syn justiçia; ca el rey justiçiero non consiente fuerça nin soberuia. E la mas prouechosa cosa del regno es el rey que es cabeça del, sy bien faze, e la cosa por que mas vale el rey, es que sea justiçiero e merçendero. Otrosy mejor es al pueblo beuir so señorio del rey justiçiero que beuir syn el en guerra e en miedo. E quien faze lazrar a sus vasallos por culpa del, aquel es rey syn ventura. E dixo Dios que quien se desuiase del bien, desuiarse ha el bien del; ca los que fazen justiçia, estos son de luenga vida. E sabet que con la justiçia duran los buenos, e con el tuerto e las fuerças pierdense. E porende el buen rey para dar buen enxienplo de sy, deue ser justiçiero en sy e en los de su casa; e quando el rey feziese justiçia, obedesçerle ha su pueblo de coraçon e de voluntad, e al que es syn justiçia, ayuntanse el pueblo a lo desobedesçer; ca la justiçia del rey allega a los omes a su seruiçio, e la non justiçia derramalos. E el ome que mejor lugar tiene ante Dios e ante los omes, sy es el rey que faze justiçia. E el rey es el ome que mas deue temer a Dios e el que mas deue amar

---

[406] *Vanderia:* favoritismo, partidismo.

verdat e fazer merçed e mesura, porque Dios le fizo merçed e le dio regno que mantouiese, e metio en su poder cuerpos e aueres del su pueblo.

E porende, mios fijos, todo señor de tierra e de pueblo deue fazer en tal manera contra ellos, que lo amen e sean bien abenidos.

Ca el rey e su regno son dos personas, e asy commo vna cosa ayuntada, dos en vno. E bien asy commo el cuerpo e el alma non son vna cosa despues que son departidos, asy el rey e su pueblo non pueden ningunt bien acabar seyendo desabenidos. E porende la cosa que mas deue punar el rey es auer amor verdadero de su pueblo. E sabet que en este mundo non ay mayor lazerio que gouernar pueblo, a quien lo quiere gouernar e criar con verdat e con lealtad. E por esto dixo vn sabio, que el señor del pueblo mas lazrado es queriendo fazer bien, que el mas lazrado dellos. E la mejor manera que el rey puede auer es fortaleza con mesura e mansedat con franqueza. Ca non es bien al rey ser quexoso, mas deue fazer sus cosas con vagar, ca mejor podria fazer lo que non fizo, que desfazer lo que ouiere fecho; e toda via le deue venir emiente de fazer merçed a los pecadores quando caen en pecado por ocasion o non a sabiendas. Ca el rey deue ser fuerte a los malos e muy derechero a los buenos, e deue ser verdadero en su palabra e en lo que prometiere, e non deue sofrir que ninguno non se atreua a desfazer lo quel feziere, mayormente faziendo graçia e merçed. Ca grant pecado es toller la graçia e la merçed que el señor faze al su seruidor, ca este atal niega a Dios e a su señor e âquel a quien la graçia fue fecha.

E deue auer el rey por costunbre de amar los buenos, e ellos que fallen en el verdat. E el rey deue catar tres cosas: la primera, que dexe pasar su saña ante que de su juyzio sobre las cosas que ouiere de judgar; la otra es que non tarde el galardon al que lo ouiere de fazer, e que aya fecho por que lo meresca; la terçera es que cate las cosas muy bien antes que las faga. E otrosy deue catar que sepa la verdat del fecho ante que judgue, ca el juyzio deue se dar en çierto e non por sospecha. E pero deue saber el rey que la justiçia de muerte quel manda fazer en el que la meresçiese, es vida e segurança al pueblo.

E las peores maneras que el rey puede auer son, ser fuerte al flaco e flaco a los fuertes, otrosy ser escaso a quien non deue. E por esto dixieron que quatro cosas estan mal a quatro personas: la vna es ser el rey escaso a los que le siruen; la segunda, ser el alcalle tortizero [407]; la terçera, ser el fisico doliente e non se saber dar consejo; la quarta, ser el rey atal que non osen venir antel los omes que son syn culpa. Çertas mas de ligero se endresçan las grandes cosas en el pueblo, que la pequeña en el rey; ca el pueblo, quando es de mejorar, mejoralo el rey, e sy el rey es de mejorar, non ay quien lo mejorar sy non Dios. E porende non deue fallar soberuia en aquel de quien atiende justiçia e derecho. Ca aquel contra quien el rey se ensaña, es en muy grant cuyta, ca le semeja quel viene la muerte onde espera la vida. E este tal es commo el que ha grant sed e quiere beuer de agua e afogase con ella.

Onde, mios fijos, seredes justiçieros con piedat ally do pecaron los omes por ocasion, e asy vos daredes por benignos; e benigno es el ome que es religioso a Dios e piadoso a sus parientes que lo meresçen, e que non faga mal a los menores, e que sea amigo a sus yguales, e aya reuerençia a sus mayores, e que aya concordia con sus vezinos, e que aya misericordia a los menguados, e de buen consejo e sano ado gelo demandaren.

De commo el rey de Menton castiguaua a sus fijos que sienpre diesen buen consejo a los que lo pediesen

E mis fijos, quando consejo vos demandaren, ante aued vuestro acuerdo con vos mesmos o con aquellos de quien fiardes, de guisa que lo podades dar muy bueno e mucho escogido, e non vos arrebatedes a lo dar, ca podriades fallesçer, e non vos preçiarian tanto los omes. E sabet que tres cosas deue ome catar en el consejo quando gelo demandaren; la primera, sy lo que demandaren es onesta cosa e non prouechosa; la segunda, sy es prouechosa e non onesta; la terçera sy es prouechosa e onesta. E sy fuere onesta e non prouechosa, deuedes consejar que aquella fagan; ca onestad es tan noble cosa e tan virtuosa e tan santa, que con la su uirtud nos tira a sy, falagandonos con el su grant poder de bondat. E sy la cosa fuere prouechosa e non honesta nin buena, deuedes consejar que aquella non fagan, commoquier que aya en ella pro e ganançia; ca esta non viene synon de codiçia, que es rays de todos los males. E sy fuere la cosa que demandan

---

[407] *Tortizero:* agraviador, vejador.

onesta e prouechosa, esta es mejor, e deuedes consejar que la fagan. E commoquier que, mal pecado! los omes con codiçia mas se acogen a fazer aquello en que cuydan fazer su pro, que non aquello que es bueno e onesto... que non lo prouechoso e dañoso al alma e a la fama; e maguer non se acojan a lo que vos les consejardes, enpero tenervos han por de buen entendimiento, e preçiarvos han mas porque queriades el bien e esquiuades el mal, e non podia ninguno dezir con razon que mal consejastes.

E otrosy, mios fijos, todas las cosas que vos ouierdes de fazer, fazet con buen consejo e seso; ca palabra es de Salamon que dize asy: «Lo que fezierdes, fazetlo con consejo e non te arrepentiras.» E quando consejo quesierdes auer de otros, primeramente deuedes pensar a quien lo demandades; ca non son todos omes para buen consejo dar; e porende primeramente demandaredes consejo e ayuda a Dios para lo que quesierdes fazer, ca quien mester ha de ser çierto de alguna cosa e ser ende sabidor, demandar lo deue a Dios primeramente, ca en el es la sapiença e la verdat de todas las cosas, e lo puede dar comunalmente. Onde dize Santiago: «Todo lo bueno e acabado desuso, desçiende de aquel Dios padre que es lunbre de todos, el qual non se muda por ninguna cosa.» E quando demandaredes consejo a Dios, mucho homildosamente gelo demandat, e parat mientes que la vuestra demanda sea buena e onesta. E sy lo asy fezierdes, sed çiertos que vos non sera negado lo que demandastes; ca sy mala demanda fezierdes a Dios, por auentura que el mal verna sobre vos, e non sabredes onde vos viene; ca los juyzios de Dios mucho ascondidos son a los del mundo. Onde sy de derecho atal ley es establesçida en el mundo, que nin roguemos nin demandemos a nuestros amigos cosas feas nin malas, nin las fagamos por ellos, mucho mas nos deuemos guardar de las non demandar a Dios, que es verdadero amigo e sabidor de nuestros coraçones, a quien ninguna cosa non se puede asconder. E porende sienpre el vuestro comienço sea en el nonbre de Dios.

E despues que a Dios ouierdes demandado consejo e ayuda sobre los vuestros fechos, luego en pos el demandaredes a vos mesmos, e escodriñaredes bien vuestros coraçones, e escogeredes lo que vierdes que sea mejor, e fazetlo commo sabios de buena prouision, tolliendo de vos e de los que vos ouieren âconsejar, tres cosas que enbargan sienpre el buen consejar: la primera es saña; ca con la saña esta toruado el coraçon del ome e pierde el entendimiento e non sabe escoger lo mejor; la segunda es codiçia, que faze a ome errar e caer a las vegadas en verguença e en peligro, catando mas por la ganançia que cuydan auer que por onrra e guarda de sy mesmo; onde dizen que codiçia mala manziella para; la terçera es arrebatamiento; que çiertamente muy pocos son que ayan buen acabamiento de las cosas que se fazen arrebatadamente, e porende dizen que quien se arrebata su pro non cata.

Onde mejor es leuar las cosas por vagar e recabdar, que rebatosamente e non recabdar, pues en el comienço de las cosas deue ome pensar en lo que ha de fazer, e que çima puede auer, e sy el acabamiento fallare bueno, deuela començar; ca dizen que el medio fecho ha acabado el bien començar. Ca el vagar es armas de los sesudos; ca a las vegadas cuyda ome adelantar en sus fechos por apresurarse, e tornansele a çaga; e a las vegadas tiene que tarda por el vagar, e va adelante; pues mas ayna e mejor podras fazer lo que fazer ouierdes non vos quexando, ca sy vos quexardes; ca el que se quexa, maguer recabda yerra, ca se faze por auentura, e las auenturas non vienen toda via; pues la cabeça del seso es que pare ome mientes en la cosa ante que la faga; ca con el vagar alcança ome osadia para fazer lo que quiere. E el fruto del arrebatamiento es repentimiento despues del fecho. E quando se conseja ome en lo que ha de fazer, fazenle entenderlo mejor; e quando se auerigua el buen consejo, ally viene el cometimiento; ca lo que faze ome con consejo sienpre se acaba con alegria, e lo que se faze syn consejo e rebatosamente viene con arrepentimiento.

De commo el rey de Menton dezia a sus fijos que catassen primeramente sy derian su poridat a alguno

E otrosy, ante que demandedes consejo a los otros, parat mientes sy se puede escusar por alguna manera de non descobrir vuestra poridat a ninguno, sy non entendierdes que por consejo de otros podedes mejor vuestra condiçion auer, ca de otra guisa nin âmigo nin âmiga non deuedes de dezir vuestra poridat, nin descobrir vuestro pecado nin vuestro yerro en que cayestes; ca oyrvos yan de grado muchos dellos, e catarvos han, e commo en defension de vos e de vuestro yerro, sonrreyrse han en manera de escarnio, e punaran de vos lo leuar a mal. E porende lo que quesierdes que sea poridat, non lo digades a ninguno, ca despues de que dicha fuere non sera ya todo en vuestro poder; ca apenas es poridat lo que vno sabe, mayormente quando lo saben muchos; e asy quien guarda su poridat guarda su poder. Onde mas segura cosa es callar ome su poridat que non dezirla a otro e rogarle que lo calle; ca el que a sy mesmo non puede castigar, nin ouo poder sobre sy, commo puede auer poder sobre el, que le guarde la poridat quel descobrio? Çertas quien en sy mesmo non ha poder de razon, non lo puede auer sobre otro. Mas sy por auentura vierdes que por consejo de otro podades mejorar vuestra condiçion, estonçe auedes vuestro acuerdo entre vos e vuestros coraçones, con quales abredes vuestro consejo, e les descubridedes vuestra poridat. E commoquier que âlgunos deuedes demandar consejo, primeramente lo deuedes auer con aquel que ouierdes prouado por verdadero amigo; ca a las vegadas el enemigo se da por amigo del ome, cuydando le enpesçer so infinta de amistad.

Otrosy non mostraredes vuestras voluntades sobre el consejo que demandardes a los consejeros, nin les descubrades lo que vos y entendades, ca por auentura por vos fazer plazer e vos lisonjar, diran que vos es buen consejo aquel que vos dezides, maguer que entiendan que es mejor consejo el que ellos pensaron para vos dar. Mas oydlos a todos muy bien, e esaminad lo que cada vno dize, e asy sabredes escoger lo mejor. E la razon por que lo deuedes asy fazer es esta: porque los grandes señores e poderosos, sy por sy mesmos non lo saben escoger, tarde o nunca por los otros podran auer buen consejo, sy su voluntad primero ellos sopieren, mayormente los que non catan por al sy non por seguir la voluntad del señor con lisonja, cuydando que sacaran ende pro para sy, non catando sy puede ende venir daño a su señor a que deuen seruir, guardar, e bien consejar en todas cosas. Onde de los buenos amigos e prouados queret sienpre auer consejo, e non de los tales amigos nin de los enemigos; ca bien asy commo el coraçon se deleta con las buenas obras, asy el alma se deleta con los consejos del buen amigo. E bien es verdat que non ay cosa en el mundo tan deletosa para el ome commo aver ome buen amigo con quien pueda fablar las sus poridades e descubrir su coraçon seguramente. Onde dize Salamon: «El amigo verdadero e fiel, non ha comparaçion ninguna»; ca nin ay oro nin plata por que pudiese ser conprada la verdat de la fe e la buena verdat del amigo; ca el verdadero e el buen amigo es al ome commo castiello fuerte en que se puede anparar e defender en muchas guisas; ca çierto quien buen amigo puede auer, creo que ha buen tesoro de que se puede ayudar e acorrer quando quesiere. E porende todo ome se deue trabajar quanto podiere en ganar amigos, ca el mejor tesoro e el mejor poder que ome puede ganar para meresçimientos, los amigos son. Ca que pro tiene a ome en ser muy rico e non tener amigos con quien despienda a su voluntad? Çertas el ome syn amigos solo biue, maguer que otra gente grande tenga consigo, e suelen dezir que qual es el cuerpo syn alma, atal es el ome syn amigos.

Otrosy demandaredes consejo a los que sopierdes que son entendidos e sabidos; ca el pensamiento bueno es del sabio, e el buen consejo mayor defension es que las armas. E otrosy sy algunos vos quesieren consejar en poridat e non en plaça, parat bien mientes, que sospechoso deue ser su consejo. Onde dize vn sabio, que enpesçer quiere mas que aprouechar, el que dize en poridat vno e muestra al en plaça; ca este atal non es verdadero amigo, mas es enemigo que quiere ome engañar, e non deuedes mucho asegurar en aquellos que vna vegada fueron vuestros enemigos, maguer andan delante vos mucho omildes e coruos, ca non vos guardaran por verdadero amor que vos ayan, mas por fazer su pro con vos; ca atales commo estos llorarvos han delante, e sy tienpo viesen non se fartarian de vuestra sangre; ca el enemigo, maguer que perdona a su enemigo, non pierde del su coraçon el antigo dolor que ouo por el mal que resçibio. E porende dizen, que pierde el lobo los dientes e non las mientes. Otrosy non vos aseguredes en aquel vierdes commo vos conseja con miedo o con lisonja, mas que con amor; ca amor verdadero non es el que con miedo o con lisonja se muestra. Ca entre todos los omes escogeredes por consejeros los omes sabios e antigos e non muy mançebos. E los mançebos paganse de andar en trebejos e en solas, e quieren comer de mañana, ca non han seso conplido commo deuen. Onde dize la Santa Escriptura, que non esta bien al reyno do el rey es mançebo e sus priuados e sus consejeros comen de mañaña. Pero algunos mançebos ay en que Dios quiso poner su graçia, e sacolos de las condiçiones de la mançebia, e dales seso de viejos, para conosçer e veer las cosas con buen seso natural, commoquier que en pocos acresçe esta graçia e este don conplido.

De commo se deuen guardar los omes
de aquellos que vna vez les han herrado

E otrosy, mios fijos, mientra moços fueredes e non ouierdes entendimiento conplido, punaran los omes que non quesieren vuestra onrra, de fazer su pro conbusco, e non cataran
sy non por fazer bien a sy e apoderarse de vos e desfazer e
desapoderarvos, porque quando fueredes grandes e ouieredes
el entendimiento conplido, que los non podades de ligero
desfazer, maguer fagan por que, nin podades fazer justiçia
en aquellos que lo meresçen; ca ellos se pararan a los defender, commo aquellos que non querran que justiçia se cunpla
en ellos nin en otros ningunos. E çertas mientra de pequeña
hedat fueredes, non se trabajarian en al sy non de enrri-
queçer a sy e en traervos a pobredat, falagandovos e conse-
jandovos que vsedes de moçedades, en comer e en beuer, e
en todas las otras cosas que plaze a los moços, metiendovos
a saña contra aquellos que quesieren vuestro seruiçio e vuestra onrra, e buscarvos han achaques, mezclandolos conbusco
porque vos fagades mal, en manera que los alonguedes de
vos e non puedan consejar lo mejor, e ellos puedan conplir
conbusco sus voluntades e fazer lo que quesieren. Onde ha
mester que paredes mientes en tales cosas commo estas, e
non querades en moços syn entendimiento traer vuestra vida,
mas llegaredes a vos los omes antigos e de buen entendimiento, e los que seruieron lealmente aquellos onde vos venides, e non a los que deseruieron; ca los omes que comieron agrazes con dentera fincan, e los que vna vegada de-
siruen, non gelo meresçiendo el señor, con reçelo del yerro
en que cayeron, sienpre fincan con mala voluntad e reçelo
de lo que han fecho contra el señor, e querrien sienpre ser
señores e apoderados del, e non el dellos. E porende vos
deuedes guardar de tales omes commo estos, e non fiar vuestros cuerpos nin vuestras faziendas mucho en ellos; commoquier que los auedes a retener lo mas que podierdes, faziendoles bien e merçed; ca con todos los de vuestro señorio,
buenos e malos, abredes a parar en los fechos grandes, quando vos acaesçieren; mas pero la bondat e lealtad e buen consejo es mas de preçiar e de onrrar que la maldat e la des-
lealtad e el mal consejo, ca los buenos e leales e de buen
consejo guardarvos **han de yerro e de** verguença, e sienpre

punaran de acresçentar vuestra onrra e vuestra bien. E los malos desleales e de mal consejo, plazerles ha quando en yerro e en verguença cayerdes, e seran en consejo de amenguar vuestra onrra e el vuestro poder, commo aquellos que non biuen seguros por los males que fazen, e porende querrien que menguase el vuestro poder, porque mal non les podieses fazer.

De commo se deuen de guardar los reys de poner sus fechos en poder de judios nin de otro estraño de ley

Otrosy, mios fijos, guardatvos de vos meter en poder de los fariseos, que son muy sotiles en toda maldat e son enemigos de la nuestra fe, nin pongades en ellos vuestros fechos por ninguna manera. Ca esta es la natural enemistad de querer sienpre mal los judios a los sieruos de Dios, por el yerro e el pecado en que cayeron a la su muerte; ca bien asy commo ellos son e deuen ser sieruos de los cristianos, sy podiesen pornian en seruidunbre ellos a los cristianos, e fazer lo yan de grado. E porende, quando ouieren poder en la vuestra casa, punaran de vos falagar con aquellas cosas que entendieren que vos plazera, e so alguna color que vos mostraran que es vuestro seruiçio e que podades auer mas, cataran en commo se estraguen vuestros pueblos e ellos seran ricos. E quando los pueblos non ouierdes para vos seruir dellos, non abredes que dar a los vuestros ricos omes, e abran de buscar otros señores, e desanpararvos han e seran contra vos. E despues que vos vieren solos estos que vos consejaron, yrse han para los otros e prestarles han lo que ouieren contra vos, porque los defiendan de vos. Çertas non es marauilla que el enemigo de Iesu Cristo cate carreras de mal contra los sus sieruos, ca de natura les viene esta enamistad. Onde todos los señores cristianos deuen primeramente despechar a los enemigos de la fe, en manera que les non finque poder ninguno con que los puedan enpesçer, e non les deuen meter en sus consejos, ca dan a entender que en sy mesmos non ay buen consejo, nin en los de su ley. E estos con sotilezas malas que ay entrellos, señaladamente los judios, punan en desfazer los buenos consejos de los prinçipes, metiendolos a que saquen mas de su tierra, e los prinçipes con codiçia creenlos, mal pecado! e caen muy grandes peligros muchas vegadas por esta razon!

313

Sabed que dize el cuento que se falla por la Santa Escriptura que antiguamente en Judea, con grant maliçia que entre los judios auia, fezieron entre sy tres setas, queriendo engañar los vnos a los otros con maestrias e sotilezas malas; ca de tal manera son, que non saben beuir syn bolliçios malos e lleños de engaños. E a la vna seta dellos dixieron fariseos, e a la otra seduçes, e a la otra eseos; ca los fariseos tomaron el nonbre de Faran, que fue fuera de la fe de los judios, e asy los fariseos eran defuera de la fe, e trayan pedaços de cartas en las fruentes e en los braços diestros, porque se acordasen de la ley, e trayan en los cabos de las faldas espinas, por quando los feriesen las espinas en las piernas, que se acordasen de los mandamientos de Dios. E esto fazian por engañar las gentes e que los non entendiesen que eran partidos de la fe; ca el que bien creyente es, en el coraçon tiene las espinas para se acordar della e de los mandamientos de Dios.

Otrosy los saduçes eran ereges, e dezian que los muertos non auian de resuçitar, e el alma que luego deuia murir en el cuerpo, e dezian que non cuydauan que eran angeles en los çielos, e llamauanse justos, tomando el nonbre de Sedin, que es nonbre de Dios, que quiere dezir poderoso sobre todos los poderosos. E otrosy los eseos fueron partidos de la fe e fueron dichos eseos porque fueron fuera de todo el estado de la creençia de los otros, e non se acordaron con ningunos de los otros en ninguna cosa. E tomaron vestiduras blancas e nunca casauan, e esquiuauan a los casados, e non querian auer logar çierto do abitasen, synon do les acaesçie, e non adorauan synon el sol quando nasçia, e non otra cosa ninguna. E çertas avn ha entrellos muchas malas divisiones, cuydando engañar los vnos a los otros, e commoquier que se quieren encobrir non pueden, ca las malas cosas los descubren. Ca dize el sabio, que non ay ninguna cosa tan ascondida que non sea sabida, mayormente la maldat, que se non puede encobrir. Ca dize la escriptura, que la mala fama antes es publicada que la buena loada. E en otra manera dize el vierbo: «La mala fama antes descobierta que la buena sea çierta.» Onde sy entrellos non ha amor verdadero, e los vnos cuydan engañar a los otros, quanto mas deuemos creer que se trabajaron de engañar a los sieruos de Iesu Cristo, que quieren mal de muerte por la fealdat e la trayçion que fezieron sus auuelos en la su muerte; ca los sus auuelos comieron el agras e en ellos finco la dentera de la fealdat contra los fijos de Iesu Cristo. Confondalos Dios con tal dentera! ca tornadaseles es en natura contra los cristianos, e nunca la han a perder; asy la arreygaron en todos los que dellos desçienden, desamando a Iesu Cristo e a todos los suyos. Ca luego que sopieron que Iesu Cristo era nasçido, luego descobrieron que lo querian mal, e dieron lo ântender por dicho e por fecho asy commo agora oyredes.

Dize el cuento que en el tienpo de Çesar Agusto, enperador de Roma, quando mando que feziesen escriuir todas las personas del mundo, porque le diese cada vno el tributo que le auian a dar, los judios que eran suyetos al enperador, con grant maliçia que entrellos auia, cuydando engañar al enperador, loauanlo delante, deziendo que era justiçiero e que grant derecho era de le dar el tributo, commo âquel que se paraua a los defender; mas encubiertamente ponian bolliçio e escandalo entre las gentes, deziendo que los que dauan las deçimas e las premiçias a Dios de lo que ganauan, que non era derecho de ser subjetos al enperador nin le dar tributo ninguno. E quando el enperador cayo en este bolliçio en que andauan, dioles por rey a Herodes, e mando que feziesen coger el tributo dellos. E de entonçe aca fue establesçido que andudiesen señalados de vil señal, por que fuesen conosçidos entre todos los del mundo. Ca asy es guardado este establesçimiento por todo el mundo, sy non en las tierras do non fueron destruydos, e do ellos han poder. E quando el rey Herodes enbio sus caualleros a saber de la nasçençia de Iesu Cristo despues que sopo que era nasçido, los fariseos, que se tenian por sotiles de engaño, enbiaron sus mensajeros con ellos muy castigados de lo que dixiesen e feziesen, e con lisonja dezian a los caualleros del rey Herodes, asy commo en manera de escarnio, que sopiesen çiertamente quel rey Herodes era el Iesu que yuan a demandar, e que lo creyesen, lo que nunca fue fallado por escriptura ninguna.

E quando fallaron el Iesu preguntaronle los ffariseos e dixieronle delante de los caualleros de Erodes: «Maestro, sabemos de todo en todo que eres verdadero, e que demuestras e enseñas la carrera de Dios verdaderamente, e non as cuydado de ninguna cosa, ca non fazedes departimiento entre los omes, de dezir verdat. Dynos delante destos caualleros del rey si nos conuiene de dar el tributo al enperador Çessar, que nos demanda, o non.»

E esta pregunta fazien ellos a Iesu, cuydando que les dirie que non gelo auian de dar, porque ouiesen razon todos los de la tierra de se mouer contra el enperador e se mouiese el enperador contra el Iesu a le fazer mal. E el Iesu, veyendo e conosçiendo la su maldat e las palabras engañosas que le

315

dezien, respondioles e dixoles assi: «O ypocritas, por que me tentades?» Ca la primera virtud de aquel que ha de responder a la demanda que le fazen, es conosçer la voluntad de aquellos que la demanda fazen. Ca ypocrita quiere dezir el que demuestra por palabra lo que non tiene en el coraçon. E dixoles: «Mostradme la moneda qual es, de que vos el demanda el tributo.» E ellos mostraronle vn dinero en que auie la ymagen de Çessar. E era escripto ençima su nonbre. E el Iesu catola e dixoles assy: «Dad a Dios aquello que es de Dios, e dad a Çessar aquello que es de Çessar.» E esto querie dezir que diesen a Dios las deçimas e las primiçias e las ofrendas e los sacrifiçios, e a Çessar el su tributo que auie de auer.

E despues que vieron que le non podien traer a lo que querien, con muy grand engaño e con mala sotileza que en ellos auie, cataron carrera e manera por que lo fiziesen matar, asi commo lo fizieron, teniendo que sy mucho durase al mundo, que ellos non podrien cobrar de sus maestrias e de sus engaños por la sabiduria e buen entendimiento que veyen en el Iesu. Ca tantas señales veyen cada dia en el, e tantos miraglos fazia entre todos, que auian miedo de perder el su poder e la gloria en que estauan, por que los tenien por muy sabios e por mucho sotiles. E porende non folgaron fasta que lo fizieron matar, e commoquier que el se quiso sofrir la muerte por nos pecadores saluar; ca el auie poder sobre los otros e non los otros sobre el; mas quiso ser obediente a Dios padre, e conplir el su mandamiento, e que resçibiese esta muerte porque las almas non se perdiesen, assi commo se perdien ante que el la su muerte resçibiese. E porende, mios fijos, por el mio consejo nunca vos meteredes en su poder nin los creeredes de consejo, por dones que vos den nin por enprestido que a vos fagan, ca non vos fallaran lealmente, ca non les viene de natura [408].

[408] Según Hernández, el autor del *Zifar* presenta el punto de vista de los críticos de la actitud de Fernando IV, quien se había negado a excluir a los judíos de su servicio. Estos críticos abundaban en el ambiente clerical en que se movía Ferrán Martínez («Un punto de vista...», pág. 593).

De commo el rey de Menton demostraua a sus fijos de commo deuian ganar sienpre amigos e de commo los supiesen sienpre guardar

E otrosy, mios fijos, punaredes de ganar amigos e en guardar e retener los que ouistes ganado; ca muy de ligero se puede ganar el amigo, e es muy graue de retener; e por los guardar e retener deuedes vos guardar de les non fazer enojo en ninguna cosa; ca el amigo quando del su amigo resçibe daño o enojo, mas grauemente se siente e se ensaña que sy otro ome estraño gelo feziese, ca doblase el dolor porque resçibe daño o desonrra de aquel quel deue aguardar en todas cosas. Onde dize vn sabio, que tanto es el tuerto, de quanto mas de çerca le viene; asy commo sy le viene de aquel que tiene ome por amigo e lo falla en su daño e en su desonrra; assi commo contesçio a sant Esteuan quando lo apedreauan, que nunca se quexo por grandes pedradas que le dieron los otros, e quexose mucho por vna piedra pequeña que lanço vn su amigo, e con razon. El mayor mal que puede ser, ssi es quando viene a ome daño e desonrra de aquel onde espero resçebir pro e onrra; ca quanto mas enfia ome en su amigo, sy engañado es de consejo o en al, tanto mayor quebranto resçibe en su coraçon, por resçibe engaño de aquel de quien deue ser aguardado o bien aconsejado. E sy quisierdes guardar bien vuestros amigos, sedles de buen talante.

Ca el ome de buen talante es de buena ventura porque se faze amar, e el que es de mal talante es de mala ventura porque se faze desamar. E el que es alegre e de buen resçebir, gana amigos syn cuenta; ca el buen reçebir es llaue de amor. E los que non han abondo de auer con que puedan ganar amor de los omes, ayan abondo de buen talante, ca estos fazen buena vida; ca çierta cosa es que quien ha vida con ome de mal talante, por fuerça se abra de ensañar contra el, maguer sea paçiente. E el ome de buen talante e de buena verdat deue auer en sy tres cosas: la primera, paçiençia con que sepa leuar bien los omes; la segunda, castidat, porque non peque; la terçera, buen talante con que gane amigos; e puede ganar los omes con buen talante, mas que los non puede ganar con su religion. E sabet que el mejor conpañero que ome puede auer, para auer vida folgada, es ser ome de

buen talante. E el ome de mal talante non puede ser leal
nin de durable amor. E quien fuer de dulçe palabra syn engaño, sera amado de los omes; pero que en todas las buenas
maneras ha ome mester la graçia de Dios para guardar verdat
e lealtad a sus amigos, la que non se puede fazer nin ganar
syn fazer ome obras por que lo meresca auer.

Ca sabed que con tres cosas gana ome claro amor de sus
amigos: la primera, que los salue doquier que los falle; la
segunda, que los resçiba bien quando a el venieren; la terçera, que los razone bien en plaça, do ellos non estouieren.

E quien se abeniere con sus amigos ganara su amor, e el
que non lo feziere ganara su desamor. Onde con la abenençia
viene solas e pas, e con la desabenençia viene desamor e
pelea. E quien se faze a los omes con mesura gana su amor,
e quien los esquiua gana soledat.

Pero, mas vale a ome andar señero que con mal conpañero, ca con la conpañia de mal conpañero non se puede
ome bien fallar; e porende dizen, que quien con perros se
echa, con pulgas se leuanta.

E quando se acuerda el vn amigo con el otro, cresçe el
amor entrellos, ca la concordia trae el amor de nueuo, e la
discordia amata el amor antigo e aduze desamor de nueuo,
e destuerçe el amor encobierto; porende el acuerdo da alegria e amor, e el desacuerdo aduze enamistad e desamor.

De commo el rey de Menton castigaua a sus fijos que syenpre vsasen de franqueza con todos los omes

Otrosy, mios fijos, deuedes ser francos de lo que ouierdes
en aquellos lugares do entendierdes que cunple. Ca franqueza es nobleza de coraçon, e el que es franco es señor de lo
que ha, e el escaso es sieruo; e commoquier que deuedes ser
francos en partir lo que ouierdes, deuedes ser de buena prouision en guardar lo más que podierdes, e non venir a grant
mengua; ca, mal pecado! pocos amigos fallaredes al tienpo
de agora, que vos acorriesen con lo suyo, sy non a grant pro
de sy e a grant daño de vos. E quando grant tesoro ouierdes,
abredes que dar, e asy abredes vos omes.

Ca sabet que la riqueza es apostura e la pobredat despre-
çiamiento; ca ella aduze al ome flaco a descreençia, e con las
riquezas se ganan los preçios deste mundo. E por lo que es

loado el rico, es denostado el pobre; ca sy el pobre fuere esforçado, diran que es loco; e sy fuere razonado, diran que es parlero; e sy fuere asosegado, diran que es torpe; e sy fuere callado diran que es nesçio. E porende mejor es la muerte que la pobredad con torpedat, pues non ay mayor vileza que pobredat con torpedad. Ca el pobre maguer ssea en su tierra, atan estraño lo fazen commo sy fuese en tierra agena. E el rico quando es en tierra agena, atan aconpañado anda commo sy fuese en la suya; ca al rico todos lo onrran e al pobre todos lo aballan [409]. Pero la riqueza es a muchos dañosa, porque se ensoberuescen con ella; ca con la riqueza son los omes de mal conosçer e desobedientes a Dios, e con la pobreza obedesçenlo. Pues mas vale pobreza con que gane el ome el otro mundo, que riqueza con que lo pierda. Pero dizen que el bien deste mundo es en dos cosas: la vna es bondad e la otra es riqueza; e las dos peores cosas son pobredad e maldad; pues mas ligera cosa es de sofrir el deudo de mandar la riqueza, que el lazerio de la pobredad. Ca el rico, sy fuere de buena voluntad, podra fazer bien a ssi mesmo e a otros; e el pobre, maguer que ssea bueno, non podra fazer bien a ssy nin a otro maguer quiera. Pero bien auenturado es el que se tiene por pagado de lo que ha, e trae la su vida lo mejor que puede quando mas non puede auer.

Ca ssabed que el que es pagado en su voluntad de lo que ha, es libre, e el que es cobdiçioso de lo ageno es sieruo; pues aquel es de buena ventura, que non torna cabeça por auer ageno; ca la mala cobdiçia estraga los sus vasallos, e la su tierra, con cobdiçia de leuar, commoquier que a los reyes e a los grandes señores conuiene de auer thessoro porque han de dar e de fazer mucho; e porende la honrra del grand sseñor es que aya que de, e non aya de demandar; ca mayor desabor es pedir e sser repoyado, que es el sabor de lo acabar.

---

[409] *Aballar:* echar abajo.

De commo el rey de Menton castigaua a sus fijos e les dezie en commo todos los omes se deuen de trabajar de tener algo, e de ser de buena prouision

Pero, mios fijos, ssi queredes ser de buena prouision e auer algo, ssed acuçiossos en recabdar lo vuestro, non faziendo mal nin tuerto a ninguno, e demandad lo que es vuestro derechamente, e non sseades perezosos; ca la pereza es llaue de pobredad e la acuçia es llaue de la ganançia; e el que se arrenconna en su casa con pereza, tarde gana cossa con que goze, ca la pereza es enemiga de las obras e destruymiento de las gananças. Ca ssabed que la folgança trae pobredat e lazeria, e el bolliçio es carrera para llegar a la ganançia. Ca non es ganançia lo que non se gana bien, antes es perdida para el cuerpo e para el alma, ca el cuerpo finca desfamado e el alma perdida. E porende, mios fijos, punaredes de ser de buena prouision; ca bien creo que sy los omes quesiesen saber que cosa es prouision, mucho la presçiarian e vsarian della; ca prouision es conosçer las cosas presentes que tiene ome ante sy del estado en que esta, e parar bien mientes a lo que ha de venir, e a que puede recudir el su estado e la buena andança en que es; ca el ofiçio de la prouision es escudriñar e adeuinar las cosas que han de venir, e guarnesçese con buen consejo contra el tienpo peligroso e lleño de mesquindat quando veniere. E non cunple a ome catar lo que tiene ante sy, mas catar lo de adelante; ca la buena sabiduria del ome falla las salidas de las cosas presentes e sabe a lo que han de recudir. Onde dize Salamon: «El tu catar sienpre vaya adelante los tus pasos», que quiere dezir: lo que quesierdes començar, ante que lo comiençes para mientes a lo que puede recudir, e asy lo podras bien acabar. E sy lo asy non quesieres catar, la tu cayda sera al tu comienço. E porende dizen, que quien non cata adelante, caese atras. Çertas, de buen engeño e sotil es el ome que quiere ante catar lo que puede contesçer en las cosas que quiere fazer, e sy algo y contesçiere, que deue y fazer por se guardar. E non deue y cometer ninguna cosa por que pueda dezir despues: «Non cuydaua que asy seria, ca sy lo sopiera non lo feziera»; ca este atal puede dezir que es syn prouision.

E çertas, syn prouision non puede ome andar vida folgada nin segura, sy non el descuydado e perezoso, que non quiere catar su fazienda, ca non sabe en commo se ayan a mudar los tienpos. E porende todos los omes deuen fazer su vida con buena prouision, tan bien los de grant estado commo los de pequeño. E qualquier dellos que venga a pobredat e a mengua por non querer beuir con prouision, non deue culpar a los que non quieren acorrer, mas a la culpa del mesmo, que non quiso auer prouision para el tienpo fuerte que vino despues de la su buena andança, e de la riqueza que ouo en el tienpo que se podiera proueer. E porende todo ome deue ser mesurado en su despensa.

En todas las cosas del mundo deuen tener medida, pues quien pasa la medida faze ademas, e quien non la cunple mengua. E çertas mas vale auer mesurado a quien lo despiende con mesura, que el que ha grand riqueza e es gran desgastador; ca el que despiende con mesura durale su auer, e el que es desgastador va su auer a perdiçion. E sabet que con tres cosas se afirma la bondat de los omes: la primera es que sea sofrido; la segunda que sea perdonador quando fuere poderoso; la terçera que sea mesurado quando fuere señor. E mios fijos, deuedes ser pagados quando ouieredes tanto que vos cunpla, ca el auer ademas dañoso es e lazerio muchas vezes de aquel que lo ha, saluo ende los reys, que lo han mester de guardar para los grandes fechos. E grant mal es el auer ademas commo la pobredat ademas; e porende dizen que lo mejor de todas las cosas es lo mediano. Onde dize vn sabio: «Lo mediano touieron los de buena ventura, ca los cabos non son buenos, saluo ende del buen fecho, que ha buen comienço e mejor fin. E el que quiere ser seguro de non auer mengua, biua con mesura e con prouision, maguer aya poco, e de por Dios maguer sea pobre. E sabet que la mesura aproueze lo poco, e la desmesura gasta lo mucho. E quanto despiende omne en seruiçio de Dios e en bien fazer, non es gastado, maguer sea mucho, e quanto quier que sea, non es poco. Pues non dudedes de despender ally do deuedes, e non despendades poco nin mucho alli do non deuedes.

E porende dizen que el que es de buena prouision es sesudo.

E çiertamente, mios fijos, non ay mejor ganançia que seso, nin mejor riqueza, e non ay mayor perdida nin mayor pobredat que locura e torpedat; ca el loco, quando mas le cresçe el auer e el poder, tanto cresçe en el soberuia. E çiertamente fuerte dolençia es en el ome la locura, e porende dizen, que quien de locura enferma, tarde sana. Onde sabet que el cuerpo es commo el regno, e el seso commo el rey, e las maneras commo el pueblo; pues sy podiere el rey mas quel pueblo, endresçarlo ha, e sy podiere el pueblo mas quel rey, puede se perder el rey e el pueblo. E los coraçones syn seso son commo la tierra que es yerma e syn labor, e los coraçones con seso son commo la tierra poblada de buenos pobladores; ca los sesos pobladores son del coraçon. E sabet quel seso es guiador del cuerpo en este mundo e del alma en el otro; pues quando Dios quiere toller su merçed a alguno, lo primero que le faze, toruale el seso. Onde vet qual es la nobleza del seso; que el que non lo ha non lo puede conprar por aver, e el que lo ha non gelo pueden furtar; e maguer despienda ome dello, non mengua. E porende mejor es que sea ome conplido de seso e menguado de palabra, que conplido de palabra e menguado de seso; ca el seso es padre del creyente, e la paçiencia, es su hermana, e la mansedat su guiador. Pues non ay mejor amigo que el seso, nin peor enemigo que la locura. E quien non gana seso non le vale nada quanto gano. E quien a conplimiento de seso nunca abra mala mengua. E aquel es sesudo el que non ha enbidia a ninguno, nin le tiene mal coraçon, nin lo engaña, nin lo maltrae, nin le toma lo suyo syn razon. Otrosy, es sesudo a quien non vençe su voluntad e pecha mucho por el poco que le fazen, e non se trabaja de las cosas en quel non metan.

De commo el rey de Menton castigaua a sus fijos de commo ellos deuian dar e despender los sus dones

Pero commoquier, mios fijos, que vos consejo que seades de buena prouision en lo que todos omes deuen querer, mandovos que sy Dios vos diere tierras a mandar, de que seades señores o reys, que non querades ser escasos, mas que seades muy liberales, que quier dezir francos; ca la liberalidad es uirtud que sienpre se mantiene en dar e en galardonar; mas con todo esto que vos yo mando, guardat que el vuestro don non sea mayor que la vuestra riqueza, ca non lo podriades conplir, e seriades en verguença e en daño. E otrosy, por saña que ayades contra aquel a quien ouierdes dado, non gelo querades haçerir nin retraer, ca ley es establesçida entre el que da el don e el que lo resçibe, que el que lo da luego lo deue oluidar e non lo nonbrar nin se alabar dello en ningunt tienpo; ca nunca el ome bueno deue pensar en lo que ha dado, mas en lo que deue dar. E el que lo resçibe, sienpre le deue venir emiente del don que resçibe para lo reconosçer a aquel que gelo dio.

E sy alguno non vos conosçiere quando ouierdes mester su ayuda, e fuere contra vos, non dedes nada por ello, ca la desconoçençia los traera a caer, asy commo Luzifer, que cayo del çielo a los infiernos por la desconoçençia que fizo a Nuestro Señor Dios. E sy alguno vos dixiere que sodes de mala ventura en lo que dades e enpleades en aquellos que son contra vos o contra las vuestras cosas, dezit que aquel es de mala ventura el que non reconosçe bienfecho, ca vos feziestes lo que deuedes e lo que vos cae. E muchos dones aura el ome a perder, dandolos fasta que acaesçiere en ome en que sean bien enpleados. E por esto dizen: «Fas bien, e non cates a quien.» Ca sy ome catase cada que don quisiese dar, en quien lo enplease bien, por auentura sy podria fallar o conosçer tal ome en que fuese bien enpleado; ca el entendimiento del ome muchas vegadas es engañado en querer conosçer qual es el bueno o qual es el malo, ca muchos semejan buenos que lo non son, e de muchos cuydan los omes que son malos que non es asy. E porende daredes vuestros dones de grado e ayna, ca non es mucho de gradesçer el don quando mucho dura entre las manos de aquel que lo deue dar, peroque çerca semeja que esta de lo negar el que lo non quiere dar luego o lo detarda, ca da a entender que duda en lo dar, e que lo non quiso dar pues tarde lo da. E çertas tanto tollio de las graçias quel deuia por el don quanto alongo e detardo el don que prometio al que gelo demando; ca todo ome que ruega a otro por alguna cosa, çertas con verguença lo ruega. E porende non ha mucho que gelo gradesçer, sy gelo detardo. Sy el que quisiere dar el don, lo da ante que gelo rueguen, faze mayor el su don de quanto es; ca muy grant bien es dar la cosa a quien la ha mester ante que la demande.

E mios fijos, parat vos mientes en esto que vos agora dire, e es verdat, que non ha cosa que tan cara cueste commo por lo que ome mucho ruega. E çertas muy triste palabra es e de grant encargo auer ome a dezir a otro con grant verguença: «Ruegote que me des»; e porende es de gradesçer mas el don pequeño que se da ayna, que el grant don que se da tarde.

Otrosy, mios fijos, deuedes vos guardar de non negar el don con manera de arteria maliçiosa al que vos lo demandare, asy commo fizo el rey Antigono a vn joglar que le demando vn marco de oro porque canto antel, e respondio que gelo non daria porquel demandaua mas de quanto conuenia a juglar; e desy demandole el juglar vn dinero, e dixo que gelo non daria, ca menos demandaua que non conuenia a rey dar, ca non era don de rey. Çertas maliçiosamente gelo negaua, ca podiera le dar vn marco de oro asy commo rey, e vn dinero asy commo a joglar. E este rey non quiso semejar a Alixandre, que dio a vn ome de pequeño estado vna grant çibdat; e dixole aquel a quien lo daua a el: «Señor, non conuiene a ome de tan pequeño estado commo yo tan grant commo este.» Respondio Alixandre commo aquel que era grande e de noble coraçon en sus dones, e dixo asy: «Non demando yo nin cate que conuenia a ti resçebir, mas que es lo que conuiene a mi dar.» Çertas el rey Alixandre non fablo con maestria de engaño, mas con nobleza de coraçon.

De commo el rey de Menton castigaua a sus fijos que non quisiessen vsar con los omes que siruen con maestria

E porende, mios fijos, con ningunos omes en el mundo, maguer estraños, mayormente con los de vuestra tierra, de quien auedes a ser seruidos e guardados, non fablaredes con maestria nin con manera de engaño, ca entendervos han e querran ellos fablar conbusco otrosy con maestria; ca por qual carrera los quisierdes leuar, por tal vos leuaran. Onde dize la Escriptura, que por tal ley deue ser ome judgado, por qual el quiere judgar a los otros. E avnque non entiendan luego la maestria e el engaño en que los traedes, quando lo sopieren e venieren al fecho, sentirse han mucho e punaran de lo acaloñiar lo mas que podieren, commo aquellos que se sienten del mal e del engaño en que los trae aquel que los deuia guardar. E çertas la cosa deste mundo en que mas yerran los grandes señores, sy es esta: en cuydar que los omes a quien ellos fablan con maestrias de engaño, que los non entienden. E sy bien quesiesen en ello pensar, deuian a entender que algunos ay atan sotiles commo ellos que los entienden. E sy non se atreuen a gelo dezir que les non fablen con engaño, catan maneras de engaño para les responder. E sy non osan nin pueden, por miedo de la crueldat del señor que se faze mucho temer, piensan para se desembargar del; asy commo contesçio a vn rey de Efeso muy rico e muy poderoso.

Del enxenplo que dixo el rey de Menton a sus fijos de lo que le contesçio a vn rey de Efeso con vno de los sus vasallos

Dize el cuento que este rey de Efeso, que nunca queria fablar con los de su tierra nin avn con los de su casa, sy non con maliçia e con soberuia e con manera de engaño, e non se sopo guardar de las maestrias de los otros con quien fablaua. E tan grande era la su crueldat que todos los de la su tierra e de la casa temian antel e avn quando oyan fablar del. E sy algunos por el seruir lo desengañauan destas cosas, querialos mal e redraualos de sy, e perdian el su bienfecho por bien fazer. E porende dizen: «Nin bueno fagas, nin malo padas.» E por eso non le osauan dezir ninguna cosa, maguer lo veyan dezir e fazer cosas desaguisadas, de guisa que todos le aborresçian e se enojauan del.

Asy que vn conde, el mas poderoso de la tierra, a quien el feziera muchas desonrras de dicho e de fecho, non cuydando que lo entendia el fecho e el engaño quel traya, veyendo que toda la gente del reyno era muy despagada del, cato manera de engaño en qual guisa se podria del vengar, non catando sy le estaua bien o sy mal; ca a tan grant afincamiento lo tenia el rey, leuandolo a mal toda via con maestrias de engaño, e avn a paladinas muchas vezes, que ouo el conde a pensar en lo peor contra el rey. E porende dize, que can con angusto a su dueño torna al rostro. E sentiendose mucho el conde, dixo al rey por arte que queria quemar vna fija que auia e no mas, por cosa que feziera por que deuia ser quemada. E fizo pregonar por todo el regno que veniesen todos a ver la justiçia que queria fazer de su fija. E quantos lo oyan se marauillauan mucho, e se espantauan desta crueldat tan grande que queria fazer el conde, ca la donzella era la mas fermosa de todo el regno e de mejor donario, e la mas guardada en todas las cosas, e la mas demandada para casamiento, tan bien de fijos de reys commo de otros grandes omes.

E quando fue el dia del plazo a quel conde dezia que la auia de fazer quemar, mando poner mucha lleña en medio del canpo. E luego que llego y el rey, pregunto en commo non fazia traer su fija para fazer justiçia della, asy commo dixiera; ca le plazie al rey mucho de aquella locura que dezia el conde que queria fazer, non parando mientes nin pensando el mesquino de commo otro era el pensamiento del conde, e non matar su fija; ca la cosa del mundo que el mas amaua aquella era, ca non auia otro fijo ninguno. E el conde le dixo: «Señor, atiendo que se llegue mas gente.» Peroque era llegado toda la mayor parte del regno, e con maestria de engaño dixolo asy: «Señor, mientra la otra gente se llega, paratvos a fablar con estos omes buenos del vuestro consejo, e fablad en lo que por bien tengades, e yo yre a ordenar con los otros omes buenos e con los del pueblo, en commo faga la justiçia commo deua.» E el rey se aparto, non entendiendo el engaño en que lo trayan con palabras de maestrias, e començo el rey a escarnesçer e a dezir mucho mal del conde, plaziendole porque queria matar a su fija. E el conde fuese para el pueblo e començo a fablar con todos los del pueblo que y eran, e dixoles asy: «Amigos e parientes, conbusco he buenos deudos de parentesco e de amor, ca de vos resçiby muchos plazeres e muchas onrras, por que so tenudo de querer vuestro bien e de me sentir de vuestro mal asy commo del mio, ca non es amigo nin pariente el que de daño de sus amigos e de sus parientes non se siente. E porende quiero que sepades que en grant peligro beuimos todos con este señor, non hauiendo duelo nin piedat de nos; ca bien sabedes todos en commo el fue seruido de nos en todas quantas cosas quiso, a su voluntad, e el por su desauentura e la nuestra sienpre nos ha fecho mucho mal e non bien, e sienpre nos fablo con maestria e con engaño encubiertamente e a paladinas por nos leuar a mal, e nos desonrrar e abiltar, teniendonos en poco, non queriendo auer consejo sobre las cosas que auia de fazer en la su tierra; e sy consejo nos demandaua, non querie obrar por el consejo quel dauan, mas por su voluntad, e nos dize que non es ome quien por consejo de otro se guia, ca se da por menguado de entendimiento. E çertas esto es contra las opiniones de los sabios, que dizen que non deue ome ninguna cosa fazer syn buen consejo, e mayormente en los fechos que acaesçen de nueuo; ca a nueuo fecho ha mester nueuo consejo, para yr mas çiertamente a lo que ome fazer quiere, asy commo a nuevas enfermedades e non conosçidas conuiene de fallar nueua melezina. E agora ha pensado de commo nos desfaga de quanto auemos con maestrias de engaño, e a los que entendiere que non queremos consentir en lo que quesiere, que los mande matar. E yo, veyendo este mal tan grande que nos quiere fazer e el engaño en que nos trae, e que ninguno de nos maguer lo entiende non osauan fablar de ello, quise me auenturar e poner en este tan grant peligro, por vos aperçebir, e dixe que queria mandar quemar mi fija, e fislo pregonar por toda la tierra, porque vos ayuntasedes todos e supiesedes este grand mal vuestro en que vos el rey andaua, e tomasemos y consejo. E amigos, yo dicho he lo que vos auia a dezir, que de aqui adelante pensat de vos guardar; ca yo çierto so que luego que el sepa esto que vos yo aqui dixe que me mandara matar de cruel muerte.»

E vno que era de consejo del conde, leuantose e dixo: «Amigos, matemos a quien nos quiere matar e nuestro enemigo es.» «Çertas», dixo el conde, «verdat es, e bien semeja que queremos mantener nesçia lealtad, veyendo nuestra muerte a oio, e el que nos quiere matar, e dexarnos asy matar commo omes descoraçonados». E sobre esto leuantose vno de los del pueblo, e dixo: «Non ay quil de la primera pedrada a qui nos quiere matar?» E abaxose e tomo vna piedra e tirola contra el rey, e todos los otros se mouieron luego e fezieron eso mesmo, de guisa que lo cobrieron de piedras e matáronlo, non catando los mesquinos de commo cayeron en trayçion, que es vna de las peores cosas en que ome puede caer. E çertas esto podiera escusar el rey sy el quesiera mejor guardar e beuir con los de su tierra asy commo deuia, non les mentiendo nin queriendo andar con ellos en maestrias de engaño [410].

Onde, mios fijos, por el mio consejo vos seredes sienpre buenos e leales e verdaderos a la vuestra gente, e les non fablaredes en ninguna cosa con maestrias de engaño; ca mucho se syenten los que bien siruen quando tal vida traen con su ssenor, fablandoles con maestrias de engaño. E maguer les diga verdat, non lo pueden creer por las malas maestrias de

---

[410] En este *enxienplo* todos pecan: el rey es injusto y los vasallos son traidores. La moraleja es que el pecado de una parte provoca el pecado en la otra. Se trata de otro caso de movilidad social en el que el rey pierde el reino y la vida.

engaño que trae toda via con ellos, e cuydan que sienpre los quiere mentir e engañar. E porende, mios fijos, vos guardaredes de non fablar con omes con maestria nin dezir mal dellos en poridat nin en publico; ca quatro maneras son de omes en que deuedes mucho parar mientes sy quisierdes aver vida folgada e segura; la vna es el ome que non dize mal nin faze a ninguno, mas ha sabor de beuir en pas e seruir lealmente al que ha de seruir. Este atal es commo el buen can que non ladra nin muerde, sy non quando es mester en guardar lo de su señor con defendimiento de sy mesmo; la otra manera es el que calla e fiere, e codiçia fazer golpes mortales, e non fuelga sy non faze sangre. E este atal es commo el can que non ladra, e muerde a escuso e faze sangre con voluntad de desfazer e toller del todo al que muerde. E destos atales vos guarde Dios, ca estos sufren mucho e non responden; e quando veen que ha tienpo muerden e fieren e fazen golpes syn piedat, non catando sy fazen mal, queriendo conplir su voluntad asy commo fizo el conde al rey de Efeso, commo ya oyestes. La otra manera de omes es el que dize e non faze; e este atal non puede mucho enpesçer, e por el mucho dezir del se aperçibe aquel contra quien dize, o por auentura dize mucho por meter miedo con grant miedo que el ha. E este atal es commo el can que mucho ladra e non osa morder, mas ladra mucho por espantar, con flaqueza del coraçon. E la otra manera de ome es el que dize e faze en plaça, con razon e con buen esfuerço. E este atal es esforçado e de buen coraçon, teniendo sienpre razon e derecho, que es cosa que esfuerça mas el coraçon para yr por su fecho adelante. E este atal es commo el buen can que ladra e muerde con buen coraçon quando deue, e non duda de trauar ally do deue e le manda aquel que gelo puede mandar.

Onde, mios fijos, sy bien quisierdes parar mientes en estas quatro cosas e maneras de omes, sabervos hedes guardar de beuir entrellos muy bien a onrra de vos, non queriendo fablar con ninguno con maestria de engaño, mas onrradonlos e faziendo les graçia e merçed, segunt que cada vno lo meresçiere, nin queriendo oyr mal de ninguno nin loar qui gelo dize, nin gelo defender que lo non diga, en manera de escarnio, deziendole: «Calla, non lo digas asy», e desy tomar e preguntarle: «Dy otra vegada, commo dixiste?», queriendo e auiendo sabor que lo diga, asy commo aquellos que han sabor de mal obrar e de maldezir, e se deletan en ello, podiendo oyr e dezir otras cosas en que podrian tomar

mayor deleyte, e mas a pro e a onrra de sy para los cuerpos
e para las almas.

De commo el rey de Menton dezia a sus fijos de commo todo ome deue sofrir al desconoçido por lo tornar a el fasta que el mesmo se conosca en sy

E otrosy, mios fijos, guardatvos de non fazer querella a
ninguno de aquel que vos non quiere reconosçer el don que
le dierdes, ca en querellandovos del faredes del malo, e en
sofriendolo por auentura faredes del bueno; commo el ome
quando faze algunt mal e non le es afrontado, esto es
verguença dudosa, cuydando que avn non sabe aquel mal
que fizo; ca despues que afrontado se pierde la verguença,
e el afruenta pasada non dan nada por ello, e fazese peor por
ello; ca ya mayor verguença sobre aquel mal que fizo, non
puede pasar. E mios fijos, por que afrontaredes al que fezierdes muchos bienes? Non lo fagades, ca de amigo fazerse a
enemigo. E sy lo non fallauades qual lo esperauades, fazet
enfinta cosa que lo non entendades, e sy desconosçido es en
vna cosa por auentura que non sera en otra; e sy en la segunda lo fuere, en la terçera, sy le bien fezierdes, acordarse
ha de commo fallesçio e vos erro en dos cosas, e sy de entendimiento es, grant verguença le tomara de fallesçer en la
terçera. E sy en la terçera vos fallesçiere, dende en adelante
non auedes y que fazer mas. Pero, mios fijos, non dexaredes
de fazer bien, maguer non vos lo conoscan.

Ca el bienfazer es condesijo durable. E el bienfazer se
cunple con tres cosas: la primera, que lo faga ome ayna; la
segunda, que lo faga ome en poridat; la terçera, que tenga
que fizo poco maguer que aya fecho mucho; ca sabet que
con el bienfazer se desuia ome de muchos contrarios, pues al
que faze Dios mucha merçed ha de sofrir de los omes muchos enbargos, e sy los non quisiere sofrir es guisado de perder aquella merçed, ca mucho ama Dios al que faze bien a
los omes, e desama qui lo puede fazer e non lo faze. Onde
quien bien faze non cae, e sy cayere muchos fallara que le
ayudaran a leuantar. E quien faze bien, mejor es quel bien.
E el que faze mal, peor es quel mal. E el que faze el bien
non pierde su galardon, maguer non lo resçiba de los omes,

ca el bienfazer Dios lo galardona. E porende conuiene al ome fazer bien en quantas maneras podiere, maguer sean las uias angostas e los caminos asperos. Ca sabet que todo bienfazer es merçed, e non deue ome retraer el bien que feziere, ca mas apuesto es non fazer bien que fazerlo e retraerlo. Onde dixo la Escriptura: «El bien que feziere la tu mano diestra, non lo sepa la seniestra.» E porende dizen: «Fas bien e non cates a quien.»

De commo el rey de Menton castigaua a sus fijos e les dezia que diesen los sus dones syn faserio, e otrosy que catasen a quien los dauan

Otrosy vos consejo que aquel a quien dieredes vuestro don, que non los querades traer a juyzio sobre ello, ca luego dexaria de ser don e semejaria enprestado, e lo que era derecho de vos dar graçias por ello e vos lo reconosçer, perderiedes las graçias e el reconosçer con razon. Mas mios fijos, sy queredes semejar a Dios en las obras, dat a quien vos demandare e a los desconosçidos; ca Dios asy lo faze. E non vedes que quando nasçe el sol tan bien escalienta a los malos commo a los buenos? E çertas non queda Dios de acresçentar en sus bienfechos, con entençion que se aprouechen dellos todas las cosas del mundo. E porende syl queredes semejar en las obras, dat mientra podierdes, avnque muchas cosas sean mal enpleadas e vos las non conoscan; ca el desconosçido non fara a vos tuerto mas a sy mesmo, porque mengua en el su entendimiento que Dios le dio para conosçer bien e mal. Ca el de buen conosçer sienpre se deleyta en don que resçebio, ca se acuerda del toda via. E el desconosçido non se deleyta en el don mas que vna vegada, e esto es quando lo resçibe; ca luego lo oluida.

Otrosy, lo que prometierdes, datlo en todas guisas, ca sy lo non dierdes judgarvos han por mentirosos e desuariados en vuestros dichos e que non estades en lo que prometedes. E sy don prometierdes âquel que non es digno nin lo meresçe, deuedes gelo dar pues gelo prometistes, non en manera de don, mas por ser estables en vuestra palabra. Pero commoquier que deuedes dar al que vos demandare, conuiene que sepades por quantas partes podierdes, sy es bien costunbrado e de que vida es, e que coraçon tiene contra vos, e sy vos podedes del aprouechar. E sy en los dones tenporales esto se deue guardar e catar, mucho mas se deue catar en los esprituales, que non los deuen dar si non al que los meresçe, catando estas cosas sobredichas; pero bien creo que non deue ser menospreçiado nin desechado de todos los dones espirituales aquel a quien paresçe alguna señal de uirtud, commoquier que de algunos males sea dotado; ca aquella señal de uirtud lo puede traer a ser ome bueno. E sy esto se deue fazer en los dones esprituales, quanto mas en los dones tenporales. Mas valen los pequeños que se dan a menudo, e mas aprouechan a quien los dan, que non los dones grandes que se dan de tarde en tarde; ca a quien dan algo de cada dia, sienpre tiene oio por aquel que gelo da, para lo guardar e para lo seruir; e aquel a quien dan el don grande, cuydando pasar su vida con aquello que le dan, e teniendo que tarde o nunca podria alcançar a otro tal, non tiene oio por al, e desanparase de todo, e non cata por seruir e aguardar âquel que gelo dio, synon quando le acaesçe por auentura; por que este non es synon ome que non quiere mas valer, ca mengua del buen seso; ca quanto mas grande don le dan, tanto mas se deue entender para seruir e fazer bien.

Onde, mios fijos, set muy grandes en vuestros dones, e a cada vn en commo vale e commo lo meresçe, señaladamente en aquellos que auedes prouado en lo que vos fue mester, e aquellos que otros prouaron e sopierdes por çierto que lo meresçen. E bien creo que de tales commo estos que lo bien conosçen sienpre resçibredes seruiçio mayor que non sera el vuestro don; ca estos atales de buen conosçer, quieren semejar a los buenos canpos que lieuan mucho fruto, en manera que mas dan que non resçiben. E mios fijos, sy ome non cuyda de dar sus dones a aquel de quien espera ser seruido, pues quanto mas deue catar por aquel de quien ha resçebido grant seruiçio e con lealtad. E çertas de reprehender seria quien de tal cosa commo esta non parase mientes para fazer sienpre lo mejor. E porende, mios fijos, parat mientes en lo que vos cae de fazer en esta razon, ca el dar e el non dar de lo vuestro en vuestra mano es.

De commo ay dos maneras de largueza: una que se llama prodigalidad, y otra liberalidad

Pero dos maneras son de omes largos: a los vnos dizen desgastadores e a los otros francos. E los desgastadores son los que despienden en bien comer e en beuer con baratadores [411] e con omes de mal consejo, e en dar lo que han a los garçones e a malos omes. E los francos son los que dan sus dones a sus criados, e para quitar catiuos, e a sus amigos, e para casamiento de sus fijos, o alguna otra cosa onesta sy les es mester. E asy entre las mejores uirtudes de las buenas costunbres, es la franqueza.

Que toda franqueza es en Dios, e amala e preçiala. E porende franqueza aduze amor de Dios e la escaseza desamor. E tan gran sabor ha el franco de dar, commo el escaso de tomar. E el que ha poder de fazer bien e non lo faze, es mengua del e desplaze a Dios. E el que despiende su auer en bien fazer es commo el que va ganar auer de sus enemigos e lo condesa para sy. E el que es abondado de auer e es escaso, es mayordomo e non sabe de quien. E el que es franco e noble de coraçon, es amado de todos; ca la franqueza aduze a bondat e gana amigos. E sabet que quando son los francos pobres e los escasos ricos, entonçe son los buenos en cuyta; ca sabida cosa es que quando menguan los fazedores del bien, pierdense los enuergonçados. Pues quien preçia su auer despreçia a sy mismo, e quien preçia a sy non se duele de su auer. Onde el mejor comienço de la franqueza es non querer lo ageno de mala parte; ca al franco sienpre le dara Dios ganançia, e al escaso perdida. E porende el que non quiere despender su auer en guisa que gelo gradescan, auerlo ha a dexar a omes que gelo non gradesçeran. Onde la mayor cosa que ome puede fazer en su vida es esta; que faga bien por su alma, e que onrre su cuerpo con su auer.

---

[411] *Baratadores:* embusteros, revoltosos.

De commo el rey de Menton dezia a sus fijos que todo ome devia conosçer el bienfecho

Otrosy, mios fijos, sy algunt grant señor vos feziere bien, o sy el vuestro vasallo vos ouiere fecho buen seruiçio, punad en gelo reconosçer, a los señores con seruiçio e a los seruidores en bienfecho; ca en la reconoçençia, lo primero que deue ome guardar, esto es: que non oluide el bienfecho que resçibio nin el seruiçio que le fue fecho, ca todo se cuenta por bienfecho; ca el que bien sirue, buen fecho faze. E porende, non deue ome oluidar el bienfecho quando lo ome resçebier; ca Dios e los omes aborresçen el desconosçer, e tienen que ellos mesmos lo fazen el tuerto, en non reconosçer lo que deuen a los que bien les fezieron. E deuedes saber que desconosçido es el que niega que non resçibio el don que ouo resçibido, e mas desconosçido es el que faze enfinta que non se acuerda que lo resçibiese, sabiendo de todo en todo que lo resçibio, e mucho mas desconosçido es el que lo oluida del todo, catando mas por otro que por aquel que le dio el don e le fizo merçed. Çertas non puede ser de buen conosçer aquel a quien el don que resçibio es oluidado de todo, e non finca en el ninguna memoria del don; ca paresçe bien que nunca penso de lo reconosçer pues del todo lo oluido; e nunca quiso ser de buen reconosçer qui tan luen echo de sy el don que resçebio que lo non pudiese catar nin ver para obrar del aquello que conuiene; ca la memoria del ome non pierde ninguna cosa nin oluida, sy non aquello que non quiso catar muchas vegadas. E porende vos digo, mios fijos, que non oluidedes el bienfecho resçebido, ca, mal pecado! pocos coraçones se mienbran de lo pasado; ca muchos non quieren razonar aquello que resçebieron, commo sy lo non ouiesen resçebido, sy non commo quando lo resçibieron fuese luego, perdido. Mas vos, mios fijos, en plaça e a paladinas daredes graçias e reconosçeredes el bien que resçebierdes, e non ascondidamente; ca semejar quiere al desconosçido el que quiere dar graçias por lo que resçebio, e que lo non sepan aquellos que lo pueden entender sy faze bien o mal.

De commo el rey de Menton demostraua a sus fijos e les dezia de commo todo ome se deuia de apresçebir contra sus enemigos e contra los que le quieren mal

Otrosy, mios fijos, parat bien mientes en lo que vos cae de fazer sy guerra ouierdes con algunos de vuestros vezinos tan poderosos commo vos o mas, e estad bien aperçebidos.

Ca non dizen esforçado por el que se mete a peligro conosçido. E sabet que non ha mejor consejo quel aperçebimiento, ca muchos se pierden por mala guarda por non se aperçebir; ca tarde sana ome del golpe que viene por mala guarda. Onde el aperçebimiento es comienço de la arte para se guardar ome. E el que se mete en auentura, non ha castiello en que se pueda defender; e el que se atreue en su fuerça pierdese, e el aperçebido nunca, ca comide sienpre lo peor e guardase; e el que non faze las cosas con consejo ponese a peligro. E porende deue ome toda via ser aperçebido porque sy alguna cosa le auiniere a sobreuienta, que le falle aperçebido; ca del aperçebimiento nasçe segurança, e del atreuemiento nasçe arrepentimiento. E quando se auentura ome, maguer escape, non escapa bien, ca non ay ganançia con mala guarda; e el que caualga siella de aperçebimiento, escapa bien e salua a sy e a los que se guian por el.

Pues mios fijos, estad sienpre aperçebidos e meted mientes en vos, ca sy venieren las cosas commo quisierdes entendran los omes que lo ganastes con seso e con aperçebimiento; e sy fueren contra vuestra voluntad sabran los omes que non finco por vos, e seredes syn culpa. Ca mas vale que vos sufrades e atendades en lugar que seades seguros, que non vos atreuades e vos metades en auentura, e mas vale que vos detengades por fyncar en saluo, que non que vos atreuades e vos metades en peligro.

E sabet que grant guarda es meter ome mientes en las cosas antes que las comiençe, fasta que sepa que ha ende de nasçer o que ha a recudir; ca el que se mete en auentura en las cosas que puede errar es tal commo el çiego que se mete a andar en los logares do ha sillos o pozos en que puede caer. Pues la mala guarda es commo red para caer en ella los que se mal guardan. E otrosy el que adelanta, yerra, e el que se quexa non cunple. Çertas mayor grado deuedes auer al que vos metiere miedo fasta que lleguedes a saluo, que al que vos asegurare fasta que vos metades en lugar de miedo; ca çerca de la segurança ay miedo, e çerca del miedo ay segurança. E dizen que a las vegadas, que mas vale arte que ventura. Puesque pereza e mala guarda aduze al ome a suerte de muerte. E sabet que quien demanda la cosa ante de tienpo, puede la auer con ora; e sy la demanda al punto que es mester, es en duda sy la abra. E porende quando viene a ome ora de buena andança e la pierde por pereza, finca con manziella. Otrosy el que dexa de fazer lo que deue abra de fazer lo que non deue. E el aperçebido sienpre puna en fazer bien lo que puede e non se entremete en lo que non deue. Porende mas val poco fecho con seso, que mucho syn seso e con fuerça. Quando vos aperçibierdes e perdierdes non vos rebatedes, e quando vos auenturades e ganaredes non vos preçiedes. E sabet que quien metiere mientes en los buenos sesos entendra los logares de los yerros. Porende meted mientes quando vagar ouierdes commo fagades quando vos vierdes en cuyta; ca en la cosa que non sabe ome quando acaesçera, se deue aperçebir para se defender della quando viniere. E porende, mios fijos, non acometades las cosas sy non en tienpo que deuierdes.

Ca la osadia pocas veses torna a mano de ome sy la non acomete a su ora, e quando pospone ome el cometer, finca con manziella. E porende non dexedes de cometer quando vierdes logar e sazon de lo fazer. Otrosy catad que vos non metades en peligro. Ca dizen que pocas vegadas acaba el perezoso buen fecho, pues el vagar es en perezamiento, e el reboluer es estoruo, e el cometer es esfuerço. Onde dize vn sabio: «Couardia es quando demanda el perezoso consejo en las cosas de priesa.» Ca el esfuerço es quando mete ome en obra lo que quier fazer sol que aya pensado bien en ello. E la pereza es en dos guisas: la vna es quando enpereza ome a demandar la cosa a la sazon que la puede auer; e la otra es quando se acuçia a la demandar despues que le sale de manos. Pues el aperçebimiento es que se meta ome a las cosas ante quel salgan de mano. Pues mios fijos, entremetedvos a lo que auedes a fazer ante que perdades ora, e meted mientes en lo que quisierdes fazer, ante que vos auenturades, e consejadvos en lo que quesierdes fazer ante que lo fagades, e aperçebitvos para lo fazer quando lo ouierdes entendido e trabajatvos de lo acabar.

E señaladamente en fecho de guerras; e proueetvos muy

335

bien de todas las cosas que vos fuere mester ante que entredes en la guerra; ca poco valen las armas en la lid sy ante que entre en ella non ha buen acuerdo e sea bien aperçebido de commo ha de vsar dellas. E todo ome que quisiere cometer a otro por guerra, non lo deue fazer con entençion de fazer tuerto al otro, mas porque pueda beuir en pas defendiendo lo suyo; ca tal commo aqueste ayuda Dios porque lo faze con buena entençion. Onde dize la escriptura: «Mouamos guerras porque pas ayamos.» Pero primeramente se deue aparejar e non se deue enojar nin arrebatar porque dure luengo tienpo el aparejamiento; ca luengo aparejamiento e bueno endresça al ome para vençer su enemigo mas ayna. E porende dizen: «Buena es la tardança que faze la carrera segura; ca quien recabda non tarda.» E mios fijos, sabed quel aperçebimiento bueno para fazer guerra e para entrar en la lid ha mester çinco cosas: la primera es ser ome de buen seso natural para saber escoger lo mejor; la segunda es de ser de buen esfuerço para acometer de rezio los fechos que començare, e non flacamente; la terçera es ser rico para despender e dar baldonadamente [412]; la quarta es ser franco de coraçon e non se doler de cosa que de, ca los escasos non son bien aconpañados nin bien seruidos; la quinta, ser señor de buena gente e quel amen verdaderamente; ca sy verdaderamente non le amaren, non puede ser bien seruido dellos.

Pero todo ome sabidor deue ante saber vsar de las cosas, mayormente en fecho de armas, que las comete; ca non es buen seso en querer ome fazer nin cometer lo que non sabe. E mios fijos, mejor vos es catar ante bien todas las cosas e auer buen consejo sobre ellas que las començar e non les dar çima, e vengarse de vos vuestros enemigos e vos fincar con daño. E non deuedes posponer las cosas que auedes de fazer por fuerça, ca mucho enpesçe al grant señor en los grandes fechos el grant vagar; ca el rey que pospone las cosas mucho, le enpesçen en su fazienda. E por esto dizen: «Tu que pospones lo que oy as de fazer para cras, por auentura acabar non lo podras.»

E non deuen desdeñar los reys vnas cosas que conteçen de nueuo, nin las tener en poco maguer sean pequeñas; ca las mayores cosas que acaesçieron en los reynos començaron en poco e cresçieron. E esto fue porque las touieron en poco e las desdeñaron; ca la pequeña pelea o el pequeño mal puede cresçer atanto que faria muy grant daño, asy commo el fuego

---

[412] *Baldonadamente:* pródigamente.

que comiença de vna çentella, que sy non es luego amatado, faze muy grant daño.

De commo el rey de Menton castigaua a sus fijos e les dezia de commo todos los omes deuen de ser firmes en todos sus fechos

Otrosy, mios fijos, deuedes en todos vuestros fechos ser costantes, que quiere dezir firmes e estables. Ca costançia es uirtud que en lo que comiença sienpre esta firme, perseuerando en ello, e non se muda por ninguna manera que le auenga, mas esta muy asosegada e perseuerando en lo que començo, e mostrando vna cara tan bien a las buenas andanças que le auengan, commo en las malas andanças. Onde dize vn sabio: «Sy dolor oue non llame testigo, nin quis que el dolor del coraçon mostrase el mi bulto; mas enformeme a lo encobrir para encobrir mi fecho.» Onde, mios fijos, non deuedes mudar por cosa que vos non contesca, quier de buen andança quier de mal andança mas deuedes estar firmes e pararvos alegremente a qualquier auentura que vos venga, syn ningunt mudamiento que los omes vos puedan entender; ca la natura mouible e desuariada non es sy non de malos omes flacos; pero muchas vegadas los malos son firmes e fuertes en sus fechos malos. Mas esta non es uirtud, antes es locura e mengua de entendimiento, en querer ser rezios en el mal e flacos en el bien. E çertas esto es contrario de la ley de costançia, que quiere dezir firmeza, en que nos manda que en los males non duremos por ninguna manera, nin en los bienes que non seamos vagarosos, nin les dexemos con enojo.

En las cosas contrarias, quando vos acaesçieren, mostrad vos por omes de grant coraçon e fuertes, e asy esforçaredes los vuestros e fazervos hedes temer a los vuestros enemigos; ca verdat es que el miedo echa a las vegadas al ome flaco de coraçon en grandes peligros, faziendo le reçelar el mal que ha de venir; ca le faze dexar lo que començo e finca enuergonçado con daño ante de tienpo, auiendo miedo e espantandose de los peligros que non vee asy commo sy los viese delante sy. E por auentura que aquellos peligros que le ponen el miedo, que nunca seran. Çertas de firme e fuerte coraçon es non turbarse ome en las cosas contrarias, mayormente pues en ellas fuere; ca sy poco entendimiento ouo ante que en el fecho entrase en non pensar en ello quel podria recudir, conuiene que aya muy grant entendimiento de catar commo lo acabe con su onrra, pues en el fecho es; ca aquel es dado por de buen coraçon, el que es aparejado para sofrir las cosas temerosas e espantables e non auer miedo que ninguno le derribe del estado en que esta, non faziendo por que con derecho lo ouiese a derribar del; mas deue vsar del estado firmemente commo ome de buen coraçon, e non se partir de las cosas que fueren con razon; ca mas cosas son las que nos espantan e nos ponen miedo, que non las que nos tuellen del estado en que somos. A las vegadas mas trabaja ome en pensar sobre lo que quiere, que en lo acabar. E porende, mios fijos, non deuedes desesperar de lo que començardes pues en el fueredes entrados, maguer que veades la vuestra gente flaca e que lo non puede sofrir; ca Dios ayuda a leuantar a los que quieren caer, e señaladamente los mantiene derecha verdat. Sy quier grant verguença es dexar ome de lo que començo, con flaqueza de coraçon. E porende tomad buen esfuerço en las cosas que començardes, e punad de las leuar adelante.

Ca el esforçado esmedreçe sus enemigos e onrra e defiende a sy mesmo e a los que son con el, e el couarde desenpara padre e fijos e hermanos e amigos, e ayuda a sus enemigos. E las dos peores maneras que ome puede auer, sy es ser escaso e couarde. E non cuyde el couarde estorçer de muerte por su couardia sy le ouiere de venir; ca sabida cosa es que los couardes caen sienpre en la batalla, e estuerçen mas los esforçados. E çertas mejor es resçebir los golpes delante e morir commo bueno, que resçebirlos en otra manera e morir commo malo. Ca la primera cosa que gana el que es de buen esfuerço es, que anda asegurado e non se espanta de sus enemigos. E sabet que el desmayamiento nasçe de la flaqueza del coraçon, e es ocasion de la muerte en las batallas, e çierta cosa es que mas mueren en las lides de los que fuyen, que de los que tornan sobre sy.

Grant ayuda es la sufrençia; ca el que es de buen coraçon sabe lidiar esforçadamente commo sy estouiese en castiello. E deuedes saber que con el esfuerço gana ome onrra, e es temido e dubdado, e defiendese de fuerça e de batimiento. Ca la franqueza e el esfuerço fallaredes sienpre en el ome de buena creençia, e el que fia en Dios es syenpre anparado del en las batallas.

Enpero lo que fezierdes fazerlo hedes con mansedat e con

buen sosiego; ca la mansedat nasçe de buen seso e la braueza de locura.

Onde quien acometiere grant cosa con mansedat e buen sosiego puede lo acabar, e non puede la menor cosa del mundo alcançar con braueza; ca la braueza es la mas loca manera que ome puede auer. E çertas locura e braueza es atreuerse ome acometer a quien mas puede quel. Ca del golpe del sesudo pocos guaresçen del, e el manso alcançara con seso e con engeño lo que quiere maguer aya poco poder; mas que non alcançara el loco atrebido, maguer que pueda mucho. E porende mansedat es cosa que non ha otra que le semeje nin cunpla tanto commo ella; ca con la mansedat quebranta el ome el agudes de su enemigo, e el que sabe leuar los omes con mansedat dara menos que deue e tomara mas de lo que deue, e fincara loado. Pues la mansedat es llaue de toda la ventura. E porende quando començare ome las cosas con seso e las demandare con razon e con mansedat, ayudagelas Dios a recabdar.

Mas, mios fijos, non vos engañen vuestros aduersarios por grandes dones que vos quieran dar, entendiendo en vos codiçia; ca la grand cobdiçia trae al ome a grandes peligros e a grant desonrra de sy. E deuedes saber quel oro e la plata sienpre quiere andar baldonadamente entre los enemigos, baldonandose de los vnos a los otros. E deuedes saber que bien asy commo el rayo del çielo quebranta por fuerça las peñas, asy el dar quebranta e vençe los coraçones muy rezios de los omes, mayormente de los codiçiosos; ca los dones grandes enlazan los coraçones de los cubdiçiosos e de los cabdiellos muy fuertes e crueles, e los tornan a sy.

E porende, tenedvos muy rezios en los vuestros fechos; ca mas es de temer la verguença que la muerte, e mejor es a ome la muerte, e catar por la bondat e por el pres, que por la vida nin por otro pro que cuyda auer. Despues que entraredes en la lid tornada toda via endresçat vuestra gente muy acuçiosamente, deziendoles que fagan bien, e a las vegadas alabando los omes e tolliendoles la pereza e abiuandolos con buenas palabras, e a los que vierdes que son acostados para caer, ayudatlos a endresçar, ca los que cayeren, ayudatlos a leuantar; ca a vos mismos ayudaredes; ca los armados quando caen no se pueden leuantar de ligero, sy otros non los ayudan. E asy lo mandat a todos los vuestros que fagan vnos a otros.

De commo el rey de Menton castigaua a sus fijos e les dezia de commo todos los omes del mundo deuen partir sus ganançias

Otrosy, mios fijos, sy Dios vos diere vitoria, mandat poner en recabdo toda la ganançia que y ouierdes, e partitla muy bien a cada vno segunt lo valiere e lo meresçiere, e avn del vuestro derecho fazet parte âquellos que vierdes que mas lo han mester e fezieron bien; ca por aqui los abredes mas ayna, quando vos acaesçiere, para otros fechos; ca sy las manos encogierdes para non dar, asy fallaredes a ellos encogidos para non seruir.

De commo el rey de Menton castigaua a sus fijos e les dezia de commo se deuen guardar las pleytesias que los omes fizieren maguer las fagan contra los sus enemigos

Otrosy sy con vuestros enemigos ouierdes algunas pletesias en que prometades de los guardar amistad o otras cosas algunas, guardargelas hedes de todo en todo e non les quebrantaredes tregua sy la ouieren conbusco; ca mucho ha ome a guardar lo que promete, tan bien al enemigo commo al amigo. E non creades aquellos que vos dixieren que al enemigo non son de guardar estas cosas, mas commoquier que puede, con engaño o en otra manera, que deue punar en lo vençer. E çertas non deue ser asy, ca le podria dezir mal por ello porque non tenia lo que prometio asy commo deuia. E esto se muestra que deue ser asy, por vn rey de Roma que fue preso en Atenas en vna batalla.

Dize el cuento que por muchos catiuos de los de Atenas que leuaron los de Roma, fue postura [413] fecha con este rey que tornasen los catiuos la vna parte a la otra, e fue enbiado este rey a Roma, e con esta pletesia, e juro que sy los de Roma esto non quisiesen fazer, que el que se tornase a la presion. E quando fue en Roma, dixoles la pletesia con que venia; e ellos con codiçia de los catiuos que tenian, no los

[413] *Postura:* acuerdo.

querian dar, cuydando auer por ellos muy grant auer, e quesieron detener el rey, non se doliendo de los catiuos que los de Atenas tenian nin queriendo parar mientes de commo estaria mal el rey sy non conpliese el omenaje e jura que feziera.

E el rey quando vio que en este proposito estauan los de Roma, salio vna noche ascondidamente e fuese meter en poder de los de Atenas por conplir lo que prometiera, e non les quiso fallesçer nin mentir. E fizo lo que deuia e guardo su fama e su alma. Ca pecado mortal es en mentir, assy commo lo dize la Escriptura; que la boca que miente, que mata su alma. E porende todos los omes del mundo deuen guardar e tener lo que prometen; asy seran mas amados e mas preçiados de Dios e de los omes, e fiaran dellos en todas cosas syn duda ninguna.

De commo el rey de Menton dezia a sus fijos de commo los señores deuen de guardar todas las sus tierras e todos los lugares de despechamientos

Otrosy, mios fijos, deuedes ser justiçieros en las tierras que ouierdes a mandar, e non dexaredes de fazer justiçia, por codiçia, nin por amor, nin por desamor, nin por debdo que ayades con ninguno, asy commo dize en el capitulo de la justiçia, e asy seredes amados de Dios e de los omes, e seran guardados todos los de vuestro señorio, cada vno en su estado. E non desaforaredes a ninguno de la vuestra tierra nin les echaredes pecho mas de quanto deue dar segunt su fuero, saluo quando los vuestros enemigos quieren entrar a correr la vuestra tierra e la conquerir; ca entonçe todos vos deuedes ayudar con los cuerpos e lo que ouieren, ca auedes a fazer hueste forçada. E deuedes saber que dos huestes son en dos maneras. la vna es forçada, quando los enemigos entran a correr la tierra. A esta son tenudos todos de ayudar, ca a sy mesmos ayudan e defienden. La otra manera de hueste es de voluntad, que se faze por talante, asy commo sy algunt rey quiere yr a ganar tierra de sus enemigos. A esta non son tenudos los de la tierra de yr nin de pechar sy non sus pechos aforados, saluo aquellos que tienen tierra en soldada, o aquellos a quien algo dieren porquel siruan, o les diere algunas franquezas por que ayan de yr en hueste.

Commoquier que condes e duques e otros grandes señores se trabajan muchas vegadas en poner bolliçio en la tierra e fazer daño a sus vezinos, porque el rey aya de fazer hueste forçada, e de echar pechos en la su tierra e lo partir entrellos; por que vos deuedes guardar quanto podierdes de los consejos de tales commo estos; ca mucho ayna vos farian perder los coraçones de los pueblos, e avervos yan a dezir de non los que les demandasedes. E quando los pueblos dizen a su señor de non en aquello que les es mester, con reçelo de lo que dixieron contra voluntad de su señor non se aseguran en el, e mueuense muchas veces a fazer lo peor, non catando sy les esta bien o mal; e servos yan despues muy graue de los tornar a vuestro seruiçio, e podria conteçer lo que contesçio a vn enperador de Armenia muy poderoso e de buen entendimiento, segunt paresçia a todos los omes; e contesçiole desta guisa:

Dize el cuento que por consejo e por arbitramiento de malos consejeros, e cuydando auer grant parte de lo quel enperador sacase de su tierra, consejaronle que despechase los sus pueblos, maguer contra sus fueros, e que mandase fazer moneda de vil preçio e que andudiese en las conpras e en las vendidas, e otras de grant preçio quel pechasen a el sus pecheros, tan bien los desaforados commo los aforados, e que desta guisa abria todo el auer de la tierra, e que abria que dexar e que despender baldonadamente quando quisiese; e el fizolo asy. E quando el pueblo de la su tierra cayeron en ello e entendieron este tan grant estragamiento que les venia por todas estas cosas, alçaronse contra el enperador e non lo quisieron resçebir en ninguno de sus lugares. E lo que fue peor, aquellos que esto consejaron, atouieronse con los pueblos contra el enperador, en manera que morio deseheredado e muy lazrado [414]. Por que, mios fijos, ha mester que paredes mientes en tales cosas, commo estas e non vos querades engañar por malos consejeros nin por mala codiçia; ca podriades errar en ello e caer en grant peligro; ca non es bien en çerrar al enemigo las puertas del vn cabo e abrirgelas del otro. Asy commo sy vos quisierdes fazer guerra a

[414] Según Hernández, el *enxienplo* del emperador de Armenia, que se parece a una narración escrita por Jofré de Loaysa hacia 1305, está basado en la vida de Alfonso X, cuya política fiscal y monetaria fue muy criticada. Para Hernández, Ferrán Martínez, que vivió de cerca la caída de Alfonso X, utiliza esta historia para persuadir («Ferrán Martínez, *escrivano del rey...*», páginas 292-295).

vuestros enemigos, despechando e astragando la vuestra tierra, de la vna parte cerraredes las puertas do la otra hueste estudiese, e de la otra gelas abriesedes do el vuestro pueblo fuese despechado e astragado, e estos les darian la entrada, commo aquellos que se tenian por desaforados e por astragados e non auian esperança de lo cobrar. E çertas mucho deuedes guardar los vuestros pueblos, ca estos suelen ser tesoro de los reys para los grandes fechos quando acaesçen.

De commo los señores no deuen tener muchos officiales en los officios, ni muchos guardadores de sus bienes

Otrosy, mios fijos, en los vuestros ofiçios non querades poner muchos ofiçiales, nin en guarda de vuestro tesoro non querades poner muchos guardadores; ca mayor daño pueden fazer muchos que vno. En la vuestra chançelleria non pongades synon vno en que fiedes. E todo el daño e el pro e la guarda de vuestro señorio de alli ha de salir; que grande puede ser vuestro señorio sy los que y souieren por vos non fueren codiçiosos e malos; que con codiçia non cataran vuestro pro nin guardaran vuestro señorio, dando cartas contra cartas e desfaziendo las graçias e merçedes que vos fezierdes e fezieron los otros reys que fueron ante que vos. Non querades arrendar la vuestra chançelleria, ca los arrendadores non catan por al synon por leuar en qualquier manera, nin guardando nin onrrando los mayores nin auiendo piedat de los pobres. E çertamente la chançelleria mal guardada e mal ordenada es fuego e astragamiento del señorio. E sy ome fiel e verdadero tiene la chançelleria en fialdat, non ouiendo sobrecata[415] nin guardas ningunas que metan a mal, este atal guarda pro de su señor, e onrra los buenos de la tierra, e ha piedat de los pobres, e asy finca la tierra guardada e asegurada, e es mejor seruido el señor. Otrosy vos digo e vos consejo que sobre aquel que posierdes en guarda de vuestro tesoro, que non pongades sobrecata nin guarda ninguna; ca entonçe vos contesçera lo que contesçio a vn rey moro, desta guisa:

Dize la escriptura que este rey moro auia muy grant tesoro e que fizo guarda del a vn su criado en que enfiaua,

---

[415] *Sobrecata:* sobrecarta.

e mandol que tomase ende vna dobla cada dia para su despensa; e porque non conplia, tomo el dos doblas cada dia, e lo que fincaua demas de la su despensa guardaualo; asy que enrrequesçio e algunos con grant codiçia dixieron al rey: «Señor, bien sabes tu que este tu mayordomo que guarda tu tesoro que era muy pobre quando lo y posiste, e agora es tan rico que non sabe lo que ha; e farias bien que posieses y alguno otro que lo guardase con el. E el rey fizolo asy e mando que tomase vna dobla cada dia asy commo el otro. E este segundo sopo en commo tomara el otro dos doblas cada dia, e abinose con el e tomaua al tantas, de guisa que enrrequeçio de lo que fincaua cada dia demas de su despensa, asy commo el otro.

E sobre esto venieron otros e dixieron al rey que parase mientes en su tesoro, que estos omes mucho eran ricos, e que posiese y mas guardadores. E el rey creyolos e fizolo asy, e puso y diez guardadores cuydando que lo guardaria mejor. E ellos abenidos en vno, tomaua cada vno dellos dos doblas cada dia; asy que vn dia el rey fue ver su tesoro e fallolo muy menguado, e dixolo a los guardadores, e cada vno se escusaua e dezia que non sabia de que venia aquella mengua. E desy apartose el rey con aquel que auia puesto primero, e dixole que so pena de la su merçed dixiese por que venia aquel tan grant daño e menoscabo en su tesoro [416]. E el, commo ome de buen entendimiento, non le queriendo negar la verdat, dixole asy [417]:

Del enxenplo quel tesorero dio al rey moro del lobo e las sangujuelas

«Señor, digote que contesçio a ty asy commo contesçio a vn lobo, que acaesçiendo por vn canpo encontrose con los perros del ganado. E los perros fueron en pos el, e porque non veya lugar do se podiese asconder nin fuyr, metiose en vn lago muy grande que era en el canpo e pasose a la otra parte. E en aquel lago auia muchas sangujuelas e auianse pegado al lobo dellas, en manera que todo el cuerpo tenia cobierto

---

[416] Según Hernández, el autor del *Zifar* hace comentarios sobre la cancillería que delatan experiencias personales como empleado de ella («Ferrán Martínez, *escrivano del rey...*», pág. 309).

[417] A continuación se intercala un *enxenplo* dentro de este *enxenplo*. Ver nota 75.

e estauan lleñas de sangre que auian tirado del. E començolas a tirar del con los dientes e echolas de sy demientra los perros rodeauan el lago contra el. E el, que se auie quitado todas las sanguijuelas de sy, despues que vio que los canes eran çerca del metiose en el lago otra ves e pasose a la otra parte, e fallose lleño de otras sanguijuelas que estauan y, lleñas de sangre, e començo las a tirar de sy, peroque estaua muy flaco por la mucha sangre que auian tirado del.

»E estando en esto cuydando, atrauesose otro lobo e preguntole que que fazia. E el le dixo que tiraua aquellas sangujuelas de sy, ca estaua muy flaco por la mucha sangre que del tiraran, e que auia miedo que non podria pasar el lago, de flaqueza, sy a el veniesen los canes çercar otra ves en derredor del lago. «Amigo», dixo el otro lobo, «pues los canes vienen yo non me quiero detener, pero dote por consejo que sy otra ves pasares el lago, que non tires de ti las sangujuelas que se a ti pegaren e estudieren lleñas; ca estas ya non podrian tirar pues fartas fueron; ca sy de ti las echares e ouieres otra vegada a pasar el lago, pegarsete han otras fanbrietas que se querran enchir de tu sangre, asy commo aquellas; en manera que perderas la fuerça e non podras andar. E sy las primeras que de ti se pegaron las ouieras dexado, pues lleñas eran, mejor fezieras, ca non ouieran lugar las otras fanbrientas de se te pegar, e asy non perdieras tanta sangre del vuestro cuerpo».

«Onde», dixo el mayordomo, «señor, sy ouieras a mi dexado solo en guarda del tesoro, pues yo era ya rico, e non ouieses y puestos otros sobreguardadores pobres e fanbrientos que auian sabor de enrrequeçer, non te menguaria tanto del tu tesoro; ca cada vno destos que y posiste lieuan tanto cada dia commo yo, fasta que fueron ricos asy commo tu ves, e por esto viene la grant mengua en el tu tesoro. E avn sy los dexaras, non te dexaran de escaruar, con codiçia de leuarte quanto podieren; ca el coraçon del codiçioso non se tiene por abondado de lo que ha maguer rico sea; e non ayas fuzia en su seguramiento que te faga el codiçioso, por que diga que non tomara, que non puede ser que el dexe de escaruar por abondado que sea; asy commo dixo vn cardenal, ome bueno e de buena vida, dando consejo a vn papa que fue en su tiempo [418].

---

[418] A continuación se intercala otro *enxienplo* dentro del mismo *enxienplo*. Ver nota 75.

Del consejo que dio vn cardenal a vn Padre Santo de Roma

»Dize desta guisa el cuento: que este Papa era ome bueno e buen cristiano, e pagauase del bien e despagauase del mal; e porque vio que los cardenales alongauan los pleitos de los que venien a la corte, e lleuauan dellos quanto tenien, dixoles el Papa que quisiesen librar los pleytos ayna, e que non quisiesen tomar nada de los que viniesen a la corte, e que les daria cada año cosa çierta de la su camara que partiesen. E los cardenales respondieron que lo farian de buena mente, saluo ende aqueste ome bueno, que non respondio ninguna cosa. E el Papa le dixo que le dixiese lo quel semejaua o quel consejase. E el respondiole e dixo asy: "Padre Santo, consejote que non quieras perder tu auer; ca quanto mas dieres tanto perderas; ca el vso que auemos luengamente acostunbrado non lo podemos perder en poco tienpo, e dezirte he por que [419]. Sepas que nos auemos la manera del gallo, que por mucho trigo quel pongan delante en que se farta, non dexa de escaruar maguer sea farto, segunt lo ouo acostunbrado. E tu, señor, creas que por dar que nos tu fagas de lo tuyo, non dexaremos de tomar lo que nos dieres, e avn de escaruar e trabajar por quantas partes podieremos, que nos den".»

Onde, mios fijos, guardatvos quanto podierdes de non poner muchas guardas en vuestras cosas, mayormente en vues-

---

[419] De acuerdo con el *discurso,* estos cuatro *enxienplos* se articulan así:

1. *Enxienplo* del rey.
  1.1. *Enxienplo* del lobo.
  1.2. *Enxienplo* del Papa.
    1.2.1. *Enxienplo* del gallo.

De acuerdo con la *historia,* estos cuatro *enxienplos* se articulan así:

1. *Enxienplo* del rey.
  1.1. *Enxienplo* del lobo.
2. *Enxienplo* del Papa.
  2.1. *Enxienplo* del gallo.

tro auer, que es de muy grant codiçia; ca pocos son los que verdaderamente lo guardan; pero mejor es que catedes vno en que fiedes, e que lo fagades ende guardar, que non muchos. E maguer que ende algo lieue, non puede ende vno tanto leuar nin tanto daño fazer, commo muchos.

Del commo el rey de Menton castigaua a sus fijos e les dezia el dapño que venia a la tierra por se poner en renta los ofiçios del rey o de los señores

E otrosy non querades arrendar los ofiçios de la justiçia; ca nunca derecho seria guardado nin se faria justiçia, con codiçia de leuar, asy commo contesçio en el regno de Orbin.

Dize el cuento que ouo y vn rey codiçioso que arrendo el ofiçio de la justiçia por vna quantia de auer quel dieron; de manera que quando dauan al ofiçial aquellos que eran judgados para morir, que los matasen segunt eran judgados, que los soltaua por algo quel dauan e asy non se conplia justiçia ninguna, e los malos atreuiense a fazer mas mal por esta razon. E quando se querellaron al rey que la justiçia non se conplia en la tierra, mostro que lo tenia por mal peroque non lo fizo emendar.

E a pocos de dias adolesçio, e seyendo commo traspuesto semejole que todos aquellos de quien non fizieron justiçia, que venian a el por le matar e le tenian atadas las manos, deziendo: «Pues non quesiste fazer justiçia de nos fagamosla nos de ti; ca asy lo tiene Dios por bien.» E começo a dar grandes bozes deziendo quel acorriesen. E la gente quel guardaua recudieron a las bozes deziendo: «Señor, que auedes?» E acordo e dixo de commo muy grant gente veniera a el por lo matar, de aquellos que non fueron justiçiados, e que le ataran las manos e quel fallarian atadas las manos. E todos se marauillaron ende, e non syn razon, e çiertamente mira-glo fuera de Dios.

E luego enbio por el ofiçial que auia de fazer la justiçia e preguntole por que no feziera justiçia de aquellos que le fue-ron dados que justiçiase. E dixo que verdat era que non justiçiara ninguno dellos por algo quel dauan, e que sabia quel ofiçio tenia arrendado del por vna grant quantia de auer, e quel sabia quel non tomaria en preçio del quel abria a dar por el arrendamiento, los cuerpos de los muertos, e que por eso que los non matara, mas que tomo algo dellos porque el podiese pagar el su arrendamiento; mas sy sopiera que el resçebiera los cuerpos de los muertos en preçio por el auer, que los matara e que gelos guardara.

E el rey quando oyo esto touo quel ouo la culpa porque arrendara e vendiera la justiçia que deuia facer segunt derecho, e pecho grant algo a los querellosos porquel perdonasen, e fizo muchos ayunos e andido romerias, faziendo emienda a Dios de aquel pecado que con codiçia ouo fecho. E fizo vn establesçimiento que juro luego sobre los Santos Euangelios, de lo nunca quebrantar el nin aquellos que veniesen del, que ningunt ofiçio en que justiçia se deuiese guardar, tan bien a los grandes commo a los menores, que nunca fuese arrendado, mas que lo diesen en fialdat al mejor ome e de mejor alma que fallasen en el reyno, e non a otro ninguno, e que non fuese y mas de vno en aquel lugar do lo podiese conplir, e este que ouiese galardon por el bien que feziese, o pena sy lo meresçiese. E fizo justiçia de aquellos quel consejaron que lo arrendase, porque ninguno non se atreuiese aconsejar a su señor mal. E este establesçimiento fue sienpre guardado en aquel regno, de guisa que cada vno fue señor de lo que auia e fueron anparados e defendidos cada vno en su derecho.

«E mios fijos, sabet que este enxienplo oy contar a vuestra madre la reyna, que lo aprendiera quando y fuera[420]. E çertas do justiçia non ha, todo mal y ha. Ca en todos los ofiçios de casa del rey e en todos los establesçimientos buenos deue ser guardada justiçia, e regla que non fagan mas nin menos de quanto deue segunt justiçia e segunt ordenamientos buenos. E asy, guardandovos e apreçibiendovos en todas estas cosas que vos he dicho seredes onrrados e reçelados e amados de los vuestros e de los estraños de buen entendimiento, e seredes ricos e bien andantes entre todos vuestros vezinos; e la vuestra buena fama yra sienpre adelante, e poblarse ha mas vuestra tierra, e seran mas ricos los vuestros pueblos, e vos bien seruidos e ayudados dellos en todas cosas; ca los pueblos son tesoro de los reys que acorren a los grandes fechos. E asy seredes amados e preçiados de Dios, el cuyo amor es sobre todos los bienes: en el qual amor vos dexe beuir e murir.» «Amen», dixieron ellos.

---

[420] El último *enxienplo* es un hecho relatado por Grima. Concatenación: se cita a un personaje ausente y ajeno a los *castigos* para acabarlos y volver a las aventuras.

De commo Garfin e Roboan gradesçieron mucho a su padre los castigos que les auya dado

Despues quel consejo les ouo dado el rey, dexaronse caer amos ados a sus pies e fuerongelos besar, llorando de los oios con grant plazer e gradesçiendole quanta merçed les fazia. E dixo Garfin: «Señor, agora vemos e entendemos que las palabras que nos deziedes, e el consejo que nos dauades en este tienpo pasado, que non era de balde. E bien es verdat que quando vna vegada nos consejastes, e vos touiemos en merçed el bien e la merçed que nos faziedes, e nos dixistes asy: 'Fijos, avn venga tienpo en que vos yo pueda fazer merçed e consejar asy commo buen padre a buenos fijos!' nos dudemos entonçe, e fablamos entre nos que podia ser esto, que tan grant amor mostrauades contra nos, mas que a ninguno de otro regno, e commo dudando, diximos: 'Sy podria ser este nuestro padre?' ca tan pequeños nos perdistes que non nos podiamos acordar de tan grant tienpo. Mas bendito sea el nonbre de Dios, que nos tan grant merçed quiso fazer en vos querer nos conosçer por fijos, e nos llegar a la vuestra merçed! E fio por la su merçed que estos dos escolares que vos castigastes e aconsejastes, que deprendieron bien la vuestra leçion, de guisa que obraran della en quanto vos acaesçiere, mucho a seruiçio de Dios e de vos.» «Asy lo quiera Dios», dixo el rey, «por la su santa merçed!». «Amen!», dixeron ellos [421].

---

[421] Con los *castigos* Zifar cumple con su obligación de padre de aconsejar a sus hijos. Como no pudo hacerlo poco a poco, a lo largo de los años, lo hace de golpe, en un día.

LOS HECHOS DE ROBOAN

De commo el infante Roboan pedio por merçed al rey de Menton su padre que le otorgase la yda e lo dexase yr

«Çertas», dixo Roboan, «asy lo quiera, ca lo que Dios comiença nos por acabado lo deuemos tener; ca el nunca començo cosa que non fuese acabada en aquel estado que el la quiso dexar. E pues Dios nos començo a fazer merçed asy commo vos vedes, non ay caso por que deuemos dudar que el non lieue e de çima a todos [422]; e por amor de Dios vos pido señor por merçed que me querades perdonar e enbiar e que me non detengades, ca el coraçon me da que mucho ayna oyredes nueuas de mi». «Çertas», dixo el rey, «fijo non te deterne, mas bien es que lo sepa tu madre, ca çierto so que tomara en ello grant pesar». «Señor», dixo Roboan, «conortadla vos con vuestras buenas palabras asy commo so çierto que lo sabredes fazer, e sacalda de pesar e traelda a plazer». «Çertas», dixo el rey, «asy lo fare quanto yo podiere; ca mi voluntad es que fagas lo que posiste en tu coraçon, ca creo que buen proposito de onrra es que demandas e çierto so que sy lo bien siguieres e te non enojares que acabaras tu demanda, con la merçed de Dios; ca todo ome que alguna cosa quiere acabar, tan bien en onrra commo en al que se

---

[422] Como Zifar, Roboan quiere tener a Dios de su parte antes de iniciar sus aventuras. Por eso lee e interpreta los signos de la voluntad de Dios: el mejoramiento de la familia está incompleto y a Dios le gusta que se acabe lo comenzado.

fazer puede, auiendo con que la seguir, e fuere en pos ella e non se enojare, acabarla ha çiertamente [423]. E porende, mio fijo, toma buen esfuerço en Dios, ca el te guiara; ca a otros non guia sy non a los que se llegan a el e se quieren guiar por el. E porende dizen que aquel que es guiado a quien Dios quiere guiar».

De commo el rey dixo a la reyna de la yda de su fijo Roboan

E luego, el rey enbio por la reyna que veniese ally do ellos estauan, e ella fue y venida luego, e asentose en vna siella luego que estaua en par del rey, e el rey le dixo: «Reyna, yo he estado con vuestros fijos asy commo buen maestro con los diçipulos que ama e ha sabor de los enseñar e consejarlos e castigarlos porque sienpre feziesen lo mejor a mas a su onrra. E en quanto he yo en ellos entendido, commo buenos diçipulos que han sabor de bien fazer aprendieron su leçion, e creo que sy omes ouiere en el mundo que obraren bien de costunbres e de cauallerias, que estos seran de los mejores. E reyna, dezirvoslo he en que lo entiendo; porque Roboan que es el menor, asy paro mientes en las cosas e en los castigos que les yo daua, e asy los guardaua en el arca del su coraçon, que se non pudo detener que non pediese merçed que le feziese algo e que le diese trezientos caualleros con que fuese prouar el mundo e ganar onrra; ca el coraçon le daua que ganaria onrra asy commo nos, con la merçed de Dios, o por auentura mayor [424]. E çertas, bien asy commo lo dixo, asy me vino a coraçon que podia ser verdat. E reyna, vengasevos emiente que ante que saliesemos de nuestra tierra, vos dixe el proposito en que yo estaua, e que queria seguir lo que auia començado, e que lo non dixiesemos a ninguno ca nos lo ternian a locura. E vos respondistesme asy, que sy locura o cordura, que luego que me lo oyerades dezir vos subio al coraçon que podria ser verdat, e consejastesme asy: que saliesemos

---

[423] Zifar repite la corazonada o presentimiento de que Roboan tendrá éxito: no hay parte ni secuencia de las acciones de los protagonistas que no empiece con una profecía más o menos importante.

[424] Roboan pidió permiso antes de los *castigos,* no después. Zifar miente para convencer a Grima. Mentira buena.

luego de la nuestra tierra; e fezimoslo asy, e Dios por la su grant merçed, despues de grandes pesares e trabajos, guionos e endreçonos asy commo vedes. E çertas, reyna, eso mesmo podria acaesçer en el proposito de Roboan»[425].

«A Dios digo verdat», dixo la reyna, «que eso mesmo que me contesçio en el vuestro proposito quando me lo dexistes, eso me contesçio agora en este proposito de Roboan; ca me semeja que de todo en todo que ha de ser vn grant enperador»[426]. Pero llorando de los oios muy fuertemente, dixo asy: «Señor, commoquier que estas cosas vengan a ome a coraçon e cuyde que se faran, todo es en auentura; e cuydo que sera mejor, sy la vuestra merçed fuese, que fincase aqui conbusco e con su hermano e que le feziesedes mucha merçed e lo heredasedes muy bien, que asas auedes en que, loado sea Dios, e que se non fuese tan ayna, syquier por auer nos alguna consolaçion e plazer de la soledat en que fincamos en todo este tienpo, cada vno a su parte, e pues Dios nos quiso ayuntar por la su merçed non nos queramos departir.»

De commo la reyna e el rey otorgaron la yda al infante Roboan, su fijo, para que sse fuese

«Señora», dixo Roboan, «non es mejor yr ayna a la onrra que tarde? E pues vos que sodes mi madre e mi señora que me lo deuiedes allegar, vos me lo queredes detardar, çertas fuerte palabra es de madre a fijo». «Ay mio fijo Roboan!», dixo la reyna, «nunca en esta onrra dure en que esto sy la non quise para vos mas que vos mesmo». «Pues por que me lo queredes destoruar?», dixo Roboan. «Non quiero»; dixo la reyna, «mas nunca a tal ora yredes que las telas del mi coraçon non leuedes conbusco, e fincare triste e cuytada pensando sienpre en vos; e mal pecado! non fallare quien me conorte nin quien me diga nueuas de vos en commo vos va, e esta sera mi cuyta e mi quebranto mientra vos non viere». «Señora», dixo Roboan, «tomad muy buen

---

[425] Zifar utiliza las corazonadas y presentimientos para convencer a Grima.

[426] Grima hace una profecía sobre el éxito de Roboan, que cree que llegará a ser emperador. Esta profecía es similar a la que había hecho sobre Zifar antes de la partida y tiene como función, entre otras cosas, establecer un paralelismo entre las dos partes.

conorte, ca yo he tomado por mio guardador e por mio defendedor a Nuestro Señor Dios, que es poderoso de lo fazer, e con grant fuzia e con la su grant ayuda, yo fare tales obras por que los mis fechos vos traeran las nueuas de mi e vos seran conorte». «Pues asy es», dixo la reyna, «e al rey vuestro padre plaze, començad vuestro camino en el nonbre de Dios quando vos quesierdes» [427].

De commo el infante Roboan se despedio del rey e de la reyna e de Garfin su hermano, e del guisamiento que lleuo consigo, e se fue

Otro dia de grant mañana, por la grant acuçia de Roboan, dieronle çient azeymilas cargadas de oro e de plata, e mandaronle que escogiese trezientos caualleros de los mejores que el fallase en toda su mesnada del rey; e el escogio aquellos que entendia que mas le conplian. E entre los quales escogio vn cauallero, vasallo del rey, de muy buen seso e de muy buen consejo, e buen cauallero de armas, que dezian Garbel. E non quiso dexar al Cauallero Amigo, ca çiertamente era mucho entendido e buen seruidor e de grant esfuerço. E dioles a los caualleros todo lo que auian mester, tan bien para sus casas commo para se guisar, e dioles plazo de ocho dias a que fuesen guisados e se fuesen con el. Peroque este guisamiento de los caualleros el rey lo pago todo, syn las çient azemilas cargadas de oro e de plata que le dio [428]. E a cabo de los ochos dias fueron estos trezientos caualleros con el muy buien guissados, e espedieron del rey e de la reyna e fueronse. Peroque al espedir ouo y muy grandes lloros, que non auia ninguno en la çibdat que podiese estar que non llorase, e dezian mal del rey porque le consejaua yr, pero non gelo podian destoruar pues començado lo auia. E verdaderamente asy lo amauan todos e lo preçiauan en sus coraçones por las buenas costunbres e los buenos fechos de cauallerias que en el auia, que les pareçia que el reyno fincaua desanparado.

---

[427] Ante la partida de Roboan, lo mismo que anteriormente ante las pérdidas de sus dos hijos, Grima reacciona como una madre típica.

[428] Roboan parte bien equipado y bien acompañado, diferenciándose en esto de Zifar.

353

E por doquier que yua por el reyno lo salian a resçebir con grandes alegrias, faziendole mucha onrra e conbidando cada vno a porfia, cuydando le detener, e por auentura en la detenençia que se repenteria desto que auia començado. E quando al departir, veyendo que al non podia ser synon aquello que auia començado, toda la alegria se les torno en lloro e en llanto; e asy salio del regno de su padre. E por qualquier regno que yua resçebianlo muy bien, e los reys le fazian algo de lo suyo e trauauan con el que fincase con ellos, e que parterian con el muy de buena mente lo que ouiese; e el gradesçiogelo e ytuase [429]. Ca de tal donario era el e aquella gente que leuaua, que los de las otras çibdades e villas que lo oyan auian muy grant sabor de lo ver; e quando y llegaua çerrauan todos las tiendas de los menestrales bien asy commo sy su señor y llegase. Peroque los caualleros mançebos que con el yuan, non querian estar de vagar, ca los vnos lançauan e los otros bofordauan, e los otros andauan por el canpo a escudo e a lança faziendo sus demandas.

E el que lo mejor fazia esto entrellos todos era el infante Roboan, quando lo començaua; ca este era el mejor acostunbrado cauallero mançebo que ome en el mundo sopiese; ca era mucho apuesto en sy, e de muy buen donario e de muy buena palabra e de buen resçebir, e jugador de tablas e de axadres, e muy buen caçador de toda aue mejor que otro ome, dezidor de buenos retrayres, de guisa que quando yua camino todos auian sabor de le aconpañar por oyr lo que dezia, partidor de su auer muy francamente ally do conuenia, verdadero en su palabra, sabidor en los fechos, de dar buen consejo quando gelo demandauan, non atreuiendo mucho en su seso quando consejo de otro ouiese mester, buen cauallero de sus armas con esfuerço e non con atreuimiento, onrrador de dueñas e de donzellas. Bien dize el cuento que sy ome quisiese contar todas las buenas costunbres e los bienes que eran en este cauallero que lo non podria escreuir todo en vn dia. E bien semeja que las fadas quel fadaron que non fueron de las escasas, mas de las mas largas e mas abondadas de las buenas costunbres [430].

_____

[429] Roboan se caracteriza por la abundancia de bienes y de ofertas. Mientras que Zifar era pobre y sólo recibió dos ofertas de reparto de bienes, una del caballero rico de Galapia y otra de la señora de Galapia, Roboan es rico y recibe ofertas de reparto de bienes de varios reyes.

[430] Como Zifar, Roboan reúne todas las virtudes del caballero

Asy que era redrado Roboan de la tierra del rey su padre
bien çient jornadas, eran entrados en otra tierra de otro lenguaje que non semejaua a la suya, de guisa que se non
podian entender sy non en pocas palabras; peroquel traya
sus trujamenes [431] consigo por las tierras por do yua, en
manera que lo resçebian muy bien e le fazian grant onrra;
ca el asy traya su conpaña castigada que a ome del mundo
non fazia enojo.

De commo el infante Roboan llego al reyno de Pandulfa donde era señora la infanta Seringa

Atanto andudieron que ouieron a llegar al regno de Pandulfa, donde era señora la infante Seringa, que heredo el
regno de su padre porque non ouo fijo sy non a ella.
E porque era muger, los reys sus vezinos de enderredor
fazianle mucho mal e tomauanle su tierra, non catando mesura, la que todo ome deue catar contra las dueñas [432].
E quando Roboan llego a la çibdat do la infante Seringa
estaua, fue muy bien resçibido e luego fue a la infante a
uer. E ella se leuanto a el e resçibiolo muy bien, faziendole
grant onrra mas que a otros fazia quando venian a ella.
E ella le pregunto: «Amigo, sodes cauallero?» «Señora»,
dixo el, «sy». «E sodes fijo de rey?», dixo ella. «Sy», dixo
el, «loado sea Dios que lo touo por bien!». «E sodes casado?», dixo la infante. «Çertas non», dixo Roboan. «E de
qual tierra sodes?», dixo ella. «Del regno de Menton», dixo
el, «sy lo oystes dezir». «Sy oy», dixo ella, «pero creo que
sea muy lexos». «Çertas», dixo Roboan, «bien ay de aqui
alla çiento e treynta jornadas». «Mucho auedes lazrado?»,
dixo la infante. «Non es lazerio», dixo el, «al ome que
anda a su voluntad». «Como?», dixo la infante, «por vuestro talante vos venistes a esta tierra, ca non por cosas que
ouiesedes de recabdar?». «Por mio talante», dixo el, «e re-
cabdare lo que Dios quisiere e non al». «Dios vos dexe

ideal. La única diferencia es que Roboan es más «cortés» que Zifar, como señala Ruiz de Conde (El amor..., pág. 89).
    [431] Trujamenes: intérpretes.
    [432] Hay cierto paralelismo entre Galapia y Pandulfa: tierras go-
bernadas por mujeres y atacadas por enemigos. En la medida en
que el rey es viejo y débil, también Menton se podría incluir en
esta categoría.

recabdar aquello», dixo ella, «que vuestra onrra fuese». «Amen!», dixo el [433].

La infante fue y muy pagada del e rrogole que fuese su huesped, e quel faria todo el algo e toda la onrra que pudiese. E el otorgogelo, ca nunca fue desmandado a dueña nin a donzella de cosa quel dixiese, que fazedera fuese e leuantose delante ella do estaua asentado, para se yr.

Del departimiento que fue entre el infante Roboan e vna dueña que avia nombre Gallarda

E vna dueña biuda muy fermosa que auia nonbre la dueña Gallarda, commoquier que era atreuida en su fablar, cuydando que se queria yr el infante, dixo asy: «Señor infante, yr vos queredes syn vos espedir de nos?» «Porque non me quiero yr», dixo el, «non me espido de vos nin de los otros. E commoquier que de los otros me espediese, de vos non me podia espedir maguer quisiese». «Ay señor», dixo ella, «atan en poco me tenedes?». «Non creo», dixo el, «que ome en poco tiene a quien saluo sy se del non puede despedir; que da a entender que lo ama mucho, puesque del non se puede despedir». E fuese luego con su gente para su posada.

La infante començo a fablar con sus dueñas e con sus donzellas e dixoles asy: «Vistes vn cauallero tan mançebo e tan apuesto nin de tan buen donario, e de tan buena palabra, e atan aperçebido en las sus respuestas que ha de dar?» [434]. «Çertas, señora», dixo la dueña Gallarda, «en quanto oy del agora, semejame de muy buen entendimiento, e de palabra sosegada, e muy plazentero a los que lo oyen». «Como?», dixo la infante, «asy vos pagastes del por lo que vos dixo?». «Çertas, señora», dixo la dueña, «mucho me pago del por quanto le oy dezir; e bien vos digo señora, que me plazeria que vos veniese ver, porque podiese con el fablar e saber sy es tal commo paresçe. E prometouos señora, que sy comigo fabla, que lo yo proeue en razonando con el, deziendo algunas palabras de algunt poco de enojo,

[433] La infanta Seringa no pierde el tiempo e interroga al infante Roboan a fondo, averiguando, no sólo su procedencia y destino, sino también su estado civil.

[434] La infanta Seringa muestra su admiración por el infante Roboan a sus doncellas abiertamente.

e vere sy dira alguna palabra errada» [435]. «Dueña», dixo la
infante, «non vos atreuades en el vuestro buen dezir, nin
querades prouar los omes nin los afincar mas de quanto
deuedes, ca por auentura cuydaredes prouar e prouaruos han;
o por ventura querredes burlar e burlaruos han». «Çertas,
señora», dixo la dueña, «salga a lo que salir podiere, que
yo a fazerlo he, non por al sy non porquel quiero muy
grant bien e por auer razon de fablar con el». «De Dios
buena ventura», dixo la infante, «a todos aquellos que le
bien quieren». «Amen», dixieron todos.

La infante mando luego del pensar muy bien, e darle
todas las cosas que ouo mester; e podria lo muy bien fazer,
ca era muy rica e muy abondada e abastada, e syn la renta
que auia cada año del regno, que ouo despues que el rey
su padre murio, ouo todo el tesoro, que fue muy grande a
marauilla. E ella era muy de buena prouision, e sabia muy
bien guardar lo que auia. E çertas mucho era de loar quando bien se mantouo depues de la muerte de su padre, e
quando bien mantouo su regno, synon por los malos vezinos quel corrian la tierra e le fazian mal en ella; e non
por al synon porque non queria casar con los que ellos
querian, non seyendo de tal lugar commo ella, nin auiendo
tan grant poder [436].

De commo el conde Ruben dixo a la infanta Seringa delante del infante Roboan, de commo el rey de Grimalet le corria la tierra

Despues quel infante Roboan ouo comido, caualgo con
toda su gente e fueron andar por la çibdat. E verdaderamente asy plazia a todos los de la çibdat con el commo sy
fuese señor del regno. E todos a vna bos dezian que Dios
le diese su bendiçion, ca mucho lo meresçia. Deque ouo
andado vna pieça por la çibdat fuese para casa de la infante.
E quando a ella dixieron quel infante venia, plogole muy

[435] Los interrogatorios de Gallarda a Roboan guardan cierta similitud con los interrogatorios del Ribaldo a Zifar, aunque aqué-
llos tienen elementos de humor y de cortesía ausentes en éstos.

[436] La causa de los problemas de la infanta Seringa con sus ve-
cinos es la misma que la causa de los problemas de la señora de
Galapia con los suyos: ninguna de las dos quiere hacer un matrimonio desventajoso.

de coraçon e mando que acogiesen a el e a toda su conpaña. E la infanta estaua en el grant palaçio que el rey su padre mandara fazer, muy bien aconpañada de muchas dueñas e donzellas, mas de quantas fallo Roboan quando la vino ver en la mañana. E quando llego Roboan asentose delante ella e començaron a fablar muchas de cosas. E en fablando entro el conde Ruben, tio de la infante, e Roboan se leuanto a el, e lo acogio muy bien e preguntole sy queria fablar con la infante en poridat, que los dexaria. «Çertas», dixo el conde, «señor, sy he, mas non quiero que la fabla sea syn vos, ca mal pecado! lo que he yo a dezir non es poridat». E dixo asy: «Señora, ha mester que paredes mientes en estas nueuas que agora llegaron.» «E que nueuas son estas?», dixo la infante. «Señora», dixo el conde, «el rey de Grimalet ha entrado en vuestra tierra, e la corre e la quema, e vos ha tomado seys castiellos e dos villas, e dixo que non folgaria fasta que todo el regno vuestro corriese; por que ha mester que tomedes y consejo con vuestra gente, e que enbiedes e que fabledes con ellos, e guisedes que este daño e este mal non vaya mas adelante». «Conde», dixo la infante, «mandat lo vos fazer, ca vos sabedes que quando mi padre morio en vuestra encomienda me dexo, ca yo muger so, e non he de fazer en ello nada, nin de meter las manos en ello; e commo vos touierdes por bien de lo ordenar, asy tengo yo por bien que se faga».

De commo el infante Roboan enbio a desafiar al rey de Grimalet con el Cauallero Amigo su vasallo

El conde mouio estas palabras a la infante a sabiendas antel infante Roboan con muy grant sabiduria, ca era ome de buen entendimiento e prouara muchas cosas, e mouia esto teniendo que por auentura el infante Roboan se mouiera âyudar a la infante con aquella buena gente que tenia. La infante se começo mucho a quexar, e dixo: «Ay Nuestro Señor Dios! por que quesiste que yo naçiese puesque me yo non puedo defender de aquellos que mal me fazen? Çertas mejor fuera en yo non ser nasçida e ser este lugar de otro que sopiese parar a los fechos e a lo defender.» El infante, quando la oyo quexar, fue mouido a gran piedat, e pesole mucho con la soberuia quel fazian, e dixole asy:

«Señora, enbiastes le nunca a dezir a este rey que vos este mal faze, que vos lo non feziese?» «Çertas», dixo la infante, «sy; enbie muchas vegadas mas nunca del buena respuesta pude auer». «Çertas», dixo Roboan, «non es ome en el que buena repuesta non ha; ante cuydo que es diablo lleño de soberuia, ca el soberuio nunca sabe bien responder. E non cuydo que tal rey commo este que vos dezides mucho dure en su onrra, ca Dios non sufre las soberuias, ante las quebranta e las abraxa a tierra, asy commo fara âqueste rey». «Yo fio de la su merçed», dixo la infante, «sy se non repiente e se non parte desta locura e esta soberuia, ca mucho mal me ha fecho en el regno muy grant tienpo ha, desque morio el rey mi padre». El infante Roboan se torno contra el conde e dixo asy: «Conde, mandat me dar vn escudero que vaya con vn mi cauallero que yo le dare, e que le muestre la carrera e la tierra, e yo enbiare a rogar aquel rey que por la su mesura, mientra yo aqui fuere en el vuestro regno, que so ome estraño, que por onrra de mi que vos non faga mal ninguno, e yo cuydo que querra ser mesurado e que lo querra fazer»[437]. «Muy de buena mente», dixo el conde. «Luego vos dare el escudero que vaya con vuestro cauallero e lo guie por toda la tierra de la infante e le faga dar lo que mester ouiere fasta que llegue al rey.»

E entonçe Roboan mando llamar al Cauallero Amigo, e mandole que leuase vna carta al rey de Grimalet, e que le dixiese de su parte que le rogaua mucho, asy commo a rey en quien deuia tener mesura, que por amor del, que era ome estraño, non quesiese fazer mal en el regno de Pandulfa mientra el y fuese, e que gelo gradesçeria mucho; e sy por auentura non lo quisiese fazer e dixiese contra el alguna cosa desaguisada o alguna palabra soberuiosa, que le desafiase de su parte.

De commo la dueña Gallarda se arrepentio por las preguntas que fizo al infante Roboan

El Cauallero Amigo tomo la carta del infante Roboan, e caualgo luego con el escudero, e el conde salio con ellos por los castigar en commo feziesen. La infante gradesçio mucho a Roboan lo que fazia por ella, e rogo a todos los caualleros

---

[437] Como Zifar, Roboan intenta arreglar las cosas por las buenas antes de solucionarlas por las malas.

e a las dueñas e donzellas que estauan y, que gelo ayudasen a gradesçer. Todos gelo agradesçieron synon la dueña Gallarda, que dixo asy: «Ay fijo de rey! commo vos puedo yo gradesçer ninguna cosa, teniendome oy tan en poco commo me touistes?» «Çertas, señora», dixo Roboan, «non creo que bien me entendistes, ca sy bien me entendierades quales fueron las palabras e el entendimiento dellas, non me judgariedes asy commo me judgastes, pero sy a la ynfanta vuestra señora pluguiere, yo yre fablar conbusco e fazervoslo he entender; ca aquel que de vna vegada non aprende lo que ome dize, conuiene que de otra vegada gelo repita».

«Çertas», dixo la infante, «mucho me plaze que vayades fablar con qual vos quesierdes; ca çierta so que de vos non oyra sy non bien». E leuantose Roboan e fue se asentar con aquella dueña, e dixole asy: «Señora, mucho deuedes gradesçer a Dios quanto bien e quanta merçed vos fizo, ca yo mucho gelo gradesco porque vos fizo vna de las mas fermosas dueñas del mundo, e mas loçana de coraçon, e la de mejor donario, e la de mejor palabra, e la de mejor resçebir, e la mas apuesta en todos sus fechos. E bien semeja que Dios quando vos fazie muy de vagar estaua, e atantas buenas condiçiones puso en vos de fermosura e de bondat que non creo que en muger deste mundo las podiese ome fallar.» La dueña quiso lo mouer a saña, por ver sy diria alguna palabra errada, non porque ella non entendiese e viese que podria del dezir muchas cosas buenas, asy commo en el las auia. «Çertas, fijo de rey», dixo ella, «non se que diga en vos; ca sy sopiese dezilo ya muy de grado».

Quando esto oyo el infante Roboan, pesole de coraçon e touo que era alguna dueña torpe, a dixole asy: «Señora, non sabedes que digades en mi? Yo vos enseñare, pues vos non sabedes, ca el que nada non sabe conuiene que aprenda.» «Çertas», dixo la dueña, «sy de la segunda escatima [438] mejor non nos guardamos que desta, non podemos bien escapar desta palabra; ca ya la primera tenemos». «Señora», dixo Roboan, «non es mal que oya quien dezir quiere, e quel responda segunt dixiere». «Pues enseñatme», dixo ella. «Plazeme», dixo el. «Mentid commo yo menti, e fallaredes que digades, quanto vos quisierdes» [439].

---

[438] *Escatima:* injuria.
[439] En la conversación con el Ribaldo, Zifar había mostrado su paciencia. En la conversación con Gallarda, Roboan muestra su agudeza.

La dueña quando oyo esta palabra tan cargada de escatima, dio vn grant grito el mas fuerte del mundo, de guisa que todos quantos y estauan se marauillaron. «Dueña», dixo la infante, «que fue eso?». «Señora», dixo la dueña, «en fuerte punto nasçio quien con este ome fabla, sy non en cordura; ca atal repuesta me dio a vna liuiandad que auia pensado, que non fuera mester de la oyr por grant cosa». E dixo la infante: «Non vos dixe yo que por auentura querriades prouar e que vos prouarian? Bendito sea fijo de rey que da repuesta qual meresçe la dueña.»

E el infante Roboan se torno a fablar con la dueña commo vn poco sañudo, e dixo asy: «Señora, mucho me plazeria que fuesedes guardada en las cosas que ouiesedes a dezir, e que non quisiesedes dezir tanto commo dezides, nin riyesedes de ninguno; ca me semeja que auedes muy grant sabor de departir en faziendas de los omes, lo que non cae bien a ome bueno, quanto mas a dueña. E non puede ser que los omes non departan en vuestra fazienda, pues sabor auedes de departir en las agenas. E porende dizen, que la picaça [440] en la puente de todos rie, e todos de su fruente. Çertas muy grant derecho es que quien de todos se rie, que rian todos del. E creo que esto vos viene de muy grant biueza de coraçon e de muy grant atreuemiento que tomades en la vuestra palabra; e verdat es que sy ninguna dueña vy en ningunt tienpo que de buenas palabras fuese, vos aquella sodes. Commoquier que âlgunos omes quiere Dios poner este don, que sean de buena palabra, a las vegadas mejor les es el oyr que non mucho querer dezir; ca en oyendo ome puede mucho aprender, onde deziendo puede errar. E señora, estas palabras vos digo atreuiendome en la vuestra merçed, e queriendovos muy grant bien, ca a la ora que vos yo vy, sienpre me pague de los bienes que Dios en vos puso, en fermosura e en sosiego e en buena palabra. E porende querria que fuesedes en todas cosas la mas guardada que podiese ser; pero señora, sy yo vos erre en me atreuer a vos dezir estas cosas que vos agora dixe, ruegovos que me perdonedes, ca con buen talante que vos he me esforçe a vos lo dezir, e vos non encobri lo que yo entendia por vos aperçebir.»

«Señor», dixo la dueña, «yo non podria gradesçer a Dios quanta merçed me fizo oy en este dia, nin podria vos seruir la mesura que en mi quesistes mostrar en me querer castigar e dotrinar; ca nunca falle ome que tanta merçed me feziese

[440] Picaça: urraca.

en esta razon commo vos. E bien creed que de aqui adelante sere castigada; ca bien veo que non conuiene a ningunt ome tomar grant atreuemiento de fablar, mayormente a dueña; ca el mucho fablar non puede ser syn yerro. E vos veredes que vos daria yo a entender que fezistes vna diçipula, e que ouo sabor de aprender todo lo que dixistes. E commoquier que otro seruiçio non vos puedo fazer, sienpre rogare a Dios por la vuestra vida e por la vuestra salud». «Dios vos lo agradesca», dixo Roboan, «ca non me semeja que gane poco en esta asentada, pues ayuda gane contra Dios por dar respuesta, e non muy mesurada». «Por Dios», dixo la dueña, «fue repuesta, mas fue juyzio derecho; ca con aquella encobierta que yo cuyde engañar me engañastes; e segunt dize el vierbo, que tal para la manganiella [441] que se cae en ella de goliella» [442]. «Çertas», dixo Roboan, «señora, mucho me plaze de quanto oyo, e tengo que enplee bien el mio conosçer; que bien creo que sy vos tal non fuesedes commo yo pense luego que vos vy, non me respondiedes tan con razon commo me respondistes a todas cosas».

E con esto fue Roboan muy alegre e muy pagado. Çertas non obraron poco las palabras de Roboan nin fueron de poca uirtud, ca esta fue despues la mejor guardada dueña en su palabra e la mas sosegada, e de mejor vida luego en aquel regno. Çertas mester seria vn infante commo este en todo tienpo en las casas de las reynas e de las dueñas de grant lugar que casas tienen, que cuando el se asentase con dueñas o con donzellas, que las sus palabras obrasen asy commo las deste infante, e fuesen de tan grant uirtud, para que sienpre feziesen bien e guardasen su onrra. Mas mal pecado! en algunos contesçe que en lugar de las castigar e de las dotrinar en bien, que las meten en bolliçio de dezir mas de quanto deuian; e avn parientes y a que non catan dello nin dellas, que las enponen en estas cosas, e atales y a dellas que las aprenden de grado e repiten muy bien la leyçion que oyeron. Çertas bien auenturada es la que entrellas se esmero para dezir e para fazer sienpre lo mejor, e se guardar de malos corredores, e non creer nin escuchar a todas quantas cosas le quieren dezir; ca quien mucho quiere escuchar, mucho ha de oyr, e por auentura de su daño e de su desonrra; e pues de grado lo quiso oyr, por fuerça lo ha de sofrir, maguer entienda que contra sy sean dichas las palabras; ca conuiene

---

[441] *Manganiella:* engaño.
[442] *Goliella:* señora.

que lo sufra pues le plogo de fablar en ello. Pero deue fincar envergoñado sy buen entendimiento le Dios quiso dar para entender, e deuese castigar para adelante. E la que de buena ventura es, en lo que vee pasar por los otros se deue castigar; onde dize el sabio, que bien auenturado es el que se escarmienta en los peligros agenos; mas mal pecado! non creemos que es peligro nin daño el que pasa por los otros, mas el que nos auemos a pasar e a sofrir. Çertas esto es mengua de entendimiento, ca deuemos entender que el peligro e el daño que pasa por vno puede pasar por otro; ca las cosas deste mundo comunales son, e la que oy es en vos, cras es en otro, sy non fuere ome de tan buen entendimiento que se sepa guardar de los peligros. Onde todo ome deue tomar enxienplo en los otros ante que en sy, mayormente en las cosas peligrosas e dañosas; ca quando las en sy toma, non puede fincar syn daño, e non lo tienen los omes por de buen entendimiento. E guardevos Dios a todos, ca aquel es guardado que Dios quiere guardar. Pero con todo esto conuiene a ome que se trabaje en se guardar, e Dios le guardara; e porende dizen, que quien se guarda, Dios le guarda.

De commo la dueña Gallarda loaua mucho a la infanta Seringa al infante Roboan

E desy leuantose Roboan de çerca de la dueña e espediose de la infante, e fuese a su albergada. E la infante e las dueñas e donzellas fincaron departiendo mucho en el, loando mucho las buenas costunbres que en el auia. La dueña Gallarda dixo asy: «Señora, que bien andante seria la dueña que este ome ouiese por señor, e quanto bien auenturada seria nasçida del vientre de la su madre.» La infante touiera que por aquella dueña era dezidor, que dixiera estas palabras por ella, e enrrubeçio; e dixo: «Dueña, dexemos agora esto estar, que aquella abria la onrra la que de buena ventura fuer, e Dios gela quisiere dar.» Çertas todos pararon mientes a las palabras que dixo la infante e en commo se mudo la color, e bien touieron que por aquellas señales que non se despagaua del. E çiertamente en el bejayre [443] del ome se entiende muchas vegadas lo que tiene en el coraçon [444].

---

[443] *Bejayre:* gesto.
[444] Al mencionarse la posibilidad del matrimonio, la infanta Se-

De como el Cauallero Amigo torno con la respuesta que le dio el rey de Grimaled

E el infante Roboan moro en aquella çibdat fasta que vino el Cauallero Amigo con la repuesta del rey de Grimalet. E estando Roboan fablando con la infante en solas, pero non palabras ledas, mas mucho apuestas e muy syn villania e syn torpedat, llego el conde a la infante e dixo asy: «Señora, son venidos aquellos, el cauallero e el escudero que enbio el infante Roboan al rey de Grimalet.» «E venga luego», dixo el infante Roboan, «e oyremos la respuesta que nos enbia.» Luego el Cauallero Amigo vino ante la infante e ante Roboan, e dixo asy: «Señora, sy non que seria mal mandadero, callarme ya yo o non diria la repuesta que me dio el rey de Grimalet; ca, sy Dios me vala! del dia en que nasçi nunca vy vn rey tan desmesurado nin de tan mala parte, nin que tan mal oyese mandaderos de otre, nin tan mala repuesta les diese nin tan soberuiamente.» «Ay Cauallero Amigo», dixo el infante Roboan, «sy te Dios de la su graçia e la mia! que me digas verdat de todo quanto te dixo, e non mengues ende ninguna cosa». «Par Dios, señor», dixo el Cauallero Amigo, «sy dire; ca ante que del me partiese me fizo fazer omenage que vos dixiese el su mandado conplidamente; e porque dubde vn poco de fazer omenaje, mandauame cortar la cabeça». «Çertas, Cauallero Amigo», dixo el infante Roboan, «bien estades, ya que auedes pasado el su miedo». Dixo el Cauallero Amigo: «Bien creed señor, que avn cuydo que delante del esto.» «Perdet el miedo», dixo el infante, «ca perderlo soliedes vos en tales cosas commo estas». «Avn fio por Dios», dixo el Cauallero Amigo, «quel vere yo en tal lugar que abra el tan grant miedo de mi commo yo del.» «Podria ser», dixo el infante, «pero dezitme la respuesta, e vere sy es tan syn mesura commo vos dezides».

«Señor», dixo el Cauallero Amigo, «luego que llegue finque los ynojos antel, e dixile de commo le enbiauades saludar e dile la carta vuestra; e el non me respondio ninguna cosa, mas tomola e leyola. E quando la ouo leyda dixo asy: 'Marauillome de ti en commo fueste osado de venir ante mi con tal mandado, e tengo por muy loco e por muy atreuido a aquel

---

ringa se ruboriza, igual que se había ruborizado la señora de Galapia al mencionarse la misma posibilidad.

que te aca enbio, en querer me enbiar dezir por su carta que por onrra del que es ome estraño, que yo que dexase de fazer mi pro e de ganar quanto ganar podiese.' E yo dixile que non era ganançia lo que se ganaua con pecado. E por esta palabra que le dixe queria me mandar matar; pero tornose de aquel proposito malo en que era, e dixome asy: 'Sobre el omenaje que me feziste, te mando que digas a aquel loco atreuido que te aca enbio, que por desonrra del destos seys dias quemare las puertas de la çibdat do el esta, e la entrare por fuerça, e a el castigare con esta mi espada, de guisa que nunca el cometera otra tal cosa commo esta.' E yo pedile por merçed, pues esto me mandaua dezir a vos, que me asegurase, e que le diria lo que me mandauades dezir. E el asegurome e mandome quel dixiese lo que quesiese, e yo dixile que puesquel atan braua respuesta vos enbiaua, quel desafiauades. E el respondio asy: 'Ve tu via, sandio, e dile que non ha por que me amenazar, a quien le quiere yr cortar la cabeça'».

«Çertas, Cauallero Amigo», dixo Roboan, «muy bien conposistes vuestro mandado, e gradescovoslo yo [445]; peroque me semeja que es ome de muy mala respuesta ese rey, e soberuio, asy commo la infante me dixo este otro dia. E avn quiera Dios que desta soberuia se arrepienta, e el repentir quel non pueda tener pro». «Asy plega a Dios», dixo la infante.

De commo el infante Roboan e la infanta Seringa e sus caualleros ouieron su acuerdo de commo fuesen contra el rey de Grimalet

«Señora», dixo Roboan, «quando llegare la vuestra gente, acordat qui tenedes por bien de nos dar por cabdiello, por quien catemos; ca yo sere con ellos muy de grado en vuestro seruiçio». «Muchas graçias», dixo la infante, «ca çierta so que de tal lugar sodes e de tal sangre, que en todo quanto podierdes acorreredes a toda dueña e a toda donzella que en

---

[445] El paso del Ribaldo-pícaro a caballero Amigo-diplomático obedece, no sólo a un cambio en su posición social, sino también a un cambio en las necesidades de sus señores: Zifar, que estaba en una situación difícil, necesitaba un compañero ingenioso. Roboan, que está en una situación fácil, necesita un compañero discreto.

cuyta fuese, mayormente a huerfana asy commo yo finque, syn padre e syn madre e syn ningunt acorro del mundo, saluo ende la merçed de Dios e el seruiçio bueno e leal que me fazen nuestros vasallos, e la vuestra ayuda, que me sobrevino agora por la vuestra mesura; lo que vos gradesca Dios, ca yo non vos lo podria gradesçer tan conplidamente commo vos lo meresçedes». «Señora», dixo Roboan, «que caualleria puede ser en este vuestro regno?». «Quantos», dixo la ynfanta, «que pueden ser? Digovos que entre caualleros fijos dalgo e çibdadanos de buena caualleria, fasta dies mill». «Par Dios, señora», dixo Roboan, «muy buena caualleria tenedes para vos defender de todos aquellos que vos mal quisieren fazer. Señora», dixo Roboan, «seran ayna aqui estos caualleros?». «De aqui ocho dias», dixo la infante, «o ante» [446]. «Çertas, señora», dixo Roboan, «plazerme ya mucho que fuese ya ay, e que vos librasen destos vuestros enemigos e fincasedes en pas; e yo yria librar aquello por que vine». «Como?», dixo la infante, «non me dexistes que por vuestro talante erades en estas tierras venido, e non por recabdar otra cosa?». «Señora», dixo el infante, «verdat es, e aun eso mesmo vos digo, que por mio talante vine e non por librar otra cosa, sy non aquello que Dios quesiere, ca quando yo sali de mi tierra, a el tome por guiador e endreçador de mi fazienda, e pero non quiero al nin demando synon aquello que el quesiere». «Muy dudosa es esta vuestra demanda», dixo la infante. «Çertas, señora», dixo Roboan, «non es dudoso lo que se faze en fuzia e en esperança de Dios, ante es muy çierto, e lo al que syn el se faze non». «Par Dios», dixo la ynfanta, «puesque tan buen guiador tomastes en la vuestra fazienda, çierta so que acabaredes bien la vuestra demanda» [447]. E veyendo la ynfante que non queria dezir nin espaladinar por lo que veniera, non le quiso mas afincar sobre ello, ca non deue ninguno saber mas de la poridat del ome de quanto quesiere el señor della.

---

[446] Como Zifar en Galapia, Roboan obtiene información precisa sobre la situación militar de Pandulfa.

[447] Igual que Zifar no quiere quedarse en Galapia, Roboan no quiere quedarse en Pandulfa. Ni Galapia ni Pandulfa son suficientes para su ambición.

De commo el infante Roboan e los vasallos de la infanta pelearon con el rey de Grimalet e los vençieron

E ante de los ocho dias acabados, fue toda la caualleria de la infante con ella, todos muy guisados e de vn coraçon para seruiçio de su señora e para acalopñar el mal e la desonrra que les fazien, e todos en vno acordaron con la ynfante —pues entrellos non auia ome de tan alto lugar commo el ynfante Roboan, que era fijo de rey, e el por la su mesura tenie por aguisado de ser en seruiçio de la ynfanta— que lo fiziesen cabdillo de la hueste e se guiasen todos por el.

E otro dia en la mañana fizieron todos alarde en vn gran canpo fuera de la çibdat, e fallaron que eran diez mill e sieteçientos caualleros muy bien guissados e de buena caualleria, e con los trezientos caualleros del ynfante Roboan fizieronse honze mill caualleros. E commo omes que auien voluntad de fazer el bien e de vengar la desonrra [448] que la ynfanta resçibie del rey de Grimalet, non se quisieron detener, e por consejo del ynfante Roboan mouieron luego, asi commo se estauan armados.

E el rey de Grimalet era ya entrado en el reyno de Pandulfa bien seys jornadas, con quinze mill caualleros, e andauan los vnos departidos por la vna parte e los otros por la otra, quemando e estragando la tierra. E desto ouo mandado el ynfante Roboan por las espias que alla embio. E quando fueron çerca del rey de Grimaled quanto a quatro leguas, assi los quiso Dios guiar que no se encontraron con ningunos de la compaña del rey de Grimaled, e acordo el infante con toda su gente de se yr derechos contra el rey; que si la cabeça derribassen vna vez, y desbaratassen su gente, no ternian vno con otro, e assi los podrian vençer mucho mejor [449].

E quando el rey sopo que era çerca de la hueste de la ynfanta Seringa, vido que non podria tan ayna por su gente enbiar, que estaua derramada, e mando que se armasen todos aquellos que estauan con el, que eran fasta ocho mill caua-

---

[448] La deshonra puede producirse por daño a las propiedades.
[449] La técnica de atacar al caudillo que utiliza Roboan contra el rey de Grimalet es la misma que había utilizado Zifar contra el conde de Efeso.

lleros, e mouieron luego contra los otros. E vieronlos que
non venian mas lexos que media legua, e alli començaron
los de la vna parte e de la otra a parar sus hazes; e tan
quedos yuan los vnos contra los otros que semejaua que yuan
en proçesion. E çierto grande fue la dubda de la vna parte
e de la otra; ca todos eran muy buenos caualleros e bien
guisados. E al rey de Grimalet yuansele llegando quando
çiento, quando dozientos caualleros. E el ynfante Roboan
quando aquello vido, dixo a los suyos: «Amigos, quanto mas
nos detenemos, tanto mas de nuestro daño fazemos; ca a la
otra parte creçe toda via gente e nos non tenemos esperança
que nos venga acorro de ninguna parte, saluo de Dios tan solamente e la verdad que tenemos. E vayamos los ferir, ca
vençerlos hemos.» «Pues endereçad en el nonbre de Dios»,
dixieron los otros, «ca nos vos seguiremos». «Pues amigos»,
dixo el ynfante Roboan, «assy auedes de fazer que quando
yo dixiere 'Pandulfa por la infanta Seringa', que vayades ferir muy de rezio, ca yo sere el primero que terne ojo al rey
señaladamente; ca aquella es la estaca que nos auemos de
arrancar, sy Dios merçed nos quisiere fazer».

E mouieron luego contra ellos, e quando fueron tan çerca
que semejaua que las puntas de las lanças de la vna parte e
de la otra se querian juntar en vno, dio vna grand boz el
ynfante Roboan, e dixo: «Pandulfa por la ynfanta Seringa» [450], e fueron los fferir de rezio, de guisa que fizieron muy
grand portillo [451] en las hazes del rey, e la batalla fue muy
ferida de la vna parte e de la otra; ca duro desde ora de
terçia fasta ora de biesperas. E alli le mataron el cauallo al
ynfante Roboan e estouo en el canpo grand rato apeado defendiendose con vna espada. Pero non se partieron del dozientos escuderos fijos dalgo a pie que con el leuara, e los
mas eran de los que troxo de su tierra, e punauan por defender a ssu señor muy de rezio; de guissa que non llegaua
cauallero alli que le non matauan el cauallo, e deque caye
del cauallo metienle las lanças so las faldas e matauanlo.
De guissa que auie aderredor del infante bien quinientos caualleros muertos, de manera que semejauan vn grand muro tras
que se podien bien defender.

E estando en esto asomo el Cauallero Amigo que andaua
feriendo en la gente del rey, e faziendo estraños golpes con
la espada, e llego alli do estaua el ynfante Roboan, peroque

---

[450] Exclamación bélica. Ver nota 128.
[451] Portillo: brecha.

non sabie que alli estaua el ynfante de pie. E assy commo lo vido el ynfante, llamolo e dixo: «Cauallero Amigo, acorreme con ese tu cauallo!» «Por çierto grand derecho es», dixo el, «ca vos me lo distes, e avnque non me lo ouiesedes dado, tenido so de vos acorrer con el» [452]. E dexose caer del cauallo en tierra e acorriole con el, ca era muy ligero e bien armado, e caualgaron en el al ynfante. E luego vieron en el canpo que andauan muchos cauallos syn señores, e los escuderos fueron tomar vno e dieronlo al Cauallero Amigo e ayudaronlo a caualgar en el. E el e el ynfante mouieron luego contra los otros, llamando a altas bozes: «Pandulfa por la ynfanta Seringa», conortando e esforçando a los suyos; ca porque non oyen la boz del ynfante rato auie, andauan desmayados, ca cuydauan que era muerto o presso. E tan de rezio los ferie el ynfante, e tan fuertes golpes fazie con la espada, que todos fuyen del commo de mala cosa, ca cuydaua el que con el que se encontraua que non auie al synon morir. E encontrose con el fijo del rey de Grimalet, que andaua en vn cauallo bien grande e bien armado, e conoçiolo en las sobreseñales por lo que le auien dicho del, e dixole asy: «Ay fijo del rey desmesurado e soberuio! Aperçibete, ca yo so el ynfante al que amenazo tu padre para le cortar la cabeça. E bien creo si con el me encuentro, que tan locamente nin tan atreuidamente non querra fablar contra mi commo a vn cauallero fablo que le yo enbie.» «Ve tu via», dixo el fijo del rey: «ca non eres tu ome para dezir al rey mi padre ninguna cosa, nin el para te responder. Ca tu eres ome estraño e non sabemos quien eres. Ca mala venida feziste a esta tierra, ca mejor fizieras de folgar en la tuya».

Estonçe endereçaron el vno contra el otro, e dieronse grandes golpes con las espadas, e tan grand golpe le dio el fijo del rey al ynfante Roboan ençima del yelmo, que le atrono [453] la cabeça e fizole fincar las manos sobre la çeruiz del cauallo; peroque non perdio la espada, antes cobro luego esfuerço e fuese contra el fijo del rey e diole tan grand golpe sobre el braço derecho con la espada, que le corto las guarniçiones maguer fuertes, e cortole del onbro vn grand pedaço, de guisa que le ouiera todo el onbro de cortar. E los escuderos del ynfante matautaronle luego el cauallo, e cayo en tierra, e mando

---

[452] El caballero Amigo actúa en cierta manera como el ángel guardián de Roboan, justificando, de este modo, su papel como representante de Zifar.

[453] *Atronar:* producir un estruendo.

el ynfante que se apartasen con el çinquaenta escuderos e que lo guardasen muy bien. E el ynfante fue buscar al rey por ver sy se podria encontrar con el, e el Cauallero Amigo que yua con el dixole: «Señor, yo veo al rey.» «E qual es?», dixo el ynfante. «Aquel es», dixo el Cauallero Amigo, «el mas grande que esta en aquel tropel». «Bien paresçe rey», dixo el ynfante, «sobre los otros, peroque me conuiene de llegar a el por lo conoçer, e el que me conosca». E el començo dezir a altas bozes: «Pandulfa por la ynfanta Seringa!» E quando los suyos lo oyeron fueron luego con el, ca asy lo fazian quando lo oyen nonbrar a la ynfanta. E fallo vn cauallero de los suyos que tenie avn su lança e auie cortado della bien vn terçio e ferie con ella a sobremano, e pidiogela el ynfante, e el diogela luego. E mando al Cauallero Amigo que le fuese dezir en commo el se yua para el, e que lo saliese a reçebir sy quisiese [454].

E el rey quando vido al Cauallero Amigo e le dixo el mandado, apartose luego fuera de los suyos vn poco, e dixole el rey: «Eres tu el cauallero que veniste a mi la otra vegada?» «Sy», dixo el Cauallero Amigo, «mas lieue el diablo el miedo que agora vos he, assy commo vos auia estonçe quando me mandauades cortar la cabeça». «Venga esse ynfante que tu dizes aca», dixo el rey, «sy non yo yre a el». «Non auedes por que», dixo el Cauallero Amigo, «ca este es que vos veedes aqui delante». E tan ayna commo el Cauallero Amigo llego al rey, tan ayna fue el ynfante con el, e dixole asi: «Rey soberuio e desmesurado, non ouiste mesura nin verguença de me enbiar tan braua respuesta e tan loca commo me enbiaste? E bien creo que esta soberuia atan grande que tu traes que te echara en mal logar, ca avn yo te perdonaria la soberuia que me enbiaste dezir, sy te quisieses partir desta locura en que andas e tornases a la ynfanta Seringa todo lo suyo.» Dixo el rey: «Tengote por neçio, ynfante, en dezir que tu perdonaras a mi la locura que tu feziste en me enbiar tu dezir que yo que dexase por ti de fazer mi pro.» «Libremos lo que auemos de librar», dixo el ynfante, «ca non es bueno de despender el dia en palabras, e mayormente con ome en que non ha mesura nin se quiere acoger a razon. Encubrete rey soberuio», dixo el ynfante, «ca yo contigo sso». E puso la lança sso el braço e fuelo ferir, e diole tan grand golpe que

[454] Roboan manda al caballero Amigo como embajador, incluso cuando esto no es necesario a causa de la proximidad física de ambas partes. Parece que el autor se recrea en describir actividades diplomáticas.

le paso el escudo, pero por las armas que tenie muy buenas non le enpeçio, mas dio con el rey en tierra. E los caualleros de la vna parte e de la otra estauan quedos por mandado de sus señores, e boluieronse luego todos, los vnos por defender a su señor que tenien en tierra, e los otros por lo matar o por lo prender. Feriense muy de rezio, de guissa que de la vna parte e de la otra cayen muchos muertos en tierra, e feridos, ca bien semejaua que los vnos de los otros non auien piedad ninguna, atan fuertemente se ferien e matauan. E vn cauallero de los del rey desçendio de su cauallo e diolo a su señor e acorriole con el, peroquel cauallero duro poco en el canpo, que luego fue muerto. E el rey non touo mas ojo por aquella batalla, e desque subio en el cauallo e vio todos los mas de los suyos feridos e muertos en el canpo, finco las espuelas al cauallo e fuyo, e aquellos suyos enpos del.

Mas el ynfante Roboan que era de grand coraçon, non los dexaua yr en saluo, antes yua enpos dellos matando e firiendo e prendiendo, de guissa que los del rey, entre muertos e feridos e presos, fueron de seys mill arriba, e los del ynfante Roboan fueron ocho caualleros; pero los caualleros que mas fazien en aquella batalla e los que mas derribaron, fueron los del ynfante Roboan; ca eran muy buenos caualleros e muy prouados, ca se auien açertado en muchos buenos fechos e en otras buenas batallas, e por eso gelos dio el rey de Menton su padre quando se partio del.

De commo el infante Roboan fizo cojer todo el canpo, e se torno luego para la ynfanta Seringa

El ynfante Roboan con su gente se torno alli do tenie sus tiendas el rey, e ffallaron y muy grand tessoro. E arrancaron las tiendas e tomaron al fijo del rey, que estaua ferido, e a todos los otros que estauan presos e feridos, e fueronse para la ynfante Seringa. E demientra el ynfante Roboan e la su gente estauan en la fazienda, la ynfante Seringa estaua muy cuytada e con grand reçelo; peroque todos estauan en la iglesia de Santa Maria faziendo oraçion e rogando a Nuestro Señor Dios que ayudase a los suyos e los guardase de manos de sus enemigos. E ellas estando en esto, llego vn escudero a la ynfante e dixole: «Señora, dadme albriçias.» «Ssy fare», dixo la ynfante, «ssy buenas nueuas me traedes». «Digovos sseñora», dixo el escudero, «que el ynfante Roboan vuestro seruidor, vençio la batalla a guissa de muy buen cauallero e muy esforçado, e traevos preso al fijo del rey, pero ferido en el onbro diestro. E traevos mas entre muertos e feridos e presos, que fincaron en el canpo, que los non pueden traer muy muchos. E trae otrosy muy grand thesoro que fallaron en el real del rey; ca bien fueron seys mill caualleros e mas de los del rey entre muertos e pressos e feridos».

«Ay escudero, por amor de Dios», dixo la ynfanta, «que me digas verdat! Ssy es ferido el ynfante Roboan?» [455]. «Digovos señora que non, commoquier que le mataron el cauallo e finco apeado en el canpo, defendiendose a guissa de muy buen cauallero vn grand rato, con dozientos fijos dalgo que tenie consigo, a pie, que lo syruieron e lo guardaron muy lealmente.» «Par Dios escudero», dixo la ynfanta, «vos seades bien venido! E prometovos de dar luego cauallo e armas, e de vos mandar fazer cauallero e de vos casar bien e de vos heredar bien». E luego en pos deste llegaron otros por ganar albriçias, mas fallaron a este que las auie ganado. Pero con todo esto la ynfanta non dexaua de fazer merçed a todos aquellos que estas nueuas le trayan [456].

E quando el ynfante Roboan e la otra gente llegaron a la villa, la ynfanta salio con todas las dueñas e donzellas 'fuera de la çibdat a vna eglesia que estaua çerca de la villa, e esperaronlos alli, faziendo todos los de la çibdat muy grandes alegrias. E quando llegaron los de la hueste, dixo el ynfante Roboan a vn escudero que le tirase las espuelas. «Sseñor», dixo el conde, «non es vso desta nuestra tierra de tirar las espuelas». «Conde», dixo el ynfante, «yo non se que vso es este desta vuestra tierra, mas ningund cauallero non deue entrar a ver dueñas con espuelas, segund el vso de la nuestra». E luego le tiraron las espuelas, e descaualgo e fue a ver la ynfanta.

«Bendito sea el nonbre de Dios», dixo la ynfanta, «que vos veo biuo e ssano e alegre!» [457]. «Sseñora», dixo el ynfante, «non lo yerra el que a Dios se acomienda, e porque yo me encomende a Dios falleme ende bien; ca el fue el mi anparador e mi defendedor en esta lid, en querer que el canpo fuese

---

[455] La infanta Seringa vuelve a mostrar su interés por el infante Roboan abiertamente.

[456] En la Edad Media era costumbre recompensar a los portadores de buenas noticias generosamente. *Albricias* era el nombre que recibía el regalo entregado en tales ocasiones.

[457] La infanta Seringa muestra su alegría por el regreso del infante Roboan abiertamente.

en nos, por la nuestra ventura». «Yo non gelo podria gradesçer», dixo la ynfanta, «nin a vos, quanto auedes fecho por mi». Estonçe caualgo la ynfanta, e tomola el ynfante por la rienda e leuola a su palaçio. E dessy fuese el ynfante e todos los otros a sus posadas a sse desarmar e a folgar, ca mucho lo auien menester. E la ynfanta fizo penssar muy bien del ynfante Roboan; e mandaronle ffazer vaños, ca estaua muy quebrantado de los golpes que resçibio sobre las armas, e del canssaçio. E el fizolo assy, pero con buen coraçon mostraua que non daua nada por ello, nin por el afan que auie pasado.

E a cabo de los tres dias fue a ver a la ynfanta, e leuo conssigo al fijo del rey de Grimalet, e dixole: «Señora, esta joya [458] vos trayo; ca por este tengo que deuedes cobrar todo lo que vos tomo el rey de Grymaled su padre, e vos deue dar grand partida de la su tierra. E mandad lo muy bien guardar, e non gelo dedes fasta que vos cunpla todo esto que vos yo digo. E bien creo que lo fara, ca el non ha otro fijo sy non este, e sy el muriese, syn este fijo fincarie el reyno en contienda; por que so çierto e seguro que vos dara por el todo lo vuestro e muy buena partida de lo suyo. E aquellos otros caualleros que tenedes presos, que son mill e dozientos, mandad los tomar e guardar, ca cada vno vos dara por sy muy grand auer porque los saquedes de la prision, ca asy me lo enbiaron dezir con sus mandaderos» [459].

Estonçe dixo la ynfanta: «Yo non sse commo vos gradesca quanto bien auedes fecho e fazedes a mi e a todo el mi reyno, por que vos ruego que escojades en este mi reyno villas e castillos e aldeas quales vos quisierdes; ca non sera tan cara la cosa en todo el mi reyno, que vos querades, que vos non sea otorgada.» «Sseñora», dixo el ynfante, «muchas gracias; ca non me cunplen agora villas nin castillos, sy non tan solamente la vuestra graçia que me dedes liçençia para que me vaya» [460].

[458] Detalle humorístico. Ver notas 79 y 100.

[459] Igual que Zifar había hecho prisionero al hijo del conde de Efeso, Roboan hace prisionero al hijo del rey de Grimalet.

[460] Roboan rechaza esta nueva oferta de reparto de bienes, que, junto con las varias ofertas mencionadas anteriormente, forman un grupo paralelo a las dos ofertas que Zifar había recibido y rechazado en Galapia.

De commo el conde Ruben mouio casamiento a la infante Seringa con el infante Roboan

«Ay amigo señor», dixo la ynfanta, «non sea tan ayna la vuestra yda, por el amor de Dios, ca bien çiertamente creed que sy vos ydes de aqui, que luego me vernan a estragar el rey de Grimalet e el rey de Brez su suegro, ca es casado con su fija». E el ynfante Roboan paro mientes en aquella palabra tan falaguera que le dixo la ynfanta; ca quando le llamo amigo sseñor, ssemejole vna palabra atan pesada que asy sse le asento en el coraçon. E commo el estaua fuera de su seso, enbermesçio todo muy fuertemente e non le pudo responder ninguna cosa [461]. E el conde Ruben, tio e vasallo de la ynfante, que estaua alli con ellos, paro mientes a las palabras que la ynfante dixiera al ynfante Roboan, e de commo se le demudo la color que le non pudo dar respuesta, e entendio que amor creçia entre ellos. E llegose a la ynfanta e dixole a la oreja: «Sseñora, non podria estar que non vos dixiese aquello que pienso, ca sera vuestra onrra, e es esto: tengo, sy vos quisierdes e el ynfante quisiere buen casamiento, serie a honrra de vos e de defendimiento del vuestro reyno que vos casassedes con el; ca çiertamente vno es de los mejores caualleros deste mundo, e pues fijo es de rey e assy lo semeja en todos los sus fechos, non le auedes que dezir.» E la ynfanta se paro tan colorada commo la rosa, e dixole: «Ay conde, e commo me auedes muerto!» «E por que señora?», dixo el conde, «porque fablo en vuestro pro e en vuestra honrra». «Yo asy lo creo commo vos lo dezides», dixo ella, «mas non vos podria yo agora responder». «Pues pensad en ello», dixo el conde, «e despues yo recudire a vos». «Bien es», dixo la ynfanta [462].

E demientra ellos estauan fablando en su poridad, el ynfante Roboan estaua commo traspuesto, pensando en aquella

---

[461] El que se ruboriza ahora es el infante Roboan ante las palabras amorosas que se le han escapado a la infanta Seringa. Es la primera vez que un caballero reacciona así en la obra, lo que confirma las teorías de los críticos que dicen que sólo hay algo de amor cortés en la segunda parte de la obra.

[462] La infanta Seringa vuelve a ruborizarse ante la nueva mención de matrimonio y se niega a responder, igual que había hecho la señora de Galapia en una situación semejante.

palabra. Ca touo que gelo dixiera con grand amor, o porque lo auie menester en aquel tienpo. Pero quando vido que se le mouio la color quando el conde fablaua con ella en poridat, touo que de todo en todo con grand amor le dixiera aquella palabra, e cuydo que el conde la reprehendia dello. E Roboan se torno contra la ynfanta e dixole: «Señora, a lo que me dexistes que non me vaya de aqui atan ayna por reçelo que auedes de aquellos reys, prometovos que non parta de aqui fasta que yo vos dexe todo el vuestro reyno sosegado; ca pues començado lo he conuieneme de lo acabar, ca nunca començe con la merçed de Dios cosa que non acabase»[463]. «Dios vos dexe acabar», dixo la ynfanta, «todas aquellas cosas que començardes». «Amen!», dixo Roboan, «E yo amen digo», dixo la infanta. «Pues por amen non lo perdamos», dixieron todos.

De commo el Cauallero Amigo fue con el mensaje al rey de Brez

Dixole Roboan: «Señora, mandad me dar vn escudero que guie a vn mi cauallero que quiero enbiar al rey de Brez. E segund nos respondiere asi le responderemos.» E el ynfante mando llamar al Cauallero Amigo, e quando vino dixole assy: «Cauallero Amigo, vos soys de los primeros caualleros que yo oue por vasallos, e seruistes al rey mio padre e a mi muy lealmente, por que soy tenido de vos fazer merçed e quanto bien yo pudiere. E commoquier que grand afan ayades passado comigo, quiero que tomedes por la ynfanta que alli esta vn poco de trabajo.» E esto le dixo el ynfante penssando que non querrie yr por el por lo que le conteçiera con el otro rey. «Señora», dixo el conde, «repetirvoslo he otra vegada, e seruire a la ynfanta en quanto ella me mandare». «Pues yd agora», dixo el ynfante, «con esta mi mandaderia al rey de Brez, e dezidle assy de mi parte al rey: que le ruego yo que non quiera fazer mal nin dapño alguno en la tierra de la ynfanta Seringa, e que sy algund mal a y fecho, que lo quiera hemendar, e que de tregua a ella e a toda su tierra ssessenta años. E sy lo non quisiere fazer o vos diere mala respuesta, assi commo vos dio el rey de Grimalet su yerno, desafialdo por mi e venid vos luego». «E verne», dixo el

---

[463] Roboan no puede ni quiere negarse a acabar lo comenzado, obsesión que comparte con Zifar.

Cauallero Amigo, «sy me dieren vagar. Pero tanto vos digo, que sy non lo ouiese prometido a la ynfanta, que yo non fuese alla, ca me semeja que vos tenedes enbargado comigo e vos querriedes desenbargar de mi; ca non vos cunplio el peligro que passe con el rey de Grimalet, e enbiadesme a este otro que es tan malo e tan desmesurado commo el otro, e mas auiendo aqui tantos buenos caualleros e tan entendidos commo vos auedes para los enbiar, e que recabdaran el vuestro mandado mucho mejor que yo».

«Ay Cauallero Amigo», dixo la ynfante, «por la fe que vos deuedes a Dios e al ynfante vuestro señor que aqui esta, e por el mi amor, que fagades este camino do el ynfante vos enbia; ca yo fio por Dios que recabdaredes por lo que ydes muy bien, e vernedes muy bien andante, e seruos ha pres e honrra entre todos los otros». «Grand merçed», dixo el Cauallero Amigo, «ca pues prometidovoslo he yre esta vegada, ca no puedo al fazer». «Cauallero Amigo», dixo el ynfante Roboan, «nunca vos vi couarde en ninguna cosa que ouiessedes de fazer sy non en esto». «Señor», dixo el Cauallero Amigo, «vn falago vos deuo; pero ssabe Dios que este esfuerço que lo dexaria agora sy ser pudiese syn mal estança, pero a fazer es esta yda maguer agra, pues lo prometi». E tomo vna carta de creençia que le dio el ynfante para el rey de Brez, e fuesse con el escudero que le dieron que lo guiasse.

E quando llego al rey fallolo en vna çibdat muy apuesta e muy viçiosa a la qual dizen Requisita, e estauan con el la reyna su muger e dos fijos suyos pequeños, e muchos caualleros derredor dellos. E quando le dixieron que vn cauallero venia con mandado del ynfante Roboan, mandole entrar luego. E el Cauallero Amigo entro e finco los ynojos delante del rey e dixole assy: «Señor, el ynfante Roboan, fijo del muy noble rey de Menton, que es agora con la ynfanta Seringa, te enbia mucho saludar e enbiate esta carta comigo.» E el rey tomo la carta e diola a vn obispo su chançiller que era alli con el, que la leyese e le dixiese que se contenie en ella. E el obispo la leyo e dixole que era carta de creençia, en que le enbiaua rogar el ynfante Roboan que creyese aquel cauallero de lo que le dixiese de su parte [464]. «Amigo», dixole el rey, «dime lo que quesieres, ca

---

[464] Carta de creencia de las mencionadas por Hernández en su estudio de la «historicidad latente» de la obra («Ferrán Martínez, escrivano del rey...», pág. 312).

yo te oyre de grado». «Sseñor», dixo el Cauallero Amigo, «el ynfante Roboan te enbia rogar que por la tu mesura e por la honrra del, que non quieras fazer mal en el reyno de Pandulfa, donde es señora la ynfante Seringa, e que ssy algund mal as fecho tu o tu gente, que lo quieras fazer hemendar, e que le quieras dar tregua e segurança por sessenta años de non fazer mal ninguno a ningund logar de su reyno, por dicho nin por fecho nin por consejo; e que el te lo gradesçera muy mucho, por que sera tenido en punar de creçer tu honrra en quanto el pudiere».

«Cauallero», dixo el rey, «e que tierra es Menton donde es este ynfante tu señor?». «Sseñor», dixo el Cauallero Amigo, «el reyno de Menton es muy grande e muy rico e muy viçioso». «E pues commo salio de alla este infante», dixo el rey, «e dexo tan buena tierra e se vino a esta tierra estraña?». «Sseñor», dixo el Cauallero Amigo, «non salio de su tierra por ninguna mengua que ouiese, mas por prouar las cosas del mundo e por ganar prez de caualleria». «E con que se mantiene», dixo el rey, «en esta tierra?» [465]. Dixo el Cauallero Amigo: «Sseñor, con el thesoro muy grande que le dio su padre, que fueron çiento azemilas cargadas de oro e de plata, e trezientos caualleros de buena caualleria muy bien guissados, que non le fallesçen dellos synon ocho que murieron en aquella batalla que ouo con el rey de Grimalet.» «Ay cauallero, sy Dios te de buena ventura! dime sy te açertaste tu en aquella batalla.» «Señor», dixo el Cauallero Amigo, «si açerte». «E fue bien ferida?», dixo el rey. «Sseñor», dixo el Cauallero Amigo, «bien puedes entender que fue bien ferida, quando fueron de la parte del rey, entre presos e feridos e muertos, bien seys mill caualleros». «E pues esto commo pudo ser», dixo el rey, «que de los del ynfante non muriesen mas de ocho?» «Pues señor, non murieron mas de los del ynfante de los trezientos caualleros, mas de la gente de la ynfante Seringa, entre los muertos e los feridos, bien fueron dos mill.» «E este tu sseñor, de que hedad es?», dixo el rey. «Pequeño es de dias», dixo el Cauallero Amigo, «que avn agora le vienen las baruas». «Grand fecho acometio», dixo el rey, «para ser de tan pocos dias, en lidiar con tan poderoso rey commo es el rey de Grimaled, e lo vençer». «Sseñor non te marauilles», dixo el Cauallero Amigo, «ca en otros grandes fechos se ha ya prouado, e

---

[465] Realismo: como en el *Curial* y en el *Tirant,* en el *Zifar,* los caballeros tienen necesidades humanas.

en los fechos paresçe que quiere semejar a su padre».
«E commo», dixo el rey, «tan buen cauallero de armas es
su padre?» «Sseñor», dixo el Cauallero Amigo, «el mejor
cauallero de armas es que sea en todo el mundo. E es rey
de virtud, ca muchos miraglos a demostrado Nuestro Señor
por el en fecho de armas» [466]. «E as de dezir mas», dixo
el rey, «de parte de tu señor?». «Ssy la respuesta fuere
buena», dixo el Cauallero Amigo, «non he mas que dezir».
«E ssy non fuere buena», dixo el rey, «que es lo que querra
fazer?». «Lo que Dios quisiere», dixo el Cauallero Amigo,
«e non al». «Pues digote que non te quiero dar respuesta»,
dixo el rey, «ca tu señor non es tal ome para que yo le
deua responder». «Rey señor», dixo el Cauallero Amigo,
«pues que assi es, pidote por merçed que me quieras asegurar, e yo dezirte he el mandado de mi señor todo conplidamente». «Yo te aseguro», dixo el rey. «Señor», dixo el
Cauallero Amigo, «porque non quieres conplir el su ruego
que te enbia rogar, lo que tu deuies fazer por ti mesmo,
catando mesura, e porque lo tienes en tan poco, yo te desafio
en su nonbre por el». «Cauallero», dixo el rey, «en poco
tiene este tu señor a los reys, puesque tan ligero los enbia
desafiar. Pero apartate alla», dixo el rey, «e nos avremos
nuestro acuerdo ssobrello».

De la respuesta que enbio el rey de Bres al infante Roboan sobre lo que le enbio rogar con el Cauallero Amigo

Dixo luego el rey a aquellos que estauan alli con el, que
le dixiesen lo que les semejaua en este fecho. E el obispo
su chançeller le respondio e dixo asy: «Sseñor, quien la baraja puede escusar, bien barata en fuyr della; ca a las vegadas el que mas y cuyda ganar, ese ffinca con daño e con
perdida; e porende tengo que serie bien que vos partiesedes
deste ruydo de aqueste ome, ca non tiene cosa en esta
tierra de que se duela, e non dubdara de se meter a todos
los fechos en que piense ganar prez e honrra de caualleria;

---

[466] Nueva alusión al juicio de Dios, que, esta vez, se dice que
se manifiesta por medio de milagros. Los milagros de la obra cumplen principalmente dos funciones: hacer profecías y manifestar
el juicio de Dios.

e puesque esta buena andança ouo con el rey de Grimaled, otras querra acometer e prouar syn dubda ninguna. Ca el que vna vegada bien andante es, creçele el coraçon e esfuerçase para yr enpos de las otras buenas andanças.» «Verdat es», dixo el rey, «esso que vos agora dezides, mas tanto va el cantaro a la fuente fasta que dexa alla el asa o la fruente; e este infante tantos fechos querra acometer fasta que en alguno avra de caer e de pereçer; pero obispo», dixo el rey, «tengome por bien aconsejado de vos, ca puesque en paz estamos, non deuemos buscar baraja con ninguno, e tengo por bien que cunplamos la su ruego, ca nos non fezimos mal ninguno en el reyno de Pandulfa, nin tenemos della nada por que le ayamos de fazer hemienda ninguna. Mandad le fazer mis cartas de commo le prometo el sseguro de non fazer mal ninguno en el reyno de Pandulfa, e que do tregua a la ynfanta e a su reyno por sessenta años, e dad las cartas a ese cauallero e vayase luego a buena ventura».

E el obispo fizo luego las cartas e diolas al Cauallero Amigo, e dixole que se despidiese luego del rey. E el Cauallero Amigo fizolo assy. E ante que el cauallero llegase a la ynfanta, vinieron caualleros del rey de Grimalet con pleitesia a la ynfante Seringa, que le tornarie las villas e los castillos que le auie tomado, e que le diese su fijo que le tenie preso. E la ynfanta respondioles que non farie cossa ninguna a menos de su consejo del ynfante Roboan; ca puesque por el ouiera esta buena andança, que non tenie por bien que ninguna cosa sse ordenase nin se fiziese al ssy non commo lo el mandase. E los mandaderos del rey de Grimalet le pidieron por merçed que enbiase luego por el, e ella fizolo luego llamar.

De commo se fizo la paz entre el rey de Grimalet e la infanta Seringa, señora del reyno de Pandulfa

El infante Roboan caualgo luego e vinose para la ynfanta, e dixole: «Señora, quien son aquellos caualleros estraños?» E ella le dixo que eran mensajeros del rey de Grimalet. «E que es lo que quieren?», dixo el ynfante Roboan. «Yo vos lo dire», dixo la ynfanta. «Ellos vienen con pleytesia de partes del rey de Grimalet que yo le de su fijo e que me dara las villas e los castillos que me tiene tomados.» «Sseñora», dixo el ynfante Roboan, «non se dara por tan poco, de mi grado». «E pues que vos semeja?», dixo la ynfante. «Sseñora», dixo Roboan, «yo vos lo dire. A mi me fizieron entender que el rey de Grimalet que tiene dos villas muy buenas e seys castillos que entran dentro en vuestro reyno, e que de alli resçebides sienpre mucho mal». «Verdat es», dixo la ynfante, «mas aquellas dos villas son las mejores que el ha en su reyno, e non creo que me las querra dar». «Non?», dixo el infante. «Ssed segura sseñora que el vos las dara, o el vera mal gozo de su fijo.» «Pues fabladlo vos con ellos», dixo la infanta. Dixo Roboan: «Muy de grado.» E llamo luego a los caualleros e apartose con ellos e dixoles: «Amigos, que es lo que demandades o queredes que faga la infanta?» «Señor», dixieron ellos, «bien creemos que la ynfanta vos lo dixo, pero lo que nos le demandamos es esto: que nos de al fijo del rey que tiene aqui presso, e que le faremos luego dar las villas e los castillos que el rey le auie tomado». «Amigos», dixo Roboan, «mal mercarie la ynfanta». «E commo mercarie mal?», dixieron los otros. «Yo vos lo dire», dixo el infante. «Vos sabedes bien que el rey de Grimalet tiene grand pecado de todo quanto tomo a la infanta, contra Dios e contra su alma, e de buen derecho deue gelo todo tornar, con todo lo que ende leuo, ca con ella non auie enamistad ninguna ni demanda por que el deuiese hazer esto de derecho, ni embio mostrar razon ninguna por que le querie correr su tierra nin gela tomar; mas seyendo ella segura e toda la su tierra, e non se reçelando del, entrole las villas e los castillos commo aquellos que non se guardauan de ninguno e querien beuir en paz.» «Sseñor», dixo vn cauallero de los del rey de Grimalet, «estas cosas que vos dezides non se guardan entre los reys, mas el que menos puede lazra, e el que mas lieua mas». A esso dixo el ynfante: «Entre los malos reys non se guardan estas cosas, ca entre los buenos todas se guardan muy bien; ca non faria mal vno a otro por ninguna manera, a menos de mostrar sy auie alguna querella del, que gela hemendase, e sy non gela quisiese emendar, enbiar lo a desafiar asy commo es costunbre de fijos dalgo. E sy de otra guissa lo faze, puede lo reptar e dezirle mal por todas las cortes de los reys. E porende digo que non mercarie bien la infanta en querer pleytear por lo suyo, que de derecho le deue tornar; mas el ynfante fijo del rey fue muy bien ganado e preso en buena guerra; onde quien lo quisiere, sed ende bien çiertos que dara antes por el bien lo que vale.» «E que es lo que bien vale?», dixieron los otros. «Yo vos lo dire», dixo el ynfante, «que de por sy, tanto commo vale, o mas, e creo que para bien pleytear el rey e la ynfanta, las dos villas e seys castillos que ha el rey, que entran por el reyno de la ynfante, e todo lo al que le ha tomado que gelo diese, e demas que le asegurase e que le fiziese omenaje con çinquenta de los mejores de su reyno que le non fiziese ningund dapño en ningund tienpo por sy nin por su consejo, e sy otro alguno le quisiese fazer mal, que el que fuese en su ayuda».

«Sseñor», dixieron los otros, «fuertes cosas demandades, e non ay cosa en el mundo por que el rey lo fiziesse». E en esto mintien ellos, ca dize el cuento que el rey les mandara e les diera poder de pleytear syquier por la meytad de su reyno, en tal que el cobrase a su fijo, ca lo amaua mas que a sy mesmo. E el infante les dixo: «Quien non da lo que vale, non toma lo que desea. E sy el ama a su fijo e lo quiere ver biuo, conuienele que faga todo esto, ca non ha cosa del mundo por que desto me sacasen, puesque dicho lo he; ca mucho pense en ello ante que vos lo dixiese, e non falle otra carrera por do mejor se pudiese librar, a honrra de la infanta, sy non esta.» «Sseñor», dixieron los otros, «tened por bien que nos apartemos, e fablaremos sobrello e despues respondervos hemos lo que nos semejare que se podra y fazer». «Bien es», dixo el ynfante. E ellos se apartaron e Roboan se fue para la ynfanta.

E los caualleros deque ouieron auido su acuerdo, vinieronse para el infante e dixieronle: «Señor, queredes que fablemos conbusco aparte?» «E commo», dixo Roboan, «es cosa que non deue saber la ynfanta?». Dixieron ellos: «Non, ca por ella ha todo de passar.» «Pues bien es», dixo Roboan, «que me lo digades delante della». «Sseñor», dixieron ellos, «ssy de aquello que nos demandades nos quisierdes dexar alguna cosa, bien creemos que se farie». «Amigos», dixo el infante, «non nos querades prouar por palabra, ca non se puede dexar ninguna cosa de aquello que es fablado»[467]. «Puesque assy es», dixieron ellos, «fagase en buen ora, ca nos traemos aqui poder de obligar al rey en todo quanto nos fizieremos». E desy dieronle luego la carta de obligamiento, e luego fizieron las otras cartas que eran menester para este fecho, las mas firmes e mejor notadas que pudieron. E luego

---

[467] Roboan muestra sus dotes de negociador.

fueron los caualleros con el conde Ruben a entregarle las villas e los castillos, tan bien de los que tenie tomados el rey a la ynfanta commo de los otros del rey. E fue a resçebir el omenaje del rey e de los çinquenta omes buenos, entre condes e ricos omes, que lo auien de fazer con el para guardar la tierra de la ynfanta e de non fazer y ningund mal, e para ser en su ayuda ssy menester fuese, en tal manera que si el rey lo fiziese o le falleçiese en qualquier destas cosas, que los condes e los ricos omes que fuesen tenidos de ayudar a la ynfante contra el rey e de le fazer guerra por ella.

E desque todas estas cosas fueron fechas e fue entregado el conde Ruben de las villas e de los castillos, vinose luego para la ynfanta. E el conde le dixo: «Sseñora, vos entregada sodes de las villas e de los castillos, e la vuestra gente tienen las fortalezas.» E diole las cartas del omenaje que le fizieron el rey e los otros ricos omes, e pidiole por merçed que entregase a los caualleros el fijo del rey, ca derecho era, puesque ella tenie todo lo suyo [468]. «Mucho me plaze», dixo la infanta, e mando traer al fijo del rey. E troxieronlo e sacaronlo de las otras pressiones, que non lo tenien en mal recabdo. E vn cauallero del rey de Grimalet que alli estaua dixo al ynfante Roboan: «Sseñor, conoçedesme?» «Non vos conosco», dixo el ynfante, «pero semejame que vos vi, mas non se en que logar». «Sseñor», dixo el, «entre todos los del mundo vos conosçeria, ca en todos los mis dias non se me oluidara la pescoçada que me distes». «E commo», dixo el ynfante, «armevos cauallero?» «Ssy», dixo el otro, «con la vuestra espada muy tajante, quando me distes este golpe que tengo aqui en la fruente; ca non me valio la capellina nin otra armadura que truxiese, de tal guisa que andauades brauo e fuerte en aquella lid, ca non auie ninguno de los de la parte del rey que vos osase esperar, antes fuye de vos assy commo de la muerte». «Par Dios cauallero, sy assy es», dixo el ynfante, «pesame mucho, ca ante vos quisiera dar algo de lo mio que non que resçibiesedes mal de mi; ca todo cauallero mas lo querria por amigo que non por enemigo». «E commo», dixo el, «vuestro enemigo he yo de

---

[468] Según Hernández, las negociaciones entre Pandulfa y Grimalet se parecen mucho a las negociaciones que hubo entre Aragón y Castilla al terminar la guerra de 1291, negociaciones que Ferrán Martínez pudo haber observado muy de cerca a causa de su puesto en la cancillería («Ferrán Martínez, *escrivano del rey...*», páginas 313-314).

ser por esto? Non lo quiera Dios, ca bien cred, señor, que
de mejor mente vos seruiria agora que ante que fuese ferido,
por las buenas cauallerias que vi en vos; que no creo que
en todo el mundo ay mejor cauallero de armas que vos».

«Par Dios», dixo el fijo del rey de Grimaled, «el que
mejor lo conosçio en aquella lid e mas paro mientes en
aquellos fechos, yo fuy; ca despues que el a mi firio e me
priso e me fizo apartar de la hueste a çinquenta escuderos
que me guardasen, veya por ojo toda la hueste, e veye a
cada vno commo fazie, mas non auia ninguno que tantas
vezes pasase la hueste del vn cabo al otro, derribando e
firiendo e matando, ca non auia y tropel por espesso que
fuese, que el non le fendiese. E quando el dezie: 'Pandulfa
por la ynfante Seringa', todos los suyos recudien a el».
E commo otro que se llama a desonrra, dixo el fijo del rey:
«Yo nunca salga desta presion en que esto, pues vençido
e preso auie de ser, sy non me tengo por onrrado por ser
preso e vençido de tan buen cauallero de armas commo
es este.»

«Dexemos estar estas nueuas», dixo el infante Roboan, «ca
sy yo tan buen cauallero fuese commo vos dezides, mucho
lo agradesçeria yo a Dios». E çierto con estas palabras que
dezien mucho plazie a la ynfanta Seringa, e bien daua a
entender que grand plazer resçibie; ca nunca partie los ojos
del, reyendose amorosamente, e dezie: «Biua el infante
Roboan por todos los mis dias, ca mucha merçed me ha
fecho Dios por el» [469]. «Par Dios, señora», dixo el fijo del
rey de Grimalet, «avn non sabedes bien quanta merçed vos
fizo Dios por la su venida, assi commo yo lo sse, ca çiertamente creed que el rey mio padre e el rey de Brez mi avuelo
vos auian de entrar por dos partes a correr el reyno e
tomarvos las villas e los castillos, fasta que non vos dexasen
ninguna cosa». «E esto por que?», dixo la ynfanta. «Por voluntad e por sabor que tenien de vos fazer mal en el vuestro
señorio», dixo el. «E mereçiales yo por que», dixo la ynfanta, «o aquellos donde yo vengo?». «Non sseñora, que lo yo
sepa.» «Grand pecado fazien», dixo la ynfanta, «e Dios
me defendera dellos por la su merçed». «Sseñora», dixo
Roboan, «çesen de aqui adelante estas palabras; ca Dios,
que vos defendio del vno vos defendera del otro sy mal vos
quisieren fazer. E mandad tirar las presiones al fijo del rey,

---

[469] La infanta Seringa sigue mostrando su amor por el infante
Roboan abiertamente.

e enbiadlo; ca tienpo es ya que vos desenbarguedes destas cosas, e pensemos en al». E la ynfanta fizo tirar las presiones al fijo del rey e enbiolo con aquellos caualleros que tenia presos; ca dieron por sy dozientas vezes mill marcos de oro, e desto ouo la infante çient vezes mill e el ynfante Roboan lo al, commoquier que la ynfanta non queria dello ninguna cosa; ca ante tenia por bien que fincase todo en Roboan, commo aquel que lo ganara muy bien por su buen esfuerço e por la su buena caualleria.

E todo el otro tesoro, que fue muy grande, que fallaron en el canpo quando el rey fue vençido, fue partido a los condes e a los caualleros que se açertaron en la lid, de lo qual fueron todos bien entregados e muy pagados de quanto Roboan fizo e de commo lo partio muy bien entrellos, catando a cada vno quanto valie e commo lo meresçie; de guisa que non fue ninguno con querella. E alli cobraron grand coraçon para seruir a su señora la ynfanta, e fueron a ella e pidieronle por merçed que los non quisiese escusar nin dexar, ca ellos aparejados eran para la seruir e la defender de todos aquellos que mal le quisiesen fazer, e avn sy ella quisiese, que yrian de buena mente a las tierras de los otros a ganar algo o a lo que ella mandase, e que pornian los cuerpos para lo acabar [470].

«Devos Dios mucha buena ventura», dixo la ynfanta, «ca çierta soy de la vuestra verdad e de la vuestra lealtad que vos parariedes syenpre a todas las cosas que al mi seruiçio fuessen». E ellos despidieronse de ella e fueronse cada vno para sus logares.

De commo el conde Ruben fablo con Roboan sobre el casamiento de entre el e la infanta, por consejo della

El infante Roboan quando sopo que se auien despedido los caualleros para se yr, fuese para la ynfanta e dixole: «Señora, e non sabedes commo auedes enbiado vuestro mandado al rey de Brez? E sy por ventura non quisiere conplir lo que le enbiamos rogar? E non es mejor pues aqui tenedes esta caualleria, que mouamos luego contra el?» «Mejor sera»,

---

[470] Otra vez se menciona el botín como motivación de los guerreros.

dixo la infanta, «ssy ellos quisieren, mas creo que porque estan cansados e quebrantados desta lid, que querran yr a refrescar para se venir luego ssy mester fuere».

El infante començo a reyr mucho, e dixo: «Por Dios señora, los cansados e los quebrantados los que fincaron en el canpo son; ca estos fincaron alegres e bien andantes, e non podrian mejor refrescar en la su tierra, nin tan bien, commo en esta lo refrescaron; ca agora estan ellos frescos e abibados en las armas para fazer bien. E mandatlos esperar, que de aqui a terçer dia cuydo que abremos el mandado del rey de Bres.» «Bien es», dixo la infante, «e mandogelo asy». E ellos fezieronlo muy de grado.

La infante non quiso oluidar lo quel auia dicho el conde Ruben en razon della e del infante, e enbio por el e dixole en su poridat: «Conde, que es lo que dixistes el otro dia que queriedes fablar comigo en razon del infante? Çertas non se me viene emiente por la priesa grande en que estamos.» «Ayna se vos oluido», dixo el conde, «seyendo vuestra onrra, e bien creo que sy de la mia vos fablara que mas ayna lo oluidarades». «Dezit», dixo la infante, «lo que queredes dezir, por amor de Dios, e non me enojedes, ca non so tan oluidadiza commo me vos dezides, commoquier que esto se me acaesçio, o por auentura que lo non oy bien». «Señora», dixo el conde, «repetirvoslo he otra vegada, e aprendetlo mejor que non en la primera. Señora, lo que vos dixe estonçe eso vos digo agora, que pues vos a casar auedes, el mejor casamiento que yo se agora e mas a vuestra onrra, este infante Roboan era». «Conde», dixo la infante, «yo en vos pongo todo el mi fecho e la mi fazienda, que vno sodes de los de mi regno en que yo mas fio e que mas preçio; e pues lo començastes leualdo adelante, ca a mi non cae fablar en tal razon commo esta» [471].

El conde se fue luego para el infante Roboan e dixole que queria fablar con el aparte. E el infante se aparto con el a vna camara muy de grado, e el conde le dixo: «Señor, commoquier que me vos non fablastes en ello nin me rogastes, queriendo vuestro bien e vuestra onrra pense en vna

[471] La infanta Seringa, al ver que se acerca el momento de la partida del infante Roboan y que su tío, el conde Rubén, no ha vuelto a hablar de matrimonio, le recuerda el tema, tratando de no mostrar demasiado interés. Sin embargo, una vez que el conde Rubén le repite la proposición, la infanta Seringa dice únicamente que hará lo que él diga. El comportamiento de la infanta Seringa se parece mucho al comportamiento de la señora de Galapia.

cosa qual vos agora dire: sy vos quisierdes casar con la
infante Seringa, trabajarmê yo de fablar en ello muy de
buena mente.» «Conde», dixo el infante Roboan, «muchas
graçias, que çierto so de vos que por la vuestra mesura
querriedes mi bien e mi onrra; ca çertas para muy mayor
ome de mayor estado seria muy bueno este casamiento;
mas atal es la mi fazienda que yo non he de casar fasta que
vayamos adelante do he a yr e ordene Dios de mi lo que
quisiere [472]. E por amor de Dios, conde, non vos trabajedes
en este fecho, ca a mi seria grant verguença en dezir de
non, e ella non fincaria onrrada, lo que me pesaria muy de
coraçon. Çiertamente la quiero muy grant bien e preçiola e
amola muy verdaderamente, queriendo la guardar su pro
e su onrra, e non de otra guisa». «Pues non fablare en
ello?», dixo el conde. «Non», dixo el infante, «ruegovoslo
yo». El conde se fue luego para la infante e dixole todas
las palabras que Roboan le dixiera. E quando la infante lo
oyo parose mucho amariella e començo a tristezer de guisa
que ouiera a caer en tierra, synon por el conde que la touo
por el braço. «Señora», dixo el conde, «non tomedes muy
grant pesar por ello, ca lo que vuestro ouiere de ser ninguno non vos lo puede toller, e por auentura abredes otro
mejor casamiento sy este non ouierdes». «Non me desfuzio
dello», dixo la infante, «de la merçed de Dios, ca commo
agora dixo de non, avn por auentura dira que le plaze. E çertas, conde, quiero que sepades vna cosa, que mucho enteramente tenia por este casamiento, sy ser podiese, e cuydo segunt el corazon me dize que se fara. E de ninguna cosa me
pesa sy non que cuydaria que de mi parte fue començado, e
por auentura que me preçiara menos por ello» [473]. «Señora»,
dixo el conde, «yo muy bien vos guarde en este lugar, ca lo
quel dixe non gelo dixe, synon dando a entender que queria
el su bien, e consejandol que lo quesiese, e quando yo sopiese
su voluntad, que me trabajaria en ello». «Muy bien lo fezistes»; dixo la infante, «e non le fabledes mas en ello, e
faga Dios lo quel touiere por bien».

---

[472] La primera consideración del infante Roboan sobre un posible matrimonio con la infanta Seringa es que sería ventajoso desde el punto de vista de la honra. La segunda es que tiene que
seguir con su demanda (de más honra) adelante. Sólo después
de esto habla de sentimientos.

[473] Aquí está la explicación, tanto del comportamiento de la infanta Seringa como del comportamiento de la señora de Galapia:
la mujer no debe mostrar interés por casarse con el hombre.

De commo el Cauallero Amygo torno con la respuesta del rey de Brez al infante Roboan

Ellos estando en esto entro el escudero que auia enbiado con el Cauallero Amigo con mandado del infante al rey de Bres, e dixo a la infanta: «Señora, venido es el cauallero que embio el infante Roboan al rey de Brez.» «E recabdo por lo que fue?», dixo la infante. «Par Dios, señora», dixo el escudero, «sy, muy bien, a guisa de buen cauallero e bien razonado, segunt veredes por las cartas e el recabdo que trae». Estonçe llego el Cauallero Amigo ante la infante. «Por Dios, Cauallero Amigo, mucho me plaze», dixo la infante, «porque vos veo venir bien andante». «E en que lo vedes vos?», dixo el Cauallero Amigo. «En que?», dixo la infante, «en vos venir mucho alegre e en mejor continente que non a la yda quando de aqui vos partistes». «Señora», dixo el Cauallero Amigo, «pues Dios tan buen entendimiento vos quiso dar de conosçer las cosas escondidas, entendet esto que vos agora dire: que yo creo que Dios nunca tanto bien fizo a vna señora commo fizo a vos, por la conosçençia del infante mio señor; ca segunt yo aprise en la corte del rey de Bres, non eran tan pocos aquellos que vos mal cuydauan fazer, e auian ya partido el vuestro regno entre sy». «E quales eran esos?», dixo la infante. «Señora», dixo el Cauallero Amigo, «el rey de Grimalet, e el rey de Brez, e el rey de Libia; pero pues auedes el rey de Bres, non auedes por que vos reçelar del rey de Libia, ca el rey de Bres lo enponia a ello». «E commo libro», dixo ella, «el rey de Brez el ruego quel enbio fazer el infante Roboan?» «Por estas cartas lo podedes ver, que vos aqui trayo», dixo el Cauallero Amigo. La infante resçebio las cartas e mando las leer, e fallaron que la segurança e la tregua del rey de Bres fuera muy bien fecha, e que mejor non se podiera fazer por ninguna manera nin mas a pro nin a onrra de la infante.

De commo la infanta Seringa rogo al infante Roboan que estuviese alli fasta otro dia, por algunas cosas que avia de librar con el

E el infante Roboan auiendo muy grant sabor de se yr dixo a la ynfanta: «Ssñora, ssy la vuestra merçed fuese, tienpo era ya de me yr, e pues en buen sosiego tenedes la vuestra tierra, non auedes por que me detener.» «Amigo señor», dixo la infante, «sy buen sosiego y ha, por vos e por vuestro buen esfuerço es; e sabe Dios que sy vos podiese detener a vuestra onrra que lo faria muy de grado. Pero ante fablare conbusco algunas cosas que tengo de fablar». «Señora», dixo Roboan, «e queredes que sea luego la fabla?» «Non», dixo la infanta, «fasta cras en la mañana, que piense bien en lo que vos he a dezir, en manera que non diga palabra errada». «Ssñora», dixo el infante, «atan aperçebida e atan guardada sodes vos en todas cosas que non podriedes errar en ninguna manera en lo que ouiesedes a dezir e a fazer».

Otro dia en la mañaña quando vino el infante Roboan a se espedir della, dixo la infante: «Sed aqui agora e redrense los otros, e yo fablare conbusco lo que vos dixe que tenia de fablar.» E todos los otros se tiraron afuera, peroque parauan mientes a los gestos e a los adamanes que fazian, ca bien entendian que entrellos auia muy grant amor, commoquier que ellos se encobrian lo mas que podian e non se querian descobrir el vno al otro el amor grande que auia entrellos[474]. Pero la infante, veyendo que por el infante Roboan auia el su regno bien asosegado e fincaua onrrada entre todos los sus vezinos, e sy Dios quisiese llegar el casamiento entrellos que seria la mas andante e la mas reçelada señora que en todo el mundo abria, con el buen entendimiento e con el buen esfuerço e con la buena ventura deste infante, non se pudo sofrir, e non con maldat, ca de muy buena vida era e de buen entendimiento, mas cuydando le vençer con buenas palabras porque el casamiento se feziese; e dixole asy: «Señor, el vuestro buen donayre, e la vuestra buena apostura, e las vuestras

---

[474] Todos se dan cuenta de que la infanta Seringa y el infante Roboan están enamorados, a diferencia del caso de la señora de Galapia y del hijo del conde de Efeso, en el que esto no estaba claro.

buenas costunbres, e el vuestro buen esfuerço, e la vuestra buena ventura, e el vuestro buen entendimiento, e la vuestra bondad, e la onrra que me auedes fecho en me dexar muy rica e muy reçelada de todos los mis vezinos, e mucho onrrada, me faze dezir esto que vos agora dire, e con grant amor ruegovos que me perdonedes lo que vos dire, e non tengades que por otra razon de maldat nin de encobierta vos lo digo, mas por razon de ser mas anparada e más defendida e mas honrrada, sy Dios lo quisiere allegar. E porque non se sy âlgunos de mis regnos a que plazeria, o por auentura sy querrian que se llegase, este pleito non me quis descobrir a ninguno, e quis me atreuer ante a la vuestra mesura a vos lo dezir; ca mejor era que nos amos ados solos lo supiesemos, en manera que sy non se feziese que fuese callado entre nos; ca çiertamente sy otros fuesen en el fecho non podria ser poridat; ca dizen, que lo que saben tres, sabelo toda res. E lo que vos he ha dezir, commoquier que lo digo con grant verguença, es esto: que sy el vuestro casamiento e el mio quesisese Dios allegar, que me plazeria mucho. E non he mas a dezir, ca a ome de buen entendimiento pocas palabras cunplen.» Desy abaxo los ojos la infante e pusolos en tierra, e non lo pudo catar con grant verguença que ouo de lo que auia dicho [475].

«Señora», dixo el infante, «yo non vos puedo gradesçer nin seruir quanto bien e quanta merçed me auedes fecho oy en este dia, e quanta mesura me amostrastes en querer que yo sepa de vos el amor verdadero que me auedes, e en querer me fazer saber toda vuestra fazienda e vuestra voluntad. E pues yo gradesçer non vos lo puedo nin seruir asy commo yo querria, pido por merçed a Nuestro Señor Dios que el vos lo gradesca, e vos de buena çima a lo que deseades, con vuestra onrra. Pero digo que sepades de mi atanto: que del dia en que nasçi fasta el dia de oy, nunca sope amar muger a par de vos, ca vna sodes de las señoras que yo mas amo e mas preçio en mi coraçon, por la grant bondat, e el grant entendimiento, e la grant mesura, e el grant sosiego que en vos es. E commoquier que me agora quiero yr, pidovos por

---

[475] La infanta Seringa, en vista de que las gestiones del conde Rubén han fracasado, rompe las reglas y se declara al infante Roboan. Este tipo de comportamiento no es exclusivo del *Zifar*. En muchas novelas de caballerías aparecen mujeres que toman la iniciativa. Sin embargo, esta actitud se presenta como atípica y no suele acarrear buenos resultados en la mayoría de los casos. Éste es uno de los casos en los que resulta bien.

merçed que me querades atender vn año, saluo ende sy fallaredes vuestra onrra muy grande, con que el vuestro coraçon sea muy entregado; ca non ay cossa en este mundo por que yo quisiese que por mi perdiesedes grande honrra, sy Dios vos lo quisiere dar.» «Amigo señor», dixo la infante, «yo non se commo Dios querra ordenar de mi, mas yo atendervos he a la mi ventura destos tres años, sy vida ouiere». «Señora», dixo el infante, «gradescovoslo». E quiso le besar las manos e los pies, e ella non los quiso dar, ante le dixo: «Avn tienpo verna» que ella gelos besaria a el [476].

De commo el infante Roboan se dispidio de la infanta Seringa e de todos los de su casa

E leuantaronse luego amos ados, e el infante se espedio della e de todas las otras dueñas e donzellas e de todos los otros omes buenos que y eran en el palaçio con la infante.

Dize el cuento que nunca tan grant pesar ome vio commo el que ouieron todos aquellos que y estaua con la infante; ca quando el partio de su padre e de su madre e de su hermano Garfin e de todos los otros de la su tierra, commoquier que grant pesar e grant tristeza y ouo, non pudo ser ygual desta; ca pero non se mesauan nin se rascauan, nin dauan bozes, a todos semejaua quel quebraran por los coraçones, dando sospiros e llorando muy fuerte e poniendo las manos sobre los oios. E eso mesmo fazia el infante Roboan e toda la su gente, ca atan fechos eran con todos los de aquella tierra, que non se podian dellos partir synon con grant pesar. E este regno de Pandulfa es en la Asya la Mayor, e es muy viçiosa tierra e muy rica, e por toda la mayor partida della pasa el rio de Trigris, que es vno de los quatro rios de parayso terreñal, asy commo adelante oyredes do fabla dellos.

---

[476] El infante Roboan, aunque dice querer a la infanta Seringa, parece muy dispuesto a dejarla casarse con otro. Ella, sin embargo, le da toda clase de facilidades, aumentando el plazo de espera de uno a tres años y todavía más, según veremos.

De commo el infante Roboan llego al condado de Turbia

El infante con toda su gente fueron andando, e salieron del regno de Pandulfa atanto que llegaron al condado de Turbia, e fallaron en vna çibdat al conde, que salio los a resçebir e que le fizo mucha onrra e mucho plazer, e conbido al infante por ocho dias que fuese su huesped. Pero que este conde non se seguraua en la su gente, porque lo querian muy mal e non syn razon; ca el los auia desaforado en muchas guisas, a los vnos despechando e a los otros matando syn ser oydos, e a los otros desterrando, en guisa que non auia ninguno en todo el su señorio en quien non tanxiese [477] este mal e estos desafueros que el conde auia fecho.

E este conde quando vio al infante en su lugar con tan grant gente e tan buena, plogole muy de coraçon e dixol: «Señor, muy grant merçed me fizo Dios por la vuestra venida a esta tierra; ca tengo que doliendose de mi vos enbio para ayudarme contra estos mis vasallos del mio condado, que me tienen muy grant tuerto, e puedo los castigar pues vos aqui sodes, sy bien me ayudardes.» «Çertas, conde», dixo el infante, «ayudarvos he muy de buena mente contra todos aquellos que vos tuerto fezieren sy vos lo non quesieren emendar; pero saber quiero de vos que tuerto vos tienen; ca non querria que de mi nin de otro mal resçebiesen el que non meresçe por que». «Sabet, señor», dixo el conde, «que lo non auedes por que demandar, ca los mayores traydores son que nunca fueron vasallos a señor». «Conuiene», dixo el infante, «saber de fecho, ca grant pecado seria de fazer mal a quien non lo meresçe, e conuiene que sepamos quales son aquellos que lo meresçen, e apartemoslos de los otros que lo non meresçen; e asy los podemos nos ayna matar e astragar; ca quantos dellos apartaremos atanto menguara del su poder e acreçentara el vuestro». «Señor», dixo el conde, «non vos trabajedes en eso, ca todos lo meresçen». «Todos?», dixo el infante, «esto non puede ser sy non por vna de dos razones. o que vos fuesedes cruo contra ellos e non perdonastes a ninguno, o que todos ellos son falsos e traydores por natura. E sy vos queredes que vos ayude en este fecho, dezitme la

---

[477] *Tanxer*: tañer, tocar.

verdat e non me ascondades ende ninguna cosa; ca sy tuerto touiesedes e me lo encobriesedes, por auentura seria vuestro el daño e mio, e fincariemos con grant desonrra; ca Dios non mantiene el canpo sy non âquel que sabe que tiene verdat e derecho» [478].

Quando el conde vio que el infante con buen entendimiento podria saber ende la verdat e non se le encubriria por ninguna manera, touo por bien de le dezir por que ouiera mal querençia con toda la gente de su tierra. «Señor», dixo el conde, «la verdat deste fecho en commo paso entre mi e la mi gente es desta guisa que vos agora dire; ca çiertamente fue contra ellos muy cruo en muchas cosas, desaforandolos e matandolos syn ser oydos, e deseheredandolos e desterrandolos syn razon, de guisa que non ay ninguno, mal pecado! por de grant estado que sea nin de pequeño, a quien non tengan estos males e desafueros que les he fechos; en manera que non ay ninguno en el mi señorio de que non reçele. E porende con la vuestra ayuda querria me desenbargar deste fecho e deste reçelo; ca deque ellos fuesen muertos e astragados, podria yo pasar mi vida syn miedo e syn reçelo ninguno». «Par Dios, conde», dixo el infante, «sy asy paso commo vos dezides, fuera muy grant mal; ca non seria asy, synon fazer vn mal sobre otro a quien non lo meresçe. E auiendoles fecho tantos males e tantos desafueros commo vos dezides, en lugar de vos arrepentir del mal que les fezierades e demandarles perdon, tenedes por guisado de les fazer avn mayor mal? Çertas sy en canpo ouieramos entrado con ellos sobre tal razon, ellos fincaran bien andantes, e nos mal andantes e con grant derecho». «Pues señor», dixo el conde, «que es lo que y puedo fazer? Pidovos por merçed que me consejedes, ca esta mi vida non es vida, ante me es par de muerte». «Yo vos lo dire», dixo el infante. «Conuienevos que fagades en este vuestro fecho commo fizo vn rey por consejo de su muger la reyna, que cayo en tal caso e en tal yerro commo este.» «E commo fue eso?», dixo el conde. «Yo vos lo dire», dixo el infante.

---

[478] Nueva alusión al juicio de Dios, que explica el cuidado con el que Zifar y Roboan examinan cada situación antes de comprometerse a luchar por alguien.

Del enxenplo quel infante Roboan dio al conde de Turbia sobre el mal que tenia con sus vasallos

Vn rey era contra sus pueblos asy commo vos, en desaforandolos e matandolos e deseheredandolos cruamente e syn piedat ninguna, de guisa que todos andauan catando manera quel podiesen matar. E porende sienpre auia de andar armado de dia e de noche, que nunca se desarmaua, que non auia ninguno, nin avn en su posada, de quien se fiase; asy que vna noche fuese a casa de la reyna su muger, e echose en la cama bien asy armado. Commo a la reyna peso mucho, commo aquella que se dolia de la su vida muy fuerte e muy lazrada que el rey fazia, e non gelo pudo sofrir el coraçon, dixole asy: «Señor, pidovos por merçed e por mesura que vos que me querades dezir que es la razon por que esta tan fuerte vida pasades; sy lo tenedes en penitençia, o sy lo fazedes por reçelo de algunt peligro.» «Çertas», dixo el rey, «bien vos lo diria, sy entendiese que consejo alguno me podriedes y poner; mas mal pecado! non cuydo que se ponga y consejo ninguno». «Señor, non dezides bien»; dixo la reyna, «ca non ha cosa en el mundo por desesperado que sea, que Dios non puede poner remedio». «Pues asy es», dixo el rey, «sabet que quiero que lo sepades. Ante que conbusco casase, e despues, nunca quede de fazer muchos males e muchos desafueros e crueldades a todos los de mi tierra, de guisa que por los males que les yo fis, non me aseguro en ninguno dellos, ante tengo que me matarian muy de buena mente sy podiesen. E porende he de andar armado por me guardar [479] de su mal».

«Señor», dixo la reyna, «por el mio consejo vos faredes commo fazen los buenos fisicos a los dolientes que tienen en guarda; que los mandan luego que tengan dieta, e desy mandanlos comer buenas viandas e sanas, e sy veen que la enfermedat es tan fuerte e tan desesperada que non pueden poner consejo por ninguna sabiduria de fisica que ellos sepan, mandanles que coman todas cosas que quisieren, tan bien de las contrarias commo de las otras. E a las vegadas con el contrario guaresçen los enfermos de las enfermedades grandes

---

[479] A continuación se intercala un *enxienplo* dentro de este *enxienplo*. Ver nota 75.

que han. E pues este vuestro mal e vuestro reçelo tan grande e tan desseperado es que non cuydades ende ser guarido en ningunt tienpo, tengo que vos conuiene de fazer el contrario de lo que fezistes fasta aqui, e por auentura que seredes librado deste reçelo, queriendo vos Dios fazer merçed».

«E commo podria ser eso?», dixo el rey. «Çertas, señor, yo vos lo dire», dixo la reyna; «que fagades llegar todos los de vuestra tierra para fablar con ellos, e que les conosçedes los males e desafueros que les fezistes, e que les roguedes mucho omildosamente que vos perdonen, llorando de los oios e dando a entender que vos pesa de coraçon por quanto mal les fezistes; e por auentura que lo querran fazer, doliendose de vos. E çertas non veo otra carrera para vos salir deste peligro en que sodes». «Bien creed», dixo el rey, «que es buen consejo, e quiero lo fazer; ca mas querria ya la muerte que non esta vida que he». E luego enbio por todos los de su tierra que fuesen con el en vn lugar suyo muy viçioso e muy abondado. E fueron todos con el ayuntados el dia que los mando. E el rey mando poner su siella en medio del canpo, e puso la corona en la cabeça, e dixoles asy: «Amigos, fasta aqui fuy vuestro rey e vse del poder del regno commo non deuia, non catando mesura nin piedat contra vos, faziendovos muchos desafueros: los vnos matando syn ser oydos, los otros despechando e desterrando syn razon e syn derecho, e non queriendo catar nin conosçer los seruiçios grandes que me fezistes; e porende me tengo por muy pecador, que fis grant yerro a Dios e a vos, e reçelandome de vos por los grandes males que vos fis, oue sienpre de andar armado de dia e de noche. E conosçiendo mio pecado e mio yerro, dexovos la corona del regno.» E tolliola de la cabeça, e pusola en tierra ante sy, e tollio el baçinete de la cabeça e desarmose de las armas que tenia e finco en ganbax, e dixo: «Amigos, por mesura vos pido que me querades perdonar, e pongome en la vuestra mesura, que fagades de mi lo que vos quesierdes.»

E esto dezia llorando de los oios muy fuertemente, e eso mesmo la reyna su muger e sus fijos que eran y con el. E quando los de la tierra vieron que atan bien se arrepentia del yerro en que cayera e atan sinplemente demandaua perdon, dexaronse caer todos a sus pies llorando con el, e pedieronle por merçed que los non quisiese dezir tan fuertes palabras commo les dezia, ca los quebrantaua los coraçones; mas que fincase con su regno, que ellos le perdonauan quanto mal del resçibieron. E asy fue despues muy buen rey e muy amado de todos los de la tierra; ca fue muy justiçiero e guardador de su regno [480].

«Onde conuiene a vos, conde, que fagades eso mesmo que aquel rey fizo, e fio por la merçed de Dios, que el vos endresçara âuer amor de la vuestra gente, asy commo fizo âquel rey.» «Por Dios, señor», dixo el conde, «dada me auedes la vida, e quiero fazer lo que me consejades, ca me semeja que esto es lo mejor; e avn que me maten, en demandandoles perdon, tengo que Dios abra merçed a la mi alma». «Conde», dixo el infante, «non temades, ca sy vos y murierdes faziendo esto que vos yo consejo, non moriredes solo, ca sobre tal razon commo esta sere yo conbusco muy de grado en vos defender quanto yo podiere; ca pues les vos fazer queredes emienda e non lo quesieron resçebir, ellos ternan tuerto e non vos; ca del su derecho faran tuerto, e Dios ayudarnos ha e destoruara a ellos, porque nos ternemos por nos verdat e razon, e ellos non por sy, synon mentira e soberuia» [481].

Entonçe enbio el conde por todos los de su tierra, deziendo que auia de fablar con ellos cosas que eran a pro dellos e de la tierra, e luego fueron con el a vna çibdat buena. E quando vieron la caualleria que tenia de gente estraña, preguntaron que gente eran, e dixieronles que era vn fijo de vn rey que era de luengas tierras, e que andaua prouando cosas del mundo e faziendo buenas cauallerias para ganar pres. E preguntaron sy era amigo del conde, e dixieronles que sy. «E es ome», dixieron ellos, «a quien plega con la verdat e con el bien e le pese con el mal?». «Çertas», dixieron ellos, «sy». «Bien es», dixieron ellos, «pues el infante tan buen ome es, bien creemos quel sacara al conde desta crueldat que faze contra nos». Los otros les respondieron que fuesen del bien seguros, e que asy lo faria. E asy fincaron los de la tierra ya conortados, e bien semeja que entre el conde e ellos partido era el miedo; ca tan grant miedo auia el conde a ellos commo

<hr/>

[480] El *enxienplo* del rey malo que se arrepiente es otra variación al tema de la movilidad social: hasta ahora se ha hablado de perder y ganar. Ahora se habla de evitar una pérdida. Es lo que Claude Bremond llamaría una «degradación evitada» («La lógica de los posibles narrativos», *Análisis estructural del relato*, Buenos Aires, Editorial Tiempo Contemporáneo, 1974, 3.ª ed., pág. 90).
[481] Nueva alusión al juicio de Dios. Los personajes de la obra parecen guiarse por reglas muy definidas, a veces de una manera que nos puede parecer automática o maquinal. Quizá Roboan, por su juventud y por tener las reglas recién aprendidas nos produzca una impresión todavía mayor de legalismo.

395

ellos al conde. Desy el conde mando fazer su estrado en vn grant canpo muy bueno que dizen el Canpo de la Verdat, e fueron y todos llegados. El conde asentose en el estrado, armado asy commo sienpre andaua, e el infante de la otra parte e la condesa de la otra, e sus fijuelos delante. E leuantose el conde e dixoles en commo les auia errado en muchas maneras, e pedioles merçed mucho omildosamente quel quesiesen perdonar, ca non queria con ellos beuir synon commo buen señor con buenos vasallos; e desarmose e finco los ynojos antellos, llorando de los oios e rogandoles quel perdonasen. E sobre esto leuantose el infante Roboan, ca ellos estauan muy duros e non querian responder nada, e dixoles: «Amigos, non querria que fuesedes tales commo los moços de poco entendimiento, que los ruegan muchas vegadas con su pro, e ellos con mal recabdo dizen que non quieren, e despues querrian que los rogasen otra ves, que lo resçeberian de grado, e sy los non quieren rogar fincanse en su daño; por que non ha mester que estedes callados, ante lo deuierades mucho gradesçer a Dios porque tan beninamente vos viene a esto que vos dize.» «Señor», dixo vno dellos, «muy de buena mente lo faremos synon que tenemos que nos trae con engaño para nos fazer mas mal andantes». «Non lo creades vos eso», dixo el infante; «antes vos lo jurara sobre Santos Euangelios, e vos fara omenaje, e vos asegurara ante mi. E sy vos dello fallesçiere, yo vos lo prometo que sere conbusco contra el». E ellos le pedieron por merçed que resçebiese del conde omenaje, e el fizolo asy, e perdonaronle, e finco en pas e en buen andança con sus vasallos, e mantouolos sienpre en sus fueros e en justiçia. E otro dia espediose el infante del conde e de todos los buenos onbres que y eran [482].

De commo el infante llego a la tierra del enperador de Trygrida

Dize el cuento que el infante Roboan endreço su camino para do Dios le guiase; peroque demando al conde que tierra fallaria adelante. E el le dixo que a treynta jornadas de ally que entraria en tierra del enperador de Triguiada muy poderoso e muy onrrado, que auia quarenta reys por vasallos,

---

[482] Roboan en Pandulfa muestra su sabiduría militar y cortesana y en Turbia muestra que sabe utilizar adecuadamente la ayuda de Dios y del seso natural.

e que era ome mançebo e alegre e de buen solas, e quel plazia mucho con ome de tierra estraña, sy era de buen logar.

El infante fuese para aquel inperio, e luego que llego a la tierra de los reys dixieronle quel non consenterian que entrase mas adelante fasta que lo feziesen saber al enperador, ca asy lo auian por costunbre; peroquel darian todas las cosas que ouiese mester fasta que ouiesen mandado del enperador. Enbiaron luego los mandaderos, e quando el enperador sopo que vn infante, fijo del rey de Menton, llegara al su señorio e traya consigo buena caualleria e apuesta, plogole mucho e mando quel guiasen por toda su tierra, e quel diesen todas las cosas que mester ouiese e le feziesen quanta onrra podiesen. E sy el enperador bien lo mando fazer, todos los reys e las gentes por do pasaua gelo fazian muy de grado e muy conplidamente ca mucho lo meresçia; ca atan apuesto e tan de buen donario lo feziera Dios que todos quantos le veyan tomauan muy grant plazer con su vista, e fazian por el muy grandes alegrias.

De commo el enperador de Trigrida armo cauallero al infante Roboan

E quando llego al enperador, e fallolo que andaua por los canpos, ribera de vn rio e muy grande que ha nonbre Trigris; e desçendio del cauallo, e dos reys que eran con el enperador, por fazer onrra al infante desçendieron a el, e fuese para el enperador e finco los ynojos e omillose, asy commo le consejaron aquellos dos reys que yuan con el. E el enperador mostro muy grant plazer con el e mandol que caualgase. E desque caualgo, llamolo el enperador e preguntole sy era cauallero. Dixole que sy. E preguntole quien lo feziera cauallero, e dixole que su padre el rey de Menton. «Çertas», dixo el enperador, «sy doble caualleria podiese auer el cauallero», que el lo feziera cauallero otra vegada. «Señor», dixo el infante, «que es lo que pierde el cauallero sy de otro mayor cauallero puede resçebir otra caualleria?». «Yo vos lo dire», dixo el enperador: «que non puede ser, por el vno contra el otro, quel non estudiese mal, pues caualleria auia resçebido del». «E non vedes vos», dixo el infante, «que nunca yo he ser contra el rey mi padre, nin contra vos por el, ca el non me lo mandarie nin me lo consejaria que yo fallesçiese en lo que fazer deuiese?». «Bien lo creo», dixo el enperador, «mas ay

otra cosa mas graue a que ternian los omes oio: que pues dos
cauallerias auia resçebido, que feziese por dos caualleros».
«E çertas», dixo el infante, «bien se puede fazer esto, con la
merçed de Dios, ca queriendo ome tomar a Dios por su
conpañero en los sus fechos, fazer puede por dos caualleros
e mas, con la su ayuda». «Çertas», dixo el enperador, «conuiene que yo faga cauallero a este infante, e non lo errare-
mos, ca cuydo que de vna guisa lo fazen en su tierra e de
otra guisa aqui».

E preguntole el enperador de commo le fezieron cauallero,
e el dixo que touo vigilia en la eglesia de Santa Maria vna
noche en pie, que nunca se asentara, e otro dia en la mañaña, que fuera y el rey a oyr misa, e la misa dicha que
llegara el rey al altar e quel diera vna pescoçada, e quel çiño
el espada, e que gela desçiño su hermano mayor. «Agora vos
digo», dixo el enperador, «que puede resçebir otra caualleria
de mi, ca grant departimiento ha de la costunbre de su tierra
a la nuestra». «En el nonbre de Dios», dixieron los reys,
«fazetlo cauallero; que fiamos por Dios que por quanto en
el vemos e entendemos, que tomaredes del buen seruiçio».

Entonçe mando el enperador que comiesen con el los reys
e el infante e todos los otros caualleros, e fueronse para la
villa. El enperador comio en vna mesa e los reys en otra, e
el ynfante con otros dos fijos de los reys en otra, e toda la
caualleria por el palaçio muy ordenadamente e muy bien.
E despues que ouieron comido mando el enperador que vestiesen al infante de vnos paños muy nobles quel dio, e que
fuesen fazer sus alegrias asy commo era costunbre de la
tierra, e fezieronlo asy; ca los dos reys yuan con el, el vno
de la vna parte e el otro de la otra parte, por toda la villa.
E todas las donzellas estauan a sus puertas, e segunt su costunbre lo auian de abraçar e de besar cada vna dellas, e dezianle asy: «Dios te de buena ventura en caualleria, e fagate
atal commo aquel que te lo dio, o mejor!» Quando estas palabras oyo dezir el infante, menbrosele de lo quel dixiera su
madre quando se della partio, que el coraçon le daua que
seria enperador, e creçiole el coraçon por fazer bien.

E otro dia en la mañaña fue el enperador a la eglesia de
Sant Iohan do velaua el infante, e oyo misa e sacolo a la puerta
de la eglesia a vna grant pila de porfirio que estaua lleña de
agua caliente, e fezieronle desnuyar so vnos paños muy nobles de oro, e metieronlo en la pila; e daua le el agua fasta en
los pechos. E andauan en derredor de la pila cantando todas
las donzellas, deziendo: «Biua este nouel a seruiçio de Dios

e a onrra de su señor e de sy mesmo.» E trayan vna lança con vn pendon grande, e vna espada desnuya, e vna camisa grande de sirgo [483] e de aljofar, e vna girnalda de oro muy grande, de piedras preçiosas. E la camisa vestiogela vna donzella muy fermosa e muy fija dalgo, a quien copo la suerte que gela vestiese. E desque gela vestio, besolo e dixole: «Dios te vista de la su graçia!» e partiose dende, ca asy lo auian por costunbre. E desy vino el vn rey e diole la lança con el pendon, e dixole: «Ensalçe Dios la tu onrra toda via!» e besole en la boca e partiose dende. E vino el otro rey e çiñole el espada e dixole: «Dios te defienda con el su grant poder e ninguno non te enpesca!» E desy vino el enperador e pusole la guirnalda en la cabeça e dixole: «Onrrete Dios con la su bendiçion, e te mantenga sienpre acrezçamiento de tu onrra toda via.» E desy vino el arçobispo, e dixole: «Bendigate el Padre e el Fijo e el Esprito Santo, que son tres personas e vn Dios!» E estonçes el enperador mando quel vestiesen de otros paños muy nobles, e çiñole el espada e caualgaron e fueronse para casa del enperador, e el infante trayendo el espada desnuya en la vna mano e el pendon en la otra mano con la lança, e la guirnalda en la cabeça. E desque se asentaron a la mesa, tenia vn cauallero delante el espada desnuya, e el otro la lança con el pendon, fasta que comieron. E despues caualgaron e dieronle el espada e la lança, e asy andido por la villa aquel dia [484].

E otro dia començaron los caualleros del infante de alançar e bofordar segunt su costunbre, de que fue el enperador muy pagado, e todos los otros, en manera que non finco dueña nin donzella que y non fuese. E el enperador mando al infante que feziese el lo que sabia; ca costunbre era de la tierra que el cauallero nouel, que otro dia que resçebiese caualleria, que touiese armas. E el caualgo en vn cauallo muy bueno que traya, e lanço e bofordo e andido por el canpo con los suyos, faziendo sus demandas, e bien semejaua fijo de rey entre los otros; que commoquier que muchos auia entrellos que lo fazian muy bien, non auia ninguno que lo semejase en lo tan bien fazer commo el infante. E todos los que y eran con el enperador andauan faziendo sus trebejos,

---

[483] *Sirgo:* seda.

[484] No sólo el emperador de Trigrida es más importante que el rey de Mentón, sino que también el ritual de armar caballeros es más solemne en Trigrida que en Mentón. Aquí podemos ver el comienzo de una fase más fastuosa para la familia.

segunt el vso de la tierra, en vn grant canpo ribera del rio de Triguis.

Aqui se cuenta a qual parte es este ynperio de Trigrida

Este inperio de Triguiada tomo el nonbre deste rio Triguis que es vno de los quatro rios que salen del parayso terreñal. El vno ha nonbre Fison, e el otro Gigon, e el otro Trigris e el otro Eufatres; onde dize el Genesy, que en el parayso terreñal sale vn rio para regar la huerta, e apartose en quatro logares, e son aquellos los quatro rios que nasçen del parayso terreñal. E quando salen del parayso, van ascondidos so tierra, e paresçe cada vno ally do nasçe, asy commo agora oyredes. Dizen que Fison corre por las tierras de India, e a semejante que nasçe del monte que ha nonbre Orcobares, e corre contra oriente e cae en la mar; e Gigon es el rio que dizen Nirojanda, e va por tierra de oriente, e escondese so tierra, e nasçe del monte Atlant, a que dizen en ebrayco Reblantar Mar, e despues sumese en la tierra, e desy sale e çerca toda la tierra Ethiopia, e corre por Egipto, e alli se parte por seys logares, e cae en el mar que es çerca de Alexandria.

Los otros dos rios, que han nonbre Triguis e Eufatres, pasan por otra grant montaña e corren por la parte oriental de Seria, e pasan por medio de Armenia, e bueluense amos ados contra la villa que ha nonbre Abaçia, e dizenles estonçes las Aguas Mistas, ca corren mas fuertes que todas las aguas mistas del mundo. E despues que han andado mucho en vno, caen en el mar Oçiano. E el parayso terreñal onde estos rios salen, dizenle las Yslas Bienauenturadas; peroque ninguno non puede entrar al parayso terreñal, ca a la entrada puso Dios vn muro de fuego que llega fasta el çielo.

E sabios antigos dizen que Fison es el rio que llaman Nilo, a que dizen en arauigo al-Nil e en ebrayco Nilos. E dizen que en el tienpo antigo se solia somir e perder so tierra, e fazia toda la tierra tremedal, de guisa que non podia ninguno por ella andar, e Josepe mano este rio en madre e guaresçio a Nilo e a la tierra, asy que segunt dizen que esta es la mas plantiosa tierra del mundo; ca este rio sale de madre dos vezes en el año e riega toda la tierra. E mientra el rio esta fuera de madre, andan por las barcas de vn logar a otro, e por esta razon son puestas las villas e las alcarias en las alturas de la tierra. E esta estoria fue aqui puesta destos quatro rios del parayso, porque sepan que el inperio de Trigida tomo nonbre deste rio Trigris, e es vna grand partida del inperio por ally do suele correr; e la otra partida do se buelue con el rio de Eufatres, e llega fasta la mar; e de la otra parte de çierço, comarca este inperio con las tierras de Çin, e de la otra parte con Asia la Mayor, contra oriente, do se fallan los çafires finos, asy commo adelante oyredes en la estoria del infante Roboan, quando fue señor deste inperio por sus buenas costunbres e porquel quiso Dios por la su bondat guiar [485].

Del consejo que dio el infante Roboan al enperador de Trigrida sobre vn fisico

Onde dize el cuento que este infante fue muy bien quisto del enperador de Triguiada, ca atan bien lo seruia en todas las cosas quel podia e tan lealmente, que lo fizo vno de sus conpañones. E quando se llegauan todos al enperador para le consejar, non auia ninguno que atan bien açertase el buen consejo dar commo el. Asy que vn dia vino vn fisico que era de tierra estraña al enperador. E preguntole el enperador sy era maestro liçençiado en fisica, e el dixo que sy, e mostrole ende sus cartas de commo era liçençiado, e que de todas las enfermedades del mundo guaresçia los omes con tres yeruas que el conosçia: la vna era para beuer, e la otra para fazer unguentos con ella, e la otra para fazer baños con ella. E mostrole commo con razon, e puso nonbres estraños a las yeruas, de guisa que los fisicos de casa del enperador non las conosçian, mas semejauales que fablaua en ello commo con razon. E el enperador le pregunto que do fallarian aquellas yeruas, e el dixoles que en la ribera de la mar escontra do se pone el sol. E el enperador demando consejo a sus fisicos e a todos los de su consejo, e ellos le consejaron que enbiase por aquellas yeruas. E llamo luego aquel fisico estraño e dixole que queria enbiar por las yeruas, e quel daria de su casa algunos que fuesen con el. E el fisico le respondio e

---

[485] Para Walker, esta digresión geográfica está basada en las obras de los geógrafos islámicos (*Tradition and Technique...*, página 38).

dixol que non queria que fuese ninguno con el; que lo quel apresiera con grant trabajo en toda su vida, que non queria que aquellos que enbiase con el que lo apresiesen en vn ora; mas quel diese a el todo lo que ouiese mester, e treynta o çinquaenta camellos, e que los trayria cargados; ca mucho auia mester dello para fazer los baños señaladamente. E quando contaron quanto auia mester para dos años para yda e venida, fallaron que montaua dies mill marcos de plata.

Asy que los consejeros e los fisicos consejauan al enperador que lo feziese, ca non podria ser conprada esta fisica por auer. El enperador queria lo fazer, pero demando al infante Roboan quel dixiese lo quel semejaua. E el dixole que se non atreuia a lo consejar en esta razon, ca non queria que por su consejo le contesçiese lo que contesçio a vn rey moro sobre tal fecho commo este. «E commo fue?», dixo el enperador. «Señor», dixo el infante, «yo vos lo dire».

Asy fue que vn rey moro auia vn alfajeme [486] muy bueno e muy rico, e este alfajeme auia vn fijo que nunca quiso vsar del ofiçio de su padre, mas vso sienpre de caualleria, e era muy buen cauallero de armas. E quando murio su padre, dixole el rey que quisiese vsar del ofiçio de su padre, e quel feziese mucha merçed. E el dixole que bien sabie que nunca vsara de aquel ofiçio, e que sienpre vsara de caualleria, e que lo non sabia fazer asy commo conuenia; mas quel pedia por merçed que por non andar enuergoñado entre los caualleros quel conosçia, que sabian que era fijo de alfajeme, quel mandase dar su carta de ruego para otro rey su amigo, en que lo enbiase rogar quel feziese bien e merçed, e quel punaria en lo seruir quanto podiese [487]. E el rey touo por bien de gela mandar dar, e mando a su chançeller que gela diese. E el cauallero tomo la carta e fuese para aquel rey amigo de su señor. E quando llego a el dixo saludes de parte de su señor el rey, e diole la carta quel enbiaua. E ante quel rey abriese la carta diole a entender quel plazia con el, e demandole sy era sano su señor. E dixole que sy. E preguntole si estaua bien con sus vezinos. E dixole que sy, e que mucho reçelado dellos. E demandole sy era rico, e dixole que

---

[486] *Alfajeme:* barbero.

[487] La movilidad social tiene sus límites: un alfajeme puede llegar a ser caballero, pero la sociedad no se olvidará de su posición anterior. El Ribaldo, en cambio, que no tenía oficio conocido, tiene menos problemas. En la Edad Media y en el Siglo de Oro, el trabajo, especialmente el trabajo manual, era incompatible con el honor.

todos los reys sus vezinos non eran tan ricos commo el solo. E estonçe abrio la carta el rey e leyola. E dezia en la carta que este cauallero que era fijo de vn alfajeme, e quel enbiaua a el para que lo siruiese, e quel feziese merçed, ca ome era quel sabria muy bien seruir en lo quel mandase. E el rey le pregunto que mester auia. E el cauallero quando lo oyo fue mucho espantado, ca entendio que en la carta dezia de commo era fijo de alfajeme. E estando pensando que repuesta le daria, preguntole el rey otra vegada que mester auia. E el cauallero le respondio: «Señor, pues atanto afincades e porque sodes amigo de mio señor, quiero vos dezir mi poridat. Sepades, señor, que el mi mester es fazer oro» [488]. «Çertas», dixo el rey, «fermoso mester es e cunple mucho a la caualleria, e plazeme mucho en la tu venida, e de Dios buena ventura al rey mio amigo que te aca enbio; e quiero que metas mano a la obra luego». «En el nonbre de Dios», dixo el cauallero, «quando tu quisieres».

E el rey mando dar posada luego al cauallero, e mando pensar del luego muy bien. E el cauallero en esa noche non pudo dormir, pensando en commo podria escapar del fecho. E de las doblas que traya calçino veynte, e fizolas poluos, e fue a vn espeçiero que estaua en cabo de la villa e dixole asy: «Amigo, quiero te fazer ganar, e ganare contigo.» «Plazeme», dixo el espeçiero. «Pues tomad estos poluos», dixo el cauallero, «e sy alguno te veniere a demandar sy tienes poluos de alexandrique, dy que poco tienpo ha que ouiste tres quintales dellos, mas mercadores venieron e te lo conpraron todo e lo leuaron, e que non sabes sy te finco algunt poco. E quando los catares, di que non te fincaron sy no estos pocos, e non lo des menos de dies doblas; e las çinco doblas daras a mi, e las otras çinco fincaran contigo». E el espeçiero tomo los poluos e guardolos muy bien, e el cauallero fuese a casa del rey, que auia ya enbiado por el. E el rey quando lo vio, mando a todos que dexasen la casa, e finco solo con aquel cauallero, e dixole asy: «Cauallero, en grant codiçia me has puesto, que non puedo folgar fasta que meta mano en esta obra.» «Çertas, señor», dixo el cauallero, «derecho fazes; ca quando rico fueres, todo lo que quisieres abredes, e reçelarvos han

---

[488] La vergüenza de tener que confesar su oficio anterior es la motivación de la mentira, que resulta así, hasta cierto punto, justificada, frente a lo que sucede en otras versiones de este cuento, en las que la mentira se hace con verdadera mala intención. Véase el *enxienplo* XX de *El Conde Lucanor* y se comprenderá la diferencia.

todos vuestros vezinos asy commo fazen a mi señor el rey, por el grant auer que tiene, quel yo fis desta guisa». «Pues que es lo que auemos mester», dixo el rey, «para esto fazer?» «Señor», dixo el cauallero, «manda âlgunos tus omes de poridat que vayan buscar por los mercaderos e por los espeçieros poluos de alexandrique, e conpralos todos quantos fallares; ca por lo que costare vna dobla fare dos, e sy para todo el año ouieremos abondo de los poluos, yo te fare con grant tesoro, que non lo abras do poner». «Par Dios, cauallero», dixo el rey, «buena fue la tu venida para mi, sy esto tu me fazes».

E enbio luego a su mayordomo e a otro ome de su poridat con el que fuese buscar estos poluos. E andudieron por toda la villa a buscar estos poluos e nunca fallaron ome que les dixiese que los conosçiese nin sabian que eran, e tornaronse para el rey e dixieronle que non fallauan recabdo ninguno destos poluos; ca dezian mercaderos e los espeçieros que nunca los vieran nin oyeran fablar dellos sy non agora. «Commo non!», dixo el cauallero. «Çertas tantos traen a la tierra de mio señor el rey, que dozientas azeymilas podria cargar dellos; mas creo que porque los non conosçedes non los sabedes demandar. Yre conbusco alla, e por auentura fallarlos hemos.» «Bien dize el cauallero», dixo el rey. «Ydvos luego para alla.» E ellos se fueron por todas las tiendas de los espeçieros preguntando por estos poluos, e non fallaron recabdo ninguno. E el cauallero demando al mayordomo del rey sy auia otras tiendas de espeçieros y açerca, que fuesen alla, que no podia ser que los non fallasen. «Çertas», dixo el mayordomo, «non ay otras tiendas en toda la villa, saluo ende tres que estan en el arraual». E fueron para alla, e en las primeras non fallaron recabdo ninguno; mas vno que estaua mas en cabo que todas, dixo que poco tienpo auia que leuaron mercaderos del tres quintales de tales poluos commo ellos dezian. E preguntaronle sy fincara alguna cosa ende, e el dixo que non sabia, e fizo commo que escrudiñaua sus arcas e sus sacos, e mostroles aquellos pocos de poluos quel auia dado el cauallero. E demandaronle que por quanto gelos daria, e el dixo que non menos de dies doblas. E el cauallero dixo que gelas diesen por ello, syquier por fazer la proeua, e dieronle dies doblas, e tomo los poluos el mayordomo e leuolos para el rey. E dixieronle commo non podieran auer mas de aquellos poluos, commoquier quel espeçiero les dixiera que poco tienpo auia que vendiera tres quintales dellos. E el cauallero dixo al rey: «Señor, guarda tu estos poluos, e manda tomar plomo, pesso de veynte doblas, e fas traer carbon para lo fundir, e faga el tu mayordomo en commo le yo dire, e sey çierto que me fallara verdadero en lo que te dixe.» «Quieralo Dios», dixo el rey, «que asy sea!».

Otro dia en la mañana vino el cauallero e mando que posiesen en vn cresuelo [489] los poluos e el plomo, e que lo fundiesen, e mandoles lançar otros poluos desuso de la calçina [490], de los huesos, que desgasto el plomo e lo torno en fumo, e fincaron los poluos de las veynte doblas todo fundido. E quando lo sacaron, fallaron pesso de veynte doblas del mas fino oro e mas puro que podia ser. E el rey quando lo vio, fue muy ledo e touo quel auia fecho Dios mucha merçed con la venida de aquel cauallero, e demandole commo podia auer mas de aquellos poluos para fazer mas obra. «Señor», dixo el cauallero, «manda enbiar a la tierra de mio señor el rey, que y podran auer syquiera çient azeymilas cargadas». «Çertas», dixo el rey, «non quiero que otro vaya sy non tu, que pues el rey mio amigo fiaua de ti, yo quiero fiar de ti otrosy». E mandole dar dies camellos cargados de plata, de que conprase aquellos poluos. E el cauallero tomo su auer e fuese, con entençion de non tornar mas nin de se poner en lugar do el rey le podiese enpesçer; ca non era cosa aquello quel rey queria que feziese, en quel podiese dar recabdo en ninguna manera.

Este rey moro era tan justiçiero en la su tierra, que todas las mas noches andaua con dies o con veynte por la villa a oyr que dezian e que fazian cada vno. Asy que vna noche estauan vna pieça de moros mançebos en vna casa comiendo e beuiendo a grant solas, e el rey estando a la puerta de parte de fuera escuchando lo que dezian. E começo vn moro a dezir: «Diga agora cada vno qual es el mas nesçio desta villa.» E cada vno nonbro el suyo. E dixo luego aquel moro mançebo: «Pues el mas nesçio de aquesta villa que yo se, es el rey.» Quando el rey lo oyo fue mucho yrado [491], e mando a los sus omes que los prendiesen e que los guardasen ay fasta otro dia en la mañana, que gelas leuasen. E porende dizen que quien mucho escucha de su daño oye. E ellos començaron a quebrantar las puertas, e los de dentro demandaron que quien eran. Ellos les dixieron que eran omes del rey. E aquel moro mançebo dixo a los otros:

---

[489] *Cresuelo:* crisol.
[490] *Calçina:* cal.
[491] *Yrado:* airado.

«Amigos, descubiertos somos, ca çiertamente el rey ha oydo lo que nos dixiemos; ca el suele andar por la villa escuchando lo que dizen del. E sy el rey vos feziere algunas preguntas, non le respondades ninguna cosa, mas dexatme a mi, ca yo le respondere.»

Otro dia en la mañaña leuaronlos antel rey presos, e el rey con grant saña començoles a dezir: «Canes, fijos de canes, que ouistes comigo en dezir que yo era el mas nesçio de la villa? Quiero saber qual fue de vos el que lo dixo.» «Çertas», dixo aquel moro mançebo, «yo lo dixe». «Tu?», dixo el rey: «dyme por que cuydas que yo so el mas nesçio». «Yo te lo dire», dixo el moro. «Señor, sy alguno pierde o le furtan alguna cosa de lo suyo por mala guarda, o dize alguna palabra errada, nesçio es porque non guarda lo suyo, nin se guarda en su dezir; mas avn non es tan nesçio commo aquel que da lo suyo do non deue, lo que quiere perder a sabiendas asy commo tu feziste. Señor, tu sabes que vn cauallero estraño vino a ti, e porque te dixo que te faria oro de plomo, lo que non puede ser por ninguna manera, distele dies camellos cargados de plata con que conprase los poluos para fazer oro. E crey çiertamente que nunca le veras mas ante ty, e sy as perdido quantol diste, e fue grant mengua de entendimiento.» «E sy veniere?», dixo el rey. «Çierto so, señor», dixo el moro, «que non verna por ninguna manera». «Pero sy veniere?», dixo el rey. «Señor», dixo el moro, «sy el veniere, raeremos [492] el tu nonbre del libro de la nesçedat e pornemos y el suyo; ca el verna a sabiendas a grant daño de sy, e por auentura a la muerte; porque el non podra fazer aquello que te prometio, e asy sea el mas nesçio que tu».

«E porende señor», dixo el infante Roboan al enperador, «commoquier que seades muy rico, e podiesedes enplear muy grant auer en tan noble cosa commo aquesta que vos dize este fisico, sy verdat puede ser, non me atreuo a vos consejar que auentures tan grant auer; ca sy vos fallesçiese, dezirvos yan que non abiedes fecho con buen consejo nin con buen entendimiento; ca grand mengua de entendimiento es auenturar ome grant auer en cosa dudosa; ca finca engañado sy lo non acaba, e con perdida» [493]. «Çertas», dixo el enperador, «tengome por bien aconsejado de vos» [494].

---

492 *Raer:* quitar, raspar.
493 Como Zifar, Roboan es buen consejero.
494 A continuación comienza el segundo episodio fantástico de

De commo el infante Roboan pregunto al enperador por que non se reya

E en tantas cosas se fallaua por bien aconsejado del infante Roboan que los consejos de los otros non los preçiaua nada, e guiauase toda via por los sus consejos e non por consejo de otro alguno. Asy que los otros consejeros del enperador ouieron muy grant enbidia, e fablaron en vno e dixieron: «Çertas sy este ome aqui mucho dura con el enperador, nos astragados somos, ca el enperador non nos preçia nada, e asy non abremos la onrra e el pro que soliemos; por que ha mester que ayamos buen acuerdo sobre esto.» Leuantose el conde de Lan que era vno de los consejeros, e dixo: «Amigos, non me semeja que otra carrera podemos tomar sy non aquesta que vos agora dire, para confonder e astragar a este infante que a esta tierra vino por mal e por desonrra de nos. Vos sabedes que el enperador nunca rie, e a quien le pregunta por que non rie, que luego le manda cortar la cabeça; e este infante avn non es sabidor desto e nin lo entiende, e sy en alguna manera gelo preguntase, tengo que lo mandarie matar por ello, o a lo menos que se perderia con el. E porende dezirvos he en commo podamos fazer. Yo conbidare a el e a vos todos que comades en vno en la mi posada, e quando fueremos solos diremos en commo nos marauillamos del rey porque non rie, e preguntaremos a el sy lo vido nunca reyr; e çierto so que vos dira que non. E rogarle hedes, que pues tan priuado es del enperador que se aparta con el a fablar mucho a menudo, que en solas le faga esta pregunta, e le diga que qual es la razon por que non rie. E por auentura el su atreuemiento [495] de la priuança le matara o le echara desta tierra.»

E fezieronlo asy, e el infante crouolos, non se aguardando dellos; ca vn dia andando con el enperador por el canpo fablando muchas cosas de solas, vinosele emiente de lo que le dixo el conde de Lan e los otros consejeros del enperador,

---

la obra, que se liga a la acción realista mediante un personaje —Roboan— común a la acción principal y al episodio secundario.

[495] El atrevimiento del protagonista desempeña un papel importante en la trama del segundo episodio fantástico, lo mismo que había sucedido en la trama del primero.

porque vido que non reye, auiendo muchas cosas de solaz fablado por que deuiera reyr, e dixol asy: «Señor atreuiendome a la vuestra merçed quiero vos fazer vna pregunta, sy la vuestra merçed fuere.» «E plazeme», dixo el enperador, «e dezit lo que quisierdes e oyrvos he muy de grado». «Señor», dixo el infante, «yo veo que vos pagades mucho de auer solas, e sabedes dezir muchas cosas e muchos retrayres [496] en que ome lo puede tomar, por que veo que mengua en vos vna cosa, la que ha en todos aquellos que de solas se pagan». «E qual es esa cosa?», dixo el enperador. «Señor», dixo el infante, «que vos nunca vy reyr por grant solaz en que estouiesedes; e querria saber, sy la vuestra merçed fuese, que me dixiesedes qual es la razon por que non reydes?» [497]. E el enperador quando esta palabra oyo pesole muy de coraçon e demudosele la color, e estouo grand rato que lo non pudo fablar. E desy tornose a el muy ayrado, e dixole assy: «Amigo, mal aconsejado fuestes, e Dios confonda el cuerpo del que en esto vos pusso, porque tal pregunta me fuestes fazer; ca a vos quiso matar, e a mi quiso fazer perder vn amigo muy bueno en quien yo mucho fiaua e me tenia por muy bien seruido e bien guardado en todas cossas.» «E commo, señor», dixo el infante, «tan grand pessar tomastes por esta pregunta que vos yo fize?». «Atan grande», dixo el enperador, «que mayor non puede ser; ca nunca ome me fizo esta pregunta que la çabeza non perdiese; pero tan bien vos quise fasta aqui que non me sufre el coraçon de vos dar aquella pena que dy a los otros por esta razon, e non quiero que aquellos que alli estan sepan desto ninguna cosa, mas quiero que vayades comigo commo que ymos fablando, e llegaremos a la ribeza de la mar, e ponervos he en tal logar que por ventura vos sera mejor la muerte que la vida, o por ventura sera grand vuestra pro e grand honrra vuestra, sy fuerdes ome de buen recabdo e lo supierdes muy bien guardar. Mas mal pecado! pocos son aquellos que saben sofrir la buena andança, e caen en mala andança e sufrenla, maguer non quieren».

---

[496] *Retrayres:* refranes.
[497] La curiosidad es la motivación de Roboan, lo mismo que lo había sido del caballero Atrevido.

De como el emperador en pena de la pregunta desterro al infante Roboan al imperio de las Yslas Dotadas, adonde fue muy bien recebido, e caso con la emperatriz e fue hecho emperador

Dixole luego el ynfante: «Sseñor, agora creo que es verdadero el proberbio que dizen, que alguno se cuyda santiguar e se quiebra los ojos. E assy contesçio agora a mi, ca cuyde dezir algo e dixe nada, e cuydando ganar perdi; ca asaz pudiera fablar con vos en otras cosas con que tomarades plazer, e non ffazervos pregunta tan loca en que non yazie prouecho ninguno. Onde señor gradescavos Dios porque non me queredes dar aqui la pena que meresçia, segund que fue dada a los otros que cayeron en tal yerro commo yo.» E en esto ffueron andando commo en fabla amos ados, e llegaron ribera de la mar a vna çerca alta que auia mandado fazer el enperador. E llegaron a la puerta de aquel logar, e metio la mano el enperador a su bolsa e saco de alli vna llaue e abrio la puerta, e entraron dentro e çerraron la puerta enpos de sy. E estaua vn batel syn remos en el agua, e non fazia sy non llegar a la orilla de la mar e llegarse luego al agua. E tanto estaua a la orilla quanto podia ome entrar, e non mas. E el enperador mando al ynfante que entrase en aquel batel, pero doliese del, e llorando de los ojos muy fuertemente. E quando llego al batel a la orilla entro el infante en el, e tan ayna commo fue entrado, tan ayna fue arredrado del batel e metido en alta mar, de guisa que non pudo dezir al enperador: «Señor, con vuestra graçia» [498].

---

[498] El batel o navío es uno de los medios de transporte que se suelen utilizar en los cuentos folklóricos para ir al reino lejano. A este respecto, Propp dice que: «... El cuento maravilloso presenta muchas variedades de traslados... el héroe, por ejemplo, se transforma en un animal o en un pájaro y corre o vuela, o se sube a un pájaro, a un caballo o a la alfombra voladora, se pone las botas que andan solas, le llevan el diablo o un espíritu, viaja en una nave o se traslada en una barca voladora, atraviesa un río con la ayuda de alguien, desciende a un precipicio o escala las montañas mediante escaleras, cuerdas, cinchas, cadenas o zarpas, el árbol crece hasta el cielo, o el héroe trepa por un árbol o, finalmente, es conducido por un guía a quien sigue...» (*Las raíces*

Peroque era ya muy arrepentido el enperador porque non lo auie perdonado, e despues que perdio el batel de vista çerro la puerta del cortijo e fuese para su conpaña. E quando los caualleros del infante vieron al enperador solo e non a su señor, fueron muy espantados e dixieron al enperador: «Señor, que es del infante que andaua agora por aqui por este canpo conbusco?» «Bien lo sabredes», dixo el enperador. «Cred, señor», dixieron ellos, «que si vos non nos dezides do es, que nos conuiene de andar en su demanda e non nos partir dello fasta que lo fallemos o muramos en su demanda». «Non vos quexedes», dixo el enperador, «ca yo lo enbie con mi mandado a vn logar do el podra auer mayor honrra que non esta en que yo esto, sy el ome fuere de buen entendimiento, o sera aqui conbusco ante del año conplido. E estad muy bien sosegados, ca yo vos mandare dar todo quanto ouierdes menester fasta que el sea aqui conbusco». «Sseñor», dixieron los caualleros, «nos atenderemos aqui fasta aquel plazo que vos nos mandades, e sy algund mal o daño el ouiere, Dios lo demande a vos e non a nos; peroque nos tenemos por desauenturados e por muy solos e desconortados syn el». E el enperador los començo a conortar e de asegurar, diziendoles que el infante su señor non resçibirie daño nin enojo ninguno. E con esto fueron ya sseguros.

Titulo del infante Roboan, de commo entro en las Ynsolas Dotadas, e commo caso con Nobleza, señora de ally

Deque el ynfante se fue ydo en su batel en que el enperador lo metio, non sabie por do se yua nin pudo entender quien lo guiaua; e asy yua rezio aquel batel commo viento. E otro dia en la mañana quando el sol salie, llego a la costera de la mar a la otra parte, a vnas peñas tan altas que ssemejaua que con el çielo llegauan. E non auia sallida nin entrada ninguna, sy non por vn postigo solo que tenie las puertas de fierro. E asy commo fue llegado en derecho del postigo, tan ayna fueron las puertas abiertas, e non paresçio

históricas..., pág. 295). Propp dice también que: «... todos los modos de traslado tienen un único origen: reflejan la representación de las peregrinaciones del difunto al mundo de ultratumba...» (*Las raíces históricas...*, pág. 313).

ninguno que las abriese nin las çerrase. E el infante salio del batel e entro por el postigo, e luego fueron las puertas çerradas [499]. E en la peña auie vn caño fecho a mano, por do pudiese entrar vn cauallero armado en su cauallo, e estauan lanparas colgadas de la peña, que ardien e alunbrauan todo el caño. E el infante fue muy espantado porque non vido ninguno con quien fablase nin a quien preguntase que logar era aquel, e quisiera se tornar de grado sy pudiera, mas las puertas estauan tan bien çerradas e tan juntas con la peña, que non las podia mouer a ninguna parte. E fuese por el caño adelante lo mas que pudo, asy que bien fue ora de terçia ante que al otro cabo llegase, ca bien auie seys migeros en aquel caño de la vna parte fasta la otra. E quando llego al postigo de la otra parte abrieronse luego las puertas de fierro, e fallo alli dos donzellas muy bien vestidas e muy apuestas, en sendos palafrenes, e tenien vn palafren de las riendas muy bien ensellado e muy bien enfrenado, e desçendieron a el e besaronle las manos e fizieronle caualgar en aquel palafren, e fueronse con el diziendole que su señora la enperadriz lo enbiaua mucho saludar, e que lo salien a resçebir dos reys sus vasallos, con muy grand caualleria, e le besarien las manos e lo resçibirien por señor, e le farien luego omenaje todos los del inperio a la ora que llegase a la enperadriz; e que supiese bien por çierto que esta enperadriz auie sesenta reys al su mandar en el su señorio, e que todos serien al su seruiçio e al su mandamiento.

«Sseñoras», dixo el infante, «esto commo puede ser, ca yo nunca en esta tierra fui nin saben quien me ssoy, nin enbiaron por mi, sy non que soy aqui llegado, e non se sy por la mi buena ventura o por mi desauentura?» «Sseñor», dixieron las donzellas, «la vuestra buena ventura fue, que anda conbusco guardandovos, e endereçando e guiando la vuestra fazienda de bien en mejor. E Nuestro Señor Dios, al que vos tomastes por guiador quando vos despedistes del rey vuestro padre e de la reyna vuestra madre, vos quiso endereçar e guiar a este logar donde auedes de ser señor, e

---

[499] Al reino lejano se entra por un lugar angosto. Según Propp, «... La entrada al reino tiene lugar a través de las fauces de los animales; estas fauces se cierran y se abren continuamente... De aquí provienen, por un lado, las puertas que golpean y a veces aprisionan el tobillo del héroe, las puertas con dientes, las puertas que muerden, y, por otro lado, también los montes semovientes que amenazan con aplastar al recién llegado...» (*Las raíces históricas...*, pág. 426).

darvos por conpañera a la enperadriz, que es muy rica e muy poderosa, e la mas fermosa e la mas acostunbrada dueña que en el mundo naçio. E commoquier que su madre fue vna de las mas fermosas del mundo, mucho mas es esta su fija».

«Sseñoras», dixo el infante, «e quien fue su madre desta enperadriz?» «Sseñor», dixieron ellas, «la Señora del Paresçer, que fue a saluar e a guardar del peligro muy grande a don Yuan, fijo del rey Orian, ssegund se cuenta en la su estoria, quando don Yuan dixo a la reyna Ginebra que el auie por señora vna dueña mas fermosa que ella, e ouose de parar a la pena que el fuero de la nuestra tierra manda, sy non lo prouase, segund que era costunbre del reyno». «E quien fue su padre?», dixo el ynfante. «Señor», dixieron ellas, «don Yuan fue casado con ella, segund podredes saber por el libro de la su estoria, sy quisieredes leer por el». «E es en esta tierra?», dixo el infante. «Sseñor», dixieron ellas, «sy». «Sseñoras», dixo el infante, «esta vuestra señora, fue nunca casada?». «Sy fue», dixieron ellas, «con vn enperador que la perdio por su desauentura e por su mal recabdo, de lo que vos auedes de guardar, que la non perdades por mal consejo que ninguno vos de; e asy podredes ser el mas poderoso e el mas bien andante señor de todo el mundo» [500].

«Señoras», dixo el infante, «donde ha la vuestra señora este tal poder para saber e conosçer las cosas que non vee?. E esto vos digo por lo que de ante me dixistes, que quando me despedi del rey mi padre e de la reyna mi madre, que tome por conpañero a Nuestro Señor Dios; e çierto verdad es que asy fue». «Sseñor», dixieron las donzellas, «la enperadriz su madre la dexo encantada, e a todo el su señorio, de guisa que ninguno non puede entrar aca syn su mandado, e el su señorio es todo çerrado enderredor de muy altas peñas, asy commo vistes quando entrastes por el postigo ado vos traxo el batel. E non ay mas de quatro postigos para sallir e entrar, asy commo aquel por do vos entrastes. Ca sabed que tan ayna commo entrastes en el batel, tan ayna sopo ella la vuestra ffazienda toda, e quien erades, e todas las cosas que pasastes deque nasçistes aca; pero non puede saber lo que ha de venir».

E el infante fue marauillado destas cosas atan estrañas que aquellas donzellas le dezien, e pensso en las palabras que el

---

[500] Prohibición: no escuchar los malos consejos. Planteamiento del cuento.

enperador le dixo quando se partio de el, que el lo enbiarie a logar que por ventura querrie mas la muerte que la vida, o por ventura que serie grand su pro e su honrra, sy lo supiese bien guardar. E touo que este era el logar do le podrie acaesçer vna de estas dos cosas, commo dicho es. E el infante les pregunto: «Commo ha nonbre esta vuestra ssseñora?» «Señor», dixeron ellas, «Nobleza». «E por que le dizen asy?», dixo el. «Porque su padre le puso nonbre assy, e con grand derecho, ca esta es la mejor acostunbrada dueña de todo el mundo; ca nobleza non puede ser syn buenas costunbres.»

E la donzella lleuaua el libro de la estoria de don Yuan e començo a leer en el. E la donzella leye muy bien e muy apuestamente e muy ordenadamente, de guissa que entendie el infante muy bien todo lo que ella leye, e tomaua en ello muy grand plazer e grand solaz; ca çiertamente non ha ome que oya la estoria de don Yuan, que non resçiba ende muy grand plazer, por las palabras muy buenas que en el dizie. E todo ome que quisiere auer solaz e plazer, e auer buenas costunbres, deue leer el libro de la estoria de don Yuan. E el ynfante yendo con las donzellas en este solaz, la vna a la parte diestra e la otra a la parte syniestra, vieron venir muy grand caualleria e muy bien guarnida, con aquellos dos reys que las donzellas auien dicho al infante. E deque llegaron a el los reys, descaualgaron e fueron le besar los pies, que asy era costunbre de la tierra. E el infante non gelos queria dar, fasta que le dixeron las donzellas que non los estrañase, ca a fazer lo auie de todo en todo. E desy caualgaron e tomaron al infante en medio, e fueronse a la çibdad donde estaua la enperadriz. E estauan alli treynta reys de sus vassallos, e estaua la enperadriz en vn grand palaçio en vn estrado que era muy noble. E quando el infante entro por el palaçio do estaua la enperadriz, fueron a el los reyes e fincaron los ynojos antel e besaronle los pies. E quando llego el ynfante a la enperadriz, quiso le bessar las manos, e ella non gelas quiso dar, ante lo fue tomar por la mano e fuelo a posar cabe ella, ca asy lo auien por costunbre. E alli resçibio ella a el por suyo, e el a ella por ssuya, e santiguolos vn arçobispo que alli era e dioles la bendiçion. E luego los reys e los condes e los vizcondes e todos los grandes omes e los procuradores de las çibdades e de las villas, le fizieron omenaje, e lo resçibieron por señor e por enperador, e pusole ella vna corona muy noble de grand preçio en la cabeça con las sus manos, e diole paz e dixole asy: «Biua este mio señor e acresçiente Dios en la su honrra e en los sus dias, e dure en el ynperio, guardando a cada vno en justiçia e non menguando en el seruiçio de Dios.» E luego dixieron todos: «Amen.»

E luego fueron puestas las tablas por el palaçio muy ordenadamente, e las tablas de los reys fueron puestas a diestro e a syniestro de la tabla del enperador e de la enperadriz, e las tablas de los condes e de los grandes omes apartadas vn poco de las tablas de los reys, e en otro palaçio pusyeron las tablas para los caualleros. E sabed que la tabla que fue puesta antel enperador e la enperadriz era la mas noble del mundo que ome nunca viese, que de oro non fuesse, con muchas piedras preçiosas, e auie vn rubi a cada vno de los quatro cantones de la tabla, que cada vno dellos era tan grande commo vna pelota, asy que el menor dellos valie vn grand reyno. E en medio del palaçio fue puesta vna grand tabla redonda con la baxilla, toda de oro, ca non auie copa nin vaso nin pichel [501] que todos non fuesen de oro fino con muchas piedras preçiosas. E dos reys trayan de comer al enperador e a la enperadriz, e otros dos cortauan delante dellos, e las dos donzellas que leuaron el parafren al enperador a la ribera de la mar, dauanles del vino en sendas copas de berillo [502] muy noblemente obradas. Ca bien valie esta baxilla tanto o mas que la que fue puesta delante del Cauallero Atreuido quando entro en el lago con la Señora de la Trayçion, saluo ende que aquella era de ynfinta e de mentira, e esta era de verdat [503]. E deque ouieron comido, vinieron delante ellos muchas donzellas muy fermosas e bien vestidas, con ramos floridos en las manos, cantando muy apuesto e dulçemente, que non ay ome en el mundo que non ouiese grand sabor de estar alli por las oyr cantar. E deque ouieron cantado las donzellas fueron folgar. E deque ouieron dormido, caualgo el enperador e todos los reys con el, e fueron a andar por la çibdad, que estaua toda encortinada de paños de oro e de seda muy nobles, e por todas las ruas fallauan a las gentes que fazian muy grandes alegrias

---

[501] *Pichel:* vaso.

[502] *Berillo:* berilo.

[503] El reino lejano es siempre un lugar de abundancia y riqueza. Lo interesante es que el autor compara la abundancia y la riqueza de los dos reinos lejanos que aparecen en la obra, el Lago y las Ynsulas, que considera, la primera ilusoria y la segunda verdadera, creando, así, dos grados de fantasía: la fantasía soñada del Lago y la fantasía vivida de las Ynsulas.

e de muchas guisas, e dezien con grandes bozes: «Biua el enperador con la enperatriz por luengo tienpo en paz e en alegria!»

E desta guisa biuio el enperador en aquel ynperio doze meses menos tres dias, que non le menguauan ninguna cosa de quantas demandaua e cubdiçiaua que luego non le fuesen puestas delante. Mas el diablo, que non finca de engañar al ome en quanto puede, e le sacar de carrera por le fazer perder el bien e la honrra en que esta, e de le fazer perder el alma, que es la mayor perdida que el ome puede fazer, faziendo cubdiçiar vanidad e nada, e mostrandose en figura de onrra e de plazer, non quiso que cunpliese alli el año el enperador; ca sy lo cunpliera non perdiera el ynperio asy commo lo perdio. E conteçiole desta guissa:

De commo el infante Roboan pedio el alano a la enperatriz

Acaesçio que vn dia andando el enperador a monte, que lo vido el diablo apartado de su gente, yendo tras vn venado, e parosele delante en figura de muger, la mas fermosa del mundo. E el enperador quando la vido retouo la rienda al cauallo e parose, e dixole: «Amiga, quien vos troxo aqui tan fermosa e tan bien andante? Ca bien me semeja que nunca tan fermosa dueña viese commo vos.» «Señor», dixo ella, «oy dezir de vos de commo erades venido a esta tierra, e que erades ome de gran logar e muy apuesto en todas cosas, e que casarades con la enperatriz, e por sabor que auia de vos ver soy aqui venida; e pues la mi buena ventura fue de vos fallar aqui apartado, sy por mi quisierdes fazer fare yo por vos. E pues de caça vos pagades, mostrarvos he vn alano que podedes auer de ligero, que non ay venado en el mundo que vea que lo non alcançe e lo non tome». E el por cubdiçia del alano ayuntose con ella, e desy [504] preguntole commo podrie auer aquel alano [505]. E ella le dixo que pidiese a la enperatriz el alano que tenie guardado en vna camareta dentro en la camara do ella durmie, e mostrole por señales çiertas en qual camara lo tenie.

E el enperador se torno para la çibdat, e en la noche

---

[504] *Desy:* desde allí, después.
[505] Roboan transgrede la prohibición por primera vez. Nudo del cuento.

estando con la enperatriz, dixole: «Señora, vos sabedes bien que yo vuestro sso, e por la vuestra mesura so en esta tierra; pero faziendome vos tanta merçed commo fazedes, non me atreuo a vos demandar algunas cosas que a mi cunplen e a vos non fagan mengua ninguna.» «E commo», dixo la enperatriz, «e dubdades en mi que vos non daria lo que me demandasedes? Tuerto grande me fariedes, ca deuedes entender que quien vos da lo mas que non dubdaria de vos dar lo menos; e pues a mi vos do, non deuedes dubdar que vos non diese qualquier cosa que yo touiese, por preçiada que fuese. E el dia que vos yo resçibi a vos por señor, me desapodere de mi e de quanto auia, e fize a vos señor dello». «Señora», dixo el enperador, «pues que asy es, mandad me dar el alano que tenedes en aquella camareta». «Por Dios, señor», dixo ella, «mucho me plaze, e tomad esta llauezilla, e en la mañana abridla, e commoquier que lo non veades nin recuda, llamadlo por nonbre e venirse ha para vos». «Señora, commo le dizen?», dixo el enperador. «Plazer», dixo la enperatriz. «Plazer ayades», dixo el enperador, «en todos los dias que biuades!». «Amen!», dixo la enperatriz, «pero toda via conbusco e non sin vos».

E quando fue de dia, leuantose el enperador, e abrio la camareta e entro, e miro a todas partes e non lo vido. E quando lo llamo por su nonbre recudio a el falagandosele, e echose. E era mas blanco quel cristal, e tenie vn collar de trena [506] de oro labrada de aljofar, muy granado, e vna traguilla [507] de oro fecha commo cordon. E tomolo por la traguilla e caualgo e fuese a monte. E nunca vio puerco nin çieruo nin otro venado alguno por grande que fuese, que paresçiese, quel non fuese alcançar e tomar. E tenielo muy quedo fasta que el enperador llegase e lo matase; de guisa que muchos de los caualleros e de los escuderos que fueran con el enperador venian de pie, e en los sus parafrenes trayan los venados muertos. Plazer e alegria muy grande tomo el enperador con aquel alano, e quando llego a la enperatris fuele a rebatar las manos e besogelas. E ella fue por besar las suyas e non pudo. «Sseñor», dixo ella, «que ouistes agora comigo en me fazer tan grand pesar en me fazer nesçia delante esta gente?». «Señora», dixo el enperador, «plazer me distes muy grande, e non me semeja que vos lo pudiese gradesçer de otra guisa; ca par Dios, señora, yo creo que seria el nesçio

<hr>

[506] *Trena:* trenza.
[507] *Traguilla:* traílla.

sy esto non ouiese fecho por quanta merçed me fazedes; ca
non se ome en el mundo, por grande e poderoso que fuese,
que se non podiese tener por el mas rico e bien andante del
mundo, que atal dona touiese para tomar plazer, commo
aquesta que vos a mi distes; e gradescavoslo Dios, que yo
non podria nin vos lo sabria gradesçer». E muy leyda fue
la enperatris porque vio al enperador muy loçano e muy
alegre con el alano. E estido el enperador con ella departiendo muy grant pieça en la bondat del alano, e de commo
non dudaua ninguna cosa, por fiera que fuese. E a cabo de
quatro dias fue el enperador a monte, e leuo el alano consigo. E puso a los caualleros e a los escuderos apartados.

De commo el infante se fue a caça con su alano, e de commo le aparesçio el diablo

E el con su alano metiose por el monte; e entrando por
vna silua muy espesa, paresçiole el diablo delante en figura
de aquella dueña que la otra vegada veniera, saluo que semejaua al enperador que era mucho más fermosa que la
otra vegada.

«Señor», dixo la dueña, «es este el alano que vos yo
dixe?». «Sy», dixo el enperador. «E es bueno?», dixo ella.
«Par Dios, amiga», dixo el enperador, «yo non cuydo que
en todo el mundo aya tan buen can commo aqueste, e bien
creed que para auer ome plazer vn regno vale». «Çertas,
señor», dixo ella, «sy me touiesedes el amor que posistes
comigo, yo vos amostraria en commo ouiesedes otra dona
mejor que esta, con que tomedes muy mayor plazer». «E que
cosa podria ser esa?», dixo el enperador, «ca yo non se cosa
en el mundo que vençiese a la bondat deste alano». «Yo lo
se», dixo ella. «Yo vos prometo», dixo el enperador, «que
vos guarde el amor que puse conbusco, e que faga lo que
quesierdes»[508]. E ella le dixo que demandase a la enperatris
vn açor que tenia en la camareta çerca de aquella do estaua
el alano, que era el mejor del mundo.

E la gente del enperador se marauillaua porque lo non
veya salir a ninguna parte, nin tocaua el cuerno asy commo
solia. E el enperador estaua con aquella dueña departiendo,
e atraueso vn venado muy grande, e ladro el alano e fue

---

[508] Roboan transgrede la prohibición por segunda vez. Nudo
del cuento.

lo luego a tomar, e llego el enperador e matolo. E la dueña fuese, e desy atraueso vn puerco muy grande e muy fiero, e fue el alano e trauo del e el enperador fuelo ferir; mas entrando el, ferio el puerco al cauallo en la mano diestra, de guisa quel fizo caer con el enperador; peroque se non fizo mal ninguno, e leuantose mucho apriesa e començo a tocar el cuerno, e recudio luego la su gente e mataron el puerco. E el enperador con grant codiçia del açor non quiso detardar, mas fuese para la çibdat. E asy commo llego a la enperatris, començola a falagar e le fazer plazer porque podiese della tomar el açor. E rebatole las manos e fue gelas besar muchas vezes. E porquel non quiso consentir que gelas ella besase, fue ella muy sañuda e dixole que sy gelas non diese a besar, que nunca cosa le demandaria que gelo diese. E el por la sacar de saña dixo que gelas non daria ca ternia quel estaria mal; pero fizo que non paraua mientes nin estaua aperçebido para se guardar, e desapoderose de las manos. E ella quando vio quel non estaua aperçebido para se guardar que gelas non besase, arrebatole la mano diestra e fue gela besar mas de cient vezes, de guisa quel enperador non gela podia sacar de poder, e commoquier que el mostraua que fazia gran fuerça en ello.

E sy entrellos grant plazer ouo por estas fuerças quel vno al otro fizo, sy alguno o alguna guardo amor verdadero âquel quel ouo de guardar, o le contesçio, otro tal o semejante deste, judguelo en su coraçon quanto plazer ay entre aquellos que se quieren bien, quando les acaesçen atales cosas commo estas! E quando fue en la noche, dixo el enperador a la enperatris estando en su solas: «Señora, el que sus donas de buena mente da, nunca se enoja de dar e plazele mucho quando da; pero porque muy poco tienpo ha que me distes vos vna dona la mejor del mundo, non me atreuo a vos demandar otra tan ayna.» «Por Dios, señor», dixo la enperatris, «mucho lo errades en pensar tal cosa commo esta, e en cuydar que non podredes acabar comigo aquello que quesierdes demandar. E non sabedes que la nobleza establesçio en sy esta ley, que sy en sus donas non acresçiese toda via, que non tiene que ha dado ninguna? E porende non dexedes de demandar, ca nunca negado vos sera lo que quisierdes». «Señora», dixo el enperador, «grant suelta me dades para vos toda via enojar». «E çertas, señor», dixo ella, «non me seria enojo mas plazer». «Pues señora», dixo el enperador, «datme vn açor que tenedes en aquella camareta». E ella saco vna llauezilla de su limosnera e diogela, e dixo

que en la mañaña abriese la camareta e que lo tomase.
«Mas señor», dixo ella, «non querria que fincasedes engañado
en estas pletesias, ca a las vegadas el que cuyda engañar a
otro, finca engañado; pero non dexedes de demandar lo que
quisierdes, que sed bien çierto que nunca vos sera dicho
de non; ca el primer dia que vos yo resçiby por mio, puse
en mi coraçon de vos nunca negar cosa que demandasedes;
mas sabe Dios que querria que fuesedes bien guardado, e
que en vos nin en vuestro entendimiento non cayese mengua
ninguna. E pues en vuestro poder so e me tenedes, guardatme bien e non tiredes la mano de mi e non me querades
perder; ca yo guardarvos he bien e tenervos he verdat e lealtad; ca sy vna vegada me perdedes e vos salga de las manos,
creedme que me nunca auedes a cobrar, asy commo dixo
la verdat al agua e al viento». «E commo fue eso?», dixo
el enperador. «Yo vos lo dire», dixo la enperatris.

Del enxenplo que dio la enperatriz al enperador del agua e de la verdat e del viento, sobre lo que le pedia el infante Roboan

«Oy dezir que el agua e el viento e la verdat que fizieran
hermandad; e la verdad e el agua demandaron al viento e
dixieron asy: 'Amigo, tu eres muy sotil e vas mucho ayna
por todas las partes del mundo, e porende conuiene de saber
de ti do te fallaremos quando te ouieremos mester.' 'Fallarme
hedes', dixo el viento, 'en las alturas de la tierra; e sy alli
non me fallardes, fallarmehedes en las cañadas que son
entre las sierras; e sy y non me fallardes, yredes a vn arbol
al que dizen tienblo, e y me fallaredes, ca nunca ende me
parto'.

»E la verdat e el viento demandaron al agua que do la
fallarian quando ouiese mester. 'Fallarme hedes', dixo el agua,
'en los rios; e sy alli non me fallardes, fallarme hedes en las
fuentes; e sy non me fallardes, fallarme hedes en las
junqueras verdes; catad y, ca ay me fallaredes de todo
en todo'.

»E el agua e el viento demandaron a la verdat e dixieron:
'Amiga, quando te ouieremos mester ado te fallaremos?'
E la verdat les respondio e dixo asy: 'Amigos, mientre me
tenedes entre manos, guardatme bien que vos non salga
della; ca sy de manos vos salgo vna vegada nunca jamas me

419

podredes auer; ca de tal natura so, que aborrezco a quien vna vegada me parte de sy; ca tengo que el vna vegada me despreçiar, non es digno de me auer.'»

«Onde, mio señor», dixo la enperatris, «parat mientes en estas palabras e non las oluidedes, sy me queredes bien guardar, e asy guardaredes a vos e a mi». Çertas estas palabras todo ome las deuen entender para se saber guardar, para non perder el amigo que tiene ganado e lo que ha en su poder; ca ninguno non se siente tanto de daño e de pesar que venga, commo el amigo que vee e siente en el su amigo tales cosas por que se ayan del âpartar. Ca asy commo era gran amor entrellos, asy finca grant desamor e grant aborresçimiento; ca mayor llaga faze en el coraçon del ome el pequeño golpe del amigo que el grand golpe del enemigo e mas se siente ende, commo de aquel de quien atiende resçebir plazer, e gelo torna en pesar. E esto le dezia porque sabia quien le mal consejaua, e la follia a quel metia con codiçia de aquellas cosas quel descobria.

E el enperador non queriendo pensar en estas palabras que la enperatris dezia, e otro dia en la mañaña leuantaronse, e abrio la camareta e vio estar en vna alcandara [509] vn açor mudado de muchas mudas, mas aluo que la nieue, e los oios tan bermejos e tan luzientes commo brasas. E tenia vnas piyuelas [510] bien obradas de oro e de aljofar, e la lonja [511] era de filos de oro tirado e de los cabellos de la enperatris, que non semejaua synon fino oro, de guisa que non auia departimiento ninguno entrellos e el oro, saluo que eran mas primos [512] e mas sotiles que los filos de oro. E tomo el açor el enperador e sacolo fuera de la camareta, e tan bel [513] e tan grande era el açor que non ha ome en el mundo que lo viese, que non tomase muy grant plazer en lo catar; e bien creed que non era pequeño el plazer quel enperador tomo con el, ca non le sofrio el coraçon de lo partir de sy, e andaua con el por el palaçio, trayendolo en la mano, remirandose en el. E venia a la enperatris muchas vegadas, gradesçiendole mucho aquella dona que le auia dado.

E otro dia fue a caça con el su açor en la mano e con el

---

[509] *Alcandara:* percha.
[510] *Piyuelas:* manillas.
[511] *Lonja:* correa.
[512] *Primos:* excelentes.
[513] *Bel:* bello.

alano que traya por la trayella atado a la su çinta [514].
E quando llego a la ribera, nunca lanço el açor quel errase,
e lanço tan bien a las anades commo a las garças e ahuesto-
res e a las autardas, e non le escapaua ninguna presion [515],
por grande que fuese. E avn non dexaua la presion maguer
viese las aguilas; ante fuyan del commo sy fuese señor de
todas las aues. E avn el falcon oriol [516] que paresçio y en ese
tienpo, non lo oso esperar, e fuese desterrado. «Ay Dios,
Señor!», dixo el enperador, «que bien andante so entre los
bien andantes señores del mundo; que non se ome por rico
nin por poderoso que fuese, que vna destas donas que ouiese,
que la non preçiase mas que todas las riquezas del mundo.
E bien es verdat que con la riqueza toma ome sabor grande
e grant plazer, mas esto es plazer sobre todos los plazeres; e
demas ser señor de tan grant tierra e tan rica commo yo so,
e señor de tantos reys, e auer sobre todo esto la mas fermosa, e de mejor donayre, e la mas enseñada e de mejor
palabra, e la mas sosegada e de mejor entendimiento, e la
mas mesurada e de mejor resçebir, e la mas alegre e mejor
muger que en el mundo fue nasçida! Dios Señor, yo non
te lo podria gradesçer, quanto bien e quanta merçed me has
fecho, nin te lo podria seruir!».

E tornose contra la çibdat, e con tan grant plazer que
semejaua commo ome salido de entendimiento, e fuese para
la enperatris con su açor en la mano e con su alano que
leuaua en la trayella. E luego que a ella llego besole la
mano con grant alegria. «Ay señor!», dixo la enperatris,
«avn non sodes castigado de la otra vegada que me feziste
ensañar? Çertas grant sabor auedes de me perder». «E commo
perder?», dixo el enperador. «Perder», dixo la enperatriz,
«sy las vuestras manos non me dades a besar». Abaxo los
oios en tierra el enperador commo cuydadoso, e la enperatris le tomo las manos e besogelas muchas vegadas. Desy
puso el enperador el açor en su vara e el alano en su
camareta, e tornose para la enperatris, e estudieron en muy
grant solas departiendo mucho de las bondades del açor e
del alano, e ella del bien quel feziera Dios por la su conosçençia e por la su venida, deziendo ella que Dios por la su
merçed le quisiese guardar de yerro e de estropieço. E a este
solas estodieron bien quinze dias, que nunca se pudo partir

---

[514] *Çinta:* cinturón.
[515] *Presion:* presa.
[516] *Oriol:* de color de oro.

della nin caualgar nin yr a caça; ca le semejaua que de todos los bienes e los plazeres del mundo non le menguaua ninguna cosa.

E çiertamente asy era verdat; ca ningunt cuydado non auia de tener por ninguna razon, asy estaua el su señorio en pas e en sosiego syn bolliçio malo, ca todos se querian tan bien, e auian vida folgada e muy asosegada, e non tenian a ninguno que por fuerça les entrase en aquella tierra, asy era çerrada de todas partes. E bien creo que este fue el mayor amor que nunca ome sopo entre dos que se grant bien quisiesen; pero por mala guarda del enperador la su alegria tornosele en pesar, e asy se conplio la palabra del sabio que dixo que despues de grant alegria se sigue grant tristeza las mas vegadas. E commo ome de fuerte ventura, non parando mientes a la merçed grande que Dios le auia fecho nin sabiendo guardar nin sofrir la buena andança en que era, fue caer en mala andança, que ouo a sofrir maguer non quiso, commo agora oyredes.

De commo el infante Roboan pedio a la enperatriz el cauallo, por consejo del diablo

Asy que a cabo de muchos dias despues que estudo en su solas con la enperatris, caualgo e fue a caça con el su açor. E andando a monte, encontrose con aquel maldito de diablo quel engaño las otras dos vezes, e parosele delante en figura de muger muy fermosa mucho mas que las otras vegadas, e dixo al enperador: «Señor, non me has que dezir de aqui adelante de me non querer bien, e de fazer por mi quanto yo quisiere; ca yo te fis señor de las mas nobles dos cosas que en el mundo ha.» «Çertas», dixo el enperador, «verdat es, e mucho me has adebdado por fazer yo sienpre lo que tu quisieres; e non dudes que asy lo fare». «Señor», dixo ella, «pues de tan buen conosçer eres e asy te mienbras del bienfecho que resçibes, quiero te mostrar agora otra dona que puedes ganar de la enperatris, mucho mas noble que las otras dos que tienes, que cunple mucho a cauallero». «E que dona seria esa que atanto valiese?», dixo el enperador. «Señor», dixo la dueña, «es vn cauallo mas aluo que la nieue, e el mas corredor del mundo; que non ha otro en el mundo por rezio que sea, que atanto corra commo el».

«Mucho te lo gradesco», dixo el enperador, «e sey segura que me has ganado para sienpre» [517]. E salio del monte e fuese para la enperatris con muy grant caça que leuaua.

E desque fue la noche e se fueron para su camareta, començola a falagar e a le fazer todos los plazeres que podia; commoquier que ella sabia bien lo quel queria demandar, mas non gelo pudo negar, ca quando lo resçibio primeramente auia prometido de le nunca negar cosa quel demandase. E çiertamente la enperatris guardaua e tenia bien sienpre lo que prometiera, e nunca fallesçio a ome del mundo en lo quel prometiese; ca tenia que la mayor mengua que en ome podia ser, era quando non estaua en la palabra e en la promesa que prometiera. E estando a su sabor, adormiose la enperatris. E el enperador non podia dormir, e estauase reboluiendo mucho a menudo en la cama, non se atreuiendo a la despertar e demandar el cauallo. E la enperatris lo sentio, e paro mientes e penso en commo estaua cuydadoso e sospirando e non podia dormir, e dixole: «Señor, en que pensades? Dormid e folgat, que non ha cosa que querades que la non ayades, e por Dios non vos querades matar por mal cuydar. E sy deste cuydar vos dexades, guaresçeredes a vos e a mi; e sy non, bien creed que sy vos non dexades deste cuydar que se tornara a vos en grant daño e a mi en grant pesar.» «Señora», dixo el enperador, «pues asy me asegurades folgare e dormire, ca çierto so de la vuestra mesura que queredes lo que yo quisiere». «E asy quisiesedes vos», dixo la enperatris, «lo que yo quisiese, commo yo quiero lo que vos queredes; e luego los entendimientos e las voluntades e los coraçones seran vnos; mas Dios fizo departidos los entendimientos e los coraçones de los omes, e asy non se pueden acordar en todo». «Señora», dixo el enperador, «Dios nunca quiera que los nuestros coraçones departidos sean, e quien los cuyda departir, partido sea de los bienes de Dios!». «Amen!», dixo la enperatris.

E dormiose el enperador, e diole Dios tan buen sueño que se durmio bien fasta ora de terçia. E la enperatris non osaua reboluerse en la cama con miedo que despertase, teniendo que luego le querria fazer la demanda en que estaua cuydando. E desque desperto semejole que era pasado grant pieça del dia, e asentose en la cama e dixole: «Señora dor-

---

[517] Roboan transgrede la prohibición por tercera vez. Nudo del cuento.

mides? Grant dia es pasado.» «Onde bien», dixo la enperatris, «que dormistes e folgastes; e non me guie Dios sy
mayor plazer non tomo en la vuestra folgura que non vos.
Mas sodes muy quexoso de coraçon, e non sabedes sofrir
en lo que queredes. Çertas non es buena manera. En todas
las otras cosas vos veo muy mesurado sy non en esta; e sy
non vos guardades desta manera que traedes en esta razon,
puede vos traer a grant daño; e por Dios de aqui adelante
non lo fagades. E el enperador quando esto oyo refrenose
e non le quiso demandar lo que tenia en coraçon, e leuantose, e dieronles a comer, e folgaron aquel dia todo; pero
quando andaua el enperador por el palaçio e se llegaua a la
camareta do le dixiera la dueña que estaua el cauallo, pa-
rauase y e escuchaua sy oyria alguna cosa, e non oya nada
nin veya ninguno quel metiese de comer nin de beuer, e
marauillose ende; pero de tal natura era el cauallo que nin
comia nin beuia, ca este fue el cauallo que gano Belmonte,
fijo del rey Trequinaldus a Vedora quando se partio de su
padre, segunt cuenta en la estoria de Belmonte; e auialo
esta enperatris en su poder e a su mandar por el encan-
tamiento.

E quando vino la noche, e se fueron echar el enperador
e la enperatriz, commoquier que la enperatriz non se echo
tan ayna, ante estouo grand partida de la noche que non
se quiso echar, cuydando que se adormeria el enperador e
non se acordarie a fazer la demanda. Mas el enperador,
cuydando en aquel cauallo maldito, non dormia nin podia
dormir; e quando la enperatris se fue echar fallolo despierto,
e el enperador le dixo: «Senora, en que tardastes?» «Señor»,
dixo ella, «fis partir a las donzellas seda e oro e aljofares
para fazer vn pendon muy noble, e sera acabado deste terçer dia, e bien creo que nunca ome fue que tan noble viese
commo este sera». E yuale deteniendo de palabra fasta que
cansase e se adormiese. E contesçiol asy; ca dormio muy bien
e non se desperto fasta otro dia salido el sol, e leuantose
a desora de la cama commo ome mucho espantado. La enperatris fue mucho marauillada, e dixol: «Señor, que fue
esto? Commo vos leuantastes asy a desora, o que es lo que
ouistes?» «Señora», dixo el enperador, «yo soñaua agora que
yua en aquel vuestro cauallo que vos queria demandar, e
alcançaua mucho ayna vn grant venado en pos que yua, e
quel daua vna grant asconada [518]. E el alano dexolo e veniese

---

[518] *Asconada:* lanzada.

el venado contra mi, e reboluia el cauallo, e salia del en manera que me non fazia mal; peroque entraua en vna grant agua e pasaua a nado el cauallo comigo, e con miedo del agua desperte espantado». E la enperatris ouo muy grant pesar en su coraçon porque nonbro el cauallo; ca tenia que pues lo engeñara, que non podria ser que gelo non demandase. E fue asy, que luego le pedia por merçed que gelo diese. E ella metio mano a la limosnera e saco vna llaue e diogela, e fizole prometer que non abriese la puerta fasta el terçero dia, que fue acabado el pendon. E fizolo asy, e al terçero dia en la mañaña abrio la puerta de la camara do el cauallo estaua, e violo muy blanco e muy fermoso, e enfrenado e ensellado, e tomolo por la rienda e sacolo ende, e dixo que queria yr a caça.

E la enperatris quando lo vio, resçebio atan gran pesar quel fue par de muerte. E entro do estauan las donzellas, e tenian el pendon acabado e posieronle en vna asta de lança muy buena, e salio la enperatris con el pendon en la mano e dixo al enperador: «Señor, vos ydes a caça, e yo non puedo al fazer sy non que la vuestra voluntad se cunpla en todo; e ruegovos que este pendon leuedes por mi amor, ca nunca en logar del mundo entraredes con el que non acabedes quanto començardes. E leuat el cauallo fasta fuera de la puerta por la rienda, e estonçe caualgat.» E fizolo asy.

De commo la enperatriz rogaua muy afincadamente al infante Roboan que non se fuese de alli

Quando la enperatris entendio que se auia de yr de todo en todo, despues quel dio el pendon e le dixo que leuase el cauallo por la rienda e caualgase fuera, pesole de coraçon, e quisiera lo detener sy podiera; mas el poder non era ya en ella, sy non en el cauallo, en cuyo poder estaua. Pero estudo con el a la puerta del alcaçar, e dixole estas palabras, cuydando le fazer fincar [519]:

«Señor, non se vos viene emiente las juras e el omenaje que me fezistes el dia que comigo casastes, de vos nunca

---

[519] Lo que sigue está inspirado en el lamento de Dido por la partida de Eneas, tema clásico del que hubo varias versiones en la Edad Media. La más famosa versión medieval castellana es la de Alfonso X en la *Estoria de España*.

partir de mi e me ser leal e verdadero? E veo que vos queredes yr, non auiendo piedat de mi mesquina cuytada, desanparada de las cosas que mas amo, cuyo amor del mi coraçon non se puede partir en ningunt tienpo fasta la muerte. E pues en el mio poder non es de vos fazer fincar, señor, sea en el vuestro, syquier por el tienpo fuerte que faze; ca ya vedes en commo los vientos se mueuen fuertemente e non vos dexaran fazer a vuestra voluntad; mas bien creo que vos queredes yr para nunca mas me ver nin yo a vos; que quesiese Dios que vos nunca ouiese visto nin vos a mi! Ca çierta so que vos en algunt tienpo me desearedes, e yo a vos fasta que muera; pero pues yo non vos puedo detener nin vos non queredes, rogare a los vientos que vos enbarguen la yda, e rogare al dios del mar que vos non resçiba en el, e rogare a Venus, deesa de amor, que vos faga menbrar del amor que en vno posiemos e de las verdades que nos prometiemos, que vos nunca consientan fallesçer en el amor nin las promesas que me fezistes. E pero non creo que todo esto que vuestro coraçon lo podiese sofrir en ninguna manera, en me querer desanparar syn vos lo meresçer, parando mientes en el grant amor verdadero que es sobre todas las cosas del mundo; ca muy verdaderamente vos ame e vos guarde a toda vuestra voluntad. E commoquier que yo sabia el yerro que me teniedes, e non vos lo queria dezir por vos non fazer pesar nin vos poner en verguença; mas vos non catastes por mi mesquina, nin me guardastes commo deuiades, nin a vos mesmo, maguer vos aperçebi e vos dixe que me guardasedes mientra en vuestra poder teniedes, ca sy vna vegada vos saliese de mano nunca jamas me abriedes. E çierta so que sy non fincades, que perderedes quanta onrra e quanto viçio e quanto bien auiedes, segunt vos sabedes, e perderiedes a mi que vos era verdadera amiga en amor, e en vos fazer plazer e en vos codiçiar fazer vida e salud mas que la mia. Mas atanto vos digo, que nunca en peligro vos veredes que vos veades la mi semejança [520] delante, que non creades que aquellos peligros en que fueredes, que por el tuerto que me tenedes vos vienen; e querredes tornar e non podredes, e non tomaredes plazer nin alegria, nin reyredes asy commo soliedes, e desearme hedes e non me podredes auer.

»Ay mio señor! Atan grant es la crueldat en vuestro coraçon contra mi que non dudes de vos meter a peligro de

---

[520] *Semejança:* figura.

muerte, auiendo sabor de me desanparar e me dexar triste e cuytada? Çertas cruel es en sy mesmo el que desama a quien lo ama. E pues por mi non queredes fincar, fyncad porque cuydo que so ençinta de vos, e asy veredes plazer de lo que fezistes; ca yo non le sabria escoger nonbre quando naçiere syn vos.»

E finco los ynojos antel en tierra, que estaua ya en su cauallo, e dixole: «Señor, que me dezides a esto?» E el respondiole: «Diganle Fortunado.» E asy le dixieron despues que fue nasçido, del qual ay vn libro de la su estoria en caldeo, de quantas buenas cauallerias e quantos buenos fechos fizo despues que fue de hedat e fue en demanda de su padre. E ally estando la enperatris los ynojos fincados antel, llorando de los oios, e dixole: «Señor, por merçed vos pido que finquedes, e dexatvos caer del cauallo, ca yo vos resçibire en los mis braços; ca de otra guisa non vos lo consentera el cauallo, ca mucho abibado [521] esta para se yr; e non querades dexar lo ganado por lo que es por ganar, e lo fecho por lo por fazer, e viçio por lazerio, ca çierta so que despues que vos fuerdes codiçiaredes lo que auedes e non lo podredes auer. Ca maldito sea quien vos asy engaño e vos metio a demandar lo que podierades auer escusado. E bien semeja que vos fue enemigo e non amigo; ca bien deuedes entender ca el enemigo da semejança de bien e de amor, e pone al ome en perdida e en desonrra. E porende dizen: 'El que non ama jugando te desama.'» E el enperador quando estas palabras oyo, cuydando se reboluer para desçender, toco vn poco del espuela al cauallo e luego fue commo sy fuera viento; de guisa quel enperador non pudo dezir: «Con vuestra graçia señora» [522].

De commo el infante Roboan se fue en el cauallo, e del duelo que la enperatriz fizo

Onde dize el cuento que en fuerte dia fue nasçido el que tan grant plazer e tan grand poder ouo e non lo sopo guardar; ca este inperio es de los mas viçiosos e muy abondados del mundo, que dizenle las Yslas Dotadas [523]; e co-

---

[521] *Abibar:* alertar, estar alerta.
[522] El caballo volador es uno de los medios de transporte que se suelen utilizar en los cuentos folklóricos para ir al reino lejano.
[523] El reino lejano en este caso está en una isla. Ver nota 341.

marca de la vna parte con las insolas de Çin, e de la otra parte con la mar del inperio de Trigida, e de las otras dos escontra oriente. E la enperatris con sus dueñas e donzellas fincaron muy desconortadas e muy tristes, faziendo el mayor duelo del mundo, commo aquella que fincaua desfiuzada de lo nunca mas ver, en cuyo poder ella codiçiaua acabar sus dias. Ca lo amaua sobre todas las cosas del mundo, e andaua por el palaçio asy commo sandia dando bozes e deziendo: «Ay catiua! En que fuerte dia fue nasçida e en que fuerte ora vy este ome que me asy fue desanparar e matar! Ay Ventura fuerte! Porque me diste con el plazer, por me llegar a tan grant pesar, tu eres asy commo la culebra, que faze la carrera con la cabeça e la desfaze con la cola. E nunca sabes estar en vn estado, asy commo el mar, que creçe e mengua e nunca esta en vn estado. E tu non sabes estar con el ome en aquello que comienças, ca sy alto lo fazes sobir, de alto lo fazes caer; por que nunca deue ome de ti fiar, ca en el mejor logar sueles fallesçer, asy commo tu feziste a mi; ca ally do yo cuydaua estar en la tu fuzia en el mayor plazer e en la mayor alegria en que podia ser, de ally me fueste a derribar e sacar syn piedat ninguna, non te doliendo de mi, auiendo yo en ti grant esperança que me non desanpararias. Mas con derecho te dizen Fortuna, porque nunca eres vna. E pues asy me desanparaste, de aqui adelante non quiero catar por ty nin auer en ty esperança, e asy fincare commo muger syn ventura. E çertas sy plazer e alegria me diste, non he por que te lo gradesçer; ca sy me lo diste, tollistemelo e tornastemelo en pesar e en tristeza, non te lo meresçiendo. E de aqui adelante fare çerrar las puertas e los muros del mio señorio, en manera que non salga vno nin entre otro en ningunt tienpo, e bibre sola syn plazer commo la tortola quando enbiuda, que non sabe catar otro marido nin posa en ramo verde, mas en el mas seco que falla; e ansy vestire paños tristes e porne tocas de pesar por en todos mis dias, e sera el mio cantar de cada dia este:

> Ay mesquina, catiua, desanparada,
> Syn grant conorte!
> Ay forçada, deseheredada
> De todo mio bien!
> Ven por mi, muerte bien auenturada,
> Ca yo non puedo sofrir dolor tan fuerte [524].

---

[524] Brian Dutton y Roger M. Walker señalan que este poema y el que sigue figuran tanto en la edición de Sevilla como en los

E asy finco la enperatris desconortada que nunca mas quiso casar. E el enperador, luego que fue al postigo por do entro, fallose en el batel, ca ay le dexo el cauallo, e fue pasado a la otra parte del mar a aquel lugar mesmo do entrara en el. E el batel llegauase a la tierra e el non queria salir del, cuydando quel tornaria avn al postigo por do auia entrado quando de ally se partio [525]. E el mesquino non sopo guardar el bien e la onrra en que estaua, por codiçia de cosas muy escusadas sy el quesiera. E porende dizen, que quien non cata adelante, caese atras. E este, commoquier que era mucho entendido en todas cosas, e mucho aperçebido e de grant coraçon, non sopo guardarse de los engaños e de las maestrias del diablo, que se trabaja sienpre de engañar los omes para los fazer perder las almas e la onrra deste mundo.

De commo el infante Roboan llego en el batel al inperio de Trigida e le fallo el enperador muy triste e llorando

E con grant pesar de lo que auia perdido, començo a llañer, e dixo asy:

Guay de mi mesquino!
Guay de mi catiuo!
E guay de mi sin entendimiento!
E guay de mi syn ningunt consolamiento!
Do el mio viçio?
Do el mio grant bolliçio?
Oue muy grant riqueza,
Agora so en pobreza.
Ante era aconpañada,
Agora so solo fincado.
Ya el mi poder
Non me puede pro tener,
E perdido he quanto auia,

manuscritos de Madrid y de París, por lo que no son interpolaciones tardías, como podrían ser los poemas intercalados en el *Amadís*. Tanto en el *Amadís* como en el *Zifar* la inclusión de poemas parece indicar cierto gusto por la mezcla de la prosa con el verso, gusto que, según Dutton y Walker, ya se había hecho evidente en la *Historia Troyana Polimétrica* de hacia 1270 («El Libro del Cavallero Zifar...», págs. 55-67).

[525] Roboan es expulsado de las Ynsulas. Desenlace del cuento.

Todo por mi follia.
Mas perdi aqui do yago,
Que Eneas en Cartago.
Quando dixo e andido
De quien non fue despedido.

E estando en aquel batel muy triste e muy cuytado, el enperador de Triguiada quel fizo entrar en el batel llego a aquel cortijo e abrio la puerta asy commo solia fazer cadaquier dia despues que y metio al infante, e violo estar en el batel, vna lança con vn pendon en la mano muy noble, e allegose a el e dixol: «Amigo, commo vos va?» E el non le pudo responder palabra. «Amigo», dixo el enperador, «salid aca, que a lo pasado non ay consejo ninguno; e conortadvos e catad lo de adelante, e sy non ouistes seso en lo primero para vos guardar, aved en lo segundo quando vos acaesçiere». E salieron fuera del cortijo, e el enperador demando vn palafre, e traxierongelo, e caualgo el infante, su pendon en la mano. E para se conplir el año del dia que entro en el batel non menguaua synon dos dias. E el enperador se aparto con el infante e preguntole commo le fuera, e el le dixo: «Señor, bien e mal.» «Ya lo veo», dixo el enperador, «que bien vos fue luego e mal despues; pero deuedes tomar conorte, e reyd agora comigo, sy ayades plazer». «Çerta», dixo el infante, «non podria reyr por alguna manera, e sy otro me lo dixiese matarme ya con el de grado». «Pues por que», dixo el enperador, «faziedes vos tal pregunta, por que non reya? Ca por y pase yo por do vos pasestes; ca yo fuy el primero que oue aquel plazer, e perdilo por mi mal recabdo asy commo vos fezistes». Peroquel yua el enperador conortando lo mejor que podia. Las nueuas llegaron a la çibdat, e quando la gente del infante lo oyeron fueron muy ledos, e salieron lo a resçebir, e fueron le besar las manos, e gradesçiendo mucho a Dios porque lo veyan biuo e sano; ca ya çerca eran de perder fuzia de lo nunca ver e de andar en pos la su demanda. E grande fue el alegria que fue fecha en toda la tierra del enperador quando lo sopieron, saluo ende aquellos quel consejaron que feziese la pregunta al enperador, a quien non plazia de la venida del infante; ca antes les pesaua muy de coraçon, ca tenian que gelo querrian acaloñar. E quando el infante entro con el enperador a la çibdat fueron fechas muy grandes alegrias, e non finco cauallero nin dueña nin donzella que alla non saliesen, deziendo a muy grandes bozes: «Bien sea venido el amigo leal del enperador.»

Çertas bien dio a entender el enperador que auia muy grant plazer con el, ca le traya el braço desuso, deziendole muchas buenas palabras por lo traer a plazer, e con grant alegria dixol: «Amigo, agora vos tengo por fijo, pues Dios non quiso que otro ouiese, e quiero fazer por vos lo que nunca cuyde de fazer por ome del mundo, e vos que fagades por mi lo que vos dire.» «Señor», dixo el infante, «por sienpre vos sere mandado en lo que vos quesierdes». «Pues quiero», dixo el enperador, «que riades e tomedes plazer, e yo reyre conbusco». «Señor», dixo el infante, «pues a vos plaze, fare yo todo mi poder».

De commo aparesçio el diablo al enperador e al ynfante Roboan en vn vergel en figura de donzella

E quando entraron al palaçio del enperador, fueron a vn vergel muy bueno que estaua çerca de la camara del enperador, e vieron vna dueña muy fermosa que se bañaua en vna fuente muy fermosa e muy clara en medio del vergel; e esta era la dueña que los engañara, consejandolos que demandasen a la enperatris tres donas por que la perdieran. E el enperador dixo al infante: «Amigo, conosçedes ally algo?» «Conosco», dixo el infante, «por la mi desauentura; ca aquella es la que con muy grant engaño me saco de seso e de entendimiento e me fizo perder quanto plazer e onrra auia; e confondala Dios por ende». «Amen!», dixo el enperador.

E ella començo a reyr e a fazer escarnio dellos, e finco la cabeça en el suelo de la fuente, e começo a tunbar en el agua, de guisa que non podieron estar que non reyesen; pero el infante non podia reyr de coraçon, mas de ally adelante reyeron e ouieron grant plazer e grant solas en vno. «Bien aya mal», dixo el enperador, «que trae tan grant uirtud consigo que de los tristes faze alegres e da entendimiento a ome para se saber guardar mejor en las cosas quel acaesçieren; ca este diablo maldito nos fizo sabidores para nos guardar de yerro o de non creer por todas cosas que nos acometan con falagueras palabras e engañosas, asy commo este fizo a mi e a vos. Pero sy a mi non engañara primeramente, non podiera a vos engañar en este lugar; e asy non ouiera yo conpañero con quien departir el pesar, sy en mi cabo fuese; mas pues conpañeros fuemos en la desauentura, seremos conpañeros en conorte, e conortemosnos lo mejor que podieremos; ca çertas buen conorte vençe mala ventura, e non ha ome por de buen coraçon que sea que puede bien sofrir la fortaleza de la desauentura, sy solo es en ella, que sy conpañero ha, pasa e sufre su fortaleza mejor. E porende dizen, que mal de muchos gozo es».

De commo el enperador fino e finco el infante Roboan por señor de todo el inperio de Trigida

E este enperador, despues que perdio la enperatris encantada, fue casado, e nunca pudo auer fijo ninguno, e muriosele la muger. E seyendo el infante con el, penso que sy el muriese, que fincaria el inperio desanparado e que podria venir a perdiçion e a destruymiento; e conosçiendo al infante qual era en caualleria e en todas buenas costunbres, quiso que despues de sus dias fincase señor e enperador del inperio, e porfijolo delante todos los de su tierra, e fizole fazer omenaje, e resçebieronlo por señor despues de dias del enperador. El enperador non visco mas de vn año, e finco el infante en su lugar, mucho amado de toda la tierra del enperador e del inperio, e resçebieronlo por enperador [526].

E el enperador auia muy grant sabor de los mantener en justiçia e en pas, ca los defendia e los manparaua muy bien; e era toda la tierra reçelada de todos los sus vezinos, ca era bien seruido e bien guardado de todos sus vasallos, saluo ende todos syete condes consejeros del otro enperador, que consejaron que feziese la pregunta por quel non reye. E con reçelo trabajaronse de poner bolliçio en el inperio quanto ellos podieron, con parientes e con amigos, reçelandose de lo que auian fecho contra el; commoquier quel enperador non se queria menbrar dello, antes lo dexaua oluidar e non queria fablar en ello, nin consentia a ninguno que en ello fablasen. Mas antes los resçebia sienpre muy bien e los fazia quanta onrra el podia, e trabajauase en los asosegar, faziendoles bien e merçed e graçias señaladas entre los otros de su señorio; de lo que se marauillauan todos los omes buenos

---

[526] Roboan pasa de príncipe segundón de Menton a príncipe heredero de Trigrida y de príncipe heredero de Trigrida a emperador de Trigrida, con lo que su ascenso social es mayor que el de Garfin.

de su casa, en fazer tantas onrras a aquellos que sabia que procuraran la su muerte sy podieran.

De como el rey de Garba y el rey de Safira e siete condes se rebelaron contra el enperador Roboan

Mas el enperador, commo aquel que sienpre fizo bien en quanto el pudo, tomo la palabra del Euangelio en que dize que non deue ome rendir mal por mal. E esto es verdat a los que se arrepienten del yerro en que cayeron; mas estos commo desauenturados, non queriendo conosçer el yerro en que cayeron contra el enperador quando le procuraron la muerte, nin se queriendo dello arrepentir, nin entender quanta merçed les fazie el enperador, e non se queriendo acordar del pensamiento que pensaron contra el, nin queriendo el enperador ser vandero mas a vnos que a otros, commoquier que conosçia bien los seruiçios que cada vno dellos le fazia e le galardonaua a cada vno dellos, ellos fablaron con dos reys, vasallos del enperador, el vno el rey de Safira e el otro el rey de Garba, muy ricos e muy poderosos, e fezieronles creyentes quel enperador los queria mal e que queria enbiar por ellos para los matar, ca commo ome estraño non se pagaua de los naturales del inperio, mayormente de los poderosos; de guisa que los posieron en grant sospecha contra el enperador. E mal pecado! de tan flaca natura es el ome, que mas ayna cae en el grant miedo que en grant esfuerço, e con reçelo ha de caer en grant yerro, e mueuense los coraçones a fazer lo que non deuen. Onde dize el vierbo antigo, que qual palabra me dizen, tal coraçon me fazen. E mas quel ome de flaco coraçon sienpre esta sospechoso e se mueue a tuerto; onde estos dos reyes estando en este miedo en que los pusieran aquellos condes, e el enperador queriendo yr a ver a su padre e a su madre e a su hermano, e yr en romeria a aquel monesterio que su padre el rey fiziera, do el Nuestro Señor Dios faze muchos miraglos, e queriendo dexar encomendada la tierra a aquellos dos reys, con otros dos que eran de la otra parte del su señorio, enbio mandar por sus cartas a estos dos reyes que se viniesen para el cada vno con poca gente, ca los queria guardar de costa.

E el rey de Garba e el rey de Safira quando vieron las

cartas del enperador en que les mandaua que se fuesen luego para el con poca gente, vinoseles hemiente de la dubda en que les pusieran los condes, e vinieron amos ados a se veer a vna tierra que es entre los dos reynos, que era por partir entrellos, e teniela en fieldad vn conde de aquellos que los auien puesto en este reçelo, e enbiaron por los otros condes e mostraronles las cartas. E ellos despues que las cartas vieron, leuantose el vno dellos e dixo asy: «Señores, la mala voluntad quien la ha non la puede oluidar, e quien mal quiere fazer manera cata commo lo pueda conplir a su saluo. E non veedes que por conplir su voluntad el enperador, e poder acabar el mal pensamiento que tiene contra vos, que vos enbia mandar que vayades luego alla con poca gente? Digovos que por mi consejo que non yredes agora alla, mas que vos aperçibades e que vos aguisedes muy bien con toda la mas gente que pudierdes auer, e mucho bien armada, e vos veredes que vos quiere acometer sy non fuydes; e porque vos defendades.» E ellos creyeronlo e ffizieronlo assy.

De como el emperador apercibio gente para contra los dos reyes, y les embio a mandar otra vez que viniessen donde el estaua

El enperador sopo de commo aquellos dos reys se alboroçauan, e demas que aquellos malos condes dieron omes que fuesen a fazer entender al enperador que aquellos dos reys que non le querien obedesçer e que le querien correr la tierra. E demas que fizieron prendas a los de la tierra del enperador en manera que se corrien los vnos a los otros. E los de la tierra fizieronlo saber al enperador de commo el rey de Garba o el rey de Safira e los condes le corrien la tierra. E el enperador parando mientes a la palabra del sabio que dize asy: «A los comienços del mal te da a cuyta a poner consejo, ca sy tarde viene non aprouecha la melezina, quando el mal por la grand tardança e luenga creçio e tomo grand poder»; e non se quiso detener, e apellido [527] toda su tierra e fuese contra aquellos dos reys. E los otros estauan muy bien aperçebidos para se defender, peroque enbiaron dezir al enperador con vn cauallero que se marauillauan mucho por qual razon se mouiera contra ellos; ca ellos

---

[527] *Apellidar:* pedir socorro, convocar.

bien creyen que ninguna cosa auian fecho contra el por que los mal deuiese querer nin fazer. E quando lo resçibieron por señor, que ellos fueron los primeros que fueron besar el pie, e ellos amos ados le pusieron la corona en la cabeça despues que lo bendixo el arçobispo de Freçida su chançeller, quando canto misa nueua en el altar de Santi Spiritus do el touo vegilla esa noche[528].

Dixo el enperador al que troxo el mandado: «Cauallero, verdat es que asy passo todo commo lo ellos enbian dezir, e yo syenpre los ame e los onrre entre todos los reys del mi inperio, e fie dellos asy commo de leales vasallos deue fiar su señor que ellos bien quieren; mas yo non se qual fue la razon por que se non quisieron venir para mi quando yo gelo enbie mandar por mis cartas, e queriendo los guardar de costa enbie les mandar que se viniesen para mi con poca gente. E atan desmesurados fueron ellos que non me quisieron enbiar respuesta nin saber que era lo que los queria, e demas corrieronme la tierra e matoronme muy gran gente; por que tengo que me erraron, yo non gelo meresçiendo. Mas con todo esto, sy ellos se quisyeren venir para la mi merçed asy commo deuen, con poca gente, e me pidiesen merçed que los perdonase, creo que non fallarian al en mi sy non merçed e piedad; ca non es ome en el que piedad non ay contra aquellos que conosçen su yerro e demandan perdon.»

«Sseñor», dixo el cauallero, «yo yre con este vuestro mandado a aquellos reys vuestros vasallos, e fio por la merçed de Dios que luego seran aqui conbusco a la vuestra merçed, e non quiero de plazo mas de vn mes». E el enperador lo touo por bien, e mandole que luego se fuese e que non se detouiese. E el cauallero se fue a los reys e dixoles lo que el enperador respondio a lo que ellos le enbiaron dezir. «Ea señores», dixo vn conde, «sy se siguen estas palabras con las que diximos luego en estas nueuas, podedes entender la voluntad que el enperador vos tiene. Bien semeja que non ha mudado el talante malo, ca avn vos enbia dezir

---

[528] Según Hernández. el autor del *Zifar* asocia arzobispo y canciller automáticamente como alguien que hubiese tenido que leer y escribir numerosas veces la fórmula: «N., por la gracia de Dios, arzobispo de Toledo, primado de las Españas y canciller de...» En este caso, la coronación de Roboan por su canciller, el arçobispo de Freçida, se parece a la coronación de Fernando IV por su canciller, el arzobispo de Toledo («Ferrán Martínez, *escrivano del rey*...», págs. 309-310).

que vos vayades a el con poca gente. E quando el vos viere con poca gente fara de vos lo que quisiere. E de aqui adelante parad mientes en vuestras faziendas, ca sy non vos quisierdes guardar vuestro sera el daño». E los reys quando estas palabras oyeron fueron muy espantados, e commo omes syn buen consejo non quisieron enbiar respuesta al enperador; ante enbiaron por todos sus amigos para que los viniesen a ayudar.

De commo el enperador enbio al Cauallero Amigo con el su mandado a aquellos dos reys que se alçaron contra el

El enperador atendio al plazo, e syn todo esto mando al Cauallero Amigo que fuese con su mandado al rey de Garba e al rey de Safira, a saber dellos por que se alboroçauan, e que lo non quisiesen fazer. E el Cauallero Amigo veyendo que esta mandaderia era muy peligrosa, dixole: «Señor, sy la vuestra merçed fuese, escusarme deuiedes de tales mandamientos e mandaderias commo estas; ca todo ome para ser bien razonado delante de grandes señores deue auer en sy seys cosas: la primera, deue ser de buen seso natural, para entender las cosas que ha de dezir; la segunda, que deue ser de buena palabra e desenbargada, para dezirlas bien; la terçera, que deue ser letrado, para saber las bien ordenar, en manera que acuerde la fyn con el comienço, non diziendo razon desuariada; la quarta, que deue ser de alta sangre, que non aya miedo de dezir lo que le fuere encomendado; la quinta, que deue ser rico, ca todos los omes oyen e aconpañan de buena mente al rico; la sesta, que deue ser amado de los omes, ca el ome que non es bien quisto, non le quieren oyr, avnque todas las otras condiçiones buenas ayan en sy; e demas, para ser conplidas todas estas cosas en el ome bien razonado, deue ser de buena fe e de buena verdad, en manera que en lo que dixiere non le sea fallada mentira, nin le ayan de que reprehender. E commoquier, señor, que yo sea tenido de vos seruir e me vos amedes verdaderamente, non tengo que en mi aya ninguna destas buenas condiçiones, saluo ende fe e verdad, que es la cosa deste mundo de que mas me preçio; por que me semeja que serie mejor que escogiesedes a alguno de los vuestros vasallos en quien podades fallar todas estas cosas o las mas dellas conplidamente, e que vos podran mejor seruir en esta mandaderia que yo.»

«Par Dios, Cauallero Amigo», dixo el enperador, «parando mientes al buen seso que Dios puso en vos, e al vuestro buen razonar, e a la vuestra fe, e a la vuestra verdad, que non dexaredes de dezir verdad por miedo nin por verguença, e de commo sodes amado e preçiado de todos comunalmente; por estos bienes que en vos ay vos pongo en todos los mis fechos, de que me tengo por bien seruido. E avn yo fio por Dios que las otras dos cosas que vos menguan, de ser rico e señor, que las avredes muy ayna, e yo punare por vos llegar quanto pudiere». E el Cauallero Amigo fue con el mandado del enperador, e fallo a los dos reys ayuntados en vn grand canpo çerca de la çibdad de Paludes, e los condes con ellos. E esta çibdad ha nonbre Paludes porque esta çercada de lagunas que sallen de las Aguas Mistas. E dioles sendas cartas que les enbiaua el enperador, que eran de creençia.

E el conde Faran se començo, a reyr quando vido al Cauallero Amigo, e dixo a los reys: «Señores, agora veredes la soberuia e el engaño del enperador, ca este es todo el fecho del enperador; ca este es su consejero, e el por este se guia. E non vos fablara si non con maestria e con engaño e con soberuia.» E el Cauallero Amigo oyolo, e dixole: «Por çierto conde, buen callar perdistes, e bien vos pudierades escusar destas palabras, sy quisierades; e a malas maestrias muera quien con malas maestrias anda!». «Amen!», dixo el conde. «E yo amen!», dixo el Cauallero Amigo. «Cauallero Amigo», dixieron los reys, «dezid lo que quesierdes e oyrvos hemos, e çesen estas palabras». «Sseñores», dixo el Cauallero Amigo, «commoquier que yo non sea atan conplido de razon nin de entendimiento asy commo era menester para dezir el mandado de mi señor el enperador delante de tan grandes señores nin tan conplidos de entendimiento commo vos sodes, e atreuiendome a la vuestra bondad e a la vuestra mesura, que sy yo en alguna cosa menguare, que el vuestro buen entendimiento que lo quiera entender e emendar mejor que yo lo sabre dezir, e dezirlo he lo mejor que supiere». E dixo asy: «Señores, el enperador mio señor vos enbia saludar, e vos enbia dezir que en el comienço de la su onrra vos fuestes los mas acuçiosos e los que mas y fezistes para lo leuar adelante, e vos fuestes los que le pusiestes la corona primeramente en la cabeça, e el syenpre vos amo e vos onrro entre todos los otros del su ynperio; e porende que se marauilla mucho porque le corredes la tierra e gela estruydes; onde vos enbia rogar, commo a aquellos que el ama verdaderamente, que lo non querades fazer e que vos vayades luego para el. E sy en alguna cosa fallardes que vos menguo, que vos lo emendara commo vos quisierdes; peroque tiene que non vos erro en ninguna cosa. E puesto que vos ouiese errado tiene que vos cunple yr, puesque emienda vos quiere fazer. E sy la non quisierdes resçibir, que del vuestro derecho faredes tuerto; ca mas de culpar es el que non quiere resçibir emienda, sy a su onrra gela fazen, que el que fizo el tuerto.»

De commo el Cauallero Amigo fue presso, e lo conpro vn mercador

En antes que los reys respondiesen, leuantose el conde Faran e dixo: «Señores, sy bien parades mientes a las palabras que este cauallero vos dixo, algo ay de la soberuia segund de antes vos lo dixe; ca vos enbia falagar con el pan e con el palo. E por Dios, señores, dezid a este cauallero que avredes vuestro acuerdo, e que vos enbiaredes vuestra respuesta al enperador, e non rebatedes tan ayna a responder.» E ellos fizieronlo asy, e enbiaron con esta respuesta al Cauallero Amigo al enperador. E el Cauallero Amigo tornando con su respuesta por su camino al enperador, encontrose con la conpaña del conde Faran, que andaua corriendo la tierra del enperador, e catiuaron a el e a todos los que con el yuan, e lleuaronlos a vna çibdad que ha nonbre Altaclara. E dizenle asy porque esta en alto logar, ca paresçe de muy grand tierra. E teniendolos alli presos sacaronlos a vender. E vn rico mercader fue los a ver para los conprar. E quando vido al Cauallero Amigo, pagose del e del su buen razonar, e dixole: «Amigo, dime para que seras tu bueno?» «Ay! ome bueno», dixo el, «e quien vos dixo el mi nonbre?». «E commo», dixo el mercador, «Amigo te dizen?». «Amigo», dixo el, «me dizen». «Plazeme», dixo el mercador, «pero dime para que seras tu bueno?». «Para ser libre», dixo el Cauallero Amigo. «Bien se yo eso», dixo el mercador, «mas dime que quieres que te conpre». «E por que me pides consejo en el tu aver?», dixo el Cauallero Amigo, «ca en la tu mano es de me conprar o non, puesque aqui esto presto para vender». «Amigo», dixo el mercador, «atan entendido

te veo que me conuiene de te conprar». E luego lo conpro.
«Ay! señor», dixo el Cauallero Amigo, «puesque a mi con-
praste, ruegote que conpres a aquellos que fueron catiuos
comigo; e sey tu bien çierto que seras de nosotros muy
bien seruido e que avras por nos muy grand auer. E el
mercador fizolo asy, e vendierongelos con tal condiçion que
luego los pasase allende la mar a se los tener.

De commo el Cauallero Amigo desbarato al conde Faran e lo malferio en la cara

El mercader leuandolos conprados, encontraronse con el
conde Faran. E non sabia de commo la su conpaña los ca-
tiuaran e los vendieran. E el mercader quando vido venir al
conde Faran, pero con poca gente, mando al Cauallero Amigo
que subiese en su cauallo, e a los otros todos en sendos
cauallos; ca el se lleuaua asas cauallos para vender. E desque
llego el conde a ellos conosçio al Cauallero Amigo, e dixole:
«Bien creo cauallero, que non me responderedes agora tan
brauamente commo me respondistes delante de los señores
reys oy a diez dias.» «Conde», dixo el Cauallero Amigo, «sy
algo quisierdes dezir, respuesta avredes la que non pudiera
dar oy ha dies dias, demientra estaua en poder de la vuestra
gente que me tenien catiuo. Mas loado sea Dios, en poder
esto deste ome bueno que me conpro». «Non conprara», dixo
el conde, e quiso se mouer para trauar del. E el Cauallero
Amigo puso mano a su espada, e todos los otros con el esso
mismo, e firieron al conde de dos golpes e matáronle diez
omes. «Ea, ea, don conde», dixo el Cauallero Amigo, «que
mas ouo aqui de respuesta. E esto pudierades vos muy bien
escusar sy quisierades; pero folgad agora aqui vn poco demientra que vos ymos a guissar de comer». «Cauallero
Amigo», dixo el mercador, «commo faremos agora? Ca çierto
soy que la gente del conde se alboroçaran quando lo sepan
e vernan enpos de nos». «Yo vos lo dire», dixo el Cauallero
Amigo. «Aqui çerca esta vn castillo del enperador, e vayamosnos alla; ca yo trayo cartas de guia, e soy çierto
que nos acogeran alli e nos faran mucho plazer.» «Vayamos»,
dixo el mercador, «pero catad que non pierda yo lo que
di por vosotros». «Yo vos fago pleito e omenaje», dixo el
Cauallero Amigo, «que de vos non me parta ffasta que co-

bredes todo lo vuestro e mas; ca yo fio por Dios que yo vos dare muy buenos peños dello».

De commo el Cauallero Amigo prendio a la muger e a la fija del conde Faran

Ellos yendose por su camino encontraronse con la fija del conde Faran, que era pequeña, e con su muger e quatro omes de cauallo con ellos. E quando el Cauallero Amigo los vido conosçiolos e plogole mucho. E dixo al mercador: «Señor, ya tengo peños buenos que vos de por mi e por mis conpañeros.» E tomaron a la condesa e a su fija, e prendieronlas e a los quatro omes que yuan con ellas. E la condesa cuydo que auia caydo en malas manos, pero el Cauallero Amigo era cortes e muy mesurado en todas cosas, e mayormente contra dueñas, e dixole: «Condesa, non temades, ca non ay aqui ningund ome que vos faga enojo, synon toda honrra e todo plazer; mas esto resçibides vos por la soberuia de vuestro marido el conde; pero tanto vos quiero fazer: la vuestra fija leuare muy guardada de toda desonrra e de mal, e ydvos al vuestro marido el conde, que yaze ferido en el canpo de Tebres, do el mostro la su soberuia quanto el pudo, syn Dios e syn razon, e vos guisadle mejor de comer ca quanto nos ya le guisamos, e pensad de quitar vuestra fija, ca quitando a ella quitaredes a mi e a estos mis conpañeros, que fuemos vendidos de la vuestra gente a este ome bueno que nos conpro. Ca sabed que el pago por nosotros quinientos pesantes de oro, e ha menester que aya por ellos mill pesantes por el trabajo que ha pasado, e por el gualardon del bien que a nos fizo en nos sacar de poder del conde.»

De commo la condessa fallo al conde Faran su marido malferido, e de las cosas que le dixo que le contesçiera con el Cauallero Amigo

La condesa se fue e fallo al conde malferido en aquel canpo que le dixo el Cauallero Amigo, e contole la desauentura que le conteçiera a ella e a su fija, e de commo el Cauallero Amigo le fuera muy cortes, e lo que le dixiera:

«Ea conde», dixo ella, «miedo he que estos bolliçios en que andades que vos han de traer a grand peligro, sy non vos partides dellos e vos non tornades a Dios; ca nin queredes oyr missa nin ver el cuerpo de Dios, que todo cristiano deue cada dia veer e acomendarse a el, nin le queredes fazer reuerençia quando lo veedes e asy commo deuiedes, e sabiendo que las bestias mudas en quien non ay entendimiento le fazen reuerençia; asy commo contesçio a Joran vuestro sobrino ayer en Altaclara».

«E commo fue eso?», dixo el conde. «Yo vos lo dire», dixo la condesa. «Vos sabedes que Joran era cauallero mançebo e muy bulliçioso e muy abiuado en los deleytes deste mundo, e de muy suelta vida, e non preçiaua nada las cosas deste mundo nin las de Dios. Asy que quatro dias ha oy, estando en Altaclara en su cauallo en la rua, pasaua vn clerigo con el cuerpo de Dios, que leuaua en las manos, e yuan a comulgar a vn doliente, e oyendo la canpanilla e veyendo la conpaña que yuan con el por onrrar el cuerpo de Dios, e deziendole todos que se tirase a vna parte, non quiso, e el cauallo queriendo se apartar de alli, el dauale sofrenadas. E quando el cauallo vio que venia çerca el clerigo con el cuerpo de Dios, finco los ynojos en tierra, e Joran firiolo con el freno e leuantolo. E esto fizo el cauallo muchas vezes fasta que fue pasado el clerigo con el cuerpo de Dios. E Joran començo de fazer mal al cauallo, diziendole todos que non lo fiziese, ca muy buen enxienplo auie dado a todos los del mundo paraque fiziesen reuerençia al cuerpo de Dios. E el faziendo mal al cauallo, lanço las coçes e sacudiolo en tierra, en manera que luego fue muerto syn confession e syn comunion. E luego se fue el cauallo âquella iglesia do era el clerigo que yua a comulgar al doliente, e non lo podian mouer a ninguna parte, non faziendo el mal ninguno. E porque entendieron que era miraglo de Dios, mandaron lo alli dexar, e alli esta que se non mueue.

»E bien paresçe que Nuestro Sseñor Dios demuestra los sus miraglos en aquellos que non fazen reuerençia a Nuestro Señor Iesu Cristo; ca oy dezir que vn rico ome enbiaua vn su ome con su mandaderia a grand prisa, e quel ome encontrose con vn clerigo que yua a comulgar a vn doliente, e el ome aconpañolo a la yda e a la venida, e despues fuese a su mandado. E porque tardo, mando su señor que lo lançasen en vn forno que estaua alli en su casa ardiente. El mançebo quando se vido en aquel peligro, finco los ynojos en tierra e rogo a Dios que le ouiese merçed. E el

441

forno estando ardiente, lançaronlo dentro, e resçibiolo Nuestro Señor Iesu Cristo en sus manos, e quantos alli estauan lo vieron estar en medio del forno, e de commo lo tenia vna criatura en las manos, que non se fizo mal ninguno. E quando fue el forno frio, mando su señor que lo sacasen, e sacaronlo syn ninguna lision [529]. E sy a los señores terrenales fazemos reuerençia, quanto mas la deuemos fazer a Nuestro Señor Iesu Cristo que tanta merçed nos fizo en sacarnos del poderio del diablo, conprandonos por la su preçiosa sangre e queriendo sufrir muerte e pasyon por nos.

»Onde vos pido por merçed, señor», dixo la condesa, «que vos querades guardar e parar mientes en estas palabras e cosas, e Dios guardara a vos e a nos». «Condesa», dixo el conde, «vayamos e quitemos [530] nuestra fija, e desy pensemos en lo que auemos de fazer en estas cosas». E fueronse e enbiaron a quitar su fija, e non pensaron en al. E desque pagaron los mill pesantes de oro al mercader por la fija del conde, el mercadero fue con el Cauallero Amigo al enperador; ca ya lo sabia de commo fuera catiuo el Cauallero Amigo, e plogole mucho con el, e dio de su algo al mercadero e tornose [531].

De commo el enperador peleo con los reys e los vençio

Los reyes non enbiaron respuesta ninguna al enperador, e despues que el enperador vido que non le enbiauan respuesta ninguna, fuese contra ellos e fallolos do estauan en vna tierra que era muy llana e muy grande çerca de la ribera del rio de las Aguas Mistas, con muy grand gente e muy bien guisados. E veyelos el enperador a todos muy bien, ca desçendie de vn puerto muy alto, e tenielos commo a sopie [532]. E luego que llego el mandado a los reys de commo el enperador pasaua el puerto con su gente e con su hueste, e los vieron, armaronse e pararon sus azes commo aquellos que auian sabor de se defender e de morir. El enperador asas ouo que fazer en desçender ese dia con toda su gente al llaño, de

---

[529] *Lision:* lesión.

[530] *Quitar:* liberar, rescatar.

[531] Hay cierto paralelismo entre el conde Faran y el conde Nason.

[532] *A sopie:* a su pie.

guisa que esa noche folgaron, e otro dia en la mañaña fueron todos armados, e endreçaron sus azes e fueron los vnos contra los otros. E desque boluieron fue la fazienda muy ferida, de guisa que todo el canpo estaua lleño de muertos e de feridos; e atan grant era el ruydo... e de las bozes que dauan los feridos, quexandose de las llagas, que se non podian oyr vnos a otros; e entre los quales andaua el enperador muy cruo, faziendo los golpes muy señalados, de guisa que el que con el se encontraua non escapaua bien de sus manos, ca muerto o malferido auia de caer del cauallo. E desy encontrose con el rey de Garba, e fuelo ferir del espada de guisa quel corto el braço diestro. E desy torno otra vegada a el e diole por çima del yelmo, quel fendio la cabeça fasta en los oios, de manera que cayo muerto.

Quando estas nueuas oyo el rey de Safira pesole de coraçon, peroque començo a conortar la su gente e la esforçar, e començaron a ferir muy de rezio en la gente del enperador. E sobrevino al rey de Safira muy buena caualleria que vino en su ayuda, en manera que arrancaron al enperador del canpo, e non salieron con el sy non tres mill caualleros e pocos mas, e todos los otros fincaron en el canpo muertos e feridos. E quando el enperador se vio asy desanparado e la su gente asy todo muerto, e fincaua solo, sy non con estos tres mill caualleros quel fincaron de treynta mill que auia leuado, e touose por desauenturado. E apartose âquella sierra de aquel puerto por do auia entrado, e començo a conortar aquellos caualleros lo mejor que pudo. E desarmaronse, ca estauan muy cansados, e los otros fincaron esa noche en el canpo, desarmando los caualleros que estauan muertos; e los que estauan feridos, matauanlos, que non dexauan vno a vida, e desnuyauanlos e tomauanles todo quanto les fallauan.

De commo el enperador torno otro dia a la batalla e la vençio e arranco todo el canpo

E el enperador se leuanto a la media noche, e apartose de la su gente, e començo a fazer oraçion, pidiendo merçed a Dios que sy en alguna cosa le errara, quel quisiese perdonar, e sy entendia que non era el para aquel lugar, que leuase a el do touiese por bien, e que pusiese y otro

443

que lo mejor meresçiese. «Pero Señor Dios», dixo el enperador, «por muy pecador me tengo en se perder tanta gente quanto oy murio aqui por mi; por que te pido por merçed que te plega de me perdonar». El enperador estando en esta oraçion, oyo vna bos del çielo quel dixo asy: «Roboan, amigo de Dios, non desanpares, ca Dios es contigo. E bien sabes que el rey de Menton tu padre, nunca desanparo de la merçed de Dios por ningunt enbargo quel aveniese, e ayudolo Dios en todos sus fechos; porende esfuerçate en la su merçed e el poder de Dios, ca el sera contigo e te ayudara. E vengasete emiente del pendon que te dio la enperatris, fija de la Señora del Paresçer, que fezieron las syete donzellas santas, e sacalo e ponlo en vna asta muy luenga, e çierto sey que luego que lo vean tus enemigos, se te dexaran vençer e los prenderas todos» [533].

Quando estas palabras oyo el enperador, menbrosele de lo quel dixiera la enperatris quando le dio el pendon, que doquier que entrase con el, que vençeria. E plogo a Dios quel arca do estaua el pendon finco con el repuesto del enperador en çima del puerto; e vinose luego para su gente, e enbio por aquella arca do estaua el pendon, muy bien guardado entre muchas reliquias. E luego que gelo traxieron abrio el arca do estaua el pendon, e finco los ynojos e saco el pendon con grant deuoçion, llorando de los oios, ca tenia que pues aquella bos del çielo desçendia e le fizo emiente del pendon, que grant uirtud auia en el. E asy era; ca aquellas syete donzellas quel pendon fizieron, bien auia cada vna setenta años, ca en tienpo de su auuela de la enperatris, nasçieron todas de vn vientre, e ella las crio. E las donzellas fueron sienpre de tan buena vida que non quisieron casar, mas prometieron castidat, e mantouieronla muy bien e muy santamente, de guisa que Dios fazia por ellas en aquel inperio muchos miraglos, e nunca labrauan cosa por sus manos en que Dios non puso señaladamente su uirtud [534].

E quando amanesçio, saco el pendon el enperador, con su asta muy grande e mucho buena, e dixo a los caualleros: «Amigos, ayer fuestes en el comienço e en medio de la batalla muy bien andantes, mas la fin non nos fue buena,

---

[533] Nueva profecía milagrosa o milagro profético. En ella se establece un paralelo entre Zifar y Roboan explícitamente.

[534] Según Burke, este milagro simboliza el triunfo de las siete virtudes (las siete doncellas) sobre los siete pecados capitales (los siete condes rebeldes) (*History and Vision...*, pág. 127).

commo vistes; e esto tengo que fue por mis pecados; pero
Nuestro Señor Dios auiendo de nos piedat, commo señor
poderoso non tenia por bien que fincasemos asy desconortados, e mando que vayamos a ellos, ca non nos esperaran,
que todos los prenderemos; e çierto so que ha de ser asy de
todo en todo.»

«Çertas, señor», dixieron los caualleros, «mucho nos plaze,
ca mejor nos es la muerte que asy escapar tu e nos con
esta desonrra grande e tan grant perdida commo aqui fezimos de amigos e de parientes». E mouieron todos de buena
voluntad para murir o para vençer, e fueron los ferir.
E quando tan ayna vieron los del rey de Safira el pendon,
tan ayna boluieron las espaldas e començaron a fuyr, el enperador e los suyos en pos ellos matando e feriendo, de
guisa que non finco ninguno dellos que non fuese muerto
o preso. E el rey de Safira fue preso, e el conde que mas
boluio aquella discordia que fue entre el enperador e aquellos
dos reys. E el enperador e los suyos gradesçieron mucho a
Dios quanta merçed les fiziera en querer que ellos vençiesen
atan syn daño dellos, ca ninguno non fue alli ferido nin
llagado de la otra parte. E touieron que esto fuera miraglo
de Dios, ca los otros eran diez tantos que ellos, e segund
razon ellos deuieran vençer a los otros, e mayormente auiendo tan buenos caualleros de la vna parte commo de la otra.
Mas Nuestro Señor, parando mientes a la bondad del enperador, e a las grandes merçedes que le auie fecho en muchas
cosas, e non queriendo menguar en ninguna cosa de lo que
auie fecho en el, touo por bien de lo guardar en su honrra
e que los otros fuesen vençidos e el vençedor. Onde bien
auenturado es el que a Dios ha por sy, ca este tal non ha
por que temer ninguna cosa. E porende dize en la Santa
Escriptura: «Sy Dios es con nos, quien es aquel poderoso
que sera contra nos?» Asy commo sy dixiese: «Non ninguno.» Ca grand locura e mengua de entendimiento serie en
querer ninguno, por poderoso que fuese en este mundo,
pararse contra el poder de Dios, que es sobre todos los
poderosos.

De commo el enperador mando cortar la cabeça al conde Faran e lo dio por traydor

Desque el enperador vido que todo el canpo auie fincado en el, mando a su gente que se desarmasen e que folgasen, commoquier que muy pequeño afan tomaron en aquella batalla, ca Dios lidiaua por ellos. E mando quel troxiesen delante el rey de Safira e el conde Faran que tenia presos. E el enperador pregunto al rey de Safira que fuera la razon por que se mouieron el e el rey de Garba contra el. E el rey de Safira le dixo: «Señor, non se y otra razon sy non por grant desauentura nuestra, e porque non nos sopiemos guardar del mal consejo, e señaladamente del conde Faran que aqui esta, que fue comienço de todo este mal; ca el e los otros condes que aqui murieron, nos metieron en muy grant miedo e grant sospecha de vos, que nos queriades matar, e señaladamente nos dezian que era asy porque nos enbiauades mandar que fuesemos amos con poca gente, porque mas de ligero nos podiesedes matar, e demas porque erades ome estraño que non amauades los naturales del inperio. E non vos diria el conde al; so sy al quisiere dezir, e yo me fare su par e meterle he las manos, e fazerle he dezir que es asy.» E el conde non oso negar la verdat e dixo que asy paso todo commo el rey de Safira dixiera. «Çertas, conde», dixo el enperador, «tuerto grande me faziades, ca nunca lo meresçy por que, e porende non auiedes por que poner este bolliçio contra mi en el mio señorio. Mas agora tengo que es verdadero el enxienplo antigo, que los pies duechos de andar, non pueden quedar; e el que en malas obras suele andar, non se sabe dellas quitar. E vos conde sabedes que vos fuestes el que me consejastes con el conde de Lan quando yo llegue al enperador primeramente, que le preguntase por que non reye. E esto me consejastes porquel enperador me mandase descabesçar; ca asy lo auia por costunbre de lo fazer a quien aquella pregunta le fazia; e teniendo que en aquella pregunta non se conpliera vuestra voluntad, quesistes poner bolliçio en el mio señorio por me fazer perder; e non quiero que la terçera vegada lo prouedes, ca dize el sabio, ca sy tu amigo errare vna ves, confondale Dios; e sy dos, confonda Dios a ti e a el; e sy tres, confonda Dios a ty solo, que tanto le sofriste. E porende quiero que seades confondido a la segunda vegada, e ante que yo sea confondido a la terçera». E mando le tajar la cabeça commo aquel que lo meresçio queriendo deseheredar a su señor, consejando a los de su señorio que se alçasen e le feziesen guerra. E çertas esta pena meresçe el que mal consejo da, commo el que faze mal por consejo de otre. «Ea, conde!», dixo el Cauallero Amigo, «ca derecho es por la soberuia que tomestes sobre vos el dia que dexistes que yo andaua en maestrias, e yo dixevos que a malas maestrias moriese quien con malas maestrias andaua, e respondistes: 'Amen.' E çertas bien deuierades vos entender que estos bolliçios a mal vos auian a traer, ca este casamiento malo entre vos e los reys vos lo ayuntastes; onde conuiene que ayades las calças que meresçedes». «Por Dios», dixo el conde, «en saluo parlades, ca sy yo a vos touiese en tal commo vos tenedes a mi, yo vos daria la rebidada». «Tomad agora esa rosca destas bodas!», dixo el Cauallero Amigo, e arrancole la cabeça. E porende dizen, que de tales bodas, tales roscas.

Desy el enperador mando al rey de Safira quel feziese entregado luego de todas las villas e los castiellos del reyno. E el rey le dixo que fuese el andar por el regno, e quel reçebrian en las villas e castiellos del regno syn duda ninguna; ca tal fuero era en aquella tierra, que sy el enperador cuyo vasallo el era, e en cuyo señorio era poblado, viniese a la tierra, que lo auian de resçibir, yrado o pagado, con pocos o con muchos, maguer era su heredamiento del rey, e lo heredara de su padre, ca guerra e pas deuen fazer al enperador su señor. E dixo que fuese luego a la mayor çibdat que era en el su regno, a la que dizen Monteçaelo. E este nonbre tomo porque es la tierra de color de çielo, e todo es manera de çafires; e todos los finos çafires orientales en aquella tierra son. E aquella tierra es la mas postrimera tierra poblada que sea contra oriente, e ally se acaba Asia la Mayor contra la parte de çierço; onde conuiene que se diga algo aqui de las tres partes del mundo que fizo Noe, e do començo cada vna e do se acaba, e por que es dicha Asia Mayor.

Fallase por las estorias antiguas, que despues que se partieron los lenguajes en setenta lenguajes, asy commo oystes, començaron los gentiles a derramar, e començo Noe de los ayuntar e de los consejar, e partio el mundo por tres terçios e puso terminos conosçidos a cada terçio, e partiolos a sus tres fijos; e llamo al vno Europa, e al otro Asia, e al otro Africa. Europa es el terçio que es a la parte del çierço, e

Africa es el terçio que es a la parte del mediodia. Asia es en medio destos dos terçios. E Noe dio a Europa a Jafe el fijo mayor, Asia a Sen el fijo mediano, e a Africa a Can el fijo menor. Europa es a la parte de çierço, catando ome a oriente de cara, e comiença en çima del mundo, çerca de oriente, sobre el inperio de las Insolas Dotadas, e viene por las tierras de los turcos e por las tierras de Gog e Magog, e por las tierras de Alamaña e de Esclamonia e de Greçia e de Roma, e por las tierras de los galazes e de los picardos e de los borgoñones e por la tierra de Bretaña, e por las tierras que dizen Alar Vire [535], que quiere dezir «la grant tierra», e por la tierra de Gascueña, e por los Alpes de Burdel, e por las tierras de España; e ençimase en la ysla de Calis, que poblo Ercoles, en vna eglesia que es y ribera de la mar, quanto a dos leguas del castiello de Calis, que es labrada por mojon [536], e posieronle nonbre los que venieron despues, Sant Pedro; e nunca este nonbre perdio, e dizenle Sante Petre, que asy gelo mandaron los moros.

E el terçio de Asia es partido en dos partes: la vna es a la parte de oriente, e comiença del rio de Eufatres fasta fondon de España, e dizenle la Asia la Mayor. E a manderecha desta Asia la Mayor es la mar que dizen la Mar de Yndia; e en esta Asia la Mayor son las tierras de Hazes e de Alimaña e de al-Fares [537], e acude a la India; e a la parte del çierço della son las tierras de Çim, e a la parte de mediodia son las tierras de Agas [538] e de Almus, e a la partida de los enopes, a que dizen canrancales, porque comen los omes blancos do los pueden auer.

E el rio de Eufatres parte entre sy Asia la Mayor e Asia la Menor. E al otro cabo desta Asia la Menor es el anno e desierto; e entre la tierra de Africa e el desierto ay vnas syerras quel dizen Gameldaron [539], e tienense con aquellas

---

[535] Según Walker, la palabra árabe para designar a un continente es al-ʼaroḍ al-Kabīra, que literalmente quiere decir «gran tierra». En este caso parece que se refiere a Francia. Para Walker, el uso de nombres árabes para lugares europeos indica que todas estas digresiones geográficas están basadas en las obras de los geógrafos islámicos (*Tradition and Technique...*, págs. 37-38).

[536] *Mojon:* mojonero, aforador.

[537] *Al-Fares* es el nombre árabe de Persia, según dice Walker (*Tradition and Technique...*, pág. 37).

[538] *Agas* es el nombre árabe del Indo, según dice Walker (*Tradition and Technique...*, pág. 37).

[539] *Gameldaron* es un derivado de la palabra árabe *jabal,* que

448

sierras vnos arenales que son de arena menuda commo poluo; e con anchura del desierto mueuense los vientos e alçan aquel poluo de vn lugar e echanlo en otro, e a las vezes se faze grant mota, que semeja que ally fue sienpre. E a cabo deste desierto andudieron los fijos de Ysrrael quarenta años, fasta que llego el plazo que Dios quiso, que entraron en la tierra de Cananea e poblose la tierra de Sen, fijo de Noe, que es Asya la Mayor contra poniente, de fijos de Ysrrael, e poblose la tierra de Arabia, que es en la prouinçia de Meca, e los otros morauan en tierra de Cananea, que es en la prouinçia de Jherusalem.

E el otro terçio de Africa, comiença de Alexandria con vna partida de la prouinçia de Egipto, e tiene en luengo desde la çibdat de Barca, que es en la parte de oriente, fasta Tanjat-ally-adia [540], que es en la parte de poniente, e dizenle en ladino Maritana, e tiene en ancho desde la mar fasta los arenales que se tienen con las tierras de los etiopes; e son grandes arenales e grandes sierras, e van de poniente fasta oriente.

E esto destas tres partes del mundo fue aqui puesto porque lo sepan aquellos que andar quesieren por el mundo, mayormente aquellos que quieren mas valer e prouar las tierras por do se podran mejor fallar e mejor beuir, asy commo conteçio a este enperador, que andido por las tierras faziendo bien fasta que le Dios ençimo, asy commo oystes.

De commo el enperador andido por la tierra con todos los condes e con todos los otros a quien heredara

Dize el cuento quel enperador se fue para aquella çibdat que dizen Montaçaelo, e fue y resçebido muy onrradamente con muy grandes alegrias, commoquier que veyan a su señor el rey en presion del enperador; ca la gente de aquella çibdat era muy rica e mucho apuesta e bien acostunbrada, e beuian en pas e en justiçia e en alegria todos comunalmente grandes e pequeños. Desy otro dia despues que el entro y, el obispo

---

quiere decir «montaña», como dice Walker (*Tradition and Technique...*, pág. 37).

[540] *Tanjat-ally-adia* es un derivado de la palabra árabe *tanja,* que quiere decir «Tánger», como dice Walker (*Tradition and Technique...*, pág. 37).

del lugar, que era chançeller del rey, e todos los de la tierra, pedieron por merçed al enperador por el rey. E el enperador con grant piedat que ouo del perdonolo porque vio que era muy buen rey e de muy buen entendimiento, quel non quesiera negar los fueros de aquella tierra. E mando a los de la tierra quel resçebiesen por señor asy commo de nueuo; ca los de la tierra non lo auian a resçebir syn mandado del enperador, pues errado le auia e le fallesçiera en la verdat quel deuiera guardar. E ellos resçebieronlo muy de grado, asy commo aquel que era mucho amado de todos, e fezieron muy grant alegria con el, teniendo en gran merçed al enperador la graçia que les feziera.

E otro dia en la grant mañaña leuaron al enperador a vn vergel que tenia çercado de alto muro dentro en la villa, en que estaua labrada vna alcoba muy alta a boueda; e la boueda era toda labrada de obra morisca de vnas piedras çafires muy finas, e en medio de la alcoba vn çafir fecho commo pellota [541], ochauado, tan grande que dos gamellos [542] non lo podrian leuar, atan pesado es. E es de tan grant uirtud que todos los omes e las bestias que alguna inchadura han, e los lieuan ally e los ponen delante aquella piedra, que luego son sanos. E eso mesmo faze en la sangre; que aquel a quien sale sangre e lo ponen delante aquella piedra, luego queda e non sale. E el enperador mismo lo fizo prouar, que fizo degollar muchas reses delante aquella piedra safir, e nunca salia la sangre dellas, e resollauan por la degolladura e non morian fasta aquel tienpo que podrian murir, non comiendo nin beuiendo, segunt que pueden murir todas las reses biuas deste mundo, que se non pueden mantener syn comer e syn beuer. E ninguno non crea que en el çafir otras uirtudes ha sy non estas dos: la vna contra inchadura, e la otra contra el fluxu de sangre. E çiertamente esta es la tierra onde los çafires finos e virtuosos vienen, señaladamente de aquella tierra del regno de Çafira; e porende le dizen âquella tierra Çafira, que tomo el nombre de çafir [543].

E desque el enperador ouo andado por aquella tierra e la sosego, e fue por el regno de Garba, que es mucho abondado de todas cosas e muy plantioso, e todo lo mas se riega de

[541] *Pellota:* pelota.

[542] *Gamellos:* camellos.

[543] Este pasaje probablemente está inspirado en uno de los lapidarios medievales. En la Edad Media se creía que las piedras tenían propiedades curativas. Por esta razón, este pasaje resultaba menos fantástico entonces de lo que resulta ahora.

las aguas de Triguis e de Eufatres. E este regno dexole a Garbel, vn cauallero su vasallo ançiano, de muy buen entendimiento e muy buen cauallero de armas, porquel semejo que concordaua el su nonbre con el nonbre del regno; e fue muy buen rey e muy quisto de todos los de su regno. E este cauallero fue el que dio el rey de Menton su padre por consejero quando se del partio [544]. E otrosy dio el condado del conde Faran al Cauallero Amigo, e los otros seys condados de los otros seys condes que fueron muertos en aquella batalla, dio a los otros sus caualleros, aquellos que entendio que gelo mas auian seruido e lo meresçian; ca muy poca gente le auia fincado de los trezientos caualleros que leuo consigo; pero a todos los que escaparon fizo mucha merçed en los heredar e los onrrar, e en todo quanto pudo, de guisa que non ouo y ninguno dellos a quien non posiese en buen estado e onrrado por el buen seruiçio que auian fecho. Onde todos los de la tierra loauan al enperador porque tan bien galardonaua a quantos caualleros el seruiçio quel auian fecho, e todos auian porende grant sabor del seruir, teniendo que asy gelo galardonaria a ellos el seruiçio quel fezieron. Çertas muy grant derecho es que quien bien feziere que buen galardon aya [545].

E el enperador andido por la tierra con todos estos condes e con todos los otros a quien heredo, e los metio en posesiones e los dexo asosegados cada vno en sus lugares, e con amor de los de la tierra, faziendo todas merçedes señaladas en lo quel demandauan. Todos los del inperio eran muy ledos e muy pagados porquel auian por señor a quien los amaua verdaderamente e los guardaua en sus buenos husos e buenas costunbres, e era muy catolico en oyr sus oras con deuoçion e syn burla ninguna, e en fazer muchas graçias a las eglesias, dotandolas de villas e de castiellos, e guarnesçiendolas de nobles ornamentos segunt que mester era a las eglesias. E entre todos los bienes quel enperador auia señaladamente era este, que fazia grant justiçia comunalmente a todos, e la graçia que fazia nunca yua contra ella, nin contra las otras que los enperadores auian fecho; ante gelas confirmaua por sus cartas e por sus preuillejos

---

[544] Garbel pasa de caballero a rey. Con esto empieza el reparto de premios del final de la segunda parte.

[545] El caballero Amigo se transforma en conde Amigo, completándose, así, el ascenso social más espectacular de la obra: de Ribaldo a caballero, de caballero a conde.

buldados con buldas de oro [546]. E nunca sabia ome que contra ellas pasase, a quien non feziese enemigo en la persona; ca tenia por derecho que ningunos pasasen contra las graçias quel fizo nin contra las otras que los enperadores fezieron, pues el tenia por derecho de las guardar. E çiertas grant atreuemiento e grant locura es en atreuerse ninguno a yr contra la voluntad de su señor, e señaladamente contra las cosas que faze por fazer graçia e merçed a aquellos que lo mester han; ca el que faze la graçia e la merçed non solamente onrra âquel que resçebio la graçia, mas a sy mesmo; ca es onrrado e loado de Dios e de los omes por el bien que faze. E porende dizen que la honrra que non es en aquel que la resçibe, mas en aquel que la faze. E asy el que quiere las graçias e las merçedes de los señores desfazer e yr contra ellas en dicho nin en fecho nin en consejo, deue ser desamado de Dios e de los omes, e deue sofrir la pena de los crueles e syn piedat, que non se sienten del mal e del daño de su hermano, ca todos somos asy commo hermanos, e nos deuemos amar segunt la fe de Iesu Cristo que tomamos.

De commo el enperador enbio al conde Amigo a la infanta Seringa

Dize la escriptura quel enperador estando en el mayor sosiego que podria ser con los de su tierra, pedieronle por merçed que tomase muger, en manera por que fincase de su linage despues de sus dias quien mantouiese el inperio; e los vnos nonbrauan fijas de enperadores, e los otros fijas de reys. E el seyendo en este pensamiento, vinosele emiente de las palabras que ouiera con la infante Seringa [547], e enbio alla

[546] Según Hernández, el énfasis que se da a las donaciones eclesiásticas y la acumulación de fórmulas notariales de este pasaje delatan una vez más la formación cancilleresca y la pertenencia al clero de Ferrán Martínez («Ferrán Martínez, escrivano del rey...», páginas 315-316).

[547] Este súbito recuerdo de Seringa por parte de Roboan es paralelo al súbito recuerdo de Grima por parte de Zifar. Sin embargo, en el caso de Roboan resulta menos inverosímil que en el caso de Zifar, ya que Roboan, por una parte, no está casado con Seringa y, por otra, ha estado casado con otra mujer, lo que, probablemente le ha hecho olvidar a Seringa.

al Cauallero Amigo, al que dezian el conde Amigo, a saber
sy era biua o sy era casada, e sy la fallase biua e non casada
quel diese vna carta de creençia que le enbiaua, e quel
dixiese de su parte quel queria conplir lo quel prometiera
de casar con el, sy a ella ploguiese. E el conde Amigo fuese
luego syn ningunt detenimiento, e fallo a la infante Seringa
en aquella çibdat do la auia dexado, e pregunto sy era casada,
e el huesped le dixo que non.

E otro dia en la mañaña fue la a ver, e entrando por la
puerta conosçiolo, peroque non se acordaua de su nombre;
e dixole: «Cauallero, commo auedes nonbre?» «Señora», dixo
el, «Amigo». «Ay Cauallero Amigo!», dixo ella, «Vos seades
mucho bien venido! Dezidme por la fe que deuedes a Dios,
commo le va a mi amigo el infante?». «Sseñora», dixo el
Cauallero Amigo, «muy bien». «Bendito sea el nonbre de
Dios!», dixo ella, «ca vna destas cosas deste mundo que yo
mas amaua e mas codiçiaua oyr es esto. «E sy el vino
emiente nunca de quanto bien fizo a mi e a la mi tierra?»
«Çertas, señora», dixo el conde Amigo, «sy algunt bien y
fizo oluidado lo ha, ca nunca se le viene emiente del bien
que ha fecho, mas de lo que ha de fazer; e enbiauos esta
carta que escreuio con la su mano». E la infante abrio la
carta e leyola, e fallo dentro vna sortija de vn ruby pequeño
muy fino, que ella auia dado al infante mucho encubiertamente quando se della espedio. E quando la vio canbiosele
la color, e a las vezes amarelleçia, ca resçebia con la sortija
plazer e pesar. Resçibio plazer cuydando que gela enbiaua
con aquel cauallero porquel creyese de lo quel dixiese, e
resçebio pesar cuydando que era finado e que mandara que
gela diesen.

«Señora», dixo el conde Amigo, «sy me queredes oyr la
mandaderia por que vine, sacarvos he de esse pesar tan triste
en que estades». «Cauallero Amigo», dixo la infante, «Dios
vos lo dexe bien dezir». «Amen!», dixo el, «e asy sera».
Dixo el conde Amigo: «El enperador mio señor vos enbia
mucho saludar». «E qual enperador?», dixo la infante.
«Roboan, vuestro amigo», dixo el conde. «Onde es enperador?», dixo la infante. «Del inperio de Triguiada», dixo el.
«E commo oluidara», dixo la infante, «la cosa deste mundo
que mas amaua, por le fazer Dios bien e ser enperador?».
«Çertas, señora, non oluido»; dixo el conde, «ca por eso
me enbia aca a saber sy erades casada, e sy lo non fuesedes,
que vos ploguiese de casar con el». «Traes cartas», dixo la
infante, «para el conde Ruben mi tio?». «Sy señora», dixo

453

el. «Pues ruegovos», dixo la infante, «que lo fabledes con el, e quel digades lo que auedes a dezir, e non le digades que fablastes comigo en esta razon» [548]. E el fizolo asy.

Quando el conde oyo estas nueuas, plogole de coraçon, e fuese para la infante e dixole: «Señora, non me daredes albrizes?» «Dare», dixo la infante, «sy buenas nueuas me dixierdes». «Çertas, señora», dixo el conde, «tan buenas son que so çierto que vos plazera con ellas». «Yo las oyria de grado», dixo la infante, «sy vos quesierdes». «Señora», dixo el conde, «el infante Roboan vuestro lidiador e defendedor, es el enperador de Triguiada, e enbia por vos para se casar conbusco». «Ay conde!», dixo la infante, «e consejarmelo yedes vos?» «Par Dios, señora», dixo el conde, «sy». «E conde, terniedes por bien», dixo la infante, «que dexase desanparado el regno?». «Señora», dixo el conde, «non puede fincar desanparado quando ouiere por defendedor tan poderoso enperador commo aquel es». «Conde», dixo la infante, «yo por vuestro consejo me guie fasta aqui e me guiare de aqui adelante; e fazet y commo entendierdes, e sera mas mi onrra e vuestra» [549].

El conde mando fazer cartas de la infante para todos los del regno, que viniessen a las cortes que la infanta queria fazer, para fablar con ellos cosas que eran a gran onrra della e grant pro de la tierra. E ellos fueron luego ayuntados asy commo ella les enbio mandar, despues de las ochauas de la Pascua de Resureçion, e el conde, tio de la infante, fablo de parte della a todos los omes buenos que eran y llegados, e dixoles de commo el infante Roboan, fijo del rey de Menton, el que lidiara por la infante e le fizo cobrar las villas e los castiellos que auia perdido, e la fizo asegurar a todos los reys sus vezinos que la querian desheredar, era enperador de Triguiada, e que enbiaua demandar a la infante por muger, e que dixiesen lo que entendiesen; ca ella non queria fazer ninguna cosa syn consejo de los de la tierra. E ellos gelo touieron en grant merçed, pero los vnos dezian que sy ella los desanparase, que por auentura los enemigos que ante auian, que se leuantarian de nueuo a los fazer mal e astragar el regno. Pero en la çima acordaronse todos de la consejar que lo feziese, ca la onrra della era onrra

[548] Seringa esta vez quiere seguir las reglas y dejar que su representante se ocupe de resolver el asunto de su matrimonio.

[549] A pesar de ser la parte más interesada, Seringa se porta como si el matrimonio fuese solamente un asunto de estado, igual que había hecho la señora de Galapia.

dellos mesmos. E enbiaron al rey de Bran, hermano de la reyna, madre de la infante, a rogar que quisiese yr con ella e la aconpañar e la onrrar en ese dia. E el rey gelo otorgo, e fue con ella muy grant caualleria e muy bien guisada. E la infante leuo consigo muchas dueñas e muchas donzellas, las mas fijas dalgo e mejor acostunbradas que en todo el regno auia, e fueron por todas çiento, vestidas de paño de oro e de seda segunt la costunbre de aquella tierra. E començaron su camino de guisa que entraron en el señorio del enperador la fiesta de Pentecoste, e ouieron de asperar mandado del enperador. El conde Amigo, que era ydo adelante, dixo al enperador de commo la infante Seringa era salida de su tierra e se venia para el, e de commo venia con ella el rey de Bran con muy grant caualleria, e ella que traya çient dueñas e donzellas muy fijas dalgo e muy bien vestidas. E el enperador quando lo oyo, fue muy ledo, commo aquel que non puede auer folgura en su coraçon desque enbio a la infante al conde Amigo, pensando sy la podria auer, cuydando que seria casada, porque eran passados los tres años del plazo que diera a quel atendiese [550]; e çiertamente dio a entender a todos que resçebiera grant plazer; ca luego enbio por todos los reys sus vasallos e mandoles que saliesen a la acoger, e que les diesen todas las cosas que les mester fuese e les feziesen muchas onrras y muy grandes, commo âquellos que codiçiauan ver muy bien casado al enperador su señor. E quando sopo çierto el enperador que venia, salio la a resçebir a dos jornadas del rio de Triguis, a vna çibdat que dizen Ledica, e fue la tomar por la rienda e fuese derechamente a vn monesterio de dueñas, que era fuera de la çibdat. E era y con el enperador el arçobispo su chançeller, e entraron en la eglesia, e velolos e salieron ende. E fueronse para la çibdat, do fuera resçebida por enperatris muy onrradamente asy commo conuenia. E este casamiento fue fecho el dia de Sant Iohan.

---

[550] Seringa esperó más de lo prometido, lo que indica su enorme interés por Roboan. Sobre los amores de Seringa con Roboan, véase el estudio de Ruiz de Conde (*El amor*..., págs. 75-89).

De commo a cabo de vn año ouieron vn fijo, el qual fue llamado por nonbre Fijo de Bendiçion

Dize el cuento que esta fue la mas fermosa muger que en aquellas partidas fuese criada, e que Dios quesiera ayuntarse fermosura con fermosura e apostura con apostura, e bondat con bondat, de guisa que quantos los veyan ser amos ados en su estrado, que se non fartauan de los catar, nin auian sabor de comer nin de beuer nin de dormir; ante estauan commo omes oluidados que de sy mesmos non se acordauan, synon quando ellos se leuantauan del estrado para yr folgar. Mucho se touieron por bien auenturados los de la tierra por aquel casamiento tan egual en onrra e en apostura e en amor verdadero que entrellos auia. Verdaderamente asy era; ca todo lo que al vno plazia, plazia al otro, e de lo quel vno se pagaua, se pagaua el otro, e non se despagauan por cosa que viesen. E de guisa los ayunto Dios e los bendixo, que entrellos non auia mester medianero en ninguna cosa que por qualquier dellos se ouiese de fazer. E a cabo de vn año ouieron vn fijo que podriedes entender que podria nasçer de tan buen ayuntamiento commo del enperador e de la enperatris, e este fue llamado por nonbre Fijo de Bendiçion, e çiertamente bendicho fue entre todos los omes deste mundo, ca este fue onrrador de su padre e de su madre, e muy mandado a todas las cosas que ellos querian, e amador de justiçia con grant piedat, e muy granado en sus dones al que entendia que lo auia mester, de guisa que ninguno en el su señorio non era pobre nin auia ninguna mengua, sy por su grant maldat non fuese. E en quanto este niño ouo syete años, dexanronlo en el inperio.

De como el emperador Roboan y la emperatriz Seringa fueron visitar el reyno de Pandulfa y a ver su padre y madre del enperador y a su hermano Garfin

E el enperador e la enperatris fueron vesitar el regno de la enperatris Seringa, e desy fueron en romeria al monesterio de Santi Espritus, que el rey de Menton mando fazer do conosçio el conde Amigo primeramente, e fueron ver al rey su padre e su madre e al infante Garfin su hermano. E çertas non deue ninguno dudar sy ouo grant alegria e grant plazer entre estos; que dize el cuento que en syete dias que moraron con el rey de Menton, non fue noche ninguna que escura paresçiere, ca tan clara era la noche commo el dia; e nunca les venia sueño a los oios, mas estauan catando los vnos a los otros commo sy fuesen ymagines de piedra en vn tenor, e non se mouiesen [551]. E çiertamente esto non venia sy non por merçed de Dios que los queria por la su bondat dellos. E desy tornaronse para su inperio, do mostro Dios por ellos muchos miraglos, de guisa que a toda aquella tierra que estos ouieron a mandar; e dizenle oy en dia la Tierra de Bendiçion. E tomo este nonbre del fijo del enperador e de la enperatris, que ouo nonbre Fijo de Bendiçion, asy commo ya oyestes, de que dizen que ay fecho vn libro en caldeo, en que cuenta toda la su vida e muchos buenos fechos que fizo [552].

Onde dize el traslaudador que bien auenturado es el que se da a bien, e se trabaja sienpre de fazer lo mejor; ca por bien fazer puede ome ganar a Dios e a los omes, e pro e onrra para este mundo e para el otro, non se enojando nin desesperando de la merçed de Dios. E non se deue cuytar

---

[551] La felicidad final de la familia se presenta como un retablo, un cuadro estático, una escena intemporal. Es el «fueron felices y comieron perdices» por siempre con que acaban los cuentos.

[552] Aquí acaba la segunda parte de la obra, cuyo protagonista es Roboan y cuyo final es feliz: premios para todos. El párrafo que sigue es una conclusión que enlaza con el prólogo y en la que se anudan las aventuras de Zifar y de Roboan, de Ferrán Martínez y del *trasladador* con las del lector u oyente, al que, mediante el uso de la primera persona del plural se incita a meterse en aventuras semejantes.

nin presurar. E quien luengo camino quiere andar e quiere llegar con el a cabo, conuiene que ande su paso e non se acuyte; ca sy se acuytare cansara, e sy cansare menos andara, e por auentura que non podra conplir su camino. Onde dize el Filosofo, que el mouimiento forçado mas estuerçe en el comienço que en el acabamiento, e assi de ligero no faze complido acabamiento; e el mouimiento natural ha lo contrario de aquel que es fecho por fuerça, ca el natural comiença de vagar e vase esforçando toda via mas fasta el acabamiento, e asy acaba su fecho conplidamente. E porende deuemos rogar a Dios que el, por la su santa piedat, quiera que començemos nuestros fechos con mouimiento natural, e acabemos tales obras que sean a seruiçio de Dios, e a pro e a onrra de nuestros cuerpos, e a saluamiento de nuestras almas. Amen.

Apéndice

Prólogo de la edición de Sevilla de 1512

Saludable cosa es a los mortales gastar el tiempo no solamente en obras que para si sean vtiles y onestas, mas avn en aquellas cosas que a los proximos sean prouechosas. E assi se cumplira aquel dicho que dize: *dum tempus habemus operemur bene;* porque ciertamente perder el tiempo perdida es irrecuperable. Pues para euitar semejante perdida, en virtuosos exercicios nos deuemos ocupar, de los quales se consigue vn habito virtuoso, mediante el qual nuestra vida a bienauenturado fin se dirige; en especial que despues de ser causa de nuestra saluacion, se alcança vna perpetua memoria, que es, despues de muertos biuir por fama: la qual de los antiguos romanos era antepuesta a la vida, e casi por sumo bien tenida. E otro interese no traxo a muchos a desastrados e inauditos fines saluo esta: porque por ellos perpetua fama alcançauan. Y puesto que los presentes, no por semejante interesse solamente, en los tales exercicios se instruygan, porque pocas vezes acaece ser sin arrogancia, deue se hazer por respeto de aquel bien por el qual de Dios nos es concedido el discurso desta vida, que es la bienauenturança de la gloria eterna. E assi ocupados, vnos a otros aprouechemos, cada vno segun lo que de Dios recibio; porque *vnusquisque accepit gratiam secundum suam mensuram.* E ninguno se escuse con decir: no tengo sufficiencia para aprouechar a otros; porque sera confuso si considera como en el Testamento Viejo mando Dios que pusiesen en su tabernaculo taças e vasos: lo qual sinifica, segun sant Gregorio nos muestra en la exposicion de vna omelia, que por

459

las taças se entiendan los abundantes de doctrina, y por los vasos los de menos doctrina. Empero mandados somos que el que no pudiere dar a beuer con taça al proximo, de con vaso. Conuiene a saber: el que con afluente doctrina no puede aprouechar al proximo, aprouechele con lo que entiende; porque ninguno quedo tan desnudo deste don que no alcançe vn enxenplo de buena palabra. Pues assi, no siendo ignorante desto el auctor desta obra, cuyo nombre *sub silentio jacet,* e considerando ser onesto exercicio e prouechoso a los que se exercitan en el arte militar, quiso ocuparse en semejante obra, de la qual no menor prouecho alcançaran los lectores que de otras. Puesto que el estilo della sea antiguo, empero no en menos deue ser tenida; que avnque tengan el gusto dulce con el estilo de los modernos, no de vna cosa sola gozan los que leen los libros e historias; porque vnos gozan de la materia de la obra, otros de los enxemplos que en las tales obras se enxeren, e donayres, otros del subido estilo de que es compuesta: del qual todos no gozan, por donde las tales obras son traydas en vilipendio de los grosseros. Assi que si de estilo moderno esta obra carece, aprouecharse han della de las cosas hazañosas e agudas que en ella hallaran, y de buenos enxemplos, e supla la buena criança de los discretos —a cuya correction el auctor se somete— las faltas della e rancioso estilo, considerando que la intencion suple la falta de la obra.

Historia del Cauallero de Dios, que auia por nombre Cifar. El qual por sus virtuosas obras e hazañosas cosas fue rey de Menton.

En la India do el bienauenturado apostol sant Bartolome predico, ouo vn cauallero —dize do sant Bartolome predico a diferencia de otras dos Indias; porque segun dizen los historiographos, son tres Indias: la primera tiene los fines hazia Ethiopia; la segunda hazia los medos; la tercera en los partos termina su fin: desta vltima se entiende aqui— el qual cauallero hauia por nombre Cifar; e por las hazañosas cosas e dignas de admiracion que hizo, en las quales creyan las gentes que Dios le ayudaua, llamaronle el Cauallero de Dios. El qual no menos fue temeroso de Dios e obediente a sus mandamientos, que esforçado en las cosas de la caualleria, e amador de verdad y de justicia. E por ser tal, alcanço a ser rey, avnque antes que en tal estado viniesse passo muchas necessidades e trabajos, assi en guerras commo fuera dellas, como aqui oyreys.

Colección Letras Hispánicas

ÚLTIMOS TÍTULOS PUBLICADOS

103 *Páginas escogidas*, RUBÉN DARÍO.
   Edición de Ricardo Gullón (2.ª ed.).
104 *Bodas que fueron famosas del Pingajo y la Fandanga. Flor de Otoño*, JOSÉ MARÍA RODRÍGUEZ MÉNDEZ.
   Edición de José Martín Recuerda (2.ª ed.).
105-106 *Novelas ejemplares*, MIGUEL DE CERVANTES.
   Edición de Harry Sieber (5.ª ed.).
107 *Joven poesía española.*
   Edición de Concepción G. Moral y Rosa María Pereda (3.ª ed.).
108 *Greguerías*, RAMÓN GÓMEZ DE LA SERNA.
   Edición de Rodolfo Cardona (3.ª ed.).
109 *Un drama nuevo*, MANUEL TAMAYO Y BAUS.
   Edición de Alberto Sánchez.
110 *Laberinto de Fortuna*, JUAN DE MENA.
   Edición de John G. Cummins (2.ª ed.).
111 *Maldan-behera. Harri eta herri*, GABRIEL ARESTI.
   Edición bilingüe de Javier Atienza.
112 *Paradiso*, JOSÉ LEZAMA LIMA.
   Edición de Eloísa Lezama Lima.
113 *El esclavo del demonio*, ANTONIO MIRA DE AMESCUA.
   Edición de James A. Castañeda.
114 *Don Juan Tenorio*, JOSÉ ZORRILLA.
   Edición de Aniano Peña (4.ª ed.).
115 *El abencerraje.*
   Edición de Francisco López Estrada (2.ª ed.).
116 *Viaje de Turquía.*
   Edición de Fernando García Salinero.
117 *Los complementarios*, ANTONIO MACHADO
   Edición de Manuel Alvar (2.ª ed.).
118 *Selección de mis versos*, CARLOS BOUSOÑO.
   Edición del autor (2.ª ed.).

119 *Malditas sean Coronada y sus hijas. Delirio del amor hostil*, FRANCISCO NIEVA.
   Edición de Antonio González (2.ª ed.).
120 *Los de abajo*, MARIANO AZUELA.
   Edición de Marta Portal (2.ª ed.).
121 *Poemas*, ÁNGEL GONZÁLEZ.
   Edición del autor (2.ª ed.).
122 *El Criticón*, BALTASAR GRACIÁN.
   Edición de Santos Alonso.
123 *Narraciones*, JORGE LUIS BORGES.
   Edición de Marcos Ricardo Barnatán (3.ª ed.).
124 *El Buscón*, FRANCISCO DE QUEVEDO.
   Edición de Domingo Ynduráin (5.ª ed.).
125 *Teatro crítico universal (Selección)*, BENITO J. FEIJOO.
   Edición de Ángel-Raimundo Fernández González (2.ª ed.).
126 *Los Amantes de Teruel*, JUAN EUGENIO HARTZENBUSCH.
   Edición de Carmen Iranzo (2.ª ed.).
127 *Vida*, DIEGO DE TORRES VILLARROEL.
   Edición de Dámaso Chicharro.
128 *Paraíso cerrado*, PEDRO SOTO DE ROJAS.
   Edición de Aurora Egido.
129 *Volvoreta*, WENCESLAO FERNÁNDEZ FLÓREZ.
   Edición de José-Carlos Mainer.
130 *Memorias inmemoriales*, GABRIEL CELAYA.
   Edición de Gustavo Domínguez (2.ª ed.).
131 *Historia de Gloria*, GLORIA FUERTES.
   Edición de Pablo González Rodas (3.ª ed.).
132 *Del rey abajo, ninguno*, FRANCISCO ROJAS ZORRILLA.
   Edición de Brigitte Wittmann (2.ª ed.).
133 *Altazor. Temblor de cielo* VICENTE HUIDOBRO.
   Edición de René de Costa.
134 *Poesía varia*, FRANCISCO DE QUEVEDO.
   Edición de James O. Crosby (2.ª ed.).
135 *Aventura poética*, PEDRO SALINAS.
   Edición de David L. Stixrude (2.ª ed.).
136 *Sobre los ángeles*, RAFAEL ALBERTI.
   Edición de C. B. Morris.
137 *Fuente Ovejuna*, LOPE DE VEGA.
   Edición de Juan María Marín (4.ª ed.).
138 *El cohete y la estrella. La cabeza a pájaros*, JOSÉ BERGAMÍN.
   Edición de José Esteban.
139 *Pasos*, LOPE DE RUEDA.
   Edición de Fernando González Ollé y Vicente Tusón (2.ª ed.).
140 *Un viaje de invierno*, JUAN BENET.
   Edición de Diego Martínez Torrón.
141 *Artículos*, MARIANO JOSÉ DE LARRA.
   Edición de Enrique Rubio (3.ª ed.).
142 *Obra poética*, JUAN-EDUARDO CIRLOT.
   Edición de Clara Janés.

143 *El engañao. Caballos desbocaos*, José Martín Recuerda.
   Edición de Martha T. Halsey y Ángel Cobo.

144 *Antología*, Luis Cernuda.
   Edición de José María Capote.

145 *La región más transparente*, Carlos Fuentes.
   Edición de Georgina García Gutiérrez.

146 *Sonetos y madrigales completos*, Gutierre de Cetina.
   Edición de Begoña López Bueno.

147 *El Caballero de Olmedo*, Lope de Vega.
   Edición de Francisco Rico (4.ª ed.).

148 *Martín Rivas*, Alberto Blest Gana.
   Edición de Guillermo Araya.

149 *Las lágrimas de Angélica*, Luis Barahona de Soto.
   Edición de José Lara Garrido.

150 *Noviembre y un poco de yerba. Petra Regalada*, Antonio
   Gala.
   Edición de Phyllis Zatlin Boring (3.ª ed.).

151 *Poema de Fernán González*.
   Edición de Juan J. Victorio.

152 *La zanja*, Alfonso Grosso.
   Edición de José Antonio Fortes.

153 *Diálogo de la lengua*, Juan de Valdés.
   Edición de Cristina Barbolani.

154 *Niebla*, Miguel de Unamuno.
   Edición de Mario J. Valdés (3.ª ed.).

155 *El Crótalon*, Cristóbal de Villalón.
   Edición de Asunción Rallo.

156 *Memorias de Altagracia*, Salvador Garmendia.
   Edición de Óscar Rodríguez Ortiz.

157 *Juan José*, Joaquín Dicenta.
   Edición de Jaime Mas Ferrer.

158 *Brevísima relación de la destrucción de las Indias*, Barto-
   lomé de Las Casas.
   Edición de André Saint-Lu.

159 *Poesías completas*, Manuel Altolaguirre.
   Edición de Margarita Smerdou Altolaguirre y Milagros
   Arizmendi.

160 *Romances*, Luis de Góngora.
   Edición de Antonio Carreño.

161 *La invención de Morel. El gran Serafín*, Adolfo Bioy
   Casares.
   Edición de Trinidad Barrera.

162 *Entremeses*, Miguel de Cervantes.
   Edición de Nicholas Spadaccini (2.ª ed.).

163 *Ganarás la luz*, León Felipe.
   Edición de José Paulino.

164 *Varias poesías*, Hernando de Acuña.
   Edición de Luis F. Díaz Larios.

165 *Ismaelillo. Versos libres. Versos sencillos*, José Martí.
   Edición de Ivan A. Schulman.

166 *La serrana de la Vera*, LUIS VÉLEZ DE GUEVARA.
 Edición de Enrique Rodríguez Cepeda.
167 *Si te dicen que caí*, JUAN MARSÉ.
 Edición de William M. Sherzer.
168 *Odas elementales*, PABLO NERUDA.
 Edición de Jaime de Concha.
169 *Los cachorros*, MARIO VARGAS LLOSA.
 Edición de Guadalupe Fernández Ariza (2.ª ed.).
170 *Misericordia*, BENITO PÉREZ GALDÓS.
 Edición de Luciano García Lorenzo y Carmen Menéndez
  Onrubia (2.ª ed.).
171 *Fábula de Polifemo y Galatea*, LUIS DE GÓNGORA.
 Edición de Alexander A. Parker.
172 *Doña Perfecta*, BENITO PÉREZ GALDÓS.
 Edición de Rodolfo Cardona.
173 *Selección natural*, J. M. CABALLERO BONALD.
 Edición del autor.
174 *Marianela*, BENITO PÉREZ GALDÓS.
 Edición de Joaquín Casalduero.
175 *Desde mis poemas*, CLAUDIO RODRÍGUEZ.
 Edición del autor.
176 *Los trabajos del infatigable creador Pío Cid*, ÁNGEL GA-
  NIVET.
 Edición de Laura Rivkin.
177 *A. M. D. G.*, RAMÓN PÉREZ DE AYALA.
 Edición de Andrés Amorós (2.ª ed.).
178 *Poesía*, SAN JUAN DE LA CRUZ.
 Edición de Domingo Ynduráin.
180 *Soledades. Galerías. Otros poemas*, ANTONIO MACHADO.
 Edición de Geoffrey Ribbans.
181 *Yo el Supremo*, AUGUSTO ROA BASTOS.
 Edición de Milagros Ezquerro.
184 *Poesías*, FRAY LUIS DE LEÓN.
 Edición de Manuel Durán y A. F. Michael Atlee.
188 *Trafalgar*, BENITO PÉREZ GALDÓS.
 Edición de Julio Rodríguez-Puértolas.
189 *Pedro Páramo*, JUAN RULFO.
 Edición de José Carlos González Boixo.
190 *Rosalía*, BENITO PÉREZ GALDÓS.
 Edición de Alan Smith.
192 *La de Bringas*, BENITO PÉREZ GALDÓS.
 Edición de Alda Blanco y Carlos Blanco Aguinaga.

DE PRÓXIMA APARICIÓN

Desengaños amorosos, MARÍA DE ZAYAS.
 Edición de Alicia Yllera.